Carsten Steinert, Sven-Joachim Otto (Hrsg.)
Praxishandbuch effiziente Straßenbeleuchtung
De Gruyter Praxishandbuch

Praxishandbuch effiziente Straßenbeleuchtung

Herausgegeben von
Carsten Steinert, Rechtsanwalt, BUSE HEBERER FROMM, Düsseldorf
Dr. iur. Sven-Joachim Otto, Dipl.-Kfm., Rechtsanwalt, Partner, PricewaterhouseCoopers Aktiengesellschaft Wirtschaftsprüfungsgesellschaft, Düsseldorf

Bearbeitet von
Sven Beaujean, Rechtsanwalt, PricewaterhouseCoopers Aktiengesellschaft Wirtschaftsprüfungsgesellschaft, Düsseldorf; **Gerrit Birkemeyer**, Dipl.-Ing., PricewaterhouseCoopers Aktiengesellschaft Wirtschaftsprüfungsgesellschaft, Düsseldorf; **Jörg Bittscheidt**, Rechtsanwalt, PricewaterhouseCoopers Aktiengesellschaft Wirtschaftsprüfungsgesellschaft, Düsseldorf; **Oliver Brummer**, Rechtsanwalt, PricewaterhouseCoopers Aktiengesellschaft Wirtschaftsprüfungsgesellschaft, Düsseldorf; **Björn Jacob**, Rechtsanwalt, PricewaterhouseCoopers Aktiengesellschaft Wirtschaftsprüfungsgesellschaft, Düsseldorf; **Robert Mehrhoff**, Rechtsanwalt, PricewaterhouseCoopers Aktiengesellschaft Wirtschaftsprüfungsgesellschaft, Düsseldorf; **Dr. iur. Sven-Joachim Otto**, Dipl.-Kfm., Rechtsanwalt, Partner, PricewaterhouseCoopers Aktiengesellschaft Wirtschaftsprüfungsgesellschaft, Düsseldorf; **Marco G. Prinz**, euroLux AG, Bonn; **Ralf Reuter**, Rechtsanwalt, Fachanwalt für Steuerrecht, PricewaterhouseCoopers Aktiengesellschaft Wirtschaftsprüfungsgesellschaft, Düsseldorf; **Markus Skeide**, Dipl.-Ing. Elektrotechnik, SKEIDE-Ingenieurbüro Elektrotechnik, Rheinberg/Düsseldorf/Bonn; **Carsten Steinert**, Rechtsanwalt, BUSE HEBERER FROMM, Düsseldorf; **Dr. iur. Christian Teuber**, Rechtsanwalt, PricewaterhouseCoopers Aktiengesellschaft Wirtschaftsprüfungsgesellschaft, Düsseldorf; **Dr. iur. Christian Wirth**, Rechtsanwalt, Winter Rechtsanwälte, Bergisch Gladbach

DE GRUYTER

Zitiervorschlag: Steinert/Otto/*Bearbeiter*, Kap. 1 Rn 8.

Hinweis:
Alle Angaben in diesem Werk sind nach bestem Wissen unter Anwendung aller gebotenen Sorgfalt erstellt worden. Trotzdem kann von dem Verlag und den Autoren keine Haftung für etwaige Fehler übernommen werden.

ISBN 978-3-11-028787-5
e-ISBN 978-3-11-028793-6

Bibliografische Information der Deutschen Nationalbibliothek
Die Deutsche Nationalbibliothek verzeichnet diese Publikation in der Deutschen Nationalbibliografie; detaillierte bibliografische Daten sind im Internet über http://dnb.d-nb.de abrufbar.

Einbandabbildung: Igor Sokalski/iStock/Thinkstock
Datenkonvertierung/Satz: jürgen ullrich typosatz, Nördlingen
Druck: CPI books GmbH, Leck
♾ Gedruckt auf säurefreiem Papier
Printed in Germany

www.degruyter.com

Vorwort

Die öffentliche Beleuchtung von Straßen und Plätzen wird für die deutschen Kommunen zunehmend zum Sorgenkind: Durch drastisch steigende Energiekosten, strenge EU-rechtliche Vorgaben zum Klima- und Umweltschutz und zwingend notwendige Modernisierungsmaßnahmen wegen veralteter Infrastruktur werden die Haushaltskassen stark belastet.

Gleichwohl bestehen erhebliche Einsparpotenziale. Sowohl investive Maßnahmen zur Modernisierung der Straßenbeleuchtung als auch innovative Vertragsmodelle, die mit einem Wechsel der Trägerschaft einhergehen können, stellen Wege dar, um die finanzielle Belastung der Gemeinden und Städte um Beträge in Millionenhöhe zu reduzieren.

Vielerorts fehlt jedoch das Wissen im Bereich der Straßenbeleuchtung, was bereits beim Status-quo der Lichtanlagen beginnt und bis zum technischen Fortschritt auf dem Beleuchtungsmarkt reicht. Dadurch bleiben mögliche Effizienzsteigerungen der Beleuchtungsqualität bei gleichzeitiger Schonung von Ressourcen unbeachtet. Zudem gilt es, besondere vergaberechtliche Anforderungen auf dem Weg der Beschaffung einer effizienten Beleuchtung einzuhalten, was die Kommunen vor bestimmte juristische Herausforderungen stellt.

In Zeiten finanzieller Krisen kann es sogar sinnvoll sein, private Finanzierungsquellen für die Modernisierung und den Betrieb der Lichtanlagen zu suchen. Als mögliche Lösung wird vielfach das *Wundermittel* Contracting gesehen, das als ein Modell der Öffentlich-Privaten-Partnerschaft Planung, Bau, Finanzierung und den Betrieb von Beleuchtungsanlagen umfassen kann.

Das vorliegende Handbuch umfasst sämtliche Aspekte der Straßenbeleuchtung als Kostenfaktor und richtet sich primär an Praktiker. Als Arbeitshilfe und Informationsquelle gleichermaßen soll es bei der praktischen Arbeit dienen.

Anhand eines praxisbezogenen Maßstabes werden aktuelle rechtliche Bestimmungen erklärt und Entwicklungen abgeschätzt. Dabei wird auch der EU-rechtliche Einfluss verdeutlicht. Verschiedene Vertragstypen werden vorgestellt, um mögliche Kosteneinsparpotenziale aufzuzeigen. Außerdem soll das Handbuch bei der Berücksichtigung der besonderen Ausschreibungspflichten unterstützen. Im Besonderen werden die Vorteile des Contractings und technische Standards zu mehr Energieeffizienz dargestellt.

Der Autorenkreis setzt sich aus Rechtsanwälten, Ingenieuren und Kaufleuten zusammen, sodass sämtliche Blickwinkel gemeinsam interdisziplinär diskutiert und zusammengeführt werden konnten. Das Handbuch beschränkt sich dabei nicht auf allgemeine Hinweise, sondern ermöglicht eine umfassende und rechtssichere Beantwortung der praktischen Fragen um die öffentliche Straßenbeleuchtung.

Für Anregungen und Kritik sind wir stets offen und dankbar.

Düsseldorf, im Oktober 2014 — Carsten Steinert und Dr. Sven-Joachim Otto

Inhaltsübersicht

Kapitel 5
Vertragsrechtliche Besonderheiten

Kapitel 6
Kosten, Kostenvergleich und Preisbildung

Kapitel 7
Steuerliche Aspekte

Kapitel 8
Modelle für die Aufgabenwahrnehmung im öffentlichen Beleuchtungsbereich

Kapitel 9
Sanierung der Straßenbeleuchtung

Inhaltsverzeichnis

Kapitel 3
Beitragsrechtliche Gestaltungsspielräume und Risiken

Kapitel 4
Vergaberechtliche Rahmenbedingungen und Möglichkeiten

Kapitel 5
Vertragsrechtliche Besonderheiten

Kapitel 6
Kosten, Kostenvergleich und Preisbildung

Kapitel 8
Modelle für die Aufgabenwahrnehmung im öffentlichen Beleuchtungsbereich

Kapitel 9
Sanierung der Straßenbeleuchtung

Abkürzungsverzeichnis

%	Prozent
€	Euro
€/kWh	Euro pro Kilowattstunde
§	Paragraph
a	Jahr
a.F.	alte Fassung
Abb.	Abbildung
ABl.	Amtsblatt
Abs.	Absatz
AfA	Absetzung für Abnutzungen
AG	Aktiengesellschaft
AktG	Aktiengesetz
amtl. Begr.	amtliche Begründung
Art.	Artikel
Aufl.	Auflage
Az.	Aktenzeichen
BAB	Betriebsabrechnungsbogen
BauGB	Baugesetzbuch
BayStrWG	Bayerisches Straßen- und Wegegesetz
BayVGH	Sammlung von Entscheidungen des bayerischen Verwaltungsgerichtshofes
BBauG	Bundesbaugesetz
BeckRS	Beck-Rechtsprechung, online
BerlStrG	Berliner Straßengesetz
BFH	Bundesfinanzhof
BFH/NV	Sammlung amtlich nicht veröffentlichter Entscheidungen des BFH
BFHE	Sammlung von Entscheidungen des Bundesfinanzhofs
BgA	Betrieb gewerblicher Art
BGB	Bürgerliches Gesetzbuch
BGBl.	Bundesgesetzblatt
BGH	Bundesgerichtshof
BGHZ	Sammlung von Entscheidungen des Bundesgerichtshofs in Zivilsachen
BGV	Berufsgenossenschaftliche Vorschriften für Arbeitssicherheit und Gesundheitsschutz
BMU	Bundesministerium für Umwelt
BNetzA	Bundesnetzagentur
BraKAG	Brandenburgisches Kommunalabgabengesetz
BR-Drucks.	Bundesratsdrucksache
BremLStrG	Bremisches Landesstraßengesetz
BStBl.	Bundessteuerblatt
BT-Drucks.	Bundestagsdrucksache
BVerfG	Bundesverfassungsgericht
BVerfGE	Entscheidungen des Bundesverfassungsgerichts
BVerwG	Bundesverwaltungsgericht
BWGZ	Die Gemeinde (Zeitschrift)
bzw.	beziehungsweise

ca.	circa
cd	Candela
cd/m^2	Candela pro Quadratmeter
CO_2	Kohlendioxid
ct	Cent
ct/kWh	Cent pro Kilowattstunde
DAR	Deutsches Autorecht
DIN	Deutsches Institut für Normung
DÖV	Die öffentliche Verwaltung (Zeitschrift)
DStR	Deutsches Steuerrecht (Zeitschrift)
EBPG	Energiebetriebene-Produkte-Gesetz
EDV	Elektronische Datenverarbeitung
EEG	Erneuerbares Energien Gesetz
EEP	Energieeffizienzplan
EEX	European Energy Exchange
EG	Europäische Gemeinschaft
EN	Europäische Norm
ENEC	European Norms Electrical Certification
EnWG	Energiewirtschaftsgesetz
ErbStG	Erbschaftsteuergesetz
EStG	Einkommensteuergesetz
etc.	et cetera
EU	Europäische Union
EuGH	Europäischer Gerichtshof
EURIBOR	Euro InterBank Offered Rate
EVPG	Energieverbrauchsrelevante-Produkte-Gesetz
evtl.	eventuell
EVU	Energieversorgungsunternehmen
f., ff.	(fort)folgend(e)
FB	Fachbereich
FG	Finanzgericht
FiBu	Finanzbuchhaltung
FStrG	Bundesfernstraßengesetz
gem.	gemäß
GFK	Glasfaserverstärkter Kunststoff
GG	Grundgesetz
GIS	Geoinformationssystem
GmbH	Gesellschaft mit beschränkter Haftung
GO NW	Gemeindeordnung Nordrhein-Westfalen
GPS	Global Positioning System
GrEStG	Grunderwerbsteuergesetz
GVBl.	Gesetz- und Verordnungsblatt
GWB	Gesetz gegen Wettbewerbsbeschränkungen

h	Stunde
h.M.	herrschende Meinung
HbgWegeG	Hamburgisches Wegegesetz
HGB	Handelsgesetzbuch
HOAI	Honorarordnung für Architekten und Ingenieure
HQL	Hochdruck-Quecksilberdampflampe
Hs.	Halbsatz
inkl.	inklusive
IPP	Integrierte Produktpolitik
ISO	International Organization for Standardization
IT	Informationstechnik
KAG Hess	Kommunalabgabengesetz Hessen
KAG MV	Kommunalabgabengesetz Mecklenburg-Vorpommern
KAG NW	Kommunalabgabengesetz Nordrhein-Westfalen
KAG NW	Kommunalabgabengesetz Nordrhein-Westfalen
KAG R-P	Kommunalabgabengesetz Rheinland-Pfalz
KAG Saarl	Kommunalabgabengesetz Saarland
KAG SH	Kommunalabgabengesetz Schleswig-Holstein
KAG	Kommunalabgabengesetz
KAG-LSA	Kommunalabgabengesetz Sachsen-Anhalt
Kap.	Kapitel
KfW	Kreditanstalt für Wiederaufbau
Kfz	Kraftfahrzeug
km	Kilometer
KStG	Körperschaftsteuergesetz
KVG	Konventionelles Vorschaltgerät
kW	Kilowatt
kWh	Kilowattstunde
kWh/a	Kilowattstunde pro Jahr
KWKG	Kraft-Wärme-Kopplungsgesetz
LED	Light-Emitting Diode
LG	Landgericht
lit.	Buchstabe
LiTG	Lichttechnische Gesellschaft e.V.
LKV	Landes- und Kommunalverwaltung (Zeitschrift)
Lkw	Lastkraftwagen
lm	Lumen
LSP	Leitsätze für die Preisermittlung auf Grund von Selbstkosten
LStrGRhPf	Landesstraßengesetz Rheinland-Pfalz
LUBW	Landesanstalt für Umwelt, Messungen und Naturschutz Baden-Württemberg
lx	Lux
m	Meter
m.w.N.	mit weiteren Nachweisen
m^2	Quadratmeter

MDR	Monatsschrift für Deutsches Recht (Zeitschrift)
Mio.	Million/en
Mrd.	Milliarde
NAV	Natriumdampflampe
NdsStrG	Niedersächsisches Straßengesetz
NJW	Neue Juristische Woche (Zeitschrift)
NJW-RR	Neue Juristische Wochenschrift-Rechtsprechungs-Report (Zeitschrift)
NKAG	Niedersächsisches Kommunalabgabengesetz
Nr.	Nummer(n)
NRW	Nordrhein-Westfalen
NVwZ	Neue Zeitschrift für Verwaltungsrecht (Zeitschrift)
NVwZ-RR	NVwZ-Rechtsprechungs-Report Verwaltungsrecht (Zeitschrift)
NWVBl.	Nordrhein-Westfälische Verwaltungsblätter
o.g.	oben genannt
ÖPNV	öffentlicher Personennahverkehr
ÖPP	Öffentlich-private Partnerschaft
OTC	Over-the-counter
OVG	Oberverwaltungsgericht
p.a.	pro Jahr
Pkw	Personenkraftwagen
PPP	Public-Private-Partnership
PrOVG	Preußisches Oberverwaltungsgericht
PwC	PricewaterhouseCoopers
R-FGÜ	Richtlinien für die Anlage und Ausstattung von Fußgängerüberwegen
RL	Richtlinie
Rn	Randnummer(n)
ROI	Return on investment
S.	Seite; Satz
s.u.	siehe unten
SächsKAG	Sächsisches Kommunalabgabengesetz
SächsStrG	Sächsisches Straßengesetz
SBI	Sustainable Business Institute
SektVO	Sektorenverordnung
SlStrG	Saarländisches Straßengesetz
sog.	sogenannt(e)
StrG LSA	Straßengesetz für das Land Sachsen-Anhalt
StromNEV	Stromnetzentgeltverordnung
StromStG	Stromsteuergesetz
StrWG	Straßen- und Wegegesetz
StrWG BW	Straßen- und Wegegesetz Baden-Württemberg
StrWG MV	Straßen- und Wegegesetz Mecklenburg-Vorpommern
StrWG NW	Straßen- und Wegegesetz Nordrhein-Westfalen
StrWG SchH	Straßen- und Wegegesetz Schleswig-Holstein
StVO	Straßenverkehrsordnung

t	Tonne
t/a	Tonne pro Jahr
TC-TEL	Kompaktleuchtstofflampe
ThürKAG	Thüringer Kommunalabgabengesetz
ThürStrG	Thüringer Straßengesetz
TI	Threshold Increment
TVgG-NRW	Tariftreue- und Vergabegesetz Nordrhein-Westfalen
u.ä.	und ähnlich
u.a.	unter anderem
u.v.m.	und vieles mehr
UR	Umsatzsteuer-Rundschau
Urt.	Urteil
USA	United States of America
UStAE	Umsatzsteuer-Anwendungserlass
UStG	Umsatzsteuergesetz
usw.	und so weiter
v.	vom
VDE	Verband der Elektrotechnik Elektronik Informationstechnik e.V.
VDEW	Verband der Elektrizitätswirtschaft
VersR	Zeitschrift für Versicherungsrecht (Zeitschrift)
VG	Verwaltungsgericht
vGA	verdeckte Gewinnausschüttung
vgl.	vergleiche
VgV	Vergabeordnung
VK	Vergabekammer
VO	Verordnung
VOB	Vergabe- und Vertragsordnung für Bauleistungen
VOB/A	Vergabe- und Vertragsordnung für Bauleistungen Teil A
VOB/B	Vergabe- und Vertragsordnung für Bauleistungen Teil B
VOB/C	Vergabe- und Vertragsordnung für Bauleistungen Teil C
VOF	Vergabeordnung für freiberufliche Leistungen
VOL	Vergabe- und Vertragsordnung für Leistungen
VwV-StVO	Verwaltungsvorschrift zur Straßenverkehrs-Ordnung
W	Watt
z.B.	zum Beispiel
z.Z.	zur Zeit
ZfS	Zeitschrift für Schadensrecht
Ziff.	Ziffer
zit.	zitiert
ZVEI	Zentralverband Elektrotechnik- und Elektronikindustrie e.V.
zzgl.	zuzüglich

Literaturverzeichnis

Battis, Ulrich/Krautzberger, Michael/Löhr, Rolf-Peter, Baugesetzbuch, 12. Aufl., München 2014 (zit.: Battis/Krautzberger/Löhr/*Bearbeiter*)

Bemmann, Ulrich/Kniehase, Volker, Contracting Handbuch 2001, 2. Aufl., Köln 2001 (zit.: *Bemmann/Kniehase*)

Berz, Ulrich/Burmann, Michael, Handbuch des Straßenverkehrsrechts, Loseblatt, 31. Aufl., München 2013 (zit.: Berz/Burmann/*Bearbeiter*)

Blanke, Bernhard/Bandemer, Stephan von/Nullmeier, Frank/Wewer, Göttrik, Handbuch zur Verwaltungsreform, 3. Aufl., Berlin 2005 (zit.: Blanke/Bandemer/Nullmeier/Wewer/*Bearbeiter*)

Brechtezende, Berend, Kostenanalyse und Kennzahlen in der Straßenbeleuchtung, Düsseldorf 2010 (zit.: *Brechtezende*)

Calliess, Christian/Ruffert, Matthias, EUV/AEUV, Kommentar, 4. Aufl., München 2011 (zit.: Calliess/Ruffert/*Bearbeiter*)

Coenenberg, Adolf/Fischer, Thomas/Günther, Thomas, Kostenrechnung und Kostenanalyse, 7. Aufl., Stuttgart 2009 (zit.: *Coenenberg/Fischer/Günther*)

Dötsch, Ewald/Jung, Werner/Pung, Alexandra, Die Körperschaftsteuer, Online-Kommentar, Stand: 12/2013 (zit.: Dötsch/Jung/Pung/*Bearbeiter*)

Dötsch, Ewald/Pung, Alexandra/Möhlenbrock, Rolf, Die Körperschaftsteuer, Loseblatt, Stuttgart, Stand: 4/2014 (zit.: Dötsch/Pung/Möhlenbrock/*Bearbeiter*)

Driehaus, Hans-Joachim, Erschließungs- und Ausbaubeiträge, 9. Aufl., München 2012 (zit.: *Driehaus*)

DStGB, Öffentliche Beleuchtung – Analyse, Potentiale und Beschaffung, DStGB-Dokumentation Nr. 92, Berlin 2009 (zit.: *DStGB*)

Groll, Karl-Heinz, Das Kennzahlensystem zur Bilanzanalyse: Ergebniskennzahlen – Aktienkennzahlen – Risikokennzahlen, 2. Aufl., München 2004 (zit.: *Groll*)

Hengst, Peter/Majcherek, Joachim, Straßen- und Wegegesetz des Landes Nordrhein-Westfalen (StrWG NW), Loseblatt, Wiesbaden, Stand: 11/2013 (zit.: *Hengst/Majcherek*)

Höhne, Lothar/Schröter, Heinz-Georg/Cichowski, Rolf-Rüdiger, Straßenbeleuchtung, 2. Aufl., Frankfurt am Main 2002 (zit.: *Höhne/Schröter/Cichowski*)

Integrierte Produktpolitik (IPP), Energieeffiziente Modernisierung der Straßenbeleuchtung, München 2009, abrufbar unter http://www.bestellen.bayern.de/application/stmug_app000032?SID=1883329634&ACTIONxSESSxSHOWPIC%28BILDxKEY:stmug_ipp_00003,BILDxCLASS:Artikel,BILDxTYPE:PDF%29 (zit.: *IPP*)

Kämper, Hartmut/Kulka, Sven (BDEW), Energie-Contracting, Berlin 2010, abrufbar unter https://www.bdew.de/internet.nsf/res/D2D6428DC3511992C1257BE1003E87AB/$file/707_BDEW-Broschuere_Contracting.pdf (zit.: *Kämper/Kulka*)

Kodal, Kurt/Krämer, Helmut, Straßenrecht, 7. Aufl., München 2010 (zit.: Kodal/Krämer/*Bearbeiter*)

Kulartz, Hans Peter/Kus, Alexander/Porz, Norbert, Kommentar zum GWB-Vergaberecht, 2. Aufl., Düsseldorf 2009 (zit.: Kulartz/Kus/Porz/*Bearbeiter*)

Landesanstalt für Umwelt, Messungen und Naturschutz Baden-Württemberg (LUBW)/Ingenieurbüro für Elektrotechnik-Lichttechnik, Effizientere Straßenbeleuchtung – Handreichung für Kommunen, Stuttgart 2009, abrufbar unter https://um.baden-wuerttemberg.de/de/presse-service/publikation/did/effizientere-strassenbeleuchtung/ (zit.: *LUBW*)

Liman, Herbert, Mehr Licht. Geschichte der Berliner Straßenbeleuchtung, Berlin 2010 (zit.: *Liman*)

Lorenz, Dieter/Will, Annegret, Straßengesetz, 2. Aufl., Baden-Baden 2005 (zit.: *Lorenz/Will*)

Marschall, Ernst, Bundesfernstraßengesetz (FStrG), Kommentar, 6. Aufl., Köln 2012 (zit.: Marschall/*Bearbeiter*)

Maunz, Theodor/Dürig, Günter, Grundgesetz, Loseblatt, 69. Aufl., München 2013 (zit.: Maunz/Dürig/*Bearbeiter*)

Meixner, Horst, Contracting – Modelle, grundlegende Konzepte und ihre ökonomische Eignung im Überblick, Wiesbaden 2002, abrufbar unter http://www.hessenenergie.com/Downloads/Dl-Pub/dlp-confin/contrueb.pdf (zit.: *Meixner*)

Möhlenkamp, Karen/Milewski, Knut, EnergieStG/StromStG, Kommentar, München 2012 (zit.: *Möhlenkamp/Milewski*)

Palme, Christoph/Schumacher, Jochen, Straßengesetz für Baden-Württemberg, Wiesbaden 2006 (zit.: *Palme/Schumacher*)

Ringwald, Roman/Rönitzsch, Henry/Riedel, Martin, Praxishandbuch Öffentliche Beleuchtung, Berlin 2013 (zit.: *Ringwald/Rönitzsch/Riedel*)

Schmidt, Alexander/Töllner, Martin, StadtLicht – Lichtkonzepte für die Stadtgestaltung, Stuttgart 2006 (zit.: *Schmidt/Töllner*)

Sölch, Otto/Ringleb, Karl, Umsatzsteuergesetz: UStG, Loseblatt, 69. Aufl., München 2013 (zit.: Sölch/Ringleb/*Bearbeiter*)

Staudinger, Julius von, Buch 2: Recht der Schuldverhältnisse: §§ 823 E-I, 824, 825 (Unerlaubte Handlungen 1 – Teilband 2), 14. Aufl., Berlin 2010 (zit.: Staudinger/*Bearbeiter*)

Streinz, Rudolf, EUV/AEUV, Kommentar, 2. Aufl., München 2012 (zit.: Streinz/*Bearbeiter*)

Sustainable Business Institute (SBI), LED Leitmarkt gemeinsam entwickeln – Dokumentation des Ideen- und Konzeptworkshops zur LED-Leitmarktinitiative, Oestrich-Winkel 2009, abrufbar unter http://www.cfi21.org/fileadmin/user_upload/pdfs/Berichte/2009-SBI-LED-Workshop Bericht.pdf (zit.: *SBI*)

VWEW, Straßenbeleuchtung – Leitfaden für Planung, Bau und Betrieb, 5. Aufl., Frankfurt am Main 2009 (zit.: *VWEW*)

Zeitler, Herbert, Bayerisches Straßen- und Wegegesetz, Loseblatt, 23. Aufl., München 2013 (zit.: Zeitler/*Bearbeiter*)

Ziekow, Jan/Völlink, Uwe-Carsten, Vergaberecht, Kommentar, 2. Aufl., München 2013 (zit.: Ziekow/Völlink/*Bearbeiter*)

Bearbeiterverzeichnis

Sven Beaujean, Jg. 1976; ist Rechtsanwalt und für die PricewaterhouseCoopers Legal Aktiengesellschaft Rechtsanwaltsgesellschaft im Bereich Public Services tätig. Zuvor war er mehrere Jahre in einer deutschen Anwaltskanzlei im Bereich Vergaberecht und Privatisierung und einer internationalen Sozietät im Gesellschaftsrecht beschäftigt. Im Rahmen seines vergaberechtlichen Tätigkeitsschwerpunkts berät er in allen Fragen der Konzeption und Durchführung nationaler und europaweiter Vergabeverfahren.

Gerrit Birkemeyer, Dipl.-Ing., Jg. 1973; Studiengang Wirtschaftsingenieurwesen, ist im Bereich Stromwirtschaft bei der PricewaterhouseCoopers Aktiengesellschaft Wirtschaftsprüfungsgesellschaft in Düsseldorf tätig. Zu seinen Aufgaben zählen unter anderem die Beratung von kommunalen Netzbetreibern in regulatorischen Fragestellungen sowie die Bewertung von Versorgungsnetzen im Rahmen auslaufender Konzessionsverträge. Seit fünf Jahren ist Gerrit Birkemeyer für das Geschäftsfeld *„Öffentliche Beleuchtung"* bei PwC zuständig. In zahlreichen Projekten hat er Modelle und Abschlüsse von Straßenbeleuchtungsverträgen aus energiewirtschaftlicher Sicht gestaltet. In den letzten Jahren hat er bundesweite Umfrage unter Kommunen zur Straßenbeleuchtung verantwortet. Er ist in Veranstaltungen und Konferenzen als Seminarleiter und Redner tätig.

Jörg Bittscheidt, Jg. 1971; ist Rechtsanwalt bei der PricewaterhouseCoopers Legal Aktiengesellschaft Rechtsanwaltsgesellschaft. Er berät dort Kommunen und kommunale Unternehmen in allen rechtlichen und steuerlichen Fragen; Tätigkeitsschwerpunkte: steuerliche Beratung von Stadtwerken, kommunalen Eigengesellschaften und Kommunen, Beratung bei Betriebsprüfungen und Vertretung gegenüber Finanzbehörden, Gesellschaftsrecht, öffentliches Wirtschaftsrecht. Herr Bittscheidt hat Rechtswissenschaften an der Universität zu Köln studiert und ist seit 1997 als Rechtsanwalt tätig.

Oliver Brummer, Jg. 1963; ist Rechtsanwalt in der PricewaterhouseCoopers Legal Aktiengesellschaft Rechtsanwaltsgesellschaft in Düsseldorf. Er berät Kommunen und Stadtwerke.

Robert Mehrhoff, Jg. 1982; ist Rechtsanwalt bei der PricewaterhouseCoopers Legal Aktiengesellschaft Rechtsanwaltsgesellschaft in Düsseldorf und dort im Bereich Steuern und Recht tätig. Der Schwerpunkt seiner Tätigkeit ist die Beratung von Kommunen und kommunalen Unternehmen. Thematisch betrifft die Beratung von Herrn Mehrhoff insbesondere steuerliche und gesellschafts- sowie umwandlungsrechtliche Fragestellungen. Herr Mehrhoff hat Rechtswissenschaften in Münster studiert und ist seit 2011 als Rechtsanwalt tätig.

Björn Jacob, Jg. 1976; Studium der Rechtswissenschaften an der Universität zu Köln; seit 2002 Rechtsanwalt; seit 2003 bei der PricewaterhouseCoopers Aktiengesellschaft Wirtschaftsprüfungsgesellschaft u.a. im Bereich Energierecht; seit 2005 als Rechtsanwalt für die PricewaterhouseCoopers Legal Aktiengesellschaft Rechtsanwaltsgesellschaft tätig; diverse Fachvorträge und -veröffentlichungen (u.a. in Entflechtung und Regulierung in der deutschen Energiewirtschaft, 3. Auflage, Haufe-Verlag).

Sven-Joachim Otto, Dr. iur., Dipl.-Kfm., Jg. 1969; ist Partner der PricewaterhouseCoopers Aktiengesellschaft Wirtschaftsprüfungsgesellschaft und als Rechtsanwalt für die PricewaterhouseCoopers Legal Aktiengesellschaft Rechtsanwaltsgesellschaft in Düsseldorf tätig. Dort leitet er das Team Recht & Steuern Public Services/Energy, das vor allem Kommunen, Stadtwerke und Energieversorgungsunternehmen in Rechts- und Steuerfragen berät.

Marco G. Prinz ist Vorstand der euroLux AG mit Sitz in Bonn.

Ralf Reuter, Jg. 1969; ist seit 2001 Rechtsanwalt bei der PricewaterhouseCoopers Legal Aktiengesellschaft Rechtsanwaltsgesellschaft in Düsseldorf und dort im Bereich Steuern und Recht tätig. Der Schwerpunkt seiner Tätigkeit ist die energiewirtschaftliche Beratung von Gebietskörperschaften, Energieversorgern und energieintensiven Unternehmen. Zudem ist Ralf Reuter Autor zahlreicher Publikationen und als Referent für Verbände und private Organisationen tätig.

Markus Skeide, Dipl.-Ing. Elektrotechnik, Jg. 1962; Inhaber von SKEIDE-Ingenieurbüro Elektrotechnik in Rheinberg (weitere Niederlassungen in Düsseldorf und Bonn), 20-jährige Erfahrung in der Planung von elektro- und beleuchtungstechnischen Anlagen. Durchführung von Straßenbeleuchtungsprojekten in Bezug auf die energetische Sanierung, angefangen von der Konzeptfindung bis zur Bauleitung, sowie mängelfreien Abnahme in mehr als 80 Städten und Gemeinden (Leistungsphasen 1–9). Weitere Aktionsfelder sind gutachterliche Tätigkeiten, Fördermittelbeschaffung, gerichtsfeste Dokumentationen für die KAG-Erhebung und die ganzheitliche Analyse der gesamten Straßenbeleuchtungsanlage, inklusive Kabelnetzanalysen und Optimierung der gesamten Betriebsunterhaltung in Bezug auf Energieverteiler, Mastsysteme u.m.

Carsten Steinert, Jg. 1975; Studium der Rechtswissenschaften an der Universität Bielefeld sowie der University of Birmingham, England. Seit dem Jahr 2004 ist er als Rechtsanwalt im Bereich des öffentlichen Wirtschaftsrechts tätig. Nach mehrjähriger Tätigkeit bei einer großen deutschen Wirtschaftskanzlei sowie der PricewaterhouseCoopers Legal Aktiengesellschaft Rechtsanwaltsgesellschaft verantwortet Herr Steinert derzeit den Bereich Vergaberecht der Kanzlei BUSE HEBERER FROMM in Düsseldorf. Er berät und vertritt seit vielen Jahren die öffentliche Hand bei der Beschaffung von Bau-, Liefer- und Dienstleistungen insbesondere in europaweiten Vergabeverfahren. Carsten Steinert hält regelmäßig Fachvorträge und veröffentlicht zu aktuellen Themen des öffentlichen Wirtschaftsrechts.

Christian Teuber, Dr. iur., Jg. 1976; ist Rechtsanwalt und bei der PricewaterhouseCoopers Legal Aktiengesellschaft Rechtsanwaltsgesellschaft am Standort Düsseldorf, dort Ansprechpartner für das öffentliche Wirtschaftsrecht (Vergaberecht). Zuvor war er als Rechtsanwalt bei einer mittelständischen Wirtschaftskanzlei in Dortmund tätig. Herr Dr. Teuber hat an der Ruhr-Universität Bochum Rechtswissenschaften studiert und im Anschluss hieran am Bochumer Lehrstuhl für Deutsches und Europäisches Öffentliches Recht von Herrn Prof. Dr. Martin Burgi promoviert.

Christian Wirth, Dr. iur., Jg. 1973; ist Rechtsanwalt in der Kanzlei Winter Rechtsanwälte, in der er das baurechtliche Dezernat führt. Dort berät Christian Wirth Gemeinden sowie Unternehmen bei Bauvorhaben und begleitet gerichtliche Verfahren. Zuvor war er im Bereich Public Services bei der PricewaterhouseCoopers Legal Aktiengesellschaft Rechtsanwaltsgesellschaft in Düsseldorf tätig. Christian Wirth promovierte im öffentlichen Recht und ist seit 2007 als Rechtsanwalt ausschließlich im Baurecht tätig.

Kapitel 1
Die kommunale Straßenbeleuchtung im Wandel – Mehr Licht in Städte und Gemeinden

A. Entwicklung der Straßenbeleuchtung

I. Historie

Vom Altertum bis zum Mittelalter stellte der zentrale Feuerplatz im Dorf einen Ort des Zusammenkommens dar. Im Laufe der Zeit führte die Entdeckung von Fett, Pech, Teer und nachfolgend auch Öl- und Talglampen dazu, das Feuer länger brennen zu lassen und es transportfähig zu machen. Im alten Rom war die Bevölkerung auf das natürliche Licht von Sonne und Mond angewiesen. Nur wenige Bereiche der Stadt waren mit Kerzen, Öl- oder Talglampen ausgestattet, sodass die Straßen in der Nacht dunkel waren. Auch bis zum späten Mittelalter waren die Städte nachts nicht beleuchtet; nur zu besonderen Anlässen, wie z.B. das Sonnenwendfest, gab es Lichtspektakel in Form von offenen Feuern.[1] 1

Erst für das 10. Jahrhundert gibt es in der Stadtgeschichtsforschung Hinweise auf eine öffentliche nächtliche Beleuchtung. Damals sollen in Cordoba Straßenzüge durch die Mauren gepflastert und beleuchtet worden sein. Bis ins 17. Jahrhundert hinein wurde die Bevölkerung immer wieder aufgefordert, in den Wintermonaten brennende Laternen an ihr Haus anzubringen oder Talglampen in ihr Fenster zu stellen, um eine bessere Kontrolle und Nutzung der Straßen zu gewährleisten. Die Kosten für die individuelle Beleuchtung waren jedoch immens, sodass die Bevölkerung eine weitere Gewährleistung nach und nach verweigerte und letztlich eine öffentliche Beleuchtung scheiterte.[2] 2

Ab dem Jahr 1736 wurde London zum Vorreiter der städtischen Straßenbeleuchtung. Die Stadt installierte zunächst 5.000 Öllampen. Durch die rasch ansteigenden Bevölkerungszahlen im 18. Jahrhundert von 200.000 auf 500.000 sah sich die Stadt gezwungen, ihre Infrastruktur umzustellen und errichtete immer neue Straßen und Wege, die jeweils mit einer Beleuchtung versehen waren. Andere europäische Städte folgten mit der Zeit, einerseits um der nächtlichen Kriminalität vorzubeugen und andererseits um Stadtbewusstsein und Fortschritt zu zeigen.[3] 3

1 *Schmidt/Töllner*, S. 16.
2 *Schmidt/Töllner*, S. 16.
3 *Schmidt/Töllner*, S. 16.

II. Entstehung der modernen Straßenbeleuchtung

4 In London wurde bereits im Jahr 1814 eine öffentliche Straßenbeleuchtung mit Leuchtgas eingerichtet, in Berlin erfolgte die Errichtung einer Gasbeleuchtung auf der Straße Unter den Linden im September 1826.[4] Mit zunehmender Bevölkerungszahl stieg auch die Anzahl der Gaslaternen in Berlin rasant.

Entwicklung der Berliner Gas- und Straßenbeleuchtung 1860 bis 1896[5]

Jahr	Einwohner in Tausend	Straßenfläche in Hektar	Gasflammen öffentliche Beleuchtung
1860/61	493	752	4.318
1870/71	774	935	10.786
1880/81	1.113	1.226	12.908
1890/91	1.565	1.418	20.319
1895/96	1.724	1.430	25.322

5 Fast gleichzeitig mit der Gasbeleuchtung begann jedoch auch die elektrische Beleuchtung. Mitte des 19. Jahrhunderts wurde die durch Batterien elektrisch betriebene Lichtbogenlampe erfunden, die für damalige Verhältnisse sehr hell, wartungsintensiv und teuer war. Ihr Licht wurde etwa im Jahre 1850 zur Beleuchtung der Champs-Élysées in Paris und der Tower Bridge in London eingesetzt. Später wurde die Lichtbogenlampe auch großflächiger verwendet, wie z.B. an den Magistralen großer Städte.[6]

6 Als Thomas Alva Edison im Jahre 1879 die Glühlampe erfand, dauerte es nicht lange, bis diese Erfindung auch in der Straßenbeleuchtung Verwendung fand. Durch das Licht der Glühlampe war man nun in der Lage, die Konturen von Gebäuden sowie Lichterketten und Fontänen zu beleuchten, was zu einer noch nie in der Form dagewesenen Beleuchtungsqualität führte.[7]

7 Ein erstes Beleuchtungskonzept des öffentlichen Raums mit städtebaulicher Dimension wurde in der Weltausstellung in Chicago 1893 gezeigt. Dabei ging es um genaue Vorschriften hinsichtlich Höhe, Baustil und Farben der Architektur, um die Beleuchtung so präzise wie möglich zu gestalten. Das Konzept galt neben nächtlicher Helligkeit vor allem der Entstehung einer eigenen Nachtwelt.[8] In den folgenden Jahrzehnten nahm das auf der Weltausstellung vorgestellte Beleuchtungskonzept großen Einfluss auf den amerikanischen Städtebau. Licht sollte nun

4 *Liman*, S. 22.
5 *Liman*, S. 27.
6 *Schmidt/Töllner*, S. 18.
7 *Schmidt/Töllner*, S. 17.
8 *Schmidt/Töllner*, S. 18.

nicht nur Helligkeit spenden, sondern auch Größe zeigen und die Besucher der Stadt beeindrucken. Dies zeigte sich insbesondere in New York, das sich durch Scheinwerfer auf den Hochhäuserspitzen und große Leuchtreklameschriften auszeichnete.[9]

Auch in Berlin, das in den 20er Jahren des 20. Jahrhunderts zu den bestbeleuchteten Städten Europas gehörte, entwickelte sich die Architektur, die das Licht integrierte. In den 1930er Jahren wurde die Stadtbeleuchtung in Deutschland auch zu Propagandazwecken der Nationalsozialisten genutzt; sie vereinnahmten den Begriff der „Lichtarchitektur".[10] 8

Begonnen hatte die elektrische Beleuchtung in Berlin im Jahr 1882 in den Bereichen Potsdamer Platz, Leipziger Straße bis Friedrichstraße.[11] In den Folgejahren wurde die elektrische Straßenbeleuchtung Zug um Zug neben der Gasbeleuchtung weiterausgebaut: 9

Elektrische Straßenbeleuchtung in Berlin[12]

Jahr	Laternen
1882	36
1888	140
1900	568
1914	1.000

Zwischen 1927 und 1934 entwickelte sich die Anzahl der gas- und strombetriebenen Straßenlaternen in Berlin kontinuierlich nach oben. 10

Berlins Bestand an Straßenlaternen[13]

Jahr	Anzahl
1927	10.443
1928	12.271
1929	14.748
1930	15.603
1931	12.372
1932	12.772
1933	13.339
1934	13.633

9 *Schmidt/Töllner*, S. 18.
10 *Schmidt/Töllner*, S. 22.
11 *Liman*, S. 31.
12 *Liman*, S. 31–34.
13 *Liman*, S. 38.

11 Nach den Zerstörungen des Zweiten Weltkriegs erfolgte der Wiederaufbau der Straßenbeleuchtung zunächst im Westteil und Ostteil Berlins getrennt. Nach der Wiedervereinigung ergab eine Erhebung im Jahr 1993 für die Gesamtstadt eine Anzahl von 147.152 Lichtmasten und 180.882 Leuchten.

III. Ausblick

12 Die elektrische Beleuchtung wurde technisch ständig fortentwickelt. Zunächst durch die Entwicklung der Leuchtstofflampe im Jahre 1930, der Natriumdampf-Niederdrucklampe im Jahre 1931 und der Natriumdampf-Hochdrucklampe 1969. Es folgten die Quecksilberdampf-Hochdrucklampen, die auch heute noch in deutschen Städten und Gemeinden weitverbreitet sind, und seit den 80er Jahren des 20. Jahrhunderts die Halogen-Metalldampflampe. Mittlerweile werden zur effizienten Straßenbeleuchtung LED und Halogen-Metalldampflampen verwendet. Die neueste Entwicklung der Hochleistungs-LED muss sich allerdings noch in Bereichen der Alltagstauglichkeit und Wirtschaftlichkeit beweisen.[14]

B. Neuer europäischer Rechtsrahmen und Einstieg in einen ökologischen Umbau

I. Die Ökodesign-Richtlinie

13 Bei ihrer Verabschiedung im Jahr 2005 durch Parlament und Rat der Europäischen Gemeinschaften erfasste die Ökodesign-Richtlinie[15] nur energiebetriebene Produkte, d.h. Produkte, denen zu ihrer bestimmungsgemäßen Funktion Energie in Form von Elektrizität, fossilen Treibstoffen oder erneuerbaren Energiequellen zugeführt werden muss mit Ausnahme von Verkehrsmitteln zur Personen- oder Güterbeförderung. Die Richtlinie 2009/125/EG[16] hat die Ökodesign-Richtlinie neu gefasst und ihren Anwendungsbereich auf alle energieverbrauchsrelevanten Produkte erweitert. Das sind Gegenstände, deren Nutzung den Verbrauch von Energie in irgendeiner Weise

14 *Schmidt/Töllner*, S. 167.

15 RL 2005/32/EG des Europäischen Parlaments und des Rates vom 6.7.2005 zur Schaffung eines Rahmens für die Festlegung von Anforderungen an die umweltgerechte Gestaltung energiebetriebener Produkte und zur Änderung der RL 92/42/EWG des Rates sowie der RL 96/57/EG und 2000/55/EG des Europäischen Parlaments und des Rates, ABl. L 191 v. 22.7.2005, S. 29.

16 RL 2009/125/EG des Europäischen Parlaments und des Rates vom 21.10.2009 zur Schaffung eines Rahmens für die Festlegung von Anforderungen an die umweltgerechte Gestaltung energieverbrauchsrelevanter Produkte, ABl. L 285 v. 31.10.2009, S. 10 (Ökodesign-Richtlinie).

beeinflusst.[17] Damit sind neben Geräten, die mit Energie betrieben werden, zukünftig auch Produkte erfasst, die selbst keine Energie verbrauchen, aber während ihrer Nutzung auf den Verbrauch von Energie einwirken. Unter diese Definition fallen u.a. Isoliermaterialen, Wärmeschutzfenster und Duschköpfe. Auf Verkehrsmittel findet die Richtlinie weiterhin keine Anwendung.

Die Ökodesign-Richtlinie bildet den Rahmen für die Festlegung gemeinschaftli- 14
cher Anforderungen an die umweltgerechte Gestaltung (Ökodesign) energieverbrauchsrelevanter Produkte. Die Richtlinie hat zum Ziel, den freien Verkehr mit energieverbrauchsrelevanten Produkten, die den jeweils geltenden Ökodesign-Anforderungen entsprechen, zu gewährleisten und die von diesen Produkten ausgehenden Umweltauswirkungen so gering wie möglich zu halten. Die Umsetzung der in der Ökodesign-Richtlinie festgelegten Ziele erfolgt über „Durchführungsmaßnahmen“, die in Art. 15 Abs. 1 Ökodesign-Richtlinie festgelegt sind. Hierbei handelt es ich entweder um Verordnungen der Kommission, die unter Einhaltung eines Beteiligungsverfahrens nach Art. 19 Abs. 3 Ökodesign-Richtlinie erlassen werden, oder um Maßnahmen der Selbstregulierung der Industrie.

In den Jahren seit Inkrafttreten der Ökodesign-Richtlinie hat die Europäische 15
Kommission Verordnungen für zwölf Gruppen energiebetriebener Produkte verabschiedet, die ein zeitlich versetztes Inkrafttreten von Produktanforderungen vorsehen. Regelungen über europaweite Ökodesign-Anforderungen u.a. für die Straßenbeleuchtung enthält die Verordnung 245/2009/EG.[18]

II. Nationale Umsetzung in Deutschland

Die Richtlinie 2005/32/EG wurde zunächst durch das Gesetz über die umweltgerech- 16
te Gestaltung energiebetriebener Produkte (EBPG)[19] in nationales Recht umgesetzt. Das EBPG schaffte den Rechtsrahmen für die Anwendung und Durchsetzung europäischer Ökodesign-Anforderungen in Deutschland und regelte insbesondere die Voraussetzungen für die Markteinführung energiebetriebener Produkte sowie die Organisation der Kontrollbefugnisse.[20]

17 Art. 2 Abs. 1 RL 2009/125/EG.

18 VO (EG) Nr. 245/2009 der Kommission vom 18.3.2009 zur Durchführung der RL 2005/32/EG des Europäischen Parlaments und des Rates im Hinblick auf die Festlegung von Anforderungen an die umweltgerechte Gestaltung von Leuchtstofflampen ohne eingebautes Vorschaltgerät, Hochdruckentladungslampen sowie Vorschaltgeräte und Leuchten zu ihrem Betrieb und zur Aufhebung der RL 2000/55/EG des Europäischen Parlaments und des Rates, ABl. L 76 v. 24.3.2009, S. 17.

19 Energiebetriebene-Produkte-Gesetz – EBPG v. 27.2.2008, BGBl. I S. 258.

20 BT-Drucks. 17/6278, S. 8.

17 Durch das Energieverbrauchsrelevante-Produkte-Gesetz (EVPG) vom 16.11.2011[21] wurde später die Richtlinie 2009/125/EG in deutsches Recht umgesetzt und damit auch der Anwendungsbereich des EBPG auf alle energieverbrauchsrelevanten Produkte erweitert.[22]

III. Energieeffizienzplan 2011

18 Der Energieeffizienzplan 2011[23] (EEP 2011) wurde am 8.3.2011 von der Europäischen Kommission als Mitteilung an das Europäische Parlament, den Rat, den Europäischen Wirtschafts- und Sozialausschuss und den Ausschuss der Regionen übergeben. Der EEP 2011 ist Teil der Strategie Europa 2020.[24] Die Kommission bezeichnet Energieeffizienz als Europas größte Energieressource und strebt eine Reduktion des EU-weiten Primärenergieverbrauchs um 20% bis zum Jahr 2020 an. Ohne die Einführung zusätzlicher Mechanismen hält die Kommission zum gegenwärtigen Zeitpunkt jedoch allenfalls eine Reduktion um 10% für realistisch.[25] Im Rahmen des Prozesses „Europa 2020" entwickeln die Mitgliedstaaten zurzeit eigene Energieeffizienz-Zielvorgaben und -Programme. Diese werden dann von der Kommission evaluiert und mit dem Effizienzziel 2020 der EU abgeglichen. Im Jahr 2013 berichtet die Kommission über das Ergebnis der Prüfung und schlägt neue verbindliche Maßnahmen vor, falls die Gefahr der Zielverfehlung weiterbesteht.[26]

19 Nach Auffassung der Kommission könnten u.a. folgende Maßnahmen zur Verbesserung der Energieeffizienz zur Anwendung kommen:

- Verpflichtung der Kommunen pro Jahr mindestens 3% ihrer Gebäude energetisch zu sanieren und das jeweilige Gebäude auf den Stand der besten 10% des nationalen Gebäudebestands zu bringen,[27]
- Vorschläge zur Erleichterung des Einsatzes von Einspar-Contracting durch Kommunen u.a. bei der Erneuerung von Straßenbeleuchtungsanlagen,[28]
- verstärkte Förderung der Fernwärme im Rahmen einer integrierten Stadtplanung,[29]

21 Energieverbrauchsrelevante-Produkte-Gesetz – EVPG v. 27.2.2008, BGBl. I S. 258, das durch Art. 1 des Gesetzes v. 16.11.2011 (BGBl. I S. 2224) geändert worden ist.
22 BT-Drucks. 17/6278, S. 8.
23 KOM (2011) 109.
24 KOM (2010) 2020.
25 KOM (2011) 109, S. 2.
26 KOM (2011) 109, S. 4.
27 KOM (2011) 109, S. 5.
28 KOM (2011) 109, S. 5.
29 KOM (2011) 109, S. 7.

- Erleichterung des Zugangs von Energiedienstleistungsunternehmen zu Finanzierungsmöglichkeiten,[30]
- erweiterter Einsatz der Kraft-Wärme-Kopplung z.B. auch bei Müllverbrennungsanlagen,[31]
- verbindliche regelmäßige Energie-Audits für Großunternehmen,[32]
- Erstellung eines „Weißbuch Verkehr – Strategie zur Effizienzverbesserung, Verkehrsmanagementsysteme und Infrastrukturinvestitionen".[33]

C. Energieeffizienz bietet neue Perspektiven für Städte und Gemeinden

I. Welche Technik ist vorhanden?

In Deutschland gibt es derzeit ca. 9 Mio. Straßenleuchten, auf diese entfallen 30 bis 20
50% des kommunalen Stromverbrauchs und sie verursachen jährlich über 2 Mio. t CO_2.[34] Ein Drittel aller Straßenbeleuchtungen in Deutschland ist älter als 20 Jahre, was bedeutet, dass diese ineffizient und umweltbelastend sind. Durch Modernisierung können Kommunen zum Klimaschutz beitragen, ihren Energieverbrauch herabsetzen, die Beleuchtungsqualität verbessern und vor allem ihre Kosten senken.[35] Das Einsparpotenzial bei Straßenbeleuchtung liegt insgesamt bei ca. 2,7 Mrd. kWh End-Energie, 1,6 Mio. t CO_2 und 400 Mio. € Energiekosten.[36] In vielen Kommunen sind noch über 40% der Leuchten mit den Mitte der 1960er Jahre eingeführten Quecksilberdampflampen ausgestattet.[37] Für diese Kommunen besteht schon jetzt erheblicher Handlungsbedarf, da nach der Ökodesign-Richtlinie[38] Quecksilberdampflampen schon ab 2015 nicht mehr vertrieben werden dürfen.[39]

Weitverbreitet, besonders zur Beleuchtung von Bundes- und Hauptver- 21
kehrsstraßen, sind Natriumdampf-Niederdrucklampen. Ihr orangefarbenes Licht

30 KOM (2011) 109, S. 9.
31 KOM (2011) 109, S. 10.
32 KOM (2011) 109, S. 12.
33 KOM (2011) 109, S. 17.
34 *LUBW*, S. 5.
35 *I PP*, S. 4.
36 *Körber*, Energy 2.0-Kompendium 2009, S. 37.
37 *LUBW*, S. 8
38 RL 2009/125/EG des Europäischen Parlaments und des Rates vom 21.10.2009 zur Schaffung eines Rahmens für die Festlegung von Anforderungen an die umweltgerechte Gestaltung energieverbrauchsrelevanter Produkte, ABl. L 285 v. 31.10.2009, S. 10 (Ökodesign-Richtlinie).
39 *LUBW*, S. 8.

verfälscht jedoch die Farberkennung und ihr Beleuchtungswirkungsgrad ist gering.[40]

22 Auch die immer noch sehr häufig verwendeten stabförmigen Leuchtstofflampen eignen sich eher für die Innen- als für die Straßenbeleuchtung. Ihr Licht kann nur schwer gelenkt werden und die Lichtstärke nimmt bei niedrigen Temperaturen ab.[41]

II. Welche Vorteile bieten neue Techniken?

23 Dem derzeitigen Stand der Technik entsprechen im Wesentlichen drei Lampentypen:

1. Natriumdampf-Hochdrucklampen

24 Diese wurden Mitte der 1980er Jahre eingeführt, haben eine hohe Lichtausbeute und eine lange Lebensdauer. Wegen ihrer gelblichen Farbe werden sie hauptsächlich an Ausfallstraßen und in Industriegebieten eingesetzt. Die Farberkennung ist etwas schlechter als bei weißem Licht, allerdings besser als bei den veralteten Natriumdampf-Niederdrucklampen.[42]

2. Halogenmetalldampflampen

25 Sie leuchten weiß und sind deshalb für Innenstädte geeignet. Ihr Licht lässt sich leicht lenken und hat einen hohen Beleuchtungswirkungsgrad. Nachteilig sind die kürzere Lebensdauer und damit die höheren Kosten dieser Lampen.[43]

3. Kompaktleuchtstofflampen

26 Sie sind energiesparend, leuchten weiß und sind besonders für den Einsatz in Fußgängerzonen und Einkaufsstraßen geeignet, da sie wegen ihrer geringeren Lichtausbeute nicht in zu großer Höhe angebracht werden können. Auch ihre Leuchtkraft lässt bei Kälte nach.[44]

---

40 *LUBW*, S. 8.
41 *LUBW*, S. 8.
42 *LUBW*, S. 9.
43 *LUBW*, S. 9.
44 *LUBW*, S. 10.

4. Einsparpotenziale

Die Stromeinsparpotenziale der neuen Lampentypen sind äußerst beeindruckend. Werden alte stabförmige Leuchtstofflampen gegen Halogenmetalldampflampen oder Natriumdampf-Hochdrucklampen getauscht, so ergibt sich ein Einsparpotenzial von 25–50%. Werden alte Quecksilberdampflampen gegen Natriumdampf-Hochdrucklampen getauscht, so ergibt sich ein Einsparpotenzial von 50%. Tauscht man sie gegen Halogenmetalldampflampen, spart man sogar 55% Strom.[45] 27

Typ	Lichtausbeute / Wirtschaftlichkeit [lm/W]	Potenzial [lm/W]	Nutzlebensdauer [h]	Farbwiedergabeindex	Farbe
Natriumdampf-Hochdrucklampen	90 – 150	150	16.000	20 – 40	gelb
Halogen-Metalldampflampen	100 – 120	150	6 – 10.000	80 – 90	weiß
Kompaktleuchtstofflampen	80	bis 110	6 – 12.000	80 – 90	weiß
Leuchtstofflampen	100	bis 120	18.000**	80	weiß
Quecksilberdampflampen	50	50	8.000	40 – 60	weiß
LED-Komponente	100	175	> 50.000	80 – 90	weiß
LED (System)	70*	120	~ 30.000	80 – 90	weiß

** Stand 2008; 2010: 100 lm/W ** am EVG*

Lampentypen und ihre Eigenschaften[46]

Veraltete Technologie	Neue Technologie	Effizienzsteigerung [lm/W in %]
Leuchtstofflampen	Halogen-Metalldampflampen	ca. 25
Quecksilberdampflampen	Natriumdampf-Hochdrucklampen Plug-In	ca. 10 – 15
Quecksilberdampflampen	Natriumdampf-Hochdrucklampen	ca. 40 – 45
Quecksilberdampflampen	Halogen-Metalldampflampen	ca. 45

Steigerung der Effizienz bei Lampenwechsel ohne Leuchtenwechsel[47]

III. Zukunftstechnologie LED

Straßenleuchten mit LED-Technik sind derzeit für den großflächigen Einsatz noch zu teuer. Ihre Entwicklung schreitet jedoch rasant voran, sodass sich dies in wenigen Jahren ändern könnte. Die wesentlichen Vorteile der LED-Leuchten liegen in der exakten Lichtlenkung, der extrem langen Lebensdauer von 30.000 Stunden (gegenüber 16.000 Stunden bei Natrium-Hochdrucklampen) und im geringen Wartungsaufwand.[48] 28

---

45 *LUBW*, S. 12.
46 Bayerisches Staatsministerium, Energieeffiziente Modernisierung der Straßenbeleuchtung.
47 Bayerisches Staatsministerium, Energieeffiziente Modernisierung der Straßenbeleuchtung.
48 *IPP*, S. 8.

29 Weitere Vorteile der LED-Technik beschreibt das Sustainable Business Institute in einer Studie aus dem Jahr 2009:[49]

> „In ihrer Wirkung ist die LED steuerbar und individualisierbar: d.h. die Beleuchtung kann an den jeweils einzelnen Nutzer oder auch an den jeweils wechselnden Lichtbedarf angepasst werden. Die Individualisierbarkeit des Lichts ist ein wesentlicher Vorteil der LED im Vergleich zu konventioneller Beleuchtung. Mit einer Steuerungstechnik ausgestattet können LEDs über Sensoren bedarfsgerecht (an)gesteuert werden. Solche Steuerungen lassen sich für den Außenbereich wie auch im Innenbereich nutzen. So können mit LEDs Fassaden gezielt angeleuchtet bzw. in diese integriert werden. Experten erwarten daher von der zukünftigen LED-Technologie eine bedarfsgerechte, selbstregelnde, automatisierte Lichtsteuerung, die intelligent, kommunikativ sowie multifunktional ist. Ein Spezifikum der LED besteht darin, dass auch die Lichtfarbe präzise auf die Bedürfnisse des Menschen abgestimmt werden kann. Experten gehen davon aus, dass sich so das Wohlbefinden und die Konzentrationsfähigkeit der Nutzer erhöhen lassen. Die Akzeptanz von LED-Leuchten wurde u.a. durch den Fachbereich Lichttechnik der TU Darmstadt von Herbst 2008 bis Frühjahr 2009 untersucht. Verkehrsteilnehmer wurden nach ihrer Wahrnehmung unterschiedlicher Farben bei der Straßenbeleuchtung befragt. Die Studie zeigte eine positive Resonanz auf die Leuchten mit LED-Technologie: die Befragten tendierten deutlich zu dem weißen LED-Licht".

D. Konkrete Schritte zu einer effizienteren Beleuchtung

I. Status quo-Analyse

30 Für eine erfolgreiche Erneuerung der Straßenbeleuchtung ist es unbedingt erforderlich, sich zunächst einen genauen Überblick über den Bestand zu verschaffen. Zu erfassen sind sowohl rein technische Angaben wie Standort, Wattage der Lampe, Typ und Alter der Leuchte, Typ des Vorschaltgeräts, Zustand der Masten[50] als auch ästhetische Aspekte, wie Lichtfarbe und Verwendungsort sowie Sicherheitsaspekte. Sodann sollte eine Ordnung nach Leuchtentypen und Anzahl vorgenommen werden.

31 In einem zweiten Schritt sollte der Modernisierungsbedarf anhand der einschlägigen gesetzlichen Vorschriften und DIN-Normen ermittelt werden.[51] An dieser Stelle sollten einzelne Erneuerungsmaßnahmen priorisiert und Erneuerungsalternativen

---

49 *SBI*, S. 11.
50 *IPP*, S. 15.
51 Siehe u.a. RL 2009/125/EG, VO (EG) Nr. 245/2009 der Kommission v. 18.3.2009, DIN EN 13201 Teil 1–4=Straßenbeleuchtung: Teil 1 Auswahl der Beleuchtungsklassen, Teil 2 Gütemerkmale, Teil 3 Berechnung der Gütemerkmale, Teil 4 Methoden zur Messung der Gütemerkmale von Straßenbeleuchtungsanlagen; DIN 5044-1, Ortsfeste Verkehrsbeleuchtung; Beleuchtung von Straßen für den Kraftfahrzeugverkehr; DIN 67523-1, Beleuchtung von Fußgängerüberwegen (Zeichen 93 StVO) mit Zusatzbeleuchtung – allgemeine Gütemerkmale und Richtwerte und DIN 67523-2, Beleuchtung von Fußgängerüberwegen (Zeichen 293 StVO) mit Zusatzbeleuchtung – Berechnung und Messung.

identifiziert und bewertet werden. Zu diesem Zeitpunkt erfolgt bereits eine erste, überschlägige Kostenschätzung.

Hierbei gilt der Grundsatz: Ineffiziente Lampen, die in wenigen Jahren nicht mehr erhältlich sein werden, sollten erneuert werden. Bereits nicht mehr erhältlich sind Halophosphat-Leuchtstofflampen (seit 2010) und weniger effiziente Natriumdampf-Hochdrucklampen (seit 2012). Ab 2015 werden keine Quecksilberdampflampen mehr vertrieben, außerdem endet der Verkauf von Natriumdampf-Hochdruck-Plug-In-Lampen. Ab 2017 gelten erhöhte Anforderungen für Halogen-Metalldampflampen und der Verkauf konventioneller Vorschaltgeräte endet. Generell gilt auch, dass alle Leuchten erneuert werden sollten, die älter als 33 Jahre sind. Bei der Erneuerung sollte auf eine Vereinheitlichung der Leuchtentypen geachtet werden, da dies den späteren Wartungsaufwand erheblich senkt. 32

II. Erstellen eines Modernisierungsplans

Der Modernisierungsplan enthält Regeln für die angestrebte Modernisierung. Hier wird im Einzelnen festgelegt, welche Leuchten- und Lampentypen ausgetauscht werden sollen und in welcher zeitlichen Reihenfolge dies erfolgen soll.[52] Hierbei ist es sinnvoll, Regeln für die Modernisierung aufzustellen. So bietet es sich z.B. an, Leuchten nach Alter und Lampen nach Typen auszutauschen. Ein Vorgehen nach einzelnen Lichtpunkten ist anzuraten. Hierbei ist sowohl zu entscheiden, ob ein Lichtpunkt sofort oder später erneuert wird und es empfiehlt sich auch, bereits einen festen Zeitpunkt für eine erneute Überprüfung des entsprechenden Lichtpunktes festzulegen. Die Gesamtmaßnahme sollte in Phasen aufgeteilt und jeder Lichtpunkt einer Phase zugeordnet werden. 33

III. Prüfung von Finanzierungsmöglichkeiten

Die Finanzierungsplanung ist ein besonders wichtiger Schritt im Verfahren der Erneuerung der Straßenbeleuchtung. Hier soll frühzeitig erwogen werden, ob bei der Größe des Vorhabens die Hinzuziehung externer Berater, z.B. eines Lichtplaners, sinnvoll ist. Es ist abzuwägen, ob das Vorhaben aus dem kommunalen Haushalt finanzierbar sein wird, ggf. unter Inanspruchnahme günstiger Kommunalkredite. Hierzu ist eine genauere Kostenschätzung vorzunehmen. 34

Das Vorliegen der Voraussetzungen von Förderprogrammen von Land-, Bund und Europäischer Gemeinschaft ist zu prüfen. Auch die Einbindung eines Contractors kann 35

52 *IPP*, S. 17.

sinnvoll sein, weil dieser neben der notwendigen Finanzierung auch viel technisches Know-how mitbringt.[53] Sowohl Eigenfinanzierungs- als auch Contractingmodelle haben Vor- und Nachteile. Einige von ihnen sollen an dieser Stelle erwähnt werden:

	Vorteile	Nachteile
Eigenfinanzierung aus dem kommunalen Haushalt	• Verantwortung für die Beleuchtung bleibt in kommunaler Hand • Kommune kann ihren Zugang zu zinsgünstigen Krediten nutzen • Know-how bleibt der Kommune erhalten	• Belastung des Vermögenshaushalts • externe Expertise muss gegebenenfalls zusätzlich eingebunden und finanziert werden • mögliche Beitragspflicht der Anlieger aufgrund der Straßenausbaubeitragssatzung nach dem Kommunalabgabengesetz
Contracting	• Contractor ist mit Thema vertraut und übernimmt Teil des Finanzierungsrisikos • Entlastung des Vermögenshaushalts • Modernisierung auch möglich, wenn eine Kommune sie nicht selbst finanzieren kann • Kommunalverwaltung wird von Aufgaben entlastet • Modernisierungsmaßnahmen müssen nicht auf die Anlieger bestimmter Straßenzüge umgelegt werden	• Verpflichtungen des Contractors müssen vertraglich sehr klar fixiert werden • Contractor ist eher an Standardlösungen interessiert • zur Ermittlung der erzielten Einsparungen können aufwändige Messungen des Ausgangsverbrauchs sowie Kontrollmessungen erforderlich sein • Möglichkeiten können durch vertragliche Bindungen an Energieversorger begrenzt sein

Eigenfinanzierung und Contracting – Vor- und Nachteile[54]

IV. Genehmigungsplanung

36 Das Vorliegen aller notwendigen Genehmigungen ist zu prüfen und, falls erforderlich, eine Genehmigungsplanung zu erstellen. Bei der Genehmigungsplanung werden Vorlagen für die nach den öffentlich-rechtlichen Vorschriften erforderlichen Genehmigungen oder Zustimmungen erarbeitet. Hierzu gehören auch Anträge auf Ausnahmen und Befreiungen sowie ggf. notwendige Verhandlungen mit Behörden. Vor der Einreichung der Unterlagen müssen sämtliche Planungsunterlagen, Beschreibungen und Berechnungen vervollständigt und angepasst werden.

V. Ausführungsplanung

37 Im Rahmen der Ausführungsplanung erfolgt die Erstellung eines detaillierten Leistungsverzeichnisses, das Grundlage für die spätere Ausschreibung ist und alle technischen Einzelheiten enthält.

53 *IPP*, S. 17.
54 Bayerisches Staatsministerium, Energieeffiziente Modernisierung der Straßenbeleuchtung.

Die HOAI[55] sieht für die Ausführungsplanung folgende Schritte vor: 38

- Durcharbeiten der Ergebnisse der vorangegangenen Leistungsphasen (stufenweise Erarbeitung und Darstellung der Lösung) unter Berücksichtigung aller fachspezifischen Anforderungen und Verwendung der Beiträge anderer an der Planung fachlich Beteiligter bis zur ausführungsreifen Lösung,
- zeichnerische und rechnerische Darstellung des Objekts mit allen für die Ausführung notwendigen Einzelangaben einschließlich Detailzeichnungen in den erforderlichen Maßstäben,
- Erarbeiten der Grundlagen für die anderen an der Planung fachlich Beteiligten und Integrieren ihrer Beiträge bis zur ausführungsreifen Lösung,
- Fortschreiben der Ausführungsplanung während der Objektausführung.

Spätestens zu diesem Zeitpunkt wird für die meisten Kommunen die Hinzuziehung 39
eines qualifizierten Fachplaners erforderlich sein, der auf Nachhaltigkeit und Qualität der Produkte achtet, die Kompatibilität einzelner Komponenten sicherstellt und ggf. die Auswahl geeigneter Fachbetriebe zur Teilnahme an einem Wettbewerb unterstützt.[56] Im Falle der Beauftragung eines Contractors wird diese Leistungsphase von diesem übernommen.[57]

55 Anlage 12 Nr. 5 HOAI zu § 42 Abs. 1 und § 46 Abs. 2.
56 *LUBW*, S. 15.
57 Siehe Kap. 8 Rn 15

Kapitel 2
Aufgabenumfang, Gestaltungsmöglichkeiten

Die Beleuchtung von Straßen, Wegen und Plätzen kostet Geld und ist insbesondere aufgrund der notwendigen Wartungs- und Sanierungsarbeiten aufwendig. Deshalb stellt sich die Frage, wer eigentlich für die Beleuchtung **zuständig** ist bzw. ob und wann dies zur **Pflicht** wird. 1

Muss im einzelnen Fall eine Pflicht zur Beleuchtung angenommen werden, ist im Anschluss daran zu klären, wie diese Beleuchtungspflicht tatsächlich **erfüllt** wird und welche **Maßnahmen** zur Aufrechterhaltung erforderlich sind. 2

A. Beleuchtungsverpflichtung für Straßen und Wege

Eine Pflicht zur Beleuchtung kann sich aus unterschiedlichen Rechtsquellen ergeben. Im Folgenden wird zunächst die „Straßenbeleuchtungspflicht" als selbstständige öffentliche Aufgabe im Rahmen der **kommunalen Daseinsvorsorge** betrachtet, anschließend wird auf die in den vier Bundesländern Berlin, Baden-Württemberg, Sachsen und Bayern bestehenden **gesetzlichen Pflichten** zur Straßenbeleuchtung in den jeweiligen Landes-Straßengesetzen eingegangen; hiernach wird dargestellt, wie die **allgemeine Verkehrssicherungspflicht** zu einer Beleuchtungsverpflichtung führt. Abschließend wird auf den jeweiligen **Umfang** der Straßenbeleuchtungspflicht eingegangen. Unter „Straßenbeleuchtung" soll dabei, soweit nicht gesondert darauf eingegangen wird, die Beleuchtung von öffentlichen Straßen, Wegen und Plätzen verstanden werden. 3

I. Die allgemeine Straßenbeleuchtung als Angelegenheit der kommunalen Daseinsvorsorge

Ausgangspunkt der Überlegung, inwiefern die Kommunen überhaupt zur Beleuchtung von Straßen, Wegen und Plätzen zu sorgen haben, ist der Sinn und Zweck der Straßenbeleuchtung. Als allgemein anerkannt können bereits die folgenden „guten Gründe" bezeichnet werden. So dient die Straßenbeleuchtung der Verbesserung der **Verkehrssicherheit** auf den Straßen, Wegen und Plätzen. 4

Beispiel
Eine ausreichend ausgeleuchtete Straße beugt Unfällen vor. Die menschliche Sehleistung nimmt bei eintretender Dunkelheit deutlich ab; während bei Tageslicht Beleuchtungsstärken von 5.000 Lux (lx) bis 100.000 lx vorherrschen, werden in mondhellen Nächten gerade mal 0,25 lx er-

reicht.[1] Zwar passt sich das Auge an die Lichtverhältnisse an, dies geschieht aber auf Kosten u.a. der Kontrastschärfe und Sehschärfe. Um andere Fahrzeuge oder Gefahrenstellen erkennen zu können, muss der Kontrast wahrgenommen werden können. Die Sehschärfe bestimmt den Grad der Detailerkennung. Je heller die Umgebung desto schärfer und schneller erkennt das Auge andere Objekte.

Wie Studien gezeigt haben, wirkt sich die Beleuchtung des öffentlichen Straßenraums auch positiv auf die Gewährleistung der allgemeinen **Sicherheit und Ordnung** in deren unmittelbarer Nähe aus. Darüber hinaus fördert sie mittelbar auch das **kulturelle** sowie **wirtschaftliche Gemeindeleben**.

Beispiel

„Die Universität Cambridge führte im Jahre 2000 zwei Forschungsprojekte über die Auswirkungen von Straßenbeleuchtung auf die Kriminalitätsrate durch. In Dudley sank die Kriminalität im untersuchten Bereich um 41%, in einem Kontrollbereich hingegen nur um 15%. In Stoke ging die Kriminalitätsrate im untersuchten Bereich um 43% und in zwei angrenzenden Gebieten um 45% zurück. In zwei Kontrollgebieten war sie nur um 2% rückläufig. Die Wissenschaftler kamen zu dem Schluss, dass die finanziellen Einsparungen durch eine niedrigere Kriminalität die Kosten für die verbesserte Straßenbeleuchtung nach einem Jahr um das 2,4- bis 10-Fache überschritten."[2]

5 Für alle öffentlichen Angelegenheiten im gemeindlichen Wirkungskreis, die nicht einem anderen Aufgabenträger ausdrücklich zugewiesen sind, sind grundsätzlich die Städte und Gemeinden aufgrund ihrer sog. **Allzuständigkeit** zuständig. Damit ist die Gemeinde insbesondere für die öffentlich-rechtliche Aufgabe „Straßenbeleuchtung" im Rahmen der **kommunalen Daseinsvorsorge** zuständig.

1. Straßenbeleuchtung als gemeindliche Aufgabe

6 Schon lange besteht der Grundsatz, dass aus der **Straßenbaulast** nicht zugleich die Beleuchtungspflicht des Trägers folgt.[3] Die öffentlichen Straßen, Wege und Plätze bei Dunkelheit zu beleuchten, ist – unabhängig von dem Vorhandensein von Gefahrenquellen – vielmehr eine selbstständige öffentliche Aufgabe im Rahmen der **Daseinsvorsorge**.[4] In diesem Sinne kann von einer „allgemeinen Beleuchtung" gesprochen werden.

1 Broschüre licht.wissen 03 von licht.de, Fördergemeinschaft Gutes Licht, S. 2, abrufbar unter http://www.licht.de/fileadmin/Publikationen_Downloads/1403_LW03_Strassen_Wege_Web.pdf.

2 http://www.lighting.philips.de/lightcommunity/trends/white_light/security.wpd.

3 Vgl. PrOVG 54, 335; 56, 345.

4 BayVGH NJW 1991, 2660.

Zwar wäre es denkbar, die Aufgabe der Straßenbeleuchtung per se dem jeweiligen Straßenbaulastträger zuzuweisen. Denn die zum Straßenunterhalt verpflichtende Straßenbaulast beinhaltet zumindest auch die Beseitigung von Verkehrshindernissen und Erschwerungen des Verkehrs auf den öffentlichen Straßen im Interesse der Sicherheit oder Leichtigkeit des Verkehrs. Hierunter muss aber vielmehr das tatsächliche **Beiseiteschaffen von Gegenständen** verstanden werden. So wird in diesem Zusammenhang die verkehrsmäßige Reinigung der Straßen von Ästen, Geröll, aufgebrachter Erde sowie ausgelaufenen Kraftstoffen oder Öl begründet.[5] 7

Die Straßenbeleuchtung bewirkt zwar auch, dass Gefahrensituationen von den Verkehrsteilnehmern **rechtzeitig** erkannt werden können, dem Straßenbaulastträger eine so weitreichende Aufgabe der Gefahrenbeseitigung aufzubürden, erscheint jedoch überzogen. Dies bereits deshalb, weil grundsätzlich davon ausgegangen werden muss, dass zunächst der Verkehrsteilnehmer selbst für eine ausreichende Wahrnehmung der Verkehrslage durch Beleuchtungsmittel am Fahrzeug sorgen kann. 8

Der Ursprung der öffentlichen Straßenbeleuchtung ist vielmehr auf die staatlich übernommene **Gewährleistung der öffentlichen Sicherheit und Ordnung** zurückzuführen. Der Schutz dieser Güter ist seit jeher eine polizeiliche Aufgabe und gehört damit zum Bereich der Gefahrenabwehr. Diese wiederrum ist nach dem grundgesetzlichen Kompetenzverteilungssystem den Ländern und Gemeinden zugewiesen. Selbst wenn einzelnen Regelungen der Straßen- und Wegegesetze in erster Linie gefahrenabwehrrechtlicher Charakter zukam und auch heute noch zukommt, war es die örtliche Polizeibehörde, die zum Schutz der Verkehrsteilnehmer, gleich ob als Fahrzeugführer oder Fußgänger, Straßen oder Plätze beleuchtete. 9

Mit dem heutigen Verständnis des öffentlichen Raums als **Ort der Kommunikation** und als **Entfaltungsraum** von Menschen tritt ein weiterer gewichtiger Aspekt der Straßenbeleuchtung neben den (originären) Gesichtspunkt der Gefahrenabwehr. Die Beleuchtung von Straßen und Plätzen fördert nach heutiger Auffassung das gemeindliche Leben, belebt die wirtschaftlichen, kulturellen und gesellschaftlichen Bestrebungen, hebt die Bequemlichkeit der Bürger und das Ansehen der Gemeinde.[6] *Konzepte* zum Ausleuchten von Straßen- und Stadträumen dienen damit auch der Attraktivität des Standortes. Dahinter steht die Erkenntnis, dass der Wohlstand einer Kommune und damit einhergehend auch das Maß der Aufgabenerfüllung vom Zuzug von Bürgern und der Ansiedlung von Industrie und Wirtschaft abhängt. 10

In den Straßengesetzen der Bundesländer Berlin, Bayern, Sachsen und Baden-Württemberg sind solche ausdrücklichen Verpflichtungen im Hinblick auf die Be- 11

5 OLG Düsseldorf, Urt. v. 17.2.1994 – 18 U 175/93 – NVwZ-RR 1995, 2, 3.
6 So OVG Rheinland-Pfalz, Urt. v. 26.9.1985 – 1 A 89/84 – NJW 1986, 953.

leuchtung von Straßen erfolgt.[7] Die Voraussetzungen sind in allen vier Gesetzen die gleichen: Die Gemeinde wird verpflichtet, es handelt sich um **öffentliche Straßen** innerhalb der **geschlossenen Ortslage** und die Pflicht steht unter dem **Vorbehalt des Zumutbaren**.

12 Die Überschriften der jeweiligen Vorschriften „Straßenbaulast" zeigen, dass hier die Straßenbeleuchtung **abweichend** von dem sonst geltenden Grundsatz als Teil der Straßenbaulast verstanden wird. Beim Beispiel des § 7 Abs. 5 Berl StrG ergeben sich auch deshalb schon keine praktischen Probleme, da Berlin Trägerin kommunaler Aufgaben und Trägerin der Straßenbaulast zugleich ist.[8]

13 Das bayerische Straßen- und Wegegesetz (BayStrWG) hingegen stellt bereits in seinem § 9 Abs. 3 S. 1 klar, dass eine Beleuchtung von Straßen und Wegen nicht Teil der Straßenbaulast ist. So gehöre zur Straßenbaulast gem. Abs. 1 eben nicht das Schneeräumen, das Streuen bei Schnee- oder Eisglätte, die Reinigung sowie die Beleuchtung.

14 Im Fall der oben gezeigten landesstraßenrechtlichen Sonderregelungen kann die dort jeweils aufgeführte Pflicht der Gemeinde zur Beleuchtung als **polizeiliche Beleuchtungspflicht** bezeichnet werden. Das folgt aus der originären Rechtsnatur der Landesstraßengesetze als Regelungen zur Gefahrenabwehr. Die Gemeinden nehmen insofern den polizeilichen Wirkungskreis des kommunalen Aufgabenbereichs wahr.

2. Grenze der privilegierten kommunalen Daseinsvorsorge

15 Ist insoweit die Straßenbeleuchtungspflicht von der Straßenbaulast entkoppelt und damit Gegenstand der kommunalen Daseinsvorsorge, wird diese Verpflichtung wiederum begrenzt. So besteht zwar nach § 51 BayStrWG die ausdrücklich polizeiliche Aufgabe der Gemeinde zur ausreichenden Beleuchtung, diese steht dabei aber unter dem ausdrücklichen **Vorbehalt** der dringenden Erforderlichkeit und der Subsidiarität.

a) Art. 51 Abs. 1 BayStrWG

16 Deutlich wird der bayerische Landesgesetzgeber in seinem Art. 51 Abs. 1 S. 1 BayStrWG zur Gefahrenabwehr auf öffentlichen Straßen innerorts:

> „Zur Aufrechterhaltung der öffentlichen Sicherheit und Ordnung haben die Gemeinden innerhalb der geschlossenen Ortslage nach ihrer Leistungsfähigkeit die öffentlichen Straßen zu beleuchten, zu reinigen, von Schnee zu räumen und alle gefährlichen Fahrbahnstellen, die Fuß-

---

7 Art. 51 Abs. 1 S. 1 BayStrWG; § 41 Abs. 1 S. 1 StrG BW, § 7 Abs.5 Berl StrG, § 51 Abs. 1 SächsStrG.
8 Kodal/Krämer/*Bauer*, Kap. 41 Rn 44.

gängerüberwege und die Gehbahnen bei Glätte zu streuen, wenn das dringend erforderlich ist und nicht andere auf Grund sonstiger Rechtsvorschriften (insbesondere der Verkehrssicherungspflicht) hierzu verpflichtet sind."

Die zahlreichen **Einschränkungen** sind in gesetzestechnischer Hinsicht der notwendige Ausgleich für Verpflichtungen zu kostenauslösenden Maßnahmen wie der Beleuchtung. 17

Beispiel
- öffentliche Straße innerhalb der geschlossenen Ortslage,
- nach ihrer Leistungsfähigkeit,
- und dringend erforderlich,
- keine Verpflichtung aufgrund sonstiger Rechtsvorschriften.

Die Vorschrift regelt nur die Beleuchtung von **öffentlichen Straßen** innerhalb der 18
geschlossenen Ortslage. Sie ist Teil des Gemeindegebiets, das in geschlossener oder offener Bauweise zusammenhängend bebaut ist. Dieser Bebauungszusammenhang wird in erster Linie durch den Bestand von Bauwerken vermittelt. Einzelne unbebaute Grundstücke, einseitige Bebauung oder nicht bebaubares Gelände unterbrechen dabei nicht per se den Zusammenhang.

Die Bezugnahme auf öffentliche Straßen zeigt, dass diese Vorschrift auch für 19
alle sonstigen öffentlichen Straßen (hier i.S.d. §§ 53ff. BayStrWG) gelten soll. Damit besteht die polizeiliche Beleuchtungspflicht grundsätzlich auch für Ortsdurchfahrten von Bundes-, Staats- bzw. Landes- und Kreisstraßen.

Wann die **Grenze der Leistungsfähigkeit** erreicht ist bzw. wann von einer 20
dringenden Erforderlichkeit ausgegangen werden kann, muss im **Einzelfall** festgestellt werden. Insofern kann aber die Rechtsprechung zur Streu- und Räumpflicht wichtige Orientierungspunkte liefern.

So urteilte etwa das LG Coburg, Urt. v. 11.5.2011 – 13 O 678/10 – zur **Streu- und** 21
Schneeräumpflicht:

„Inhalt und Umfang der winterlichen Räum- und Streupflicht auf öffentlichen Straßen unter dem Gesichtspunkt der Verkehrssicherung richten sich jedoch nach den Umständen des Einzelfalls. Art und Wichtigkeit des Verkehrswegs sind dabei ebenso zu berücksichtigen wie seine Gefährlichkeit und die Stärke des zu erwartenden Verkehrs. Die Räum- und Streupflicht besteht also nicht uneingeschränkt. Sie steht vielmehr unter dem Vorbehalt des Zumutbaren, wobei es auch auf die Leistungsfähigkeit des Sicherungspflichtigen ankommt. Grundsätzlich muss sich der Straßenverkehr auch im Winter den gegebenen Straßenverhältnissen anpassen. Der Sicherungspflichtige hat aber durch Schneeräumen und Streuen mit abstumpfenden Mitteln die Gefahren, die infolge winterlicher Kälte für den Verkehrsteilnehmer bei zweckgerichteter Wegebenutzung und trotz Anwendung der im Verkehr erforderlichen Sorgfalt bestehen, im Rahmen und nach Maßgabe der vorgenannten Grundsätze zu beseitigen. Für den Bereich innerhalb geschlossener Ortschaften ist allgemein anerkannt, dass die Fahrbahnen der Straßen an verkehrswichtigen gefährlichen Stellen bei Glätte zu bestreuen sind. Für Fußgänger müssen innerhalb der geschlossenen Ortschaft die belebten, über die Fahrbahn führenden unentbehrlichen Fußgängerüberwege gestreut werden (...). Für den Bereich öffentlicher Parkplätze gilt, dass auf diesen bei winterlicher Glätte die von den Kraftfahrzeugen befahrenen Teile im Interesse der Fahrzeugführer nur gestreut werden müssen, wenn die Fahrzeugbenutzer diese Teile nicht nur wenige Schritte als Fußgänger betreten müssen und es sich um einen belebten Parkplatz handelt (vgl. BGH NJW 1966, 202f.)"

22 Auch die **Streu- und Räumpflicht** steht unter dem Vorbehalt der Leistungsfähigkeit und *„im Rahmen der Zumutbarkeit"* der Gemeinde. Damit gilt der Maßstab der Verhältnismäßigkeit aus Art. 20 Abs. 1 GG. Die Straßenbeleuchtung muss deshalb an der konkreten Stelle geeignet, erforderlich und angemessen sein. Geeignet ist sie, wenn sie Gewähr dafür liefert, dass eine potenzielle Gefährdung für die Nutzer der Straße mit einiger Wahrscheinlichkeit verhindert werden kann. Das setzt voraus, dass vorab die **Beschaffenheit** der potenziellen Gefahren geklärt worden ist. Denn nur so kann im nächsten Schritt geprüft werden, welche Maßnahmen im konkreten Fall überhaupt Abhilfe schaffen können. Erforderlich ist die jeweilige Beleuchtungsmaßnahme dann, wenn es kein **milderes Mittel** als ihre Herstellung und Einrichtung gibt. Schließlich ist im Rahmen der Angemessenheit eine Abwägung zwischen der abzuwendenden Gefahr und dem finanziellen Aufwand für die Gemeinde vorzunehmen. Sofern eine bestimmte Maßnahme außer **Verhältnis** zur Bewältigung der Gefahr steht, muss sie nicht durchgeführt werden. Die wirtschaftliche Lage des Pflichtigen kann hier berücksichtigt werden, sofern festzulegen ist, welches von mehreren geeigneten Mitteln zur Gefahrenabwehr gewählt werden kann.

23 Der Einwand der „leeren Kassen" ist auf dieser Ebene allerdings nicht zu berücksichtigen. Es kommt maßgeblich darauf an, welche organisatorischen Maßnahmen im Rahmen der Interessenabwägung erwartet werden dürfen. So soll grundsätzlich der Hinweis der Gemeinde auf einen Mangel an Arbeitskräften und auf den Mangel an Finanzmitteln keine ausschlaggebende Bedeutung beizumessen sein. Eine Gefahr für Leib und Leben wird innerhalb dieser Wertung gegenüber möglichen Gefahren für reine Sachwerte die Schwelle für die Leistungsfähigkeit in finanzieller und technischer Hinsicht senken. Je **wahrscheinlicher** der Eintritt einer Gefahr für Leib und Leben oder Sachwerte an einer Stelle ist, desto eher ist diese Stelle der Straße zu beleuchten.

24 Dringend erforderlich ist nach diesen Maßstäben die Straßenbeleuchtung dann, wenn eine Gefahr nicht auch durch **andere Maßnahmen** verhindert werden kann, vielmehr noch: wenn gerade die Ausleuchtung die größte Wahrscheinlichkeit für die Gefahrenabwehr vermuten lässt.

25 Der bayerische Landesgesetzgeber hat die polizeiliche Beleuchtungspflicht subsidiär ausgestaltet, da sie entfällt, wenn andere aufgrund sonstiger Rechtsvorschriften, insbesondere **Verkehrssicherungspflichten**, zur Beleuchtung verpflichtet sind. Verkehrssicherungspflichtig kann, wie später noch gezeigt wird, die Gemeinde selbst oder jemand anderes sein.

Hierzu konkretisiert die Bekanntmachung des Bayerischen Staatsministeriums des Innern vom 16.9.1982, Ziff. 46.1: 26

> „Die Abs. 1 – 3 haben subsidiären Charakter. Die Verpflichtungen im Rahmen der Verkehrssicherung aufgrund des Art. 51 Abs. 4 und 5, des Art. 16, des § 7 Abs. 3 FStrG und des § 32 Abs. 1 StVO sind vorrangig zu erfüllen. Verkehrssicherungspflichtig ist, wer eine Straße dem Verkehr zur Verfügung stellt, dadurch eine Gefahrenlage schafft, sie andauern lässt und rechtlich und tatsächlich zur Gefahrenabwehr in der Lage ist, weil er die Verfügungsgewalt über das Wegegrundstück innehat."

b) § 41 Abs. 1 S. 1 StrG BW

Der achte Abschnitt des baden-württembergischen Straßengesetzes enthält mit § 41 Abs. 1 S. 1 StrG BW ebenfalls eine Norm, die den Gemeinden *„im Rahmen des Zumutbaren"* als **öffentlich-rechtliche Pflicht** die Beleuchtung von Straßen innerhalb der geschlossenen Ortslage auferlegt. 27

> „Den Gemeinden obliegt es im Rahmen des Zumutbaren als öffentlich-rechtliche Pflicht, Straßen innerhalb der geschlossenen Ortslage einschließlich der Ortsdurchfahrten zu beleuchten, zu reinigen, bei Schneeanhäufungen zu räumen sowie bei Schnee- oder Eisglätte zu bestreuen, soweit dies aus polizeilichen Gründen geboten ist; dies gilt auch für Ortsdurchfahrten im Zuge von Bundesstraßen."

§ 41 StrG BW regelt die der Gemeinde obliegende Pflicht, im Rahmen ihrer Verant- 28
wortung im örtlichen Bereich für die Gefahrenbeseitigung zu sorgen.[9] Die Regelung des § 41 StrWG BW ist vom Wortlaut her rein **polizeirechtlicher** Natur.[10] Diese Auslegung bezüglich der Beleuchtungspflicht wird zudem untermauert von Abs. 5 derselben Vorschrift, wonach die Gemeinde dann, wenn sie auf die tatsächliche Abwälzung ihrer Pflichten auf die Anlieger (Abs. 2) verzichtet, von diesen Gebühren erheben kann, was allerdings gerade nicht für den Fall der Beleuchtung gilt.

> „Wenn die Gemeinde die ihr nach Absatz 1 obliegenden Verpflichtungen, ausgenommen die Verpflichtung zur Beleuchtung, selbst erfüllt, kann sie von den Straßenanliegern insoweit Gebühren erheben, als sie nach Absatz 2 berechtigt ist, ihre Verpflichtungen den Straßenanliegern aufzuerlegen."

Polizeilich geboten ist die jeweilige Beleuchtungsmaßnahme, wenn sie der Abwehr 29
einer **Gefahr** dient. Der Gewährleistung der Sicherheit des Straßenverkehrs dienen auch die Verkehrssicherungspflichten. Durch sie werden auch die Gefahren für die öffentliche Ordnung erfasst. Die Polizeipflicht nach § 41 Abs. 1 StrG BW ist für die Gemeinde daher eine **selbstständige** Verpflichtung, welche zur Verkehrssiche-

9 Amtl. Begr. I zu § 43 Abs. 1, S. 6511.
10 BGH NJW 1965, 202.

rungspflicht (s.u. Rn 36ff.) hinzutritt;[11] konkurrieren beide Verpflichtungen, genießt die Polizeipflicht den **Vorrang.**[12]

30 Die polizeiliche Beleuchtungspflicht der Gemeinde umfasst die Straßen **innerhalb** der geschlossenen Ortslage einschließlich der **Ortsdurchfahrten** und der Ortsdurchfahrten im Zuge der Bundesstraßen. Für die Ortsdurchfahrt enthält § 8 Abs. 1 S. 2, 3 StrG BW eine Definition, wobei aber die Zielsetzung von § 41 Abs. 1 StrG BW zu berücksichtigen ist. Das Gesetz überträgt hier die Verantwortung für einen ordnungsgemäßen äußeren und **gefahrfreien Zustand** der Straßen innerhalb der geschlossenen Ortslagen den Gemeinden.[13]

31 Eine Beleuchtungspflicht besteht, soweit diese zur Gefahrenabwehr erforderlich ist.[14] Die Vorschrift begründet **Amtspflichten** gegenüber den Verkehrsteilnehmern. Eine Verletzung dieser Amtspflichten kann deshalb grundsätzlich Schadensersatzansprüche nach den Grundsätzen der Amtshaftung nach sich ziehen.[15] Geht die Beleuchtung über diese Grenze hinaus, so geschieht dies unter Umständen aus der allgemeinen gemeindlichen **Daseinsvorsorge.** In diesem Fall können keine Ersatzansprüche mit der Begründung geltend gemacht werden, die Gemeinde habe ihre Verkehrssicherungspflicht versäumt.

c) § 7 Abs. 5 BerlStrG

32 Das Berlinerische Straßengesetz (BerlStrG) regelt eine Pflicht zur Beleuchtung der öffentlichen Straßen in seiner Vorschrift zur Straßenbaulast.

> „Die öffentlichen Straßen sind in ihrer Gesamtheit zu beleuchten, soweit es im Interesse des Verkehrs und der Sicherheit erforderlich ist. Außerhalb der geschlossenen Ortslage ist eine Beleuchtung der öffentlichen Straßen in der Regel nicht erforderlich. Geschlossene Ortslage ist das Gebiet, das in geschlossener oder offener Bauweise zusammenhängend bebaut ist (...).“

33 Im Gegensatz zu den entsprechenden bayerischen und baden-württembergischen Landesregelungen hat der berlinerische Landegesetzgeber die polizeiliche Beleuchtungspflicht dem **Straßenbaulastträger** zugewiesen.

34 Die Beleuchtung muss *„im Interesse des Verkehrs und der Sicherheit erforderlich“* sein. Es kann aber nicht davon ausgegangen werden, dass aufgrund dieses auf den ersten Blick weniger gefahrgeneigten Wortlauts eine niedrigere Schwelle zur Verpflichtung angenommen werden kann. Im Interesse des Verkehrs und der Sicherheit

---

11 PDK BW StrG, Band L 12 BW, *Palme/Schumacher*, § 41 Rn 4.
12 BGH NVwZ-RR 1997, 709.
13 *Lorenz/Will*, § 41 Rn 11.
14 VGH BW, Urt. v. 27.11.1986 – 5 S 279/86 –.
15 Vgl. BGH NVwZ-RR 1997, 709.

ist daher ebenso wie bei § 51 BayStrG und § 41 StrG BW die Abwehr einer potenziellen Gefahr **notwendig**.

3. Träger der Straßenbeleuchtungspflicht

Die **Gemeinde** ist Trägerin der allgemeinen Straßenbeleuchtungspflicht. Sie erfüllt 35
hierdurch eine eigene Aufgabe und handelt nicht etwa in Geschäftsführung ohne Auftrag für den Straßenbaulastträger.[16] Damit kann Sie für die Durchführung der Straßenbeleuchtung auch keine Ansprüche auf Kostenerstattung gegenüber einem anderen Straßenbaulastträger geltend machen.[17]

II. Beleuchtungsverpflichtung als Verkehrssicherungspflicht

Die Gemeinde kann neben bzw. anstatt der allgemeinen und polizeilichen Beleuch- 36
tungspflicht zur Straßenbeleuchtung verpflichtet sein, wenn ihr eine entsprechende **Verkehrssicherungspflicht** obliegt. Im Gegensatz zu der allgemeinen oder polizeilichen Beleuchtungspflicht kann deren Verletzung **Haftpflichtansprüche** auslösen.

Aus der Straßenbaulast selbst können **keine Rechtsansprüche** gegen die Ge- 37
meinde auf eine bestimmte Ausgestaltung der Straße, insbesondere auf Ausstattung mit Straßenbeleuchtung, hergeleitet werden. Unter der Straßenbaulast versteht man die Verpflichtung der Gemeinde, öffentliche Straßen zu bauen und zu unterhalten. Sie nimmt damit eine öffentliche Aufgabe im Bereich der Daseinsvorsorge wahr. Wird die Straße mit Beleuchtungseinrichtungen ausgestattet, gehören sie zum Straßenzubehör.[18]

1. Grundsätze der Verkehrssicherungspflichten

Grundsätzlich gilt, dass jeder, der Gefahrenstellen schafft oder unterhält, die nach 38
Lage der Verhältnisse erforderlichen **Vorkehrungen** zum Schutz anderer Personen zu treffen hat. Eine derart generelle Sicherungsverpflichtung besteht aber nur dann, wenn für einen Sachkundigen die naheliegende Möglichkeit einer Schutzgutverletzung naheliegt. Eine abstrakte **Gefahrenlage** reicht dann aus.[19]

Unabhängig vom „Ob“, also dem grundsätzlichen Bestehen einer Verkehrssi- 39
cherungspflicht, sind die Art und der **Umfang** der Verkehrssicherungspflicht jeweils zu beurteilen. Der gebotene Inhalt und Umfang der Verpflichtung richten sich nach

---

16 Kodal/Krämer/*Bauer*, Kap. 41 Rn 45.
17 Kodal/Krämer/*Bauer*, Kap. 41 Rn 45.
18 Marschall/*Schroeter/Kastner*, § 1 FStrG Rn 54; *Hengst/Majcherek*, § 2 StrWG NW Rn 8.3.
19 Berz/Burmann/*Burmann/Heß*, Kap. 9 A. I. Rn 1.

der zu erwartenden Größe und dem Ausmaß der Gefahr. In diesem Zusammenhang hat der Verkehrssicherungspflichtige auch das Verhalten des Dritten an der potenziellen **Gefahrenstelle** einzuschätzen. Insofern darf er grundsätzlich darauf vertrauen, dass sich der **Dritte** in verständiger Weise auf erkennbare Gefahren einstellt. Je weniger dieser aufgrund der Umstände die Gefahr **erkennen** können wird, desto größer ist die Verkehrspflicht. Die Ersatzpflicht entfällt deshalb, wenn es dem Geschädigten nachweislich zumutbar ist, sich vor der erkennbaren Gefahr selbst abzusichern.

40 Die Pflicht zur Verkehrssicherung kann nicht unbegrenzt gelten. Ihre Einschränkung erfährt sie insbesondere durch die jeweilige tatsächliche und wirtschaftliche **Zumutbarkeit** für den Pflichtigen. Die Verkehrssicherungspflicht kann und soll auch nicht den Verkehr vor allen denkbaren und entfernt liegenden Gefahren schützen. Vielmehr soll vor dem Hintergrund der Eigenverantwortlichkeit derjenige, der *„am nächsten an der Gefahrenquelle dran ist"* und am ehesten den gefährlichen Zustand beheben kann, im Rahmen des ihm Zumutbaren zur Sicherung des Verkehrs verpflichtet sein.

41 Die Beantwortung der Frage, ob eine Sicherheitsmaßnahme, wie etwa die Beleuchtung von Straßen und Wegen, vom Verkehrssicherungspflichtigen vorgenommen werden muss, richtet sich danach, ob der Dritte solche Sicherheitsvorkehrungen berechtigterweise **erwarten** durfte.[20] Voraussetzung hierfür ist zunächst, dass die Gefahr vom Verkehrssicherungspflichtigen hinreichend erkannt und somit ein zutreffender Sachverhalt der **Einschätzung** zugrunde gelegt wird.

a) Nichterkennbarkeit der Gefahr

42 Soweit die Gefahrenquellen deutlich erkennbar sind und sich die Verkehrsteilnehmer bei der gebotenen **Eigensorgfalt** auf die Gefahr einstellen und ihr ausweichen können, dürfte die Schwelle für das Einsetzen der Verkehrssicherungspflicht noch nicht erreicht sein.[21] Liegen hingegen Anhaltspunkte oder **Erfahrungswerte** beim Verkehrssicherungspflichtigen dafür vor, dass der Verkehrsteilnehmer an einer **bestimmten** Stelle unaufmerksam sein könnte oder dass aufgrund besonderer äußerer Umstände die Gefahr von Fehlreaktionen besteht, ist von einer Pflicht zur Sicherung der Gefahrenquelle auszugehen. Auch auf die naheliegende Möglichkeit vorschriftswidrigen Verhaltens von Straßenbenutzern muss der Verkehrspflichtige Rücksicht nehmen.

---

20 OLG Hamm, Urt. v. 5.5.1995 – 9 U 14/95 – ZfS 1995, 324.
21 OLG Jena, Urt. v. 24.6.2006 – 4 U 67/09 – MDR 2009, 1391.

b) Anpassung an den Straßenzustand

Der Verkehrssicherungspflichtige darf davon **ausgehen**, dass der Straßenbenutzer sein Verhalten den gegebenen Straßenverhältnissen anpasst und die Straßen so hinnimmt, wie sie sich erkennbar darbieten.[22] Deshalb obliegt es dem Verkehrspflichtigen all diejenigen Gefahren zu beseitigen, die für den Benutzer nicht erkennbar sind oder auf die er sich nicht einzurichten vermag.[23] Der Verkehrspflichtige kann sich also auf den sorgfältigen, aufmerksamen, die Verkehrsvorschriften beachtenden **Verkehrsteilnehmer** einstellen. 43

Mit welchen Gefahrenquellen der Benutzer der Straße rechnen konnte bzw. musste, hängt in erster Linie vom **Typus** der Straße ab. Grundsätzlich wird die anzunehmende Sicherheitserwartung des Verkehrsteilnehmers umso höher sein, je **bedeutsamer** der jeweilige Verkehrsweg ist. In Bezug auf die Ausleuchtung des Straßenraumes kann das bedeuten, dass je uneinsichtiger oder schneller befahrbar die Straße ist, von einer höheren **Sicherheitserwartung** des Verkehrsteilnehmers auszugehen ist. 44

Führt die Verkehrssicherungspflicht zu einer Beleuchtungspflicht, bestimmt sich ihr Umfang nach der **tatsächlichen** und **wirtschaftlichen Zumutbarkeit** der Gemeinde. Ein Schutz vor allen denkbaren und entfernt liegenden Gefahren ist also nicht zu verlangen.[24] Ansonsten haben die schutzwürdigen Interessen des Verkehrs grundsätzlich Vorrang vor Kostengesichtspunkten. 45

c) Verkehrssicherungspflichtiger

Verkehrssicherungspflichtig ist grundsätzlich derjenige, der in der **Lage** ist, die zur Abwendung der Gefahr erforderlichen Maßnahmen zu treffen. Es kommt dabei nach dem Prinzip der **Gefahrbeherrschung**[25] darauf an, wer die Gefahrenlage andauern lässt und imstande ist, den Gefahren zu begegnen. Damit ist regelmäßig der Eigentümer verkehrssicherungspflichtig. Nach § 45 Abs. 2 S. 2 StVO ist die **Straßenbaubehörde** verkehrssicherungspflichtig, also die Behörde, welche die Aufgaben des Trägers der Straßenbaulast wahrnimmt. 46

Träger der Straßenbaulast für Autobahnen und Bundesstraßen ist zwar der Bund, vgl. § 5 FStrG. Jedoch wird die Straßenbaulast von den Ländern nach Art. 90 Abs. 2 GG als **Auftragsangelegenheit** verwaltet. Somit ist regelmäßig das **Land** verkehrssicherungspflichtig.[26] Bei Ortsdurchfahrten von Bundesstraßen durch Kommunen mit mehr als 80.000 Einwohnern ist die **Gemeinde** Trägerin der Straßen- 47

22 BGHZ 108, 273.
23 BGHZ 108, 273.
24 OLG Köln, Urt. v. 7.3.1990 – 13 U 245/89 – MDR 1990, 629.
25 BGHZ 9, 387.
26 Vgl. BGH NJW 1980, 582.

baulast. Insofern obliegt ihr dann die Verkehrssicherungspflicht, vgl. § 5 Abs. 2–4 FStrG. Für Landstraßen (Staatsstraßen, Kreisstraßen) ist die Regelung in den Ländern unterschiedlich. Zum Teil trifft die Verkehrssicherungspflicht die Kommunen, zum Teil das Land. Für Gemeindestraßen obliegt die Verkehrssicherungspflicht regelmäßig den Gemeinden. Entsprechendes gilt auch für öffentliche Feld- oder Waldwege. Für Privatstraßen und für den Verkehr freigegebene Grundstücke ist der Eigentümer oder Verfügungsberechtigte verkehrssicherungspflichtig. Die Verkehrssicherungspflicht ist den Trägern der Straßenbaulast regelmäßig als **hoheitliche Aufgabe** zugewiesen.[27]

2. Straßenverkehrssicherungspflicht

48 Speziell die Verkehrssicherungspflichten in Bezug auf Straßen, Wege und Plätze ergeben sich aus ihrer **Widmung** für den öffentlichen Verkehr und den damit für Dritte geschaffenen (und unterhaltenen) Gefahrenquellen. Sie sind damit **privatrechtlicher** Natur.[28] Wer die Verkehrsflächen für Dritte öffnet, muss sie in dem Maße herrichten und unterhalten, dass sie möglichst gefahrlos benutzt werden können und dass die Verkehrsteilnehmer vor unvermuteten Gefahren sowohl bei bestimmungsgemäßer, aber auch nicht ganz fernliegender bestimmungswidriger Benutzung geschützt werden.[29] Eine **vollständige** Gefahrlosigkeit wird dabei aber **nicht** erwartet.[30]

49 Nach den oben erläuterten Grundsätzen sind nicht erkennbare Gefahrenstellen zu sichern, weil sich die Verkehrsteilnehmer nicht selbst auf die Gefahr einstellen und sich vor ihr schützen können.[31] Bei **erkennbaren** Mängeln ist es dem Benutzer aber zuzumuten, sich hierauf einzustellen.[32] Auch hier gilt, dass weder die Einhaltung von öffentlich-rechtlichen Vorschriften[33] noch von technischen Normen, wie etwa VOB/C,[34] von der zivilrechtlichen Haftung entbinden kann, wenn im **Einzelfall** besondere Sicherheitsmaßnahmen erforderlich sind, etwa aufgrund neuerer Erkenntnisse.[35]

---

27 Vgl. § 59 StrG BW; Art. 72 BayStrWG; § 10 BerlStrG; § 9 BremLStrG; § 15 HbgWegeG; § 10 StrWG MV; § 10 NdsStrG; § 9 a Abs. 1 StrWG NW; § 48 Abs. 2 LStrGRhPf; § 9 Abs. 3 a SlStrG; § 10 SächsStrG; § 10 StrG LSA; § 10 Abs. 4 StrWG SchH; § 10 ThürStrG.

28 BGHZ 27, 278, 281; BGHZ 108, 273.

29 BGH NJW 1966, 1456, 1457; OLG Hamm NVwZ-RR 1999, 619, 620; OLG Köln NJW-RR 1994, 350; OLG Düsseldorf VersR 1998, 1021 f.

30 BGHZ 60, 54, 55 f.; BGH NJW 1991, 2824.

31 BGHZ 108, 273; OLG Düsseldorf NJW-RR 1994, 1443; OLG Hamm VersR 1994, 698, 699; OLG Dresden NVwZ-RR 2001, 354; OLG Jena MDR 2010, 1459.

32 OLG München BeckRS 2010, 22132.

33 BGH VersR 1976, 149.

34 OLG Karlsruhe VersR 1978, 770 f.

35 BGH VersR 1983, 39.

Die Straßenverkehrssicherungspflicht kann insbesondere die Beleuchtung von Straßen gebieten. Sie ordnet nach den oben gezeigten Grundsätzen eine Beleuchtung dann an, wenn Gefahrenstellen infolge der Dunkelheit nicht mehr ausreichend erkennbar sind oder wenn sich gerade aus der Dunkelheit eine **besondere Verkehrsgefahr** ergibt. So sind beispielsweise **Verkehrsinseln**,[36] unter Umständen auch **Bushaltestellen**[37] und **Baustellen**[38] zu beleuchten. Da die Beleuchtungspflicht als Straßenverkehrssicherungspflicht allein die Sicherung von potenziellen Gefahrenquellen zum Gegenstand hat, kann die abendliche Dunkelheit an sich nicht Grund einer Beleuchtungspflicht sein. Hier muss eine bestimmte gefahrgeneigte Situation hinzukommen. Auf die schlechter werdenden Sichtverhältnisse muss sich der Kraftfahrer sowieso bereits wegen des Sichtfahrgebotes nach § 3 Abs. 1 S. 4 StVO durch Herabsetzung der Geschwindigkeit einstellen. Das höhere Verkehrsaufkommen innerorts, und damit das vermehrte Zusammentreffen von unterschiedlichen Verkehrsteilnehmern (Fußgänger, Fahrradfahrer, Lkws, Pkws, Busse etc.) führt aus Sicht der Straßenverkehrssicherungspflicht zu einer potenziellen Erhöhung der Gefahrenlage. Bereits diese Situation rechtfertigt deshalb generell eine Beleuchtung des Straßennetzes bei Dunkelheit.[39] 50

Allerdings kann dies nicht dazu führen, dass für jede Straße eine durchgehende Beleuchtungspflicht besteht. Auch die Rechtsprechung nimmt deshalb eine Beleuchtungspflicht nur für **wichtige Verkehrswege** an.[40] 51

Die finanzielle Leistungsfähigkeit der Kommune spielt hierbei im Rahmen der Zumutbarkeit eine wesentliche Rolle. Die **angespannte Haushaltslage** wird grundsätzlich nicht dazu führen können, generell eine Beleuchtungspflicht zu verneinen. Die finanziell zur Verfügung stehenden Mittel können allerdings Einfluss auf die jeweilige **Dauer** der Beleuchtung haben. Eine Einschränkung der Beleuchtung nach Dauer oder nach Anzahl der Beleuchtungsmittel wird nach den oben genannten Grundsätzen umso hinnehmbarer sein, je weniger sich die schlechten Sichtverhältnisse auf die Erkennbarkeit von Gefahrenquellen auswirken. In der Praxis kann die teilweise eingeschränkte Beleuchtung dazu führen, dass neue Gefahren entstehen. So kann insbesondere die Reduzierung der Lichtstärke (beispielsweise durch Abschalten jeder zweiten Straßenlaterne) zu **spezifischen Wahrnehmungsschwierigkeiten** durch den Wechsel von Dunkel- und Lichtfeldern führen. 52

Art und Intensität der Beleuchtung sind anhand der konkreten Verhältnisse zu bestimmen. Die hierzu bestehenden technischen Regelwerke wie beispielsweise die frühere **DIN 5044** („*Ortsfeste Verkehrsbeleuchtung; Beleuchtung von Straßen für den* 53

36 OLG Hamm VersR 1978, 160.
37 BGH VersR 1970, 179.
38 BGH VersR 1966, 266; OLG Köln VersR 1971, 324.
39 *Berz*, DAR 1995, 350, 351.
40 OLG München VersR 1976, 740; *Berz* DAR 1995, 350, 351.

Kraftfahrzeugverkehr; Allgemeine Gütemerkmale und Richtwerte") und die heutige DIN EN 13201 stellen dabei aber **unverbindliche Vorschriften** dar. Als allgemein anerkannte Regeln der Technik haben sie lediglich den Rechtscharakter von Empfehlungen ohne Rechtsanwendungsbefehl.

54 Sind die Straßen zu beleuchten, um damit der Verkehrssicherungspflicht nachzukommen, sind die einzelnen Beleuchtungseinrichtungen zum Schutz vor einem Ausfall und dem damit wahrscheinlicher werdenden Schadenseintritt regelmäßig zu warten und auf ihre Funktionsfähigkeit zu überprüfen. Dabei wird die Regelmäßigkeit der **Kontrollen** ebenfalls zur Pflicht; je höher die anzunehmende Gefahr und je finanzkräftiger die Gemeinde sind, desto häufiger sind Kontrollen durchzuführen.[41]

! **Praxistipp**

Grundsätzlich wird sich eine Beleuchtungspflicht ergeben bei:
- gefährlichen Straßenkreuzungen und -einmündungen,
- uneinsichtigen Kurven,
- unvorhersehbaren Straßenverengungen,
- gefährlichen Verkehrsinseln,
- Baustellen.

---

3. Spezielle Beleuchtungspflichten nach der Straßenverkehrsordnung (StVO)

55 Weitere explizite Verpflichtungen zur Beleuchtung enthält die Straßenverkehrsordnung. So heißt es in § 32 StVO:

> „Es ist verboten, die Straße zu beschmutzen oder zu benetzen oder Gegenstände auf Straßen zu bringen oder dort liegen zu lassen, wenn dadurch der Verkehr gefährdet oder erschwert werden kann. Der für solche verkehrswidrigen Zustände Verantwortliche hat sie unverzüglich zu beseitigen und sie bis dahin ausreichend kenntlich zu machen."

56 Nach § 17 Abs. 1 StVO sind ***„Verkehrshindernisse**, wenn nötig, mit eigener Lichtquelle zu beleuchten oder durch andere zugelassene lichttechnische Einrichtungen kenntlich zu machen"*.

57 Diese Beleuchtungspflichten richten sich allerdings nicht an die Gemeinde, etwa im Rahmen der gemeindlichen Daseinsvorsorge oder der ihr aufgrund der Straßenbaulast obliegenden Straßenverkehrssicherungspflicht, sondern vielmehr an **diejenigen**, die Gefahrenherde auf der Straße **verursacht** haben. Das bedeutet aber zugleich: Birgt der Zustand der Straße selbst Gefahrenquellen und sind diese der Gemeinde zuzurechnen, besteht die Pflicht zur Beleuchtung.

41 Vgl. OLG München VersR 1976, 740.

Die Verwaltungsvorschriften zur StVO (zu §§ 39–43 Abs. 3, 6) enthalten Hinweise, wie Verkehrsschilder zu beleuchten sind. Nach Ziff. VI zu § 26 StVO der VwV-StVO ist durch Beleuchtung dafür zu sorgen, dass auf dem Fußgängerüberweg befindliche oder am Gehwegrand wartende Fußgänger bei Dunkelheit auch bei ungünstigen Verhältnissen vom Autofahrer rechtzeitig wahrgenommen werden können. Zuständig für diese Beleuchtung ist der **Träger der Straßenbaulast**, der nach § 5b Abs. 1 S. 1 StVG auch die Kosten der Verkehrszeichen tragen muss. 58

Die Regelung in § 17 Abs. 4 StVO, dass haltende Fahrzeuge innerhalb geschlossener Ortschaften nicht mit eigener Lichtquelle beleuchtet werden müssen, wenn die Straßenbeleuchtung das Fahrzeug auf ausreichende Entfernung deutlich sichtbar macht, führt dazu, dass Straßenlaternen, die nicht die ganze Nacht brennen, zu kennzeichnen sind. Die StVO sieht für diese Laternen den roten Ring als Zeichen vor (Zeichen 394 StVO). 59

4. Haftung bei Verstößen gegen die Straßenverkehrssicherungspflichten und gegen die polizeiliche Beleuchtungspflicht

Die Verletzung der Straßenverkehrssicherungspflicht als zunächst privatrechtlicher Pflicht begründet grundsätzlich einen **deliktischen** Anspruch nach § 823 Abs. 1 BGB, auch wenn der Verkehrspflichtige eine öffentlich-rechtliche Körperschaft ist.[42] Nur wenn die Straßenverkehrssicherungspflicht gesetzlich oder durch Organisationsakt als öffentlich-rechtliche Amtspflicht ausgestaltet worden ist, kommt allein die **Amtshaftung** nach § 839 BGB in Betracht. 60

Als Amtspflichten sind die polizeilichen Beleuchtungspflichten aus § 7 Nr. 5 BerlStrG, § 41 Abs. 1 StrG BW und § 51 Abs. 1 BayStrWG zu qualifizieren. Die Straßenverkehrssicherungspflichten nach § 823 Abs. 1 BGB und die Amtspflichten nach § 839 BGB sind in Bezug auf die Errichtung und Instandhaltung von öffentlichen Straßen und Wegen aber **weitgehend inhaltsgleich**, sofern der Umfang der öffentlich-rechtlichen Verkehrspflicht nicht abweichend geregelt ist.[43] In diesem Fall wird die zivilrechtliche Haftung nach § 823 BGB von derjenigen aus § 839 BGB verdrängt, außer wenn die öffentlich-rechtliche Pflicht von einem privatrechtlich tätigen Rechtsträger erfüllt wird[44] oder sich ein bestimmtes Verhalten eines Beamten sowohl als in Ausübung eines öffentlichen Amts begangene Amtspflichtverletzung als auch als unerlaubte Handlung innerhalb des bürgerlich-rechtlichen Rechtskreises des öffentlichen Dienstherrn darstellt.[45] 61

42 BGHZ 16, 95; BGHZ 86, 152, 153; OLG Frankfurt VersR 1993, 988, 989.

43 BGHZ 60, 54, 62; BGHZ 75, 134, 138; BGHZ 118, 368, 373; OLG Rostock NVwZ-RR 2000, 408.

44 OLG Düsseldorf VersR 1993, 1416.

45 BGH NJW 1996, 3208, 3209.

62 Damit kann die allgemeine Beleuchtungspflicht neben einer polizeilichen Beleuchtungspflicht und einer Pflicht zur Straßenbeleuchtung nach den Grundsätzen der Straßenverkehrssicherungspflicht stehen. Hierbei ist dann zu unterscheiden: Die Gemeinde hat danach **regelmäßig** nach den Grundsätzen der Verkehrssicherungspflichten für in ihrer Baulast stehende Straßen die **Notwendigkeit** einer ausreichenden Beleuchtung anhand der konkreten Situation zu **prüfen**. Soweit der Landesgesetzgeber auch eine polizeiliche Beleuchtungspflicht geregelt hat, tritt diese neben die Straßenverkehrssicherungspflicht. Tatsächlich werden sich die Anforderungen beider Verpflichtungen annähern.

63 Eine **Haftung** kommt im Rahmen der allgemeinen Beleuchtungspflicht nicht in Betracht. Soweit die Gemeinde im Zusammenhang mit der Erledigung des ihr grundgesetzlich zugewiesenen örtlichen Aufgabenbereichs für das Wohl der Einwohner sorgt und die Beleuchtung der Förderung des gemeindlichen Lebens, der Kommunikation oder auch dem Ansehen der Gemeinde dient, ist kein Schutzbereich eines Haftungstatbestands betroffen. Damit bleiben als Haftungsnormen die Verletzung der Verkehrssicherungspflicht oder der polizeilichen Beleuchtungspflicht übrig.

64 Zudem ist die polizeiliche Beleuchtungspflicht gegenüber der Verletzung der Verkehrssicherungspflicht **subsidiär**. Das hat zur Folge, dass die polizeiliche Beleuchtungspflicht, soweit sie durch den Landesgesetzgeber überhaupt konstituiert ist, bedeutungslos wird, soweit die Gemeinde selbst verkehrssicherungspflichtig ist. Sofern im konkreten Fall eine **Verkehrssicherungspflicht** der Gemeinde besteht, kann sich praktisch die polizeiliche Beleuchtungspflicht der Gemeinde nicht mehr auswirken, da die Anforderungen aus der Verkehrssicherungspflicht, etwa die Zumutbarkeit, für die Gemeinde höher oder mindestens ebenso hoch wie die Anforderungen aus der polizeilichen Beleuchtungspflicht sind.[46]

5. Delegation der Verkehrssicherungspflicht

65 Soweit die Gemeinde als Straßenbaulastträgerin und Verkehrssicherungspflichtige einen **Dritten** mit der Durchführung der Aufgabe „Straßenbeleuchtung“ beauftragt, kann sie durch Vertrag die Verkehrssicherungspflicht auf diesen **übertragen**. In der Praxis sind dies häufig Stadtwerke, die im Rahmen eines **Betriebsführungsvertrags** die Straßenbeleuchtung übernehmen. Die Kontroll- und Aufsichtspflichten verbleiben allerdings bei der Gemeinde und müssen mit entsprechend qualifiziertem Personal weiterhin ausgeübt werden.

46 Zeitler/*Zeitler*, Art. 51 Rn 15.

III. Umfang der Straßenbeleuchtungspflicht

Eine **allgemeine Regel** für den Umfang, die Intensität oder die Dauer der Beleuchtung von Straßen, Wegen und Plätzen lässt sich dem Gesetz nicht entnehmen. Das Maß der Beleuchtungspflicht hängt, je nachdem, ob es sich um die allgemeine oder die polizeiliche Beleuchtungspflicht oder um die im **konkreten Fall** aus der Straßenverkehrssicherungspflicht folgende Pflicht zur Straßenbeleuchtung handelt, von den örtlichen Bedürfnissen und den sonstigen örtlichen Verhältnissen ab.[47] 66

1. Räumlicher Umfang

Die Beleuchtungspflicht der Gemeinde beschränkt sich zunächst auf die **geschlossene Ortslage**. Außerhalb der geschlossenen Ortslage ist diese Pflicht allerdings dann denkbar, wenn sich zunehmend stellenweise ein stärkerer und regelmäßiger Verkehr auch in der Dunkelheit abspielt. Dies trifft insbesondere auf Brücken im **Außenbereich** zu.[48] 67

a) Öffentliche Straße

Wenn überhaupt wird die Gemeinde grundsätzlich verpflichtet sein, **öffentliche** Straßen und Plätze zu beleuchten. 68

Öffentliche Straßen sind dem öffentlichen Verkehr **gewidmete** Straßen, Wege und Plätze. Die Regelungen der polizeilichen Beleuchtungspflichten beziehen sich ausdrücklich auf „öffentliche Straßen", weshalb eine Ausdehnung dieser Beleuchtungspflichten – soweit durch den Landesgesetzgeber überhaupt vorgesehen – auch auf **nichtöffentliche** Straßen, Wege und Plätze **abzulehnen** ist. Die allgemeine Beleuchtungspflicht im Rahmen der Daseinsvorsorge dürfte sich grundsätzlich ebenfalls nur auf öffentliche Straßen erstrecken. Allerdings scheint es in konkreten Fällen durchaus geboten, darüber hinaus sämtliche Straßen oder Plätze einzubeziehen, wenn die Gemeinde einen **öffentlichen Zweck** mit der Ausleuchtung verfolgt. Beleuchtungskonzepte, die ein städtisches Quartier im Rahmen des Stadtmarketings in Szene setzen sollen, können dabei den öffentlichen Raum schnell verlassen und können dann auf die Ausweitung auf private Wege und Plätze angewiesen sein. 69

Widmung ist die **Allgemeinverfügung**, durch die Straßen, Wege und Plätze die Eigenschaft einer öffentlichen Straße erhalten.[49] Sie kann bereits ergehen, **bevor** die Straße endgültig hergestellt ist. Darüber hinaus sind vorhandene Straßen öffentliche Straßen, wenn sie vor Inkrafttreten des jeweiligen Straßen- und Wegegesetzes 70

---

47 OLG Köln, Urt. v. 29.1.1955, MDR 1955, 290.

48 Kodal/Krämer/*Bauer*, Kap. 41 Rn 46.

49 So etwa für Nordrhein-Westfalen § 6 Abs. 1 S. 1 StrWG NRW.

aufgrund des bisherigen Rechts die Eigenschaft einer öffentlichen Straße besaßen.[50] So konnte nach dem preußischen Wegerecht ein öffentlicher Weg allein durch die – auch stillschweigende – Zustimmung aller drei wegerechtlich Beteiligten (Wegeeigentümer, Wegepolizeibehörde, Wegeunterhaltspflichtiger) entstehen.[51] Bei Fehlen einer ausdrücklichen oder stillschweigenden Widmung kommt das Rechtsinstitut der Widmung **kraft unvordenklicher Verjährung** in Betracht. Bezogen auf die Widmung folgt daraus, dass für die letzten 40 Jahre glaubhaft bezeugt werden muss, dass eine Straße wie eine öffentliche Straße benutzt wurde. Für die vorangehenden 40 Jahre darf man sich an keinen anderen Zustand erinnern.[52] In der Praxis spielt dieses Rechtsinstitut aber zunehmend keine Rolle mehr.

b) Privatwege/Wirtschaftswege

71 Für **private** Wege bzw. Wirtschaftswege ist eine Beleuchtungspflicht der Gemeinde nicht anzunehmen. Für den Fall, dass die Gemeinde aus Gründen der Daseinsvorsorge die Ausleuchtung einer nichtöffentlich gewidmeten Straße zur Steigerung des Sicherheitsgefühls der Anwohner dennoch **übernimmt**, würde hierauf jedenfalls kein Rechtsanspruch bestehen.

72 Eine Verpflichtung, etwa den Privatweg ausreichend zu beleuchten, könnte nur dann entstehen, wenn die Gemeinde **selbst** auf dieser Fläche derart eine **Gefahrenlage**, etwa durch Ausschachtungen im Wege von Kanalbauten, geschaffen hätte, die gerade dies als Maßnahme der erforderlichen Verkehrssicherung vorsieht.

c) Fußgängerkreuzung

73 Fußgängerkreuzungen stellen aufgrund der besonders „verwundbaren" Benutzergruppe eine **gesteigerte Gefahrenquelle** dar. Hier wird eine polizeiliche Pflicht bzw. eine Verkehrssicherungspflicht in Form einer Beleuchtungsanlage für den Kreuzungsbereich eher zu bejahen sein. Im Rahmen der Zumutbarkeit werden hierbei insbesondere die **Frequentierung** der Fußgängerkreuzung sowie die **Gestaltung** des Kreuzungsbereichs eine entscheidende Rolle spielen, wobei immer von einem besonnenen, normal vorsichtigen Fußgänger ausgegangen werden muss.

2. Inhaltlicher Umfang

74 Ist eine Beleuchtungspflicht der Gemeinde anzunehmen, stellt sich die weitere Frage nach den inhaltlichen Anforderungen der Beleuchtung.

---

50 *Stuchlik*, NWVBl. 2004, 369.

51 Kodal/Krämer/*Krämer*, Kap. 4 Rn 4.1.

52 OVG NRW, Urt. v. 29.4.2009 – 11 A 3657/06 – juris Rn 56.

a) Ausleuchtung des Straßenraums

Je nach Größe, Intensität und Ausrichtung der Lampe kann eine unterschiedliche **Ausleuchtung** des Straßenraums erzielt werden. Maßgaben hierfür macht naturgemäß der Gesetzgeber nicht. Dies kann jedoch nicht bedeuten, dass zwangsläufig die vollständige Ausleuchtung gewährleistet werden muss. Wenn Maßstab die Abwehr bzw. die Verhinderung einer Gefahrquelle im Zusammenhang mit der Straße ist, kann dies lediglich bedeuten, dass erst durch die Beleuchtung der Verkehrsteilnehmer in die Lage versetzt wird, die Gefahrenstelle zu erkennen. Es ist also so zu beleuchten, dass bei der an der betreffenden Stelle **üblicherweise** eingehaltenen Geschwindigkeit der Verkehrsteilnehmer, auch bei reduzierter Sicht, die Gefahr so frühzeitig erkennen kann, dass ihm ein rechtzeitiges Ausweichen noch möglich ist.[53] 75

Mit den technischen Anforderungen an die Straßenbeleuchtung setzt sich seit November 2005 die **DIN EN 13201, Teil 1–4** auseinander. Bereits im April 2004 bestanden die Teile 2, 3 und 4 als Euronorm mit der Bezeichnung DIN EN 13 201-2 bis 13 201-4. Die Mitgliedstaaten mussten danach jeweils eine nationale Anwendungs- bzw. Restnorm erarbeiten, in der geregelt werden soll, an welchen Stellen des Straßennetzes und unter welchen Randbedingungen die in EN 13 201-2 definierten Gütekriterien anzuwenden sind. 76

Der Technische Bericht CEN/TR 13201-1: 2003 wurde vom deutschen Normausschuss mit geringen redaktionellen Änderungen als Norm DIN 13201-1 im November 2005 veröffentlicht. Die DIN EN 13201 ist aber mangels Rechtsnormqualität **nicht bindend**. 77

b) Ausleuchtung von Fußgängerwegen

Für die Ausleuchtung von Fußgängerwegen müssen in Bezug auf die jeweils zu erfüllenden Pflichten zur Beleuchtung grundsätzlich andere Maßgaben gelten als bei Straßen mit Kfz-Verkehr. Geht es bei Letzterem in erster Linie um das Sichtbarmachen von Gefahrenquellen auf oder unmittelbar neben der Straße und muss deshalb die Gefahrenquelle für den Fahrer schon auf längere Distanz erkennbar sein, wird bei (reinen) Fußgängerwegen zumeist das **Sicherheitsgefühl** der Passanten im Vordergrund stehen. Allgemein wird aber die **Schwelle** für eine Beleuchtungsverpflichtung in diesem Zusammenhang sehr viel höher liegen. 78

c) Dauer der Ausleuchtung

Die **Dauer** der Ausleuchtung hängt maßgeblich von dem **Zweck** der Beleuchtung und damit von der konkreten Beschaffenheit der Gefahr ab. Im Grundsatz muss da- 79

53 Staudinger/*Hager*, § 823 E Rn 157.

von ausgegangen werden, dass eine Beleuchtung während der gesamten Dunkelstunden notwendig ist. Diese grundsätzliche Annahme wird wiederum durch die Zumutbarkeit eingeschränkt.

B. Instandhaltung, Wartung und Instandsetzung

80 Besteht eine Beleuchtungsverpflichtung der Gemeinde, so hat sie zur Gewährleistung der **effektiven Gefahrenabwehr** die Beleuchtungsanlagen zu warten, Instand zu halten und ggf. Instand zu setzen.

I. Instandhaltung

1. Begriff der Instandhaltung

81 Der Begriff „Instandhaltung" wird auch in den DIN 31051 bzw. DIN EN 13306 bestimmt. Danach ist Instandhaltung ein Ober- bzw. Sammelbegriff für die Kombination aller technischen und administrativen Maßnahmen sowie Maßnahmen des Managements über den gesamten **Lebenszyklus** einer „Betrachtungseinheit" zur Erhaltung eines **funktionsfähigen Zustands** bzw. der Rückführung in diesen.

82 Maßnahmen der Instandhaltung sind:

- **Wartung** als Maßnahme zur Erhaltung der Funktion bzw. zur Verzögerung des Abbaus des Bestands,
- **Inspektion** im Sinne der Feststellung und Beurteilung des Istzustands, Bestimmung der Ursachen der Abnutzung und Ableitung von Maßnahmen,
- **Instandsetzung** als Maßnahme zur Versetzung einer Anlage in den funktionsfähigen Zustand und
- **Verbesserung** als die Kombination aller Maßnahmen zur Steigerung der Funktionssicherheit einer Betrachtungseinheit ohne Änderung der Grundfunktionen.

83 Die Instandhaltung der Straßenbeleuchtungsanlage setzt deshalb technisch versierte Fachkräfte, Instandhaltungsteams und eine funktionierende Koordination der einzelnen Maßnahmen voraus.

2. Instandhaltungspflicht

84 Die Instandhaltung kann sich dann zu einer **Instandhaltungspflicht** verdichten, wenn das Versagen der nicht instandgehaltenen Anlage zu einem verhältnismäßig **großen Schaden** führen würde. Die Überwachung von Instandhaltungsaufgaben wird dann zu einer hoheitlichen Aufgabe, die in der Verantwortung des Staats liegt.

Eine solche durch Gesetz vorgeschriebene Instandhaltungsverpflichtung gibt es für Straßenbeleuchtungsanlagen jedoch nicht. Hier wird an erwiesenermaßen gefahrträchtigen Stellen die unregelmäßige Instandhaltung eher eine Frage der Haftung als ein **Pflichtverstoß** sein. 85

II. Wartung

1. Begriff der Wartung

Die Wartung umfasst das Ersetzen von Leuchtmitteln sowie anderen Betriebs- und Verbrauchsmitteln sowie das **periodische** Austauschen von Verschleißteilen. Die regelmäßige Wartung **verhindert** die altersbedingte zwangsläufige **Abnutzung** der Anlage bzw. verlangsamt sie. 86

2. Wartungspflicht

Die Wartung erfolgt regelmäßig nach einem **Plan**, der Bestandteil eines „Straßenbeleuchtungsvertrags" ist. Eine Pflicht zur Wartung wird aber nicht anzunehmen sein. 87

III. Instandsetzung

1. Begriff der Instandsetzung

Bei der Instandsetzung wird ein defektes **Teil** in den ursprünglichen, funktionsfähigen Zustand **zurückversetzt**. 88

2. Instandsetzungspflicht

Defekte Leuchtmittel oder Lampen sind zur Gefahrenabwehr ungeeignet. Damit dürfte grundsätzlich von einer Instandsetzungspflicht auszugehen sein, sofern jedenfalls die Straßenbeleuchtung im Rahmen der Verkehrssicherungspflicht betrieben wird. Soweit es sich aber nicht um eine Einzelbeleuchtung an einer konkreten Gefahrenstelle handelt, dürfte aufgrund der übrigen Beleuchtung der Wegfall einer einzelnen Lampe noch nicht spürbar die Wahrscheinlichkeit des Gefahreintritts erhöht haben. 89

Die Instandsetzungspflicht wird deshalb regelmäßig dort ansetzen, wo die **Schwelle** zur nicht ausreichenden Ausleuchtung aufgrund defekter Lampen beginnt. 90

C. Sanierung, Um- und Rückbau

91 Angesichts der oben aufgezeigten Verpflichtungen zur Straßenbeleuchtung gibt es sowohl tatsächliche als auch rechtliche Gründe für Erneuerungen der Beleuchtungsanlagen.

I. Sanierung

92 In tatsächlicher Hinsicht kann die allein schon durch die Betriebsdauer entstandene Abnutzung der Lampen zu einer **Erneuerung** zwingen. Das Alter der Straßenleuchten in Deutschland wird derzeit auf durchschnittlich 30–40 Jahre geschätzt. Die teilweise **veraltete Technik** kann dazu führen, dass an Stellen mit hohem Gefahrenpotenzial der Bereich nicht (mehr) optimal ausgeleuchtet wird. Darüber hinaus verbrauchen veraltete Leuchten mehr **Energie** als die modernen Systeme.

1. Begriff der Sanierung

93 Zur Sanierung gehört die baulich-technische **Wiederherstellung** oder **Modernisierung** der Beleuchtungsanlagen, insbesondere um Schäden zu beseitigen, die Ausleuchtung zu verbessern und/oder den Energiebedarf der Leuchten zu senken. Die Sanierung geht deshalb begrifflich über eine Instandhaltung und Instandsetzung hinaus. Insofern kann eine Sanierung auch zum Abriss und **Neubau** ganzer Beleuchtungsanlagen führen.

2. Sanierungspflicht und -umfang

94 Die Frage, ob die Straßenbeleuchtungsanlage zu sanieren ist und in welchem Umfang, wird sich maßgeblich danach richten, welche **Regelwerke** im Hinblick auf die Leistungsfähigkeit von Beleuchtungsanlagen zu beachten sind.

a) Energiebetriebene-Produkte-Gesetz (EBPG)

95 In den 1960er Jahren wurden in zahlreichen deutschen Städten die bisher in der Straßenbeleuchtung eingesetzten Leuchtstofflampen durch **Quecksilberdampflampen** ersetzt. Letztere gelten aber insbesondere wegen ihrer schlechten Energieeffizienz und anderer Nachteile, wie etwa die durch das charakteristische Lichtspektrum hervorgerufene Lockwirkung für Insekten, als veraltet.

96 Nunmehr bestimmen die **Ökodesign-Richtlinie** (RL 2005/32/EG) und deren nationale Umsetzung EBPG, dass demnächst keine Quecksilberdampflampen in den Verkehr gebracht werden dürfen. Bereits aus diesem Grund werden in absehbarer

Zeit ca. 40% der Straßenbeleuchtungsanlagen mangels Ersatzmittel und Technik **saniert** werden müssen.

b) DIN 5044 „Ortsfeste Verkehrsbeleuchtung"

Das Deutsche Institut für Normung e.V. hatte 1981 mit der **DIN 5044** die Beschreibung der Gütemerkmale für Fahrbahnbeleuchtungen festgehalten. In Teil 1 wurden die lichttechnischen Gütemerkmale **Nennleuchtdichte** der Fahrbahn bzw. horizontale Nennbeleuchtungsstärke auf der Fahrbahn in Abhängigkeit von verkehrstechnischen Kriterien festgelegt. 97

Danach ist ein maßgebliches Gütemerkmal die **Fahrbahnleuchtdichte**. Nur ab einer Leuchtdichte zwischen 0,3 cd/m^2–2,0 cd/m^2, werde je aufgrund des Mindestkontrastes das Hindernis überhaupt sichtbar. Daneben sagt das Kriterium der Gleichmäßigkeit der Leuchtdichte etwas darüber aus, inwiefern es am Fahrbahnrand zu dunklen Zonen, sog. Tarnzonen, kommen kann.[54] 98

Für Fußgänger- und Radfahrerwege kommt es dagegen in erster Linie auf die **horizontale Beleuchtungsstärke** an. 99

Die Leuchtdichte und horizontale Beleuchtungsstärke werden dabei als Nennwert definiert. Bei der Ausstattung der Beleuchtungsanlage muss ein Zuschlag von 25% auf den Nennwert berücksichtigt werden, sog. Planungswert. Dies führt bei einer Unterschreitung des Nennwertes um 30% dazu, dass die Anlage gewartet bzw. überholt werden muss.[55] 100

c) DIN EN 13201 „Straßenbeleuchtung"

Das Europäische Komitee für Normung (CEN) erarbeitete im Auftrag der Europäischen Kommission eine Euronorm zur Straßenbeleuchtung. Daraufhin entstand die EN 13 201 „**Road Lighting**". Den ersten Teil dieses ursprünglich vierteiligen Regelwerks beschloss wegen deutscher Kompetenzprobleme der Normenausschuss des DIN e.V. als deutsche DIN-Norm im Jahre 2005 mit der Bezeichnung DIN 13 201-1 (Auswahl der Beleuchtungsklassen). Die Teile 2–4 der EN 13 201 gelten in Deutschland als Teile der Euronorm. 101

Selbst bei Nichteinhaltung der dort genannten Nennwerte führt dies bei Straßenbeleuchtungsanlagen **nicht** zu einer **Umrüstungsverpflichtung**, da die EN 13 201 zwingend nur bei der Planung von **Neuanlagen** und der Sanierung von bestehenden Beleuchtungsanlagen zu berücksichtigen ist.[56] 102

---

54 *Schmidt/Töllner*, S. 199.
55 *Schmidt/Töllner*, S. 200 f.
56 *Schmidt/Töllner*, S. 201.

103 Im Vergleich zur älteren DIN 5044 führt die europäische EN 13 201 zu einem annähernd gleichen **Beleuchtungsniveau**. Tendenziell neigt die Euronorm aber dazu, dass Straßen mit Kfz-Verkehr eher geringer ausgeleuchtet werden müssen und Fußgänger-/Radfahrerwege demgegenüber in den Genuss von höheren Beleuchtungsdichten kommen.[57]

d) DIN 67 523 „Beleuchtung von Fußgängerüberwegen"

104 Durch **Zebrastreifen** gekennzeichnete Fußgängerüberwege sind nach DIN 67 523 („Beleuchtung von Fußgängerüberwegen (Zeichen 293 StVO) mit Zusatzbeleuchtung") zu beleuchten. Danach hat die vertikale Beleuchtungsstärke in einem Meter über der Mittelachse des Fußgängerüberweges in Fahrtrichtung 40 lx zu betragen. Um diese hohen vertikalen Beleuchtungsstärken zu erreichen, müssen die Zusatzleuchten jeweils vor dem Zebrastreifen angeordnet werden.[58]

105 Diese grundsätzlich unverbindliche untergesetzliche Norm wird durch die „Richtlinien für die Anlage und Ausstattung von Fußgängerüberwegen" (R-FGÜ 2001) des Bundesministeriums für Verkehr, Bau- und Wohnungswesen durch Bezugnahme aufgegriffen. Da die R-FGÜ in einem geregelten Verfahren zustande gekommen und in der Verkehrsblattverlautbarung Nr. 168/2001 veröffentlicht ist, kommt ihr der Rechtscharakter einer Verordnung zu. Die Bezugnahme bewirkt, dass die DIN 67 523 **verbindliches** Recht für denjenigen wird, der einen Fußgängerübergang anlegt.[59]

3. Anforderungen an die Sanierung

106 Den **Maßstab** für die Sanierung von Beleuchtungsanlagen bildet die **Effizienz** der Straßenbeleuchtung. Effizienz kann unterschiedliche Aspekte beinhalten. Sie drückt das Verhältnis zwischen der Größe der erbrachten Leistung und der Größe des Aufwandes, also ihren Wirkungsgrad, aus. Bezogen auf das Energiespargebot kann die Zielvorstellung über einen minimalen Energieeinsatz und damit verbundener Nachhaltigkeit als Energieeffizienz bezeichnet werden.

107 Letztlich drückt auch die Wirtschaftlichkeit des Betriebs der Straßenbeleuchtungsanlage die **monetäre Effizienz** aus. Sie unterteilt sich in die jeweilige Effizienz der verwendeten Leuchtmittel, der eingesetzten Lampentypen, der Anlagengestaltung selbst und der Art und Weise der Betriebsführung.

57 *Schmidt/Töllner*, S. 203.
58 *Schmidt/Töllner*, S. 204.
59 *Schmidt/Töllner*, S. 204.

II. Um- und Rückbau

Der Um- bzw. Rückbau von Beleuchtungsanlagen setzt schon begrifflich voraus, dass die Anlage im Bestand ihre Zwecke nicht mehr hinreichend erfüllen kann. 108

1. Begriffe des Um- bzw. Rückbaus

Umbau bezeichnet im Bauwesen das **bauliche Verändern** eines bestehenden Bauwerks. Durch den Umbau soll das Bauwerk an heutige oder künftige Anforderungen angepasst werden. Der Rückbau ist das komplette oder teilweise Zerstören und Entsorgen von Bauwerken aller Art. 109

2. Notwendigkeit eines Um- bzw. Rückbaus

Die Gründe für einen Umbau bzw. Rückbau der Beleuchtungsanlage können entweder in der mangelhaften Effizienz oder im Wegfall des Grunds für die Beleuchtung liegen. 110

D. Energiebeschaffung

Der Betrieb der Straßenbeleuchtungsanlage ist kostenintensiv. Es wird geschätzt, dass eine Optimierung der Beleuchtung deutsche Städte und Gemeinden jährlich um einen dreistelligen Millionenbetrag – ohne Leistungseinschränkung – entlasten könnte.[60] Einsparmöglichkeiten ergeben sich zum einen durch die Sanierung bzw. Modernisierung veralteter Beleuchtungstechnik. Durch die Wahl des Betreibermodells lassen sich indes weitere Einsparpotenziale erschließen. Energie kann unterschiedlich beschafft werden und die kostenintensiven Wartungs-, Instandhaltungs- und Modernisierungsaufgaben können vertraglich auf einen Dritten übertragen werden. Im Einzelnen dazu s. Kap. 8. 111

I. Modelle der Energiebeschaffung

1. Lichtliefer-Contracting

Zur Betriebsoptimierung und Modernisierung von Straßenbeleuchtungsanlagen bietet sich die umfängliche Lichtlieferung im Vertragsgebiet durch den **Contractor** an. Damit können durch die Einschaltung eines **externen Energiedienstleis-** 112

---

60 *DStGB*, S. 15.

tungsunternehmens mit branchenspezifischem Know-how wirtschaftliche Vorteile erzeugt sowie ggf. steuerrechtliche Privilegierungen ausgeschöpft werden, welche eine Gemeinde nur schwer oder gar nicht realisieren könnte.

113 Der Contractor übernimmt neben der **Nutzenergielieferung** typischerweise die **Modernisierung** der Straßenbeleuchtungsanlagen sowie den technischen Betrieb, ihre Wartung und Instandhaltung während der Vertragslaufzeit. Als Vergütung wird regelmäßig ein **Entgelt** für die gelieferte „Lichtmenge" berechnet. Das Lichtlieferungsentgelt kann hierbei in einer vereinbarten Pauschale bestehen oder sich beispielsweise in einen Grund- und einen Arbeitspreis unterteilen.

114 Zusätzlich lassen sich während der Vertragslaufzeit auch **weitergehende Maßnahmen** wie Erweiterung, Erneuerung, Neubau und Änderung sowie Umbau und Rückbau in den Leistungsumfang aufnehmen. Alle nicht vom Lichtlieferungsentgelt umfassten Leistungen sind nach dem vertraglich bestimmten Umfang gesondert zu vergüten. Mit der Vereinbarung eines jährlichen **Maßnahmenbudgets** für Erneuerungen kann die stetige Modernisierung und Instandhaltung gesichert werden.

115 Weiterhin muss vertraglich die Möglichkeit einer Beitragserhebung nach den jeweiligen Kommunalabgabengesetzen sichergestellt werden. Herstellung, Erweiterung und Erneuerung der Straßenbeleuchtungsanlagen sind grundsätzlich beitragsfähige Maßnahmen. Der Aufwand für diese Maßnahmen muss auf die Eigentümer der anliegenden Grundstücke umgelegt werden können. Dies erfordert eine **maßnahmengenaue Abrechnung**, auch wenn beispielsweise über ein pauschales Entgelt abgerechnet wird.

116 Trotz einer Aufgabenübertragung verbleibt die originäre Verantwortung für die Erfüllung der öffentlichen Aufgabe bei den Kommunen. Insbesondere die Haftung aus der Verkehrssicherungspflicht kann nicht auf Dritte übertragen werden. Durch eine Festlegung von Mindeststandards an den Betrieb und die Installation der Beleuchtungsanlagen wird die Qualitätssicherung des Beleuchtungsniveaus gewährleistet und ein sog. Anscheinsbeweis für die ordnungsgemäße **Sorgfaltspflichterfüllung** geschaffen.

2. Energiespar-Contracting

117 Beim Energiespar-Contracting übernimmt der Contractor die **Optimierung** der Straßenbeleuchtungsanlage in energetischer Hinsicht. Kommune und Contractor schließen einen zeitlich befristeten Betriebsführungsvertrag, in dem die Reduzierung des Energieverbrauchs und der Energiekosten garantiert werden.

118 Die gegenüber der ursprünglichen Anlage eingesparten Energiekosten werden zur **Refinanzierung** der Investitionen verwendet. Die darüber hinaus gehenden Energiekosteneinsparungen erhält der Contractor.

II. Eigenregiedurchführung

Bei der Eigenregiedurchführung erbringt die Gemeinde die Aufgabe der Straßenbeleuchtung **selbst**. Hierfür bedient sie sich ihrer **Eigenbetriebe** bzw. Stadtwerke, indem sie die Beleuchtungsanlagen an Unternehmen **veräußert**, an denen sie beteiligt ist. 119

Die Kommune entlastet damit ihren Haushalt, stärkt zugleich das Eigenkapital 120
des Stadtwerks und behält letztlich die Kontrolle über die Aufgabenerledigung der Straßenbeleuchtung. Allerdings wird es sich im Hinblick auf die insbesondere arbeitsintensiven Wartungs-, Instandhaltungs- und Instandsetzungsarbeiten an der Anlage anbieten, diesen Teil für einen bestimmten Leistungszeitraum an einen **Dritten** zu vergeben (s. dazu Kap. 8).

Im Gegensatz zu den Kosteneinsparungen bei den Contractingmodellen, die im 121
Wesentlichen auf investierten Modernisierungen der Beleuchtungsanlage beruhen, liegen die Einsparpotenziale bei Eigenregiedurchführungen der Kommune in der Beschränkung der Leistung und beim Materialeinkauf.

Die Reduzierung der Leuchtendichte sowie die Reduzierung der Beleuchtungs- 122
stärke wird dabei allerdings begrenzt durch die Anforderungen der Verkehrssicherungspflichten. Ferner können die Kommunen im Wege der **kommunalen Zusammenarbeit** die Preise für Material durch den Einkauf von größeren Mengen senken.

Kapitel 3
Beitragsrechtliche Gestaltungsspielräume und Risiken

A. Einführung

In Zeiten knapper Kassen und vor dem Hintergrund der Finanz- und Wirtschaftskrise ist haushälterisch wirtschaftliches Handeln durch die Kommunen bekanntermaßen wichtiger denn je. Ohne eine „angemessene“ **Beteiligung der Bürger** sind sowohl die Errichtung als auch die spätere Erhaltung öffentlicher Einrichtungen nicht leistbar und nicht finanzierbar.[1] Sollen kommunale Investitionen im Bereich des Straßenbaus durchführbar bleiben und soll die öffentliche Einrichtung „Straßenbeleuchtung“ für die Zukunft gesichert sein, müssen alle Möglichkeiten der **Refinanzierung** voll ausgeschöpft werden.[2] 1

Vor diesem Hintergrund widmet sich der nachfolgende Abschnitt dem **kommunalen Beitragsrecht** und dessen Möglichkeiten, eine haushaltsverträgliche Finanzierung der Straßenbeleuchtung auf Dauer sicherzustellen. 2

B. Begriffe und gesetzliche Grundlagen

Bevor nachfolgend auf Einzelprobleme bzw. die abgabenrechtlichen Besonderheiten im Bereich der Straßenbeleuchtungsanlagen eingegangen wird, bedarf es zunächst des notwendigen Überblicks über die einschlägigen Bestimmungen des **kommunalen Abgabenrechts** und über die wichtigsten Fragestellungen in diesem Zusammenhang. 3

I. Das Kommunalabgabenrecht im Überblick

Die Kommunalabgabengesetze der Länder berechtigen die Kommunen dazu, auf der Grundlage von **Satzungen** Abgaben zu erheben.[3] Bei genauerem Hinsehen handelt es sich bei der den Kommunen eingeräumten Berechtigung zur Inanspruchnahme der Bürger sogar um eine **Verpflichtung** zur Abgabenerhebung.[4] Zu den zu erhe- 4

1 *Driehaus*, § 1 Rn 1.
2 So bereits 2004 *Deppe*, LKV 2004, 212.
3 Siehe nur § 2 Abs. 1 S. 1 KAG NW: *„Abgaben dürfen nur auf Grund einer Satzung erhoben werden.“*
4 *Driehaus*, § 1 Rn 1.

benden Abgaben gehören neben Steuern und (Benutzungs-)Gebühren auch **Beiträge**.

1. Beiträge

5 Einen bundesverfassungsrechtlich vorgegebenen einheitlichen Beitragsbegriff gibt es nicht.[5] Der Landesgesetzgeber NRW beispielsweise definiert Beiträge in § 8 Abs. 2 S. 1 seines Kommunalabgabengesetzes (KAG NW) als

> „**Geldleistungen**, die dem **Ersatz des Aufwandes** für die Herstellung, Anschaffung und Erweiterung öffentlicher Einrichtungen und Anlagen im Sinne des § 4 Abs. 2, bei Straßen, Wegen und Plätzen auch für deren Verbesserung, jedoch ohne die laufende Unterhaltung und Instandsetzung dienen."

6 Weiter konkretisiert die zitierte Vorschrift des KAG NW in ihrem S. 2, dass die Beiträge von den Grundstückseigentümern als **Gegenleistung** dafür erhoben werden, dass den Eigentümern die **Möglichkeit der Inanspruchnahme** der Einrichtungen und Anlagen zusteht und ihnen **wirtschaftliche Vorteile** geboten werden. Nach der Rechtsprechung sind wirtschaftliche Vorteile solche Umstände, die eine Wertsteigerung des Grundstücks bewirken, wobei diese wiederum in einer Erhöhung des Veräußerungswerts oder der Gebrauchsvorteile (bessere Zugänglichkeit) bestehen können.[6]

7 Wesentliches Merkmal für das Vorliegen eines Beitrags ist davon abgesehen die **Einmaligkeit** seiner Erhebung: Für die durch die Gemeinde vermittelte Leistung darf der Bürger nur einmal herangezogen werden. Eine erneute Inanspruchnahme des Bürgers für **dieselbe** beitragsfähige Maßnahme darf nicht erfolgen.

8 Das **BVerfG** hat in seinem Beschluss vom 20.5.1959[7] über Feuerwehrabgaben bestimmte Merkmale herausgefiltert, die für den Beitragsbegriff wesensprägend sind. Als Beitrag werde nach klassischem Verständnis der Abgabenordnung die **Beteiligung** der Interessenten an den Kosten einer öffentlichen Einrichtung („**Veranstaltung**") bezeichnet.[8]

9 Maßgebend, so das BVerfG, sei der Gesichtspunkt der **Gegenleistung**: Das Gemeinwesen stelle eine besondere Einrichtung zur Verfügung; wer davon besonderen wirtschaftlichen Nutzen habe, solle auch zu den Kosten ihrer Errichtung und Unterhaltung beitragen.[9]

10 Den Gedanken der Gegenleistung, d.h. des Ausgleichs von Vorteilen und Lasten, als Gesichtspunkt, der den Abgabenbeitrag legitimiert, hat das BVerfG unter

---

5 *Driehaus*, § 1 Rn 4.
6 Wörtlich *Röntgen*, LKV 1994, 136, 137.
7 Beschl. v. 20.5.1959 – 1 BvL 1, 7/58 – BVerfGE 9, 291, 297.
8 BVerfGE 7, 244, 254.
9 Beschl. v. 20.5.1959 – 1 BvL 1, 7/58 – BVerfGE 9, 291, 297.

Anlehnung an die in **§ 9 des preußischen Kommunalabgabengesetzes** (vom 14.7.1893) enthaltene Definition herausgefiltert. Nach dieser Norm erheben (können) die Gemeinden zwecks Deckung der Kosten für Herstellung und Unterhaltung von Veranstaltungen, welche das öffentliche Interesse erfordert, von denjenigen Grundeigentümern und Gewerbebetreibenden, denen hierdurch besondere wirtschaftliche Vorteile erwachsen, Beiträge zu den Kosten der Veranstaltungen erheben.

Beitragspflichtig seien dabei nur diejenigen, die besondere Vorteile von der ge- 11
meindlichen Einrichtung haben, also **Grundeigentümer**, **Mieter** oder **Pächter** von Grundstücken.

Zu unterscheiden sind **Erschließungsbeiträge** und **Ausbaubeiträge**. Beide Ar- 12
ten von Beiträgen werden nachfolgend näher erläutert.

2. Erschließungsbeiträge

Das **Erschließungsbeitragsrecht** fällt (anders als das Erschließungsrecht nach den 13
§§ 123 ff. BauGB) seit der Änderung des Art. 74 GG infolge des Inkrafttretens des Gesetzes zur Änderung des Grundgesetzes vom 27.10.1994 nicht mehr in die konkurrierende Gesetzgebungszuständigkeit, sondern in die **ausschließliche Gesetzgebungszuständigkeit der Länder**. Es greift jedoch Art. 125a Abs. 1 GG, der bestimmt, dass *„Recht, das als Bundesrecht erlassen worden ist, aber wegen Änderung des Artikels 74 Abs. 1 [...] nicht mehr als Bundesrecht erlassen werden könnte, [...] als Bundesrecht“* fortbesteht.

Von seinem bis zum 15.11.1994 bestehenden Recht zur konkurrierenden Gesetz- 14
gebung hat der Bund Gebrauch gemacht und neben dem Erschließungsrecht nach den §§ 123 ff. BauGB das Erschließungsbeitragsrecht in den **§§ 127 ff. BauGB** geregelt.

Dieses **bundesgesetzliche Erschließungsbeitragsrecht** bleibt in Kraft, solan- 15
ge die Länder nicht von der ihnen in Art. 125a Abs. 1 S. 2 GG verliehenen Befugnis zur **Ersetzung** des bundesrechtlichen Erschließungsbeitragsrechts **durch eigene Regelungen** Gebrauch machen. Einzelne Länder haben auf Grundlage dieser Ermächtigung bereits eigene erschließungsbeitragsrechtliche Vorschriften erlassen; sie haben aber[10] – mit Ausnahme Baden-Württembergs[11] – im Wesentlichen nur eigene Fassungen der §§ 127 ff. BauGB auf den Weg gebracht, die sich von dem bundesgesetzlichen Vorbild nicht unterscheiden.

Doch worum handelt es sich bei Erschließungsbeiträgen überhaupt? Was gehört 16
zum Regelungsinhalt des Erschließungsbeitragsrechts? Das Erschließungsbeitrags-

10 Bayern: Grünanlagengesetz v. 27.12.1996, GVBl. S. 541; Berlin: Gesetz v. 16.3.2006, GVBl. S. 274.

11 Kommunalabgabengesetz v. 17.3.2005, GVBl. S. 206, geändert durch Gesetz v. 4.5.2009, GVBl. S. 185; kritisch *Driehaus*, § 1 Rn 15.

recht regelt, wer die **Kosten** für eine **Erschließungsmaßnahme** zu tragen hat. Erschließung meint dabei die **Baureifmachung von Grundflächen** durch **Herstellung** der für die Allgemeinheit bestimmten **Verkehrs- und Erholungsflächen, Versorgungs- und Entwässerungsanlagen** inklusive Zubehör.

3. Ausbaubeiträge

17 Das System der abgabenrechtlichen Beiträge wird neben den Erschließungsbeiträgen durch die sog. Ausbaubeiträge komplettiert. Diese stellen – ebenso wie Erschließungsbeiträge – eine **einmalig** zu erbringende kommunale Abgabe dar, die sich ausschließlich auf **Kosten** für eine bestimmte **Baumaßnahme** an **nichtleitungsgebundenen** öffentlichen Einrichtungen und Anlagen bezieht.[12]

18 Anders als diese Definition zunächst vermuten lässt, sind vom Begriff der Ausbaubeiträge neben den Kosten für die kommunalen **Verkehrsanlagen** (öffentliche Wege, Straßen und Plätze) auch die Kosten für (selbstständige) **Grünanlagen** umfasst.

19 Im Gegensatz zum Erschließungsbeitragsrecht existieren zum Ausbaubeitragsrecht keine grundgesetzlichen Regelungen über die **Gesetzgebungszuständigkeiten**. Nach den allgemeinen Kompetenzgrundsätzen sind daher die **Länder** auf Grundlage des Art. 70 Abs. 1 GG zur Gesetzgebung berufen. Die lange Zeit bestehende Unsicherheit über die Kompetenzfrage dürfte damit beseitigt sein.

20 Im Kontext der Ausbaubeiträge verhält es sich so, dass der Bundesgesetzgeber das Ausbaubeitragsrecht aufgrund fehlender Zuweisung der Gesetzgebungszuständigkeit im Grundgesetz bewusst nicht normiert hat. Daran ändert auch die bundesgesetzliche Regelung des **§ 128 Abs. 2 S. 1 BauGB** nichts. Nach dieser Norm bleibt das Recht der Gemeinden, Beiträge zu den Kosten für Erweiterungen oder Verbesserungen von Erschließungsanlagen zu erheben, unberührt.

21 Der Wortlaut der Vorschrift macht deutlich, dass das Bundesrecht den Ländern über § 128 BauGB gerade keinerlei Vorgaben macht. Im Gegenteil: Die Gesetzgebungsbefugnis der Länder auf dem Gebiet der Ausbaubeiträge bleibt unberührt.[13] Sie können ggf. **vorhandene** landesrechtliche Regelungen ausnutzen oder Normen über die Erhebung von Ausbaubeiträgen **erlassen** – und zwar **unabhängig vom Inkrafttreten des BauGB**.

22 Schon der Rechtsvorgänger dieser Vorschrift, § 128 Abs. 2 S. 1 BBauG, behielt den Kommunen die Möglichkeit vor, nach ggf. vorhandenem Landesrecht **Beiträge** zu den Kosten für Erweiterungen oder Verbesserungen von Erschließungsanlagen zu erheben. Nach ständiger Rechtsprechung des BVerwG konnte auch diese Vorschrift nicht dahingehend gelesen werden, dass ausschließlich das bei Inkrafttreten

---

12 *Driehaus*, § 1 Rn 7.
13 *Driehaus*, § 1 Rn 11.

des Bundesbaugesetzes **bestehende** Landesrecht für die Ausbaubeiträge Anwendung finden sollte. Vielmehr sollte die **Möglichkeit des Erlasses** entsprechender Regelungen auch **nach Inkrafttreten** des Bundesbaugesetzes bestehen. Da sich der Wortlaut des § 128 Abs. 2 S. 1 BauGB mit dem Wortlaut der Vorgängervorschrift des § 128 Abs. 2 S. 1 BBauG deckt, kann diese Rechtsprechung für die heutige Rechtslage ohne große Bedenken übernommen werden.

Tatsächlich haben – mit Ausnahme Baden-Württembergs – alle Landesgesetz- 23
geber von der ihnen zustehenden Gesetzgebungsbefugnis Gebrauch gemacht und den **Kommunen** das **Recht zur Erhebung von Ausbaubeiträgen** ausdrücklich verliehen. Die entsprechenden Vorschriften finden sich überwiegend[14] in den **Kommunalabgabengesetzen** der Länder: § 8 des Kommunalabgabengesetzes für das Land Nordrhein-Westfalen (KAG NW) vom 21.10.1969 in der Fassung der Bekanntmachung vom 4.4.1993 (GVBl. S. 264); § 8 des Kommunalabgabengesetzes für das Land Brandenburg (BraKAG) vom 31.3.2004 (GVBl. I S. 174); § 11 des Gesetzes für kommunale Abgaben in Hessen (KAG Hess) vom 17.3.1970 (GVBl. S. 225); § 8 des Kommunalabgabengesetzes für das Land Mecklenburg-Vorpommern (KAG MV) vom 12.4.2005 (GVBl. S. 146); § 6 des Niedersächsischen Kommunalabgabengesetzes (NKAG) in der Fassung vom 23.1.2007 (GVBl. S. 41); §§ 7 und 9f. des Kommunalabgabengesetzes Rheinland-Pfalz (KAG R-P) vom 20.6.1995 (GVBl. S. 175); § 8 des Kommunalabgabengesetzes des Saarlandes (KAG Saarl) in der Fassung der Bekanntmachung vom 29.5.1998 (ABl. S. 691); §§ 26ff. des Sächsischen Kommunalabgabengesetzes (SächsKAG) in der Fassung vom 26.8.2004 (GVBl. S. 4); § 6 des Kommunalabgabengesetzes für das Land Sachsen-Anhalt (KAG-LSA) vom 13.12.1996 (GVBl. S. 405); § 8 des Kommunalabgabengesetzes des Landes Schleswig-Holstein (KAG SH) vom 10.1.2005 (GVBl. S. 27) und § 7 des Kommunalabgabengesetzes des Landes Thüringen (ThürKAG) in der Fassung vom 19.9.2000 (GVBl. S. 301).

4. Das Verhältnis zwischen Erschließungs- und Ausbaubeitragsrecht

Erschließungs- und Ausbaubeitragsrecht stehen in Bezug auf ihren Anwendungsbe- 24
reich in einem komplizierten **Konkurrenzverhältnis.**[15] Beiden Beitragsarten ist gemein, dass sie **nichtleitungsgebundene öffentliche Anlagen und Einrichtungen** zum Gegenstand haben und die Heranziehung des Grundstückseigentümers zu ihrer Entrichtung sich damit rechtfertigt, dass dieser eine **Gegenleistung** für die ihm über die **Möglichkeit zur Inanspruchnahme** der Anlagen und Einrichtungen ge-

14 In Bremen können Beiträge nach dem Ortsgesetz über die Erhebung von Beiträgen für die Erweiterung und Verbesserung von Erschließungsanlagen vom 12.6.1973, GVBl. S. 127, in Hamburg über die §§ 51ff. des Wegegesetzes in der Fassung vom 22.1.1974, GVBl. S. 41 und in Berlin nach den §§ 1ff. des Straßenausbaubeitragsgesetzes vom 16.3.2006, GVBl. S. 265 erhoben werden.

15 *Driehaus*, § 2 Rn 1.

währten wirtschaftlichen Vorteile erbringen muss[16] – und zwar unabhängig davon, ob der Grundstückseigentümer die gemeindliche Leistung später auch tatsächlich in Anspruch nimmt.[17]

25 Beiden Beitragsarten ist darüber hinaus gemein, dass sie als Abgaben zwingend einer **Satzung** bedürfen.[18]

26 Worin besteht also der Unterschied zwischen den beiden Beitragsarten? Bei Untersuchung der erschließungsbeitragsrechtlichen Vorschriften des BauGB zu, fällt auf, dass diese sich zum einen lediglich auf **bestimmte Baumaßnahmen** beziehen, und zwar auf die im **Katalog des § 127 Abs. 2 BauGB** abschließend und bindend aufgelisteten beitragsfähigen Erschließungsanlagen. Zum anderen werden Erschließungsbeiträge nur für die **erstmalige Herstellung** von Erschließungsanlagen einschließlich der Einrichtungen für ihre Entwässerung und ihre Beleuchtung verlangt (§ 128 Abs. 1 S. 1 Nr. 2 BauGB).

27 Hieraus folgt, dass das im BauGB normierte Erschließungsrecht im Verhältnis zum Ausbaubeitragsrecht gewissermaßen als **Sonderrecht** zu qualifizieren ist. Dieses greift stets dann ein, wenn es um die **erstmalige Errichtung** von Erschließungsanlagen, also z.B. die Anlegung von öffentlichen Straßen, Wegen und Plätzen, geht. Nicht dem Beitragsrecht des Baugesetzbuches unterfallen folglich Beiträge für Baumaßnahmen an **„vorhandenen Straßen“**.[19] In solchen Fällen findet das **Ausbaubeitragsrecht** der Länder Anwendung. Die Vorschriften des Ausbaubeitragsrechts stellen gewissermaßen **Auffang- und Grundnormen** dar.[20] Die bundesgesetzlichen Vorschriften der §§ 127 ff. BauGB genießen dann Vorrang, wenn es um Beiträge für Erschließungsanlagen i.S.v. § 127 Abs. 2 BauGB geht (z.B. die zum Anbau bestimmten öffentlichen Straßen, Wege und Plätze; die aus öffentlichen, aus rechtlichen oder aus tatsächlichen Gründen mit Kraftfahrzeugen nicht befahrbaren Verkehrsanlagen innerhalb der Baugebiete, z.B. Fußwege, Wohnwege, Sammelstraßen). Im Hinblick auf alle anderen Anlagen werden keine Erschließungsbeitragspflichten ausgelöst; diesbezüglich entfaltet § 127 Abs. 2 BauGB eine **negative Ausschlusswirkung**.[21]

28 Anzumerken ist, dass die Qualifizierung einer Baumaßnahme als „Ersterschließung“ bzw. Ausbau einer „vorhandenen Straße“ zwecks Ergründung der einschlägigen Rechtsnormen in der Praxis oft Probleme bereitet.

---

16 Siehe beispielhaft § 8 Abs. 2 S. 2 KAG NW: *„Sie werden von den Grundstückseigentümern als Gegenleistung dafür erhoben, dass ihnen durch die Möglichkeit der Inanspruchnahme der Einrichtungen und Anlagen wirtschaftliche Vorteile geboten werden.“*

17 *Röntgen*, LKV 1994, 136, 138.

18 Siehe z.B. § 2 Abs. 1 S. 1 KAG NW: *„Abgaben dürfen nur auf Grund einer Satzung erhoben werden.“*

19 *Röntgen*, LKV 1994, 136.

20 *Driehaus*, § 2 Rn 2.

21 *Driehaus*, § 12 Rn 3.

Beispiel
Abgrenzungsprobleme zeigten sich in der Vergangenheit insbesondere nach der Wiedervereinigung in den neuen Bundesländern.[22] § 242 Abs. 9 BauGB bestimmt, dass in den neuen Bundesländern Erschließungsbeiträge im Hinblick auf Erschließungsanlagen bzw. Teile von solchen, die bereits vor Wirksamwerden des Beitritts hergestellt worden sind, nicht erhoben werden können. War eine Anlage in ihrer Gesamtheit ohne die neue Teilanlage fertiggestellt, dann ist die Anwendung des Erschließungsbeitragsrechts gesperrt.[23]

Praxistipp
Bei der Suche nach einer so rechtssicheren wie praxisgerechten **Lösung** wird mancherorts vorgeschlagen, eine **Einstufung** über die Herstellungsreife der Straße in **Satzungsform** zu treffen.[24] Unabhängig von etwaigen Regelungen in einer Satzung wird im Einzelfall ein **Vergleich** des neuen Zustands der Straße mit dem Altzustand erforderlich sein, um feststellen zu können, ob eine erstmalige Herstellung vorliegt oder es sich lediglich um eine Veränderung, Erweiterung oder Verbesserung (Umgestaltung) einer bereits vollständig hergestellten Straße bzw. Teileinrichtung handelt.[25]

II. Das Erschließungsbeitragsrecht

1. Die Erschließungslast

Das Erschließungsbeitragsrecht steht in engem Zusammenhang mit dem eigentlichen Erschließungsrecht, das in den §§ 123 ff. BauGB umfassend geregelt ist. § 123 Abs. 1 BauGB erlegt den **Gemeinden** die Erschließung als öffentliche Aufgabe auf und normiert damit die sog. **Erschließungslast**. Die Erschließungsanlagen sollen entsprechend den Erfordernissen der Bebauung und des Verkehrs kostengünstig hergestellt werden und spätestens bis zur Fertigstellung der anzuschließenden baulichen Anlage benutzbar sein. 29

Gleichwohl stellt § 123 Abs. 3 BauGB klar, dass ein **Rechtsanspruch** auf die Erschließung nicht besteht. 30

2. Die erschließungsrechtliche Beitragspflicht

§ 127 Abs. 1 BauGB weist keine bloße Berechtigung zur Erhebung von Erschließungsbeiträgen aus, normiert ist vielmehr eine **Beitragspflicht**: 31

> „Die Gemeinden **erheben** zur Deckung ihres anderweitig nicht gedeckten Aufwands für Erschließungsanlagen einen Erschließungsbeitrag nach Maßgabe der folgenden Vorschriften."

---

22 *Röntgen*, LKV 1994, 136.
23 *Deppe*, LKV 2004, 212.
24 *Röntgen*, LKV 1994, 136.
25 *Graf*, Praxis der Kommunalverwaltung Bund, L 12d, unter 2.2.

32 Diese Beitragspflicht erstreckt sich auf alle im **Katalog des § 127 Abs. 2 BauGB** abschließend und bindend aufgeführten Erschließungsanlagen. Hierzu gehören

- die öffentlichen zum Anbau bestimmten Straßen, Wege und Plätze (Nr. 1);
- die öffentlichen aus rechtlichen oder tatsächlichen Gründen mit Kraftfahrzeugen nicht befahrbaren Verkehrsanlagen innerhalb der Baugebiete, z.B. Fußwege, Wohnwege (Nr. 2);
- Sammelstraßen innerhalb der Baugebiete (Nr. 3);
- Parkflächen und Grünanlagen mit Ausnahme von Kinderspielplätzen, soweit sie Bestandteil der in den Nr. 1 bis 3 genannten Verkehrsanlagen oder nach städtebaulichen Grundsätzen innerhalb der Baugebiete zu deren Erschließung notwendig sind (Nr. 4) und
- Anlagen zum Schutz von Baugebieten gegen schädliche Umwelteinwirkungen im Sinne des Bundes-Immissionsschutzgesetzes, auch wenn sie nicht Bestandteil der Erschließungsanlagen sind (Nr. 5).

33 In der Praxis spielen von den aufgeführten Anlagen nur die in Nummer 1 genannten Erschließungsanlagen eine Rolle.[26]

34 Die Beitragspflicht nach § 127 Abs. 1 BauGB umfasst gem. § 127 Abs. 3 BauGB auch den Grunderwerb, die Freilegung und Teile der Erschließungsanlagen. Diesbezüglich ist die Gemeinde berechtigt, selbstständige bzw. gesonderte Beiträge zu erheben (sog. **Kostenspaltung**).

3. Der Umfang des Erschließungsaufwands/berücksichtigungsfähige Kosten

35 § 128 Abs. 1 Nr. 1 bis 3 BauGB regelt den Umfang des Erschließungsaufwands. Danach sind die Kosten für den **Erwerb und die Freilegung der Flächen** für die Erschließungsanlagen (Nr. 1), die Kosten für ihre **erstmalige Herstellung** einschließlich der **Einrichtungen für ihre Entwässerung** und ihre **Beleuchtung** (Nr. 2) sowie die Kosten für die **Übernahme von Anlagen** als gemeindliche Erschließungsanlagen erfasst (Nr. 3).

36 § 128 Abs. 2 S. 1 BauGB wahrt die nach Landesgesetz eingeräumte **Kompetenz der Gemeinden** zur Beitragserhebung für Kosten der **Erweiterung oder Verbesserung** von Erschließungsanlagen. Soweit danach die Gemeinden nach Landesrecht berechtigt sind, Beiträge zu den Kosten für die Erweiterungen oder Verbesserungen von Erschließungsanlagen zu erheben, bleibt dieses Recht unberührt. Gleichzeitig können die Länder bestimmen, dass die **Kosten für die Beleuchtung** der Erschließungsanlagen in den Erschließungsaufwand nicht einzubeziehen sind (§ 128 Abs. 2 S. 2 BauGB).

---

26 *Halter*, LKV 2008, 161, 162.

Über die **Negativbestimmung** in Abs. 3 BauGB ist festgelegt, dass der Erschließungsaufwand die Kosten für folgende Anlagen nicht umfasst: Brücken, Tunnel und Überführungen mit den dazugehörigen Rampen (Nr. 1) sowie die Fahrbahnen der Ortsdurchfahrten von Bundes- sowie von Landesstraßen der ersten und zweiten Ordnung, soweit die Fahrbahnen dieser Straßen keine größere Breite als ihre anschließenden freien Strecken erfordern (Nr. 2). 37

4. Satzungserfordernis

Straßenerschließungsbeiträge müssen gem. § 132 BauGB in einer **Satzung** geregelt werden. Auch der Inhalt der Erschließungsbeitragssatzungen richtet sich nach dieser Vorschrift. Nach den dort enthaltenen Vorgaben muss die Satzung Regelungen sowohl zu **Art und Umfang** der Erschließungsanlagen i.S.d. § 129 BauGB (Nr. 1), zur **Art der Ermittlung und Verteilung des Aufwands** sowie zur **Höhe des Einheitssatzes** (Nr. 2), zur **Kostenspaltung** (Nr. 3) als auch zu den **Merkmalen der endgültigen Herstellung** einer Erschließungsanlage (Nr. 4) beinhalten. Über diese Regelungsinhalte muss unbedingt im Satzungswege entschieden werden. 38

§ 132 BauGB enthält indes keine speziellen Bestimmungen über die **Ausfertigung und Bekanntmachung** von Erschließungsbeitragssatzungen, sodass diesbezüglich das einschlägige **Landes- und Gemeinderecht** Anwendung findet[27] und an dieser Stelle der Verweis auf die Eigenheiten des jeweiligen Landes- und Kommunalrechts zum Satzungserlass genügen dürfte. 39

5. Beitragspflichtiger und Fälligkeit

Nach § 133 Abs. 1 S. 1 BauGB unterliegen der erschließungsrechtlichen Beitragspflicht **Grundstücke**, für die eine bauliche oder gewerbliche Nutzung festgesetzt ist, sobald sie bebaut oder gewerblich genutzt werden dürfen. 40

Beitragspflichtig ist deshalb – wie § 134 Abs. 1 S. 1 BauGB bestimmt und das BVerfG in seinem Beschluss über Feuerwehrabgaben (s.o. Rn 8) vorab herausgearbeitet hat – derjenige, der im Zeitpunkt der Bekanntgabe des Beitragsbescheids **Grundstückseigentümer** ist. 41

Der Beitrag wird einen Monat nach der Bekanntgabe des Bescheids **fällig** (§ 135 Abs. 1 BauGB). 42

Sofern das Grundstück mit einem Erbbaurecht belastet ist, ist der **Erbbauberechtigte** anstelle des Eigentümers beitragspflichtig (§ 134 Abs. 1 S. 2 BauGB). Bei Belastung mit einem **dinglichen Nutzungsrecht** trifft den **Inhaber** dieses Rechts 43

---

27 *Driehaus*, § 11 Rn 3.

die Beitragspflicht (§ 134 Abs. 1 S. 3 BauGB). Mehrere Beitragspflichtige haften als **Gesamtschuldner** (§ 134 Abs. 1 S. 4 BauGB).

44 Die **Beitragspflicht** entsteht gem. § 133 Abs. 2 S. 1 BauGB mit der **endgültigen Herstellung** der Erschließungsanlage bzw. bei Teilbeiträgen, sobald die **Maßnahmen**, deren Aufwand durch die Teilbeiträge gedeckt werden soll, **abgeschlossen** sind. Von einer endgültigen Herstellung kann erst dann gesprochen werden, wenn das **Bauprogramm** insgesamt erfüllt worden ist.[28] Dabei kommt es nicht allein auf den **nach außen sichtbaren** Abschluss der Bauarbeiten an. Vielmehr ist dem Umstand Rechnung zu tragen, dass der Erschließungsbeitrag der Kostendeckung dient und eine Beitragspflicht erst entstehen kann, wenn der zu deckende Aufwand feststeht.[29]

Beispiel

Sofern die Bauarbeiten abgeschlossen sind, ist eine endgültige Herstellung demzufolge regelmäßig beim **Eingang der letzten**, im Anschluss an die Bauarbeiten erteilten **Unternehmerrechnung** gegeben. Bei Unterstützung der Gemeinde durch öffentliche Fördermittel hängt der umlagefähige Aufwand im Weiteren von der **Mitteilung der endgültigen Zuschusshöhe** durch den Zuschussgeber ab.

Bei Teileinrichtungen kommt es im Weiteren auch darauf an, dass die Grundstücke durch die Anlage bereits eine **funktionsfähige Erschließung** erfahren, ihnen also der beabsichtigte Erschließungsvorteil bereits zukommt.[30]

III. Das Ausbaubeitragsrecht

1. Die ausbaurechtliche Beitragspflicht am Beispiel von § 8 KAG NW

45 Wie eingangs bemerkt, ist die Berechtigung der Gemeinden zur Erhebung von Ausbaubeiträgen überwiegend in den **Kommunalabgabengesetzen** der Länder geregelt.

46 Die inhaltlichen Regelungen der Kommunalabgabengesetze im Hinblick auf die Ausbaubeiträge werden nachstehend am Beispiel des Kommunalabgabengesetzes des Landes Nordrhein-Westfalen näher erläutert: § 8 Abs. 1 S. 1 KAG NW verleiht den Gemeinden und Gemeindeverbänden die grundlegende Befugnis zur Erhebung von Beiträgen.

47 Aus dieser Vorschrift wird zwar ersichtlich, dass die **Beitragserhebung** grundsätzlich in das **Ermessen der Gemeinden** gestellt ist. Jedoch hat sich der Landesgesetzgeber im Hinblick auf die dem **öffentlichen Verkehr** gewidmeten Straßen, Wege und Plätze für eine **„Soll-Vorschrift"** entschieden (§ 8 Abs. 1 S. 2

---

28 VG Gelsenkirchen, Urt. v. 6.5.2009 – 13 K 1880/07 – BeckRS 2009, 37861.

29 Battis/Krautzberger/Löhr/*Reidt*, § 133 Rn 19.

30 Battis/Krautzberger/Löhr/*Reidt*, § 133 Rn 23.

KAG NW). Dies hat zur Folge, dass die Entscheidungsfreiheit der Gemeinden hinsichtlich der Erhebung von Straßenausbaubeiträgen eingeschränkt ist[31] und die Beitragserhebung in diesem Gebiet den Regelfall darstellt. Denn „Sollen" ist in der Regel einem **„Müssen"** gleichzusetzen.[32] Nur bei Vorliegen atypischer Umstände im Einzelfall darf bei einer Soll-Vorschrift von der Vorgabe abgewichen werden.

Dass Straßenausbaubeiträge regelmäßig zwingend zu erheben sind, wird bei **48**
Betrachtung des **Haushaltsrechts** deutlich: Nach § 75 Abs. 1 S. 1 GO NW hat die Gemeinde ihre Haushaltswirtschaft so zu planen und zu führen, dass die stetige Erfüllung ihrer Aufgaben gesichert ist.

Die Haushaltswirtschaft ist wirtschaftlich, effizient sowie sparsam zu führen[33] **49**
(§ 75 Abs. 1 S. 2 GO NW) und nach § 75 Abs. 6 GO NW ist die Liquidität der Gemeinde einschließlich der Finanzierung der Investitionen sicherzustellen. § 75 Abs. 7 GO NW normiert ein **Überschuldungsverbot.**

Aus alldem folgt, dass die Gemeinde – abgesehen von der sich aus „vertretbar **50**
und geboten" ergebenden Beschränkung – alle infrage kommenden Mittel und Wege voll ausschöpfen muss,[34] um den **haushälterischen Grundsätzen der Wirtschaftlichkeit und Sparsamkeit** und den in § 75 GO NW enthaltenen weiteren Vorgaben zu genügen. Das meint, dass die Gemeinde in der Regel verpflichtet ist, von den Bürgern Abgaben, also auch Straßenausbaubeiträge, zu erheben.[35]

Praxistipp **!**
Ein Sonderfall, der die Gemeinde zu einem Abweichen von der generell bestehenden Erhebungspflicht ermächtigt, dürfte z.B. anzunehmen sein, wenn der Neubau einer Straße durch witterungsbedingte Gegebenheiten nicht nach der üblichen Zeitspanne, sondern bereits kurze Zeit nach ihrer Fertigstellung erforderlich wird.[36]

§ 8 Abs. 3 KAG NW erweitert die den Gemeinden über § 8 Abs. 1 KAG NW verliehenen **51**
Befugnisse: Die Norm berechtigt die Gemeinden zur Erhebung von Beiträgen für **Teile einer Einrichtung oder Anlage** (Kostenspaltung). Die in § 8 Abs. 1 S. 2 KAG NW getroffene Sonderregelung für öffentliche Straßen, Wege und Plätze gilt auch hier fort.

---

31 VG Gelsenkirchen, Urt. v. 6.5.2009 – 13 K 1880/07 – BeckRS 2009, 37861; OVG Münster, Urt. v. 21.10.1997 – 15 A 4058/94 – S. 9; OVG Münster, Urt. v. 23.7.1991 – 15 A 1100/90 – NWVBl. 1992, 288, 289.

32 VG Gelsenkirchen, Urt. v. 6.5.2009 – 13 K 1880/07 – BeckRS 2009, 37861.

33 OVG Münster, Urt. v. 20.9.1979 – XV A 2589/78 – BeckRS 2008, 39491.

34 Zur alten Rechtslage nach § 63 GO NW a.F. OVG Münster, Urt. v. 20.9.1979 – XV A 2589/78 – BeckRS 2008, 39491.

35 OVG Münster, Urt. v. 20.9.1979 – XV A 2589/78 – BeckRS 2008, 39491.

36 *Röntgen*, LKV 1994, 136, 137.

2. Der Umfang des Ausbauaufwands/berücksichtigungsfähige Kosten

52 § 8 Abs. 4 KAG NW bietet keine detaillierte Regelung zu der Frage, was im Einzelnen unter beitragsfähigem Aufwand zu verstehen ist.

53 S. 1 dieser Vorschrift legt lediglich fest, dass der **beitragsfähige Aufwand** auch den Wert umfasst, den die von der Gemeinde oder dem Gemeindeverband für die Einrichtung oder Anlage bereitgestellten eigenen Grundstücke bei Beginn der Maßnahmen haben.

54 In Ermangelung einer Vorschrift zur Ermittlung des beitragsfähigen Aufwands bedarf es deshalb des Rückgriffs auf § 8 Abs. 2 S. 1 KAG NW. Hieraus ergibt sich, dass zum berücksichtigungsfähigen Aufwand die **Herstellung, Anschaffung und Erweiterung** öffentlicher Einrichtungen und Anlagen und bei Straßen, Wegen und Plätzen auch deren **Verbesserung** zählen. Zu beachten ist, dass die Kosten für die durchgeführten Maßnahmen aufgrund des Rechtsstaatsprinzips und des daraus folgenden Grundsatzes der Verhältnismäßigkeit die Grenze der **Erforderlichkeit** nicht überschreiten dürfen.

55 **Nicht** zum berücksichtigungsfähigen Ausbauaufwand gehören die Kosten für die laufende **Unterhaltung und Instandsetzung**. Auch dies erschließt sich unter Rückgriff auf § 8 Abs. 2 S. 1 KAG NW, denn diese Regelung nimmt Unterhaltungs- und Instandsetzungsmaßnahmen explizit von dem ersatzfähigen Aufwand aus.

Beispiel

Zu den nicht zu berücksichtigenden Unterhaltungs- und Instandsetzungskosten zählen insbesondere Strom- sowie Wartungskosten.

---

56 § 8 Abs. 6 S. 1 KAG NW legt fest, dass sich die **Höhe der Beiträge** nach den **Vorteilen** bemisst. Nach den von den kommunalen Spitzenverbänden herausgegebenen Satzungen ist der vom Bürger zu tragende Anteil in der Regel nach Straßenarten und nach Straßenteilen differenziert.

3. Satzungserfordernis

57 Nach § 2 Abs. 1 S. 1 KAG NW dürfen Abgaben nur aufgrund einer Satzung erhoben werden. Die landesgesetzlichen Regelungen über die Erhebung der Ausbaubeiträge bedürfen also einer Ergänzung durch **Satzung**. Diese Satzung stellt die nach dem Gesetzesvorbehalt notwendige Ermächtigungsgrundlage für die Erhebung der Beiträge dar. Schon deshalb ist die Ausbaubeitragssatzung unverzichtbar. Zum Mindestinhalt der Satzung gehören nach § 2 Abs. 1 S. 2 KAG NW der Kreis der **Abgabeschuldner**, der die Abgabe begründende **Tatbestand**, der **Maßstab** und der **Satz der Abgabe** sowie der Zeitpunkt ihrer **Fälligkeit**. Es steht den Kommunen frei, diese Mindestinhalte durch eigenständige Regelungen zu konkretisieren und aufzufüllen. Dabei gilt allerdings, dass die zusätzlichen Bestimmungen nicht im Wi-

derspruch zu den nach § 2 Abs. 1 S. 2 KAG NW zwingenden Inhalten stehen dürfen. Im Übrigen ist anzumerken, dass die Landesgesetzgeber in den Kommunalabgabengesetzen zum Teil bereits **detaillierte Vorgaben** über den Kreis der Beitragspflichtigen oder den beitragspflichtigen Tatbestand gemacht haben, sodass sich die Satzungsinhalte oftmals in einer bloßen Wiederholung dieser Vorschriften erschöpfen.

4. Beitragspflichtiger und Fälligkeit

§ 8 Abs. 2 KAG NW enthält auch die wichtigsten Regeln über den Beitragspflichti- 58
gen. Es sind die **Grundstückseigentümer**, die als Äquivalent für die ihnen gebotenen wirtschaftlichen Vorteile zur Beitragszahlung aufgefordert werden können und sollen (§ 8 Abs. 2 S. 2 KAG NW). Ist das Grundstück mit einem Erbbaurecht belastet, so tritt gem. § 8 Abs. 2 S. 3 KAG NW der **Erbbauberechtigte** an die Stelle des Eigentümers.

Eine dem Erschließungsbeitragsrecht vergleichbare Regelung, durch die auch 59
der Nutzungsberechtigte in den Kreis der Beitragspflichtigen aufgenommen wird, kennt das nordrhein-westfälische Kommunalabgabengesetz (noch) nicht.

Nach der Regelung § 8 Abs. 7 S. 1 KAG NW, die im Wesentlichen als Parallel- 60
vorschrift des § 133 BauGB bezeichnet werden kann, entsteht die Pflicht zur Zahlung der Ausbaubeiträge mit der **endgültigen Herstellung** der Einrichtung oder Anlage. Sofern es um Beiträge für Teile einer Einrichtung oder Anlage geht, entsteht die Beitragspflicht mit der Beendigung der Teilmaßnahme. Entsprechend gilt bei der Errichtung von Abschnitten einer Einrichtung und Anlage, dass die Beitragspflicht erst mit der endgültigen Herstellung des betreffenden Abschnitts entsteht.

C. Straßenbeleuchtung und Kommunalabgabenrecht

I. Straßenbeleuchtung

1. Straßenbeleuchtung als öffentliche Aufgabe

Die Beleuchtung der öffentlichen Straßen stellt eine genuin **hoheitliche Aufgabe** 61
der Gemeinden dar.[37] Mit der Beleuchtung von öffentlichen Straßen, Wegen und Plätzen werden die Gemeinden im Rahmen der **Daseinsvorsorge** tätig und betreiben sie daher eine **öffentliche Einrichtung** i.S.v. § 8 GO NW.[38]

---

37 OVG Koblenz, Urt. v. 27.9.1983 – 6 A 63/82 – DÖV 1984, 596 ff.

38 Siehe entsprechend *Wilke/Gröller/Behnsen/Hoefer/Steinweg*, Praxis der Kommunalverwaltung SH, unter 3.3.3. Rn 15.

62 Der **VGH Mannheim** begründet den öffentlichen Charakter der Straßenbeleuchtung unter Berücksichtigung historischer Gegebenheiten wie folgt:

> „Die Straßenbeleuchtung stellte **ursprünglich** eine selbstständige öffentliche Aufgabe der **Gefahrenbeseitigung** dar, die von dem Träger der örtlichen Polizeilasten, der Gemeinde, wahrzunehmen war, deren Erfüllung der Überwachung durch die zuständigen Staatsorgane (Ortspolizeibehörde) unterlag und erforderlichenfalls auch im Aufsichtswege durchgesetzt werden konnte. Diese an dem Gesichtspunkt der (polizeilichen) Gefahrenabwehr orientierte Begründung der allgemeinen Straßenbeleuchtung erscheint nach heutigen Verhältnissen aber zu eng. Die allgemeine Beleuchtung ist, je größer die Gemeinde ist, desto mehr ein **Mittel zur Förderung des gemeindlichen Lebens**, zur Belebung der wirtschaftlichen, kulturellen und gesellschaftlichen Bestrebungen, zur Hebung der Bequemlichkeit der Bürger und des Ansehens der Stadt. Die Straßenbeleuchtung ist daher über die ihr ursprünglich allein inne- wohnende polizeiliche Bedeutung hinausgewachsen zu einer jener Angelegenheiten, deren Regelung in eigener Verantwortung der örtlichen Gemeinschaft verfassungsrechtlich gewährleistet ist (Art. 28 Abs. 2 GG). Die Straßenbeleuchtung ist mithin als eine selbstständig öffentliche Aufgabe im Rahmen der Daseinsvorsorge und damit als **Selbstverwaltungsangelegenheit** anzusehen."[39]

a) Eigene Aufgabe der Gemeinde

63 Die Bemerkungen des Verwaltungsgerichtshofs zeigen, dass die Aufgabe der Straßenbeleuchtung der **gemeindlichen Allzuständigkeit für alle örtlichen Angelegenheiten** entspringt. Damit geht einher, dass es auf Aspekte der Straßenbaulast[40] oder auf Erschließungslasten nicht ankommt. Die Beleuchtung der Straßen ist eine **eigene Aufgabe der Gemeinde**, und zwar auch dann, wenn Kreis, Land oder Bund Träger der Straßenbaulast sind.[41] Eine Beleuchtungspflicht des **Trägers der Straßenbaulast** kommt nur in **Ausnahmefällen** in Betracht, nämlich wenn die Aufgabe ihm durch Gesetz ausdrücklich zugewiesen ist oder wenn der Straßenzustand dies erfordert.[42]

Beispiel

Der Träger der Straßenbaulast ist beispielsweise für die Beleuchtung zuständig, wenn das Gesetz eine **Beleuchtung bestimmter Verkehrszeichen** vorsieht und diese Aufgabe dem Träger der Straßenbaulast zuweist.

---

39 VGH Mannheim, Beschl. v. 14.2.2007 – 2 S 2626/06 – BWGZ 2007, 757; ähnlich OVG Münster, Urt. v. 29.10.2008 – 4 L 261/07 –.

40 OVG Magdeburg, Urt. v. 29.10.2008 – 4 L 261/07 – und – 4 L 262/07 – BeckRS 2009, 30474; BVerwG, Urt. v. 15.9.1989 – 8 C 4.88 –; Praxis der Kommunalverwaltung Hessen/*Neumeyer*, L 12 unter 3.

41 *Brandt-Schwabedissen*, Städte- und Gemeinderat 10/2002, 6.

42 *Neumexer*, Praxis der Kommunalverwaltung Hessen, L 12, unter 3.

Dass die Straßenbeleuchtung als klassische Aufgabe von der Gemeinde zu erfüllen ist, hindert diese allerdings nicht daran, die Errichtung und den Betrieb der Straßenbeleuchtung einem privaten (Elektrizitäts-)Unternehmen zu übertragen. Der aus Art. 28 Abs. 2 GG entspringenden allgemeinen Verpflichtung zur Straßenbeleuchtung kann sich die Gemeinde durch eine **Übertragung und Delegation auf Private** jedoch nicht entziehen.[43] 64

b) Vehrkehrssicherungspflicht

Im Hinblick auf die Straßenbeleuchtung haben die Gemeinden ihrer **Verkehrssicherungspflicht** zu genügen. Diese besteht darin, **verkehrsgefährdende Stellen** wie gefährliche Straßenkreuzungen und -einmündungen, gekennzeichnete Fußgängerüberwege, überraschende Straßenverengungen sowie eingebaute und vorgebaute Treppen **ausreichend auszuleuchten** und erkennbar zu machen.[44] 65

Selbst wenn die Straße an sich nicht verkehrsgefährlich ist, weil sie z.B. keine Mängel aufweist, besteht eine gemeindliche Beleuchtungspflicht dort, wo die Dunkelheit eine Gefahr für den Verkehr begründet.[45] Damit wird klar, dass die Verpflichtung zu einer ausreichenden Beleuchtung der Straßen, Wege und Plätze immer von den Umständen des **Einzelfalls** abhängt, wobei sich neben der Verkehrssituation gleichberechtigt auch die **Größe** und die **finanzielle Leistungsfähigkeit der Gemeinde** auf das Ausmaß und die Intensität der Beleuchtungspflicht auswirken.[46] Die Straßenbeleuchtungspflicht besteht also weder um ihrer selbst willen noch ist sie unbeschränkt. Eine Straße muss nicht so beleuchtet sein, dass „jeder Fußgänger jederzeit und an jeder Stelle beim Überqueren der Fahrbahn jede Unebenheit erkennen kann".[47] Ebenso besteht eine Beleuchtungspflicht dann nicht, wenn statt des normalen und erwartbar zu benutzenden Wegs zu einem Wohnbezirk eine Abkürzung durch einen Park benutzt wird.[48] 66

Ungeachtet dessen kann die Straßenbeleuchtung durch dekorativen Einsatz auch einen Beitrag zu einem **attraktiveren Stadtbild** leisten, Kommunikationsbereiche beleben[49] sowie die Bequemlichkeit der Bürger und das Ansehen der Gemeinde heben.[50] 67

---

43 *Brandt-Schwabedissen*, Städte- und Gemeinderat 10/2002, 6.

44 *Marx*, Städte- und Gemeinderat 10/2002, 12.

45 *Marx*, Städte- und Gemeinderat 10/2002, 12; BGH NJW 1960, 32; OLG München, Urt. v. 25.1.1968 – 1 U 1239/67 – NJW 1968, 604, 605.

46 *Brandt-Schwabedissen*, Städte- und Gemeinderat 10/2002, 6.

47 OLG Bamberg, Urt. v. 22.1.1985 – 5 U 186/84.

48 *Bogner/Bitterwolf-de-Boer/Probstfeld/Kaminski/Witte*, Praxis der Kommunalverwaltung RhPf, L 12 unter 1.2.2.

49 *Brandt-Schwabedissen*, Städte- und Gemeinderat 10/2002, 6.

50 OLG München, Urt. v. 25.1.1968 – 1 U 1239/67 – NJW 1968, 604, 605.

68 Unabhängig davon, ob die Gemeinde mit der Straßenbeleuchtung ihrer Verkehrssicherungspflicht genügen oder die Attraktivität des Stadtbildes steigern will: Ein **subjektives Recht** auf Beleuchtung existiert nicht, wie das OLG München bereits sehr früh (1968) entschieden hat.[51]

2. Grundsätzliche Möglichkeiten zur Finanzierung der Straßenbeleuchtung

69 Spiegelbildlich zu der dargelegten klassischen **Verpflichtung der Gemeinde** zu einer ausreichenden und die Verkehrssicherheit garantierenden Beleuchtung der Straße existiert eine **Duldungspflicht des Grundstückeigentümers**. Er hat die Anbringung von Haltevorrichtungen und Leitungen für die Beleuchtungskörper einschließlich des erforderlichen Zubehörs zu dulden.[52]

70 Zwar kann die Gemeinde die Errichtung und Verbesserung der Straßenbeleuchtungsanlagen auch aus eigenen Mitteln finanzieren. Doch in Zeiten angespannter Haushaltslage ist dies den meisten Kommunen in tatsächlicher Hinsicht oftmals nicht (mehr) möglich. Zudem bietet sich den Gemeinden über das Abgabenrecht eine attraktive Fremdfinanzierungsmöglichkeit. Die Gemeinde kann die Grundstückseigentümer über das **Erschließungsbeitragsrecht (II. Rn 74)** und das **Ausbaubeitragsrecht (III. Rn 95)** wegen der ihr im Rahmen der Errichtung, Erneuerung und Verbesserung der Straßenbeleuchtung anfallenden Kosten in Anspruch nehmen. Die kommunale Straßenbeleuchtung gehört nämlich nicht zu den Leistungen der öffentlichen Versorgung.[53]

71 Die den Beitragsbegriff typischerweise prägende **Gegenleistung**, die der Grundstückseigentümer als Äquivalent für den von ihm gezahlten Beitrag erhält, liegt darin, dass die Straßenbeleuchtung als öffentliche Einrichtung existiert, ihm Verkehrssicherheit gewährleistet, Unfälle, Unsicherheit und Kriminalität verhindert oder jedenfalls verringert.[54] Ferner ist beiden Beitragsarten gemein, dass sie zwingend – und zwar auch im Interesse größtmöglicher Rechtssicherheit – im Wege der Satzung geregelt werden müssen.

3. Anderweitige Finanzierung der Straßenbeleuchtung

72 Nicht immer kann die Gemeinde die Kosten für die Straßenbeleuchtung über das Beitragsrecht auf die Grundstückseigentümer abwälzen. Solange der **Bund oder** das **Land Träger der Straßenbaulast** sind, kann die Gemeinde für die Straßenbeleuchtung unter bestimmten Umständen keine Beiträge erheben.

---

51 OLG München, Urt. v. 25.1.1968 – 1 U 1239/67 – NJW 1968, 604, 605.

52 *Brandt-Schwabedissen*, Städte- und Gemeinderat 10/2002, 7.

53 *Hengst/Majcharek*, Praxis der Kommunalverwaltung NW, L 12, unter 9.

54 *Hengst/Majcharek*, Praxis der Kommunalverwaltung NW, L 12, unter 9.

Beispiel
Träger der Straßenbaulast sind bei Ortsdurchfahrten von Bundes- und Landesstraßen (diese unterfallen dem Negativkatalog in § 127 Abs. 3 Nr. 2 BauGB) der Bund bzw. das betreffende Land. Die Gemeinde kann für die Beleuchtung dieser Straßen keine Beiträge beanspruchen, wenn die Änderung der Beleuchtung **Folge der Verdrängung eines Gehwegs** ist. Der Träger der Straßenbaulast hat in dieser Situation die Kosten zu tragen.
Auch wenn sich eine **höhenmäßige Änderung der Fahrbahn** auf die Beleuchtungssituation auswirkt, können etwaig entstehende Kosten nicht über Beiträge dem Bürger auferlegt werden. Die **Gemeinde** hat die Kosten nach einem bestehenden **Gestattungsvertrag** oder nach **Leihgrundsätzen** selbst zu tragen, wenn die Beleuchtungsanlage den Luftraum der Straße mitbenutzt.

II. Erschließungsbeiträge und Straßenbeleuchtung

Erfahrungsgemäß werden die Straßenbeleuchtungsanlagen hauptsächlich durch Erschließungsbeiträge der Grundstückseigentümer finanziert.[55] 73

Zwar ist die **Beleuchtung von Gemeindestraßen und Ortsdurchfahrten** von der **Erschließungslast ausgenommen**, weil es sich bei der Straßenbeleuchtung – wie vorstehend ausgeführt – um eine genuin öffentliche Aufgabe der Gemeinde handelt.[56] Jedoch schlägt sich die fehlende Erschließungslast nicht dahingehend nieder, dass es der Gemeinde nun verwehrt wäre, für die Straßenbeleuchtung Erschließungsbeiträge zu erheben. 74

Da die Beleuchtung der Straßen den Gemeinden als öffentliche Aufgabe zugewiesen ist, können sie auch Erschließungsbeiträge hierfür verlangen: Beitragsrechtlich macht es keinen Unterschied, ob eine Gemeinde infolge der gesetzlich angeordneten Erschließungslast Beiträge erhebt oder ob sie die Erschließung als ihr obliegende öffentliche Aufgabe durchführt und danach Erschließungsbeiträge erhebt. Deswegen ist die **Beleuchtung der Straßen** der **Erfüllung der Erschließungslast** beitragsrechtlich gleichgestellt. 75

1. Erhebung von Erschließungsbeiträgen für die Straßenbeleuchtung

Rechtsgrundlage für die erschließungsbeitragsrechtliche Inanspruchnahme des Grundstückseigentümers ist § 127 BauGB. 76

Abs. 1 dieser Vorschrift berechtigt die Gemeinden ganz grundsätzlich, zur Deckung ihres anderweitig nicht gedeckten Aufwands für Erschließungsanlagen i.S.d. § 127 Abs. 2 BauGB einen Erschließungsbeitrag von den Grundstückseigentümern (§ 134 Abs. 1 BauGB) zu erheben. 77

55 *Brandt-Schwabedissen*, Städte- und Gemeinderat 10/2002, 7.
56 *Driehaus*, § 5 Rn 9.

78 Bei der **Straßenbeleuchtung** handelt es sich nicht um eine **Erschließungsanlage**, sondern vielmehr um einen **Teil einer solchen**, nämlich einen (wichtigen) Bestandteil von Straßen, Wegen und Plätzen (§ 127 Abs. 2 Nr.1), von Verkehrsanlagen innerhalb der Baugebiete (Nr. 2), von Sammelstraßen (Nr. 3) oder Parkflächen und Grünanlagen (Nr. 4). Deshalb folgt die Berechtigung zur Erhebung von Erschließungsbeiträgen im Zusammenhang mit der Straßenbeleuchtung aus § 127 Abs. 3 BauGB, der die Gemeinden zur selbstständigen Erhebung von Erschließungsbeiträgen für **Teile der Erschließungsanlagen** ermächtigt.

! **Praxistipp**
In diesem Zusammenhang ist darauf hinzuweisen, dass Straßen im **Außenbereich** nicht zum **Anbau** i.S.v. § 127 Abs. 2 Nr. 1 BauGB bestimmt sind.[57] Damit ist auch der Aufwand für die Straßenbeleuchtung in diesem Fall nicht beitragsfähig.

79 Bestimmung und Festlegung des beitragsfähigen **Erschließungsaufwands** im Zusammengang mit der Aufgabe der Straßenbeleuchtung richten sich nach § 128 Abs. 1 BauGB. Konkret unterfällt der berücksichtigungsfähige Aufwand betreffend die Straßenbeleuchtung § 128 Abs. 1 Nr. 2 BauGB. Danach umfasst der Erschließungsaufwand grundsätzlich die Kosten für die **erstmalige Herstellung** der Erschließungsanlage einschließlich der Einrichtungen für ihre Entwässerung und **Beleuchtung**. Allerdings können die Länder gem. § 128 Abs. 2 S. 2 BauGB bestimmen, dass die Beleuchtungskosten aus dem Erschließungsaufwand herauszurechnen sind.

80 Unabhängig davon, ob die Länder von dieser Befugnis letztlich Gebrauch machen oder nicht, kann die Gemeinde nach dem eindeutigen Wortlaut von § 128 Abs. 1 Nr. 2 BauGB Erschließungsbeiträge für die Straßenbeleuchtung nur verlangen, wenn die Erschließungsanlage **erstmalig** hergestellt wird.[58] Nur wenn eine Straße **vorher unbeleuchtet** war, kann sie neu hergestellt werden mit der Folge, dass die hierfür anfallenden Kosten umlagefähig sind.[59]

a) Berücksichtigungsfähiger Erschließungsaufwand für die Straßenbeleuchtung

81 Doch auch wenn feststeht, dass die Gemeinde bei der Straßenbeleuchtung nach dem Erschließungsbeitragsrecht nur dann abrechnen kann, wenn zugleich die erstmalige Errichtung einer Erschließungsanlage im Raume steht, besagt dies noch nichts darüber, **welche Kosten** schließlich **tatsächlich** zum berücksichtigungsfähigen Aufwand für die Straßenbeleuchtung zu zählen sind.

57 *Graf*, Praxis der Kommunalverwaltung Bund, L 12d, unter 2.1.; VG Gelsenkirchen, Urt. v. 6.5.2009 – 13 K 1880/07 – BeckRS 2009, 37861.
58 *Brandt-Schwabedissen*, Städte- und Gemeinderat 10/2002, 7.
59 *Halter*, LKV 2008, 161, 163.

Bei näherer Betrachtung zeigt sich, dass hierzu die Kosten für Kabel, Röhren, Masten, Lampen usw., also die **Materialkosten**, gehören.[60] 82

Problematischer ist es, wenn die Gemeinde beabsichtigt, auch die Kosten für **Energietransportkabel** zu berücksichtigen, die zur **Versorgung entfernter liegender Straßen bestimmt** sind, weil diese Kabel nicht nur in der neu hergestellten Straße (als Erschließungsanlage i.S.v. § 127 Abs. 2 Nr. 1 BauGB) eingesetzt werden, sondern auch in anderen Straßen der Beleuchtung dienen. Entscheidend ist hier, dass diese Transportkabel für die Erfüllung der gemeindlichen Beleuchtungsaufgabe in der neu zu erstellenden Straße **unerlässlich** sind.[61] Funktion und Bedeutung des Kabels für die Beleuchtung der betreffenden Straße rechtfertigen dann notwendig auch die **erschließungsbeitragsrechtliche Inanspruchnahme** des Bürgers.[62] Allerdings folgt daraus auch, dass die beitragsrechtliche Abrechnung sich nach dem Verhältnis des jeweiligen Bedarfs an der Anlage zu richten hat. 83

Nicht zum beitragsfähigen Erschließungsaufwand zählen die **Betriebs-, Unterhaltungs- und Reparaturkosten** der Beleuchtungsanlage.[63] Diese Kosten stehen nicht mehr im **unmittelbaren Zusammenhang** mit der erstmaligen Herstellung einer Erschließungsanlage. Vielmehr verhält es sich hier so, dass die Gemeinden die Kosten aus den allgemeinen **Haushaltsmitteln** finanzieren müssen.[64] 84

Beispiel

Zu den von der Gemeinde zu finanzierenden Kosten gehören mangels unmittelbaren Zusammenhangs mit der erstmaligen Herstellung **Stromkosten**, Wartungskosten sowie Kosten für Reparaturarbeiten. Auch die Kosten für die **Errichtung eines Elektrizitätswerks** können nicht anteilig in den Erschließungsaufwand einbezogen werden.[65] Diese gehören schon nicht unmittelbar zur Straßenbeleuchtungsanlage.

---

b) Erschließungsbeitragsrechtliche Besonderheiten bei der Delegation der Straßenbeleuchtung an Dritte

Grundsätzlich kann sich die Gemeinde ihrer allgemeinen Aufgabe zur verkehrssicheren Aus- und Beleuchtung der Straßen nicht dadurch entziehen, dass sie die Beleuchtungspflicht auf einen fachkundigen **privaten Unternehmer** überträgt. 85

---

60 *Brandt-Schwabedissen*, Städte- und Gemeinderat 10/2002, 7.
61 *Graf*, Praxis der Kommunalverwaltung Bund, L 12d, unter 2.4.
62 So zu Recht *Brandt-Schwabedissen*, Städte- und Gemeinderat 10/2002, 8.
63 *Graf*, Praxis der Kommunalverwaltung Bund, L 12d, unter 2.4.
64 *Graf*, Praxis der Kommunalverwaltung Bund, L 12d, unter 2.
65 *Graf*, Praxis der Kommunalverwaltung Bund, L 12d, unter 2.4.; BVerwG, Urt. v. 27.2.1970 – IV C 36/69 – DVBl. 1970, 835.

86 Andererseits hindert sie das Erschließungs- und Erschließungsbeitragsrecht nicht daran, **einzelne Maßnahmen** im Zusammenhang mit der Straßenbeleuchtung, wie etwa die Errichtung oder Verbesserung der Straßenanlage, an Externe zu delegieren.

87 Ebenso wenig ist ihr das Recht genommen, das **Eigentum** an einer einzelnen Straßenbeleuchtungsanlage auf einen Dritten **zu übertragen,**[66] was sich gerade aus finanzpolitischen Erwägungen in Zeiten klammer Kommunalhaushalte als Option darstellt. Das Haushaltsrecht steht dem nicht entgegen. Doch gilt es, hierbei **beitragsrechtliche Grundprinzipien** zu beachten.

88 Insbesondere kommt es darauf an, dass der Grundstückseigentümer für dieselbe Straßenbeleuchtungsmaßnahme **nicht doppelt** in Anspruch genommen wird. Der die Straßenanlage erwerbende Dritte darf den Bürger nicht mit Finanzierungskosten belasten oder entsprechende Entgelte erheben, wenn dieser bereits einen Erschließungsbeitrag gezahlt hat. Diese Doppelbelastung verbietet der für jeden **Beitrag** charakteristische **Grundsatz der Einmaligkeit der Inanspruchnahme.**

2. Erschließungsbeitragssatzungen

89 Straßenerschließungsbeiträge müssen gem. § 132 BauGB in einer **Satzung** geregelt werden. Daraus folgt, dass Gemeinden nicht nur zur Beitragserhebung an sich, sondern gleichfalls zum Erlass von Erschließungsbeitragssatzungen verpflichtet sind.[67] Die von den Gemeinden erlassenen Satzungen ergänzen die – bewusst unvollständigen[68] – bundesgesetzlichen Bestimmungen der §§ 127 ff. BauGB und geben den Gemeinden die nach der verfassungsrechtlichen Lehre vom Gesetzesvorbehalt notwendige **Eingriffsermächtigung** an die Hand, um von den Bürgern Erschließungsbeiträge zu erheben.

90 Nach § 132 BauGB, der den Inhalt von Erschließungsbeitragssatzungen vorgibt, müssen diese Regelungen Angaben zu **Art und Umfang** der Erschließungsanlagen i.S.d. § 129 BauGB (Nr. 1), über die Art der Ermittlung und Verteilung des **Aufwands** sowie die **Höhe des Einheitssatzes** (Nr. 2), zur **Kostenspaltung** (Nr. 3) als auch zu den Merkmalen der **endgültigen Herstellung** einer Erschließungsanlage (Nr. 4) enthalten.

91 Zu den im Satzungswege zu regelnden Inhalten gehört zunächst die ganz generelle Angabe, für welche Erschließungsanlagen Erschließungsbeiträge erhoben werden sollen.[69] Die Gemeinde ist verpflichtet, in der Satzung die **konkrete Stra-**

---

66 *Brandt-Schwabedissen*, Städte- und Gemeinderat 10/2002, 8.
67 *Driehaus*, § 11 Rn 3.
68 *Driehaus*, § 11 Rn 3.
69 *Driehaus*, § 11 Rn 31.

ßenbeleuchtungsleistung anzugeben, für die sie vom Bürger den Erschließungsbeitrag erhebt. Da das Erschließungsbeitragsrecht sich auf die erstmalige Herstellung konzentriert, wird in der Satzung stets die **erstmalige Herstellung** einer Straßenbeleuchtungsanlage die Beitragspflicht begründen. Solange die Gemeinde dieser Pflicht nicht genügt, wird eine Beitragspflicht nicht ausgelöst. Sie kann dann erst mit einer **ergänzenden Satzung** entstehen.[70]

Im Hinblick auf die Straßenbeleuchtung sind neben Nr. 1 vor allem Nr. 3 und Nr. 4 relevant. Die Straßenbeleuchtung muss als **Teileinrichtung** in der Beitragssatzung genannt werden. Auch muss die Straßenbeleuchtung dort als **Merkmal der endgültigen Herstellung** einer Erschließungsanlage benannt sein.[71] Dieses Erfordernis begründet sich mit dem **Verkehrsschutz**. Der Grundstückseigentümer soll vorab erkennen können, dass die endgültige Herstellung der Straße die Beleuchtung miteinschließt. Dabei ist es allerdings unerheblich, ob die Satzungsinhalte über die Herstellungsmerkmale **vor oder nach dem technischen Ausbau** erlassen werden. Die Beitragspflichten entstehen erst, wenn die genannten Herstellungsmerkmale erfüllt sind und die weiteren Voraussetzungen vorliegen. Erst dann können dem Bürger wirksam Erschließungsbeiträge abverlangt werden.[72] 92

III. Ausbaubeiträge und Straßenbeleuchtung

1. Erhebung von Ausbaubeiträgen für die Straßenbeleuchtung

Geht es um die Herstellung, Anschaffung, Erweiterung und Verbesserung der dem öffentlichen Verkehr gewidmeten Straßen, Wege und Plätze, **sollen** Gemeinden und Gemeindeverbände gem. § 8 Abs. 1 KAG NW Ausbaubeiträge erheben. 93

In Anbetracht des Wortlauts und der Tatsache, dass die Gemeinden gem. § 75 GO NW verpflichtet sind, die abgabenrechtlichen Möglichkeiten auszuschöpfen, um den Geboten der Wirtschaftlichkeit und Sparsamkeit Rechnung zu tragen, ist die Gemeinde in letzter Konsequenz vorrangig zur Erhebung von Straßenausbaubeiträgen für die ihr im Zusammenhang mit Straßenbeleuchtungsmaßnahmen erwachsenen Kosten angehalten.[73] So kommt ein **Verzicht** auf Straßenausbaubeiträge für Straßenbeleuchtungsmaßnahmen nur im **Ausnahmefall** – bei Vorliegen atypischer Umstände im Einzelfall – in Betracht. 94

Da diese Beiträge auch selbstständig für einzelne Teile der Einrichtung oder Anlage erhoben werden und Straßenbeleuchtungsanlagen als ebensolche selbststän- 95

70 *Driehaus*, § 11 Rn 31.

71 *Graf*, Praxis der Kommunalverwaltung Bund, L 12d, unter 2.3.

72 *Graf*, Praxis der Kommunalverwaltung Bund, L 12d, unter 2.3. unter Verweis auf BVerwG, Urt. v. 23.5.1977 – IV C 82/74 – BauR 1977, 411 und BVerwG, Urt. v. 23.6.1972 – IV C 16/71 – DÖV 1973, 205.

73 OVG Münster, Urt. v. 20.9.1979 – XV A 2589/78 – BeckRS 2008, 39491.

digen **Teileinrichtungen** zu qualifizieren sind, erwächst den Gemeinden auch das Recht zur Erhebung von Ausbaubeiträgen im Zusammenhang mit der Straßenbeleuchtung.[74] Zur Beitragsfähigkeit der die Straßenbeleuchtung betreffenden Maßnahmen, also z.B. Errichtung, Erneuerung und Verbesserung, ist es daher keinesfalls erforderlich, dass entsprechende Arbeiten auf dem Gehweg oder der Fahrbahn durchgeführt werden.[75] Selbst wenn sich die Masten, an denen die Leuchtkörper angebracht sind, **nicht im öffentlichen Straßenraum** befinden, können die anfallenden Kosten beitragsrechtlich berücksichtigt werden, sofern der Verbleib der Beleuchtungsmasten auf dem Privatgrundstück auf Dauer rechtlich abgesichert ist.[76]

2. Adressat von Ausbaubeitragsbescheiden

96 Die Straßenausbaubeiträge für die Straßenbeleuchtung werden gem. § 8 Abs. 2 KAG NW grundsätzlich vom **Grundstückseigentümer** erhoben, da er die Möglichkeit hat, von seinem Grundstück aus die ausgebaute (verbesserte) Beleuchtungsanlage in Anspruch zu nehmen.[77] Der beitragsrelevante Vorteil wird nicht erst durch die tatsächliche Inanspruchnahme, sondern bereits durch die **mögliche Inanspruchnahme** bewirkt.[78]

97 Der konkrete wirtschaftliche Vorteil der Inanspruchnahmemöglichkeit der Beleuchtung besteht zudem **unabhängig von anderen Möglichkeiten** zur Inanspruchnahme von Einrichtungen und Anlagen.

Beispiel

Im Falle von **Mehrfacherschließungen eines Grundstücks** ist für die Beitragspflicht allein darauf abzustellen, dass ihm durch den Ausbau der Straßenbeleuchtungsanlage die Möglichkeit zu ihrer Nutzung eingeräumt wird. Der Umstand, dass er auch in den Genuss weiterer wirtschaftlicher Vorteile in Gestalt von Straßenbeleuchtung kommt, weil sein Grundstück auch an einer anderen Straße angeschlossen ist, ist unerheblich.[79]

98 Vom **Fehlen der beitragsrelevanten Zugänglichkeit** des Grundstücks zur Beleuchtungsanlage wird lediglich in den Fällen ausgegangen, in denen wegen einer

74 *Becker/Benedens/Deppe/Düwel/Kluge/Liedtke/Schmidt*, Praxis der Kommunalverwaltung Brandenburg, E 4 Rn 211.

75 *Becker/Benedens/Deppe/Düwel/Kluge/Liedtke/Schmidt*, Praxis der Kommunalverwaltung Brandenburg, E 4 Rn 211.

76 Siehe *Becker/Benedens/Deppe/Düwel/Kluge/Liedtke/Schmidt*, Praxis der Kommunalverwaltung Brandenburg, E 4 Rn 211.

77 VG Gera, Urt. v. 5.10.2005 – 4 K 1839/02 GE, 4 K 1839/02 – BeckRS 2009, 30508; OVG Lüneburg, Urt. v. 13.6.2000 – 9 M 1349/00 –.

78 VG Gera, Urt. v. 5.10.2005 – 4 K 1839/02 GE, 4 K 1839/02 – BeckRS 2009, 30508.

79 VG Gera, Urt. v. 5.10.2005 – 4 K 1839/02 GE, 4 K 1839/02 – BeckRS 2009, 30508.

weitgehenden **Überbauung** des Grundstücks – bei wirtschaftlicher Betrachtungsweise – ausgeschlossen ist, dass ein **Zugang zur Straße** erfolgen kann.[80]

Zu beachten ist, dass es für die Erhebung von Straßenausbaubeiträgen im Zusammenhang mit der Straßenbeleuchtung nicht erforderlich ist, dass das beitragspflichtige **Grundstück** durch die erweiterte oder verbesserte Straßenlaterne selbst (besser) beleuchtet wird. Die Verbesserung bezieht sich auf die Beleuchtungsanlage als solche, nicht aber auf die Grundstücke, von denen aus die Anlage in Anspruch genommen werden kann.[81] 99

3. Berücksichtigungsfähiger Ausbauaufwand für die Straßenbeleuchtung

Der berücksichtigungsfähige Ausbauaufwand für die Straßenbeleuchtung erschließt sich aus einer Zusammenschau von § 8 Abs. 2 und § 8 Abs. 4 bis 6 KAG NW. 100

§ 8 Abs. 2 S. 1 KAG NW ordnet an, dass zum beitragsfähigen Aufwand grundsätzlich die Kosten für die **Herstellung, Anschaffung** und **Erweiterung** sowie bei Straßen, Wegen und Plätzen auch die Kosten für die **Verbesserung** (ohne die laufende Unterhaltung und Instandsetzung) gehören. Kosten für eine **Erneuerung** können – nach nordrhein-westfälischem Kommunalabgabenrecht – als nachträgliche „Herstellung“ oder als „Verbesserung“ beitragsfähig sein, da § 8 KAG den Aufwand für die Erneuerung öffentlicher Einrichtungen und Anlagen nicht explizit nennt. Teilweise wird in diesem Zusammenhang angemerkt, dass der technische Ausbau der Beleuchtung, bspw. durch Erhöhung der Anzahl der Leuchtmittel, nicht als Erweiterung, sondern als Verbesserung zu qualifizieren sei. Die Erweiterung einer öffentlichen Einrichtung sei stets flächen- und nicht funktionsbezogen zu verstehen.[82] 101

Essentiell ist die Erkenntnis, dass nur derjenige Aufwand beitragsfähig ist, der feststellbar durch die konkrete **Erfüllung der Beleuchtungsaufgabe** bzw. der Durchführung der Beleuchtungsmaßnahme **entstanden** ist.[83] 102

Die Abs. 4 bis 6 liefern die notwendigen Ergänzungen. Eine wichtige Rolle spielt vor allem § 8 Abs. 4 S. 4 Hs. 1 KAG NW. Nach dieser Vorschrift bleiben bei der Ermittlung des beitragsfähigen Aufwands diejenigen Kosten außer Ansatz, die dem wirtschaftlichen Vorteil entsprechen, der der Allgemeinheit, der Gemeinde oder dem Gemeindeverband zugute kommt, wenn es sich bei den Einrichtungen oder Anlagen um solche handelt, die erfahrungsgemäß auch von der Allgemein- 103

80 VG Gera, Urt. v. 5.10.2005 – 4 K 1839/02 GE, 4 K 1839/02 – BeckRS 2009, 30508; auch VGH Kassel, Urt. v. 9.11.2004 – 5 T 2864/04 – NVwZ-RR 2005, 354 f. und OVG Lüneburg, Urt. v. 13.6.2000 – 9 M 1349/00.

81 VG Gera, Urt. v. 5.10.2005 – 4 K 1839/02 GE, 4 K 1839/02 – BeckRS 2009, 30508

82 Ringwald/Riedel/Rönitzsch/*Engel*/*Schulz*, S. 193.

83 VG Gelsenkirchen, Urt. v. 6.5.2009 – 13 K 1880/07 – BeckRS 2009, 37861.

heit oder von der Gemeinde oder dem Gemeindeverband selbst in Anspruch genommen werden. Diese Vorgabe gilt es auch im Zusammenhang mit der Straßenbeleuchtung zu beachten, sodass ein dem wirtschaftlichen **Vorteil der Allgemeinheit** entsprechender Betrag **außer Betracht** zu bleiben hat. Wie hoch dieser Betrag letztlich ist, ist eine Frage des **Einzelfalls** und insbesondere von der Art der Straße (Anliegerstraße, Hauptverkehrsstraße etc.) abhängig.[84] Der Umfang der beitragsfähigen Kosten ist begrenzt durch den allgemeinen Grundsatz der Erforderlichkeit. In diesem Zusammenhang kann es im Zuge einer Modernisierung insbesondere zu einer Anrechnung noch verwertbarer Altmaterialien kommen.[85]

a) Kosten für eine Verbesserung der Straßenbeleuchtung

104 Die Verbesserung der Straßenbeleuchtung rechtfertigt die Inanspruchnahme der Bürger im Wege von Ausbaubeiträgen. Doch wann liegt eine Verbesserung der Straßenbeleuchtung mit den beitragsrechtlichen Konsequenzen überhaupt vor?

aa) Verbesserung

105 Wesentlich ist in diesem Zusammenhang die Erkenntnis, „*dass die Verbesserung der Beleuchtung zugleich eine* ***Verbesserung für die gesamte Straße*** *bedeutet.*“[86] Eine verbesserte Straßenbeleuchtung macht sich vor allem durch eine **stärkere**, d.h. im Regelfall hellere und breitere, **Ausleuchtung** der Straße bemerkbar,[87] die sich **positiv** auf den **Verkehrsverlauf** auswirkt.[88]

Beispiel

Eine stärkere Ausleuchtung der Straße ist bei einer Verbesserung der Leuchtkraft anzunehmen, z.B. durch die Verwendung leistungsfähigerer Leuchtkörper (Ersetzung von Gasleuchten durch Elektroleuchten), die Anhebung der Anzahl der Leuchten (Montage zusätzlicher Leuchten), die Verringerung des Leuchtenabstands der einzelnen Straßenlaternen, die Anhebung des Lichtstroms (keine Halbnachtschaltung) oder das Anschalten jeder Leuchte einer Reihe.[89]

Während das **VG Gelsenkirchen** eine verkehrstechnische Verbesserung der Straßenbeleuchtung durch eine Erhöhung der Anzahl der Straßenleuchten von 23 auf 32 absegnete,[90] hat das **OVG Münster** in seinem Beschluss vom 16.5.2011 mitgeteilt, dass eine beitragsrelevante Verbesserung

84 *Röntgen*, LKV 1994, 136, 137.

85 Ringwald/Riedel/Rönitzsch/*Engel/Schulz*, S. 196 unter Hinweis auf *Driehaus*, § 33 Rn 44.

86 OVG Lüneburg, Urt. v. 7.6.1994 – 9 L 4155/92.

87 OVG Münster, Urt. v. 5.7.1985 – 2 A 1864/83 –; VGH Kassel, Urt. v. 25.3.1992 – 5 UE 3323/89 –.

88 OVG Münster, Urt. v. 16.5.2011 – 15 A 2384/10 – BeckRS 2011, 13900.

89 Für die Bewertung der Beleuchtung sind folgende Parameter entscheidend: Beleuchtungsstärke, Blendungsbegrenzung, Gleichmäßigkeit der Beleuchtung; *Driehaus*, § 32 Rn 70.

90 VG Gelsenkirchen, Urt. v. 6.5.2009 – 13 K 1880/07 – BeckRS 2009, 37861.

zudem durch eine verbesserte Abstrahlung und den Einsatz moderner Techniken (Spiegeloptik) erzielt werden könne.[91]

In diesem Zusammenhang ist anzumerken, dass die verbesserte Ausleuchtung der Straße auch dann zur Erhebung von Ausbaubeiträgen berechtigt, wenn die vorherige Straßenbeleuchtung für die Verkehrsteilnehmer **gerade noch ausreichend** war.[92] Unerheblich ist ferner, ob die vorhergehende Ausleuchtung **ordnungsgemäß** war.[93] 106

Das **OVG Münster** hat im Jahr 2001 bei einer nur **geringfügigen Verbesserung** der Straßenausleuchtung eine beitragsfähige Verbesserung verneint. Es halte sich nicht mehr im Rahmen des **Erforderlichen,** eine noch nicht abgenutzte Beleuchtungsanlage wegen des verkehrstechnischen Vorteils einer minimal besseren Ausleuchtung neu zu erstellen.[94] 107

In einem ihm 2011 zur Entscheidung vorgelegten Fall hat das Oberverwaltungsgericht Münster im Hinblick auf die Verbesserung einer Gehwegsverbreiterung und später auch konkret im Zusammenhang mit Straßenbeleuchtungsmaßnahmen darauf hingewiesen, dass es für die Beitragsfähigkeit der betreffenden Maßnahme **unerheblich** sei, aus welchen **Gründen** die Gemeinde diese durchgeführt habe.[95] 108

Beispiel
Ausschlaggebend für die Beitragsfähigkeit einer Verbesserungsmaßnahme ist allein die an den Maßstäben einer modernen Straßenbeleuchtung zu beurteilende **objektiv bessere Ausleuchtung** einer Straße. Eine solche dürfte *Driehaus* zufolge beim Einsatz stromsparender Leuchtkörper fehlen, die die Straße nicht stärker ausleuchten als vorher. Hingegen will das **OVG Lüneburg** eine beitragsfähige Verbesserung auch unabhängig von einer messbaren Verbesserung der Ausleuchtung gelten lassen (Ersetzen von an Holzmasten aufgehängten Straßenlampen durch an Metallmasten angebrachte Beleuchtungskörper). Genügen solle bereits, dass die neu gebaute Lampenanlage **weniger störanfällig** sei.[96]

---

bb) Erneuerung: „Verbesserung“ oder „Herstellung“ bei Straßenlaternen

Bei der Beitragsfähigkeit wird im Hinblick auf die Art der Maßnahme differenziert. Die Beitragspflicht setzt nach § 8 Abs. 2 KAG NW bei der Herstellung, An- 109

---

91 OVG Münster, Urt. v. 16.5.2011 – 15 A 2384/10 – BeckRS 2011, 13900.
92 *Driehaus*, § 32 Rn 71 m.w.N.
93 OVG Münster, Urt. v. 16.5.2011 – 15 A 2384/10 – BeckRS 2011, 13900.
94 OVG Münster, Urt. v. 28.8.2001 – 15 A 465/99 –.
95 OVG Münster, Urt. v. 16.5.2011 – 15 A 2384/10 – BeckRS 2011, 13900.
96 Siehe das Beispiel bei *Driehaus*, § 32 Rn 72 unter Verweis auf OVG Lüneburg, Urt. v. 23.12.1994 – 9 M 3286/94 –.

schaffung und Erweiterung öffentlicher Einrichtungen und Anlagen sowie bei Straßen, Wegen und Plätzen auch bei deren Verbesserung ein. Die **Erneuerung** ist im Gesetz nicht ausdrücklich genannt. Sie kann, je nach Einzelfall, sowohl dem Tatbestand der **nachträglichen Herstellung** als auch der **Verbesserung** unterfallen.

110 Ob eine Straßenbeleuchtungsanlage erneuerungs- oder verbesserungsbedürftig ist, entscheidet die Gemeinde nach **pflichtgemäßem Ermessen**, wobei sie sich im Hinblick auf die Erforderlichkeit der in Betracht gezogenen Maßnahme an **objektiven Indizien**, etwa an der durchschnittlichen Nutzungsdauer sowie an den Umständen des konkreten Einzelfalls (tatsächlicher Zustand) orientieren muss. Die **VO Nr. 245/09** der Europäischen Kommission zur Durchführung der RL 2005/32/EG im Hinblick auf die Festlegung von Anforderungen an die umweltgerechte Gestaltung von Leuchtstofflampen ohne eingebautes Vorschaltgerät, Hochdruckentladungslampen sowie Vorschaltgeräte und Leuchten zu ihrem Betrieb und zur Aufhebung der RL 2000/55/EG widmet sich in ihrem **Anhang VII** der Straßenbeleuchtung. Dort werden allerdings lediglich **unverbindliche Referenzwerte** für eine umweltgerechte und energieeffiziente Gestaltung von Lampen formuliert, die von den Gemeinden dementsprechend nur ergänzend zur Ermittlung eines eventuell bestehenden Erneuerungsbedarfs herangezogen werden können. Eine Pflicht zur unionsbedingten Umrüstung existiert nicht, wobei allerdings zu beachten ist, dass bestimmte Leuchtmittel zukünftig nicht mehr beziehbar sein werden, sodass diesbezüglich ein **Modernisierungsbedarf** im Hinblick auf Straßenlaternenanlagen zu erwarten ist.

111 Der Austausch der Leuchtmittel kann sich zunächst als Maßnahme der **nachträglichen Herstellung** (Erneuerung) darstellen.

Beispiel
Eine Erneuerung in Form einer nachträglichen Herstellung ist erforderlich, wenn die alten Leuchtmittel ausgebrannt und **nicht mehr funktionstüchtig** sind und eine bloße Instandsetzung nicht mehr ausreichend erscheint.[97]

---

112 Eine Maßnahme der „**Verbesserung**“ ist demgegenüber anzunehmen, wenn das noch funktionsfähige Leuchtmittel aus anderen Gründen ausgetauscht wird.

Beispiel
Beispiele für eine Erneuerung in Form einer Verbesserung sind eine höhere Leuchtkraft des neuen Leuchtmittels, eine höhere Lebensdauer, ein niedrigerer Quecksilbergehalt oder ein geringerer Stromverbrauch.

---

97 Ringwald/Riedel/Rönitzsch/*Engel*/*Schulz*, S. 191.

b) Transport- und Materialkosten

Zum beitragsfähigen Aufwand zählen diejenigen Kosten, die der Kommune für den Neubau bzw. den Austausch[98] und den Transport (ggf. auch die Lagerung) der alten Straßenlaterne entstehen. Im Wesentlichen handelt es sich dabei – ebenso wie dies bei der erstmaligen Herstellung der Straßenanlage der Fall ist – um **Materialkosten.** Umfasst werden folglich die Kosten für die Bestandteile jeder Beleuchtungseinrichtung, d.h. Kosten für Kabel, Masten, Lampen, Leuchten. 113

Wie im Zusammenhang mit den berücksichtigungsfähigen Erschließungskosten erörtert, können auch die **Kosten von Transportkabeln**, die mehrere Straßen mit dem für die Beleuchtung notwendigen Strom versorgen, ausbaubeitragsrechtlich berücksichtigt werden. 114

Dabei kommt der Kommune im Hinblick auf den Umfang der Verbesserung ein weites **Ermessen** zu.[99] Sie kann in den Grenzen der Erforderlichkeit relativ frei über die vorzunehmenden Verbesserungen befinden. Explizit hat das **OVG Münster** unter Hinweis auf das weite Ausbauermessen der Kommune den **Komplettaustausch von Leuchtmasten** unbeanstandet gelassen. Der Komplettaustausch habe unabhängig von der technischen Erforderlichkeit dieser Maßnahme angesichts des Alters, des Materialzustands und des Umstands, dass auch bei einer nur teilweisen Ersetzung der Leuchtmasten Anpassungs- und Umbauarbeiten angefallen wären, aus **Sicherheitsgründen** erfolgen dürfen.[100] 115

c) Fremdfinanzierungskosten

In ständiger Rechtsprechung ist das **BVerwG** – wohlgemerkt betreffend das Erschließungsbeitragsrecht – der Ansicht, dass auch Fremdfinanzierungskosten Bestandteil bei der Bemessung des beitragsrelevanten Aufwands sein können.[101] Ihm gefolgt sind das **OVG Koblenz**[102] und das **OVG Mannheim,**[103] während das **OVG Münster**[104] dieser Auffassung unter Hinweis auf die in der Regel **fehlende Kausalität** der Kreditaufnahme für die Straßenbaumaßnahme sowie die **mangelnde Erforderlichkeit** entgegengetreten ist. Insbesondere könne die Gemeinde das Entstehen der Fremdfinanzierungskosten dadurch verhindern, dass sie Vorausleistungen erhebe. 116

---

98 OVG Münster, Urt. v. 16.5.2011 – 15 A 2384/10 – BeckRS 2011, 13900.

99 VG Gelsenkirchen, Urt. v. 6.5.2009 – 13 K 1880/07 – BeckRS 2009, 37861.

100 OVG Münster, Urt. v. 16.5.2011 – 15 A 2384/10 – BeckRS 2011, 13900.

101 Nachweis bei *Becker/Benedens/Deppe/Düwel/Kluge/Liedtke/Schmidt*, Praxis der Kommunalverwaltung Brandenburg, E 4 Rn 215a.

102 OVG Koblenz, Urt. v. 9.11.1983 – 6 A 29/81 –, ebenso Urt. v. 11.12.1986 – 12 A 95/86 –.

103 OVG Mannheim, Urt. v. 7.2.1985 – 2 S 812/84 –.

104 OVG Münster, Urt. v. 29.11.1989 – 2 A 1419/87 – und Urt. v. 21.2.1990 – 2 A 2787/86 –.

d) Gemeindeeigenes Personal

117 Auf Grundlage des Urteils des **OVG Münster**[105] ist davon auszugehen, dass auch die Kosten für den Einsatz von gemeindeeigenem Personal **berücksichtigungsfähig** sind, wenn und soweit die Dienstkräfte einen projektgebundenen Vertrag erhalten, um Maßnahmen des gemeindlichen Projekts „Straßenbeleuchtung" durchzuführen.

118 Nicht anders verhält es sich, wenn die Kommune im Rahmen der Straßenbeleuchtungsmaßnahmen Personal einsetzt, das ohnehin bei der Kommune beschäftigt ist. Auch dann sind die **Personalkosten** dem beitragsfähigen Aufwand zuzurechnen.[106] Das **OVG Münster** hat dies jedoch anders gesehen, weil bei der beschriebenen Konstellation ein projektbezogenes Arbeitsverhältnis nicht unmittelbar zustande kommt.

119 Letzlich ist für die Beitragsfähigkeit vielmehr entscheidend, dass ein **projektbezogener Einsatz** der Dienstkräfte erfolgt, denn erst dann existiert die notwendige Kausalität zwischen der durchgeführten Maßnahme und der Arbeitsleistung, die eine Berücksichtigung der dadurch entstandenen Kosten legitimiert.[107]

120 Diese Ansicht rechtfertigt sich auch unter Zugrundelegung der Tatsache, dass dieselbe Maßnahme, wäre sie von einem **Externen** auf Veranlassung der Gemeinde durchgeführt worden, zweifellos berücksichtigungs- und beitragsfähig gewesen wäre. Der Gemeinde soll es nicht zum **Nachteil** gereichen, wenn sie statt der Beauftragung eines Externen eigenes Personal mit der Durchführung des Beleuchtungsprojekts einsetzt.

121 Ungeachtet dessen ist einzuräumen, dass es in der Praxis erhebliche Schwierigkeiten bereiten dürfte, den Teil der das Projekt betreffenden Personalkosten gerichtsfest zu ermitteln.[108]

4. Ausbaubeitragssatzungen

122 Spiegelbildlich zum Erschließungsbeitragsrecht verhält es sich auch im Ausbaubeitragsrecht so, dass die Pflicht zur Erhebung von Ausbaubeiträgen durch eine gemeindliche **Verpflichtung zum Satzungserlass** ergänzt wird. Dieser Ergänzung bedarf es im Ausbaubeitragsrecht, weil die landesgesetzlichen Rahmenbestimmungen, wie beispielhaft in § 8 KAG NW normiert, ihrer Natur nach unvollständig sind.[109] Auch diesbezüglich besteht kein Unterschied zum Erschließungsbeitragsrecht.

---

105 OVG Münster, Urt. v. 26.3.1991 – 2 A 2125/88 –.

106 *Becker/Benedens/Deppe/Düwel/Kluge/Liedtke/Schmidt*, Praxis der Kommunalverwaltung Brandenburg, E 4 Rn 222.

107 Im Ergebnis auch VG Potsdam, Urt. v. 9.1.2009 – 12 K 543/05 –.

108 *Becker/Benedens/Deppe/Düwel/Kluge/Liedtke/Schmidt*, Praxis der Kommunalverwaltung Brandenburg, E 4 Rn 223.

109 *Driehaus*, § 11 Rn 31.

Eine weitere Parallele besteht darin, dass die Ausbaubeitragssatzung die **Eingriffsermächtigung** der Gemeinde zur Erhebung der Ausbaubeiträge und ihr Vorhandensein die **Grundvoraussetzung für die Entstehung der Beitragspflicht** darstellt. 123

§ 2 KAG NW, der in den Kommunalabgabengesetzen anderer Bundesländer Entsprechungen hat und hier deshalb beispielhaft erläutert sei, zeichnet den **Mindestinhalt** der Satzung vor. Vorgaben zum **Erlass**, eventuell erforderlicher **Genehmigungen** oder deren **Bekanntmachung** macht er indes nicht. Hier greift dann das einschlägige Recht der nordrhein-westfälischen **Gemeindeordnung** ein. 124

Nach § 2 Abs. 1 S. 2 KAG NW muss die Ausbaubeitragssatzung den Kreis der **Abgabenschuldner**, den die Abgabe begründenden **Tatbestand**, den **Maßstab** und den **Satz** der Abgabe sowie den Zeitpunkt ihrer **Fälligkeit** angeben. Ist eine dieser Voraussetzungen nicht erfüllt, ist die Erhebung der Ausbaubeiträge nicht erlaubt. Die Satzung ist ungültig.[110] 125

Nicht zum relevanten Mindestinhalt zählt die Angabe, welche **Grundstücke** bei der Verteilung des umlagefähigen Aufwands zu berücksichtigen sind,[111] denn dies ist bereits in dem speziell auf Ausbaubeiträge bezogenen § 8 KAG geregelt. 126

a) Beitragsschuldner

§ 2 Abs. 1 S. 2 KAG NW fordert, dass die Satzung Angaben über den Abgabenschuldner beinhaltet. Der Satzungsgeber ist diesbezüglich an die Vorgaben des § 8 Abs. 2 KAG NW gebunden. Dieser bestimmt, dass Ausbaubeiträge von **Grundstückseigentümern bzw. dem Erbbauberechtigten** erhoben werden, denen durch die Möglichkeit der Inanspruchnahme der Einrichtungen und Anlagen **wirtschaftliche Vorteile** geboten werden.[112] Damit ist der Kreis der Abgabenschuldner im Hinblick auf die Erhebung von Ausbaubeiträgen im Zusammenhang mit der Straßenbeleuchtung bereits vorgegeben, was bedeutet, dass die Gemeinden die entsprechenden Regelungen über die persönliche Beitragspflicht in ihre Satzungen aufnehmen müssen – und zwar vollständig.[113] Sofern die Satzung entgegen dieser Vorgabe **keine vollständigen Angaben** über die Beitragsschuldner enthält, kann der Mangel durch die Heranziehung ergänzender Bestimmungen **geheilt** werden, z.B. § 7 Abs. 6 127

110 *Driehaus*, § 30 Rn 17.

111 *Driehaus*, § 30 Rn 18.

112 In Nordrhein-Westfalen kommen sonstige dingliche Berechtige als Abgabenschuldner nicht in Betracht, in anderen Bundesländern können auch die *„sonst dinglich zur baulichen Nutzung Berechtigten“* (§ 21 SächsKAG) oder die *„dinglich zur Nutzung von Grundstücken dinglich Berechtigten und Gewerbebetreibenden“* (§ 8 KAG SH) als Beitragsschuldner herangezogen werden.

113 Offengelassen durch OVG Weimar, Urt. v. 9.2.1998 – 4 ZEO 1188/97 –.

GO NRW. Sollten solche Bestimmungen allerdings nicht verfügbar sein, können Beitragspflichten nicht wirksam entstehen.[114]

128 Doch anders als in den meisten Kommunalabgabengesetzen weiterer Bundesländer hat der nordrhein-westfälische Gesetzgeber darauf verzichtet, an die Gemeinden Direktiven über den für die persönliche Beitragspflicht maßgebenden **Zeitpunkt** zu entsenden. § 2 Abs. 1 S. 2 KAG NW erlegt dem Ortsgesetzgeber die Bestimmung des Zeitpunktes der Fälligkeit des zu entrichtenden Beitrags auf. Demgegenüber bestimmen andere Kommunalabgabengesetze, etwa in Bayern oder Thüringen, dass die persönliche Beitragspflicht denjenigen trifft, der im Zeitpunkt der Zustellung oder der Bekanntgabe des Bescheids Grundstückseigentümer (Erbbauberechtigter oder sonst dinglich Berechtigter) ist.

b) Abgabentatbestand: Straßenbeleuchtung

129 Aus § 2 Abs. 1 S. 2 KAG NW folgt weiter, dass die von der Gemeinde zu erlassende Ausbaubeitragssatzung auch Angaben über den **abgabenrelevanten Tatbestand** enthalten muss. In der Praxis wird diesem Erfordernis laut *Driehaus* vor allem dadurch genügt, dass sich in den jeweils erlassenen Satzungen einleitend die **Mitteilung** findet, dass die **Gemeinde zur Deckung des Aufwands für die** sodann aufgezählten **beitragsfähigen Maßnahmen an bestimmten öffentlichen Straßen**, von den Grundstückseigentümern (Erbbauberechtigten usw.) Beiträge **nach Maßgabe der Satzung erhebe,**[115] und zwar als Gegenleistung für die den Benannten durch die Möglichkeit der Inanspruchnahme der öffentlichen Einrichtung gebotenen wirtschaftlichen Vorteile.

130 Will eine Gemeinde also von ihren Bürgern Ausbaubeiträge für Maßnahmen im Zusammenhang mit der Straßenbeleuchtung erheben, so muss sie zunächst die **Straßenbeleuchtung** als hinreichend **konkretisierte** beitragsfähige Maßnahme **in der Satzung ausweisen**. Zudem sind die jeweils relevanten **Straßen, Wege und Plätze genau zu fixieren.** Dabei genügt die allgemeine Bezeichnung „Straßen und Wege" diesen Anforderungen freilich nicht.

131 Schließlich bedarf es in der Ausbaubeitragssatzung – wie unter Rn 131 dargestellt – der **Aufnahme des Kreises der betroffenen Beitragsschuldner** und schließlich muss auch gewährleistet sein, dass den potenziellen Beitragspflichtigen im Satzungswege frühzeitig **mitgeteilt** wird, ob die Beitragspflicht für Maßnahmen der Herstellung und/oder lediglich der Erneuerung in Betracht kommt. Der Festlegung der einzelnen Merkmale wann eine **„Herstellung"** tatsächlich gegeben ist, bedarf es hingegen nicht, auch wenn den Gemeinden eine solche Festlegung gleichsam nicht genommen ist.

---

114 *Driehaus*, § 30 Rn 26.
115 *Driehaus*, § 30 Rn 31.

In Nordrhein-Westfalen beschränkt sich die Beitragspflicht grundsätzlich auf den Ersatz für die Kosten zwecks Herstellung, Anschaffung und Erweiterung (§ 8 Abs. 2 S. 1 KAG NW) mit der Folge, dass die Erneuerung nicht als beitragsfähige Maßnahme in der Satzung genannt werden muss, sondern als nachmalige Herstellung Ausbaubeitragspflichten auslösen kann.[116] 132

c) Angaben zum Abgabesatz, Entstehen der Beitragspflicht und Fälligkeit

§ 2 Abs. 1 S. 2 KAG NW verlangt zwar grundsätzlich auch, dass die Gemeinden in den Abgabensatzungen Mitteilungen über den **Abgabensatz** machen, d.h. einen **Geldbetrag** ausweisen. Doch im Straßenbaubeitragsrecht kann diesem Erfordernis in aller Regel aus **tatsächlichen Gründen** nicht nachgekommen werden, weil der für die beitragsfähigen Maßnahmen relevante Aufwand nicht vorab festgelegt werden kann. Insofern **entfällt** hier die Notwendigkeit zur Angabe der Abgabensätze. Gleichwohl muss nach der ständigen Rechtsprechung jedenfalls die Höhe der von der Gemeinde und den Beitragspflichtigen zu tragenden **Beitragsanteile** in der Satzung ausgewiesen werden.[117] 133

Zwar hat der Landesgesetzgeber NRW im Gegensatz zu anderen Landesgesetzgebern im KAG keine Regelung über den **relevanten Zeitpunkt** für die Entstehung der persönlichen Beitragspflicht (Beitragspflichten) getroffen. Jedoch enthält § 8 Abs. 7 KAG NW Vorgaben zum Entstehen der sachlichen Beitragspflicht. Diese entsteht mit der **endgültigen Herstellung** der Einrichtung oder Anlage bzw. mit der **Beendigung** einer Teilmaßnahme oder eines Abschnitts. 134

Die genannten Vorgaben hat der Satzungsgeber durch entsprechende Übernahme der Formulierungen bzw. der Regelungsinhalte in die zu erlassende Satzung zu beachten. In denjenigen Ländern, in denen die Kommunalabgabengesetze hingegen den Zeitpunkt der Fälligkeit nicht speziell geregelt haben, kommt den Gemeinden die Freiheit zugute, diesen selbstständig festzulegen. 135

Im Hinblick auf den **Fälligkeitszeitpunkt** des Ausbaubeitrags trifft § 8 KAG NW keine Aussage, sodass der Satzungsgeber diesen Zeitpunkt bestimmen kann. In anderen Kommunalabgabengesetzen wird indes bestimmt, dass der Beitrag einen Monat nach Bekanntgabe/Fälligkeit des Bescheids fällig wird. 136

d) Sonstige Satzungsinhalte

Die Mindestinhalte der Ausbaubeitragssatzungen sind durch § 2 KAG NW vorgegeben. Hiernach ist es den Gemeinden unbenommen, **weitere Bestimmungen** in die 137

116 *Driehaus*, § 30 Rn 32.

117 BayVGH, Urt. v. 12.1.1973 – 71 IV 69 –; OVG Münster, Urt. v. 25.8.1975 – II A 232/74 –. Zu den herabgesetzten Anforderungen an die Abgabensatzung in Rheinland-Pfalz *Driehaus*, § 30 Rn 36.

Satzungen aufzunehmen, solange sich die Gemeinde damit nicht in Widerspruch zu den zwingenden Inhalten nach § 2 KAG NW begibt. Im Kontext der Straßenausbaubeiträge, konkret der Beiträge im Zusammenhang mit der Straßenbeleuchtung, können im Satzungswege beispielsweise auch **Vorgaben über den beitragsfähigen Aufwand** gemacht werden. Der Vorteil für den Bürger liegt darin, dass er schnell und mit leichtem Blick erkennt, zu welchen Kosten er herangezogen werden kann. Für die Kommune verbindet sich dies allerdings mit dem Nachteil, dass sie sich ihrer außerhalb von § 2 KAG NW vorhandenen Spielräume selbst beraubt. Zudem dürfte eine detaillierte Festlegung in der Satzung in der Praxis mangels Vorhersehbarkeit schwierig sein.

Kapitel 4
Vergaberechtliche Rahmenbedingungen und Möglichkeiten

A. Grundlagen des Vergaberechtssystems

I. Hintergrund und Problemstellung

Die Beleuchtung der dem Verkehr offenstehenden Straßen, Wege und Plätze ist eine klassische Aufgabe der kommunalen Daseinsvorsorge. Zusammen mit den jeweiligen Betreibern gewährleisten Städte und Gemeinden die Verkehrssicherheit einerseits und die allgemeine öffentliche Sicherheit und Ordnung sowie die Förderung des kulturellen und wirtschaftlichen Gemeindelebens andererseits.[1] 1

Für die kommunalen Aufgabenträger bedeuten die im Zusammenhang mit der Straßenbeleuchtung erforderlichen Leistungen, wie etwa der Betrieb und die Energiebeschaffung, aber auch Neubau, Wartung und Instandhaltung von Leuchtpunkten und Netzen, einen erheblichen Kostenaufwand. Leisten Städte und Gemeinden die Straßenbeleuchtung in Eigenregie, kommen zu den vorgenannten Betriebskosten noch entsprechende Personalkosten hinzu. 2

Die angespannte Haushaltslage in vielen Kommunen führt seit einiger Zeit dazu, dass Städte und Gemeinden für eine Optimierung der Straßenbeleuchtung und zur Realisierung von Einsparpotenzialen neue Wege gehen (müssen). Ob diese neuen Wege die Übertragung der Betriebsführung in Form befristeter Straßenbeleuchtungsverträge oder eines Beleuchtungs-Contractings an private Unternehmen bedeuten oder die Umrüstung der technischen Ausstattung der jeweiligen Anlagen – ggf. auch unter Einbeziehung organisatorischer Optimierungspotenziale – mit sich bringen, ändert nichts an den rechtlichen Rahmenbedingungen. In jeder Fallkonstellation zur Beschaffung von Leistungen im Bereich der öffentlichen Beleuchtung spielt das Vergaberecht für Städte und Gemeinden eine wesentliche Rolle. 3

Die anwendbaren Regeln des Vergaberechtsregimes für die Leistungsaustauschbeziehungen nach europäischem oder nationalem Vergaberecht werden nachfolgend in diesem Kapitel dargestellt. Darüber hinaus werden auch Möglichkeiten aufgezeigt, nach denen ausnahmsweise von der Pflicht zur Anwendung des Vergaberechts abgesehen und das vorhandene Regelwerk flexibel genutzt werden darf. 4

1 BayVGH NJW 1991, 2860; VG Koblenz, Urt. v. 23.11.2009 – 4 K 473/09 –.

II. Ursprung der Regeln des Vergaberechts

5 Der Ursprung des nationalen Vergaberechts liegt im Haushaltsrecht.

6 Das Haushaltsgrundsätzegesetz sowie die Bundes- und Landeshaushaltsordnungen statuieren den Grundsatz der sparsamen und wirtschaftlichen Verwendung der Mittel, die den institutionellen Stellen direkt oder mittelbar vom Steuerzahler zur Verfügung gestellt werden. Diesem Grundsatz folgend enthalten die vorbenannten Gesetze die Verpflichtung für staatliche Stellen, vor dem Abschluss eines Vertrages die entsprechenden Leistungen öffentlich auszuschreiben.

7 Stammen die Regelungen in der VOB bzw. in der VOL in ihren Erstfassungen aus den 20er und 30er Jahren des letzten Jahrhunderts, wurde das Vergaberechtsregime 1994 durch Verfahrensregelungen in der VgV und 1997 durch die VOF ergänzt.

8 Im Zuge des fortschreitenden Wettbewerbs und der Liberalisierung der Märkte in der Europäischen Union in den 1990er Jahren wurde das Vergaberecht nicht mehr nur als ein Regelungskomplex verstanden, das primär die sparsame Mittelverwendung des Staats, sondern gleichermaßen auch die Stärkung des Wettbewerbs, insbesondere des Binnenmarktes, zum Ziel hat.

9 Neben die haushaltsrechtliche Ausrichtung ist eine wettbewerbsorientierte bzw. marktbezogene Zielsetzung mit gerichtlich durchsetzbaren Bieterrechten getreten. Das sog. Vergaberechtsänderungsgesetz ergänzte das GWB um einen 4. Teil und löste die haushaltsrechtliche Lösung endgültig ab. Der 4. Teil des GWB enthält die grundlegenden vergaberechtlichen Begriffsbestimmungen zum öffentlichen Auftrag, öffentlichen Auftraggeber sowie zu den Vergabearten, des Weiteren die Vergabegrundsätze und schließlich die Regelungen über das vergaberechtliche Rechtsschutzverfahren.

10 Das Vergaberecht ist dabei auch weiterhin ständigen Novellierungen unterworfen. Nach den Reformen 2006 und 2009 ist die Verabschiedung weiterer Neuerungen durch die EU-Institutionen im Jahr 2013 erfolgt, die innerhalb von zwei Jahren Eingang ins nationale Recht finden müssen.

III. Der gegenwärtige Vergaberechtsrahmen

11 Der gegenwärtige Vergaberechtsrahmen ist durch eine **Zweiteilung der anwendbaren Normen** charakterisiert. Ab Erreichen bzw. Überschreiten der sog. Schwellenwerte gelten die Regelungen für ein europaweites Vergabeverfahren. Unterhalb der Schwellenwerte sind haushaltsrechtliche Vorschriften in Verbindung mit weiteren vergaberechtlichen Bestimmungen einschlägig. Seit dem 1.1.2014 gelten folgende Schwellenwerte:[2]

– Liefer- und Dienstleistungsaufträge: 207.000 € (netto),

2 Siehe hierzu unter Rn 64 f.

- Liefer- und Dienstleistungsaufträge im Sektorenbereich: 414.000 € (netto),
- Bauaufträge: 5,186 Mio. € (netto),
- Bauaufträge im Sektorenbereich: 5,186 Mio. € (netto).

Für Aufträge, die die festgelegten Wertgrenzen für europaweite Ausschreibungen erreichen, gelten im Bereich der Bauaufträge neben den Regelungen des 4. Teils des GWB die allgemeinen Paragraphen sowie die sog. „EG"-Paragraphen der VOB/A. Für Liefer- und Dienstleistungsaufträge gelten ab Erreichen der Schwellenwerte neben den allgemeinen Paragraphen die „EG"-Paragraphen der VOL/A. Die VOF gilt ohnehin nur oberhalb der Schwellenwerte. 12

Unterhalb der Schwellenwerte gelten sowohl in der VOB/A als auch in der VOL/A lediglich die allgemeinen Paragraphen in den ersten Abschnitten. Die VOF ist in diesem Bereich nicht anwendbar. 13

Die Einhaltung der Vorschriften für europaweite Verfahren kann von den Bietern im vergaberechtlichen Rechtsschutzverfahren vor speziellen Spruchkammern (Vergabekammer, OLG) nach den Regelungen des 4. Teils des GWB geltend gemacht werden. Ein vergaberechtliches Rechtsschutzverfahren unterhalb der Schwellenwerte existiert nicht. Bieter sind auf die allgemeinen Rechtsschutzverfahren vor den Zivilgerichten beschränkt. 14

Das gesamte Vergabeverfahren wird geprägt durch die in § 97 GWB festgeschriebenen **Vergabegrundsätze des Wettbewerbs, der Gleichbehandlung und der Transparenz**. Während der Wettbewerbsgrundsatz das Ziel verfolgt, Bau-, Liefer- und Dienstleistungen möglichst umfassend im Wettbewerb zu beschaffen, ist der Gleichbehandlungsgrundsatz darauf ausgerichtet, alle Teile eines Vergabeverfahrens gleichzubehandeln und keine Regelungen oder Maßgaben zu treffen, die einzelne bevorzugen könnten. Der Transparenzgrundsatz verpflichtet als besondere Ausformung des Gleichbehandlungsgrundsatzes dazu, die Vergabeverfahren für alle Beteiligten nachvollziehbar zu gestalten. 15

Für die Vergabe von Aufträgen, die im Zusammenhang mit Tätigkeiten auf dem Gebiet der Trinkwasser- oder Energieversorgung oder des Verkehrs vergeben werden, gilt seit dem 23.9.2009 die sog. Sektorenverordnung. 16

Dieser vergaberechtliche Rahmen wird im Kontext der Beschaffung straßenbeleuchtungsspezifischer Leistungen durch die Geltung der sog. Ökodesign-Richtlinie (RL 2009/125/EG) und das Gesetz über die umweltgerechte Gestaltung energieverbrauchsrelevanter Produkte vom 25.11.2011[3] beeinflusst. Diese *„vergabefremden"* Regelungen führen in Zusammenschau mit den vergaberechtlichen Bestimmungen dazu, dass derartige Vergabeverfahren nicht allein aus wirtschaftlichen, sondern auch aus rechtlichen Gründen unter Beachtung der Kriterien der Energieeffizienz 17

3 BGBl. I S. 2224.

ausgestaltet werden müssen. Der durch die *„vergabefremden“* Regelungen begründete Modernisierungszwang öffentlicher Straßenbeleuchtungsanlagen, insbesondere im Bereich der zu verwendenden Leuchtmittel, führt zu einer Vielzahl entsprechender Vergabeverfahren.

B. Anwendungsbereich des Vergaberechts

I. Öffentlicher Auftraggeber

18 Das Vergaberecht gilt in subjektiver Hinsicht nur für Institutionen, die als öffentliche Auftraggeber nach § 98 GWB zu qualifizieren sind. Wichtigste Gruppen der öffentlichen Auftraggeber sind die klassischen öffentlichen Auftraggeber (§ 98 Nr. 1 GWB), juristische Personen des öffentlichen und privaten Rechts (§ 98 Nr. 2 GWB) sowie Sektorenauftraggeber (§ 98 Nr. 4 GWB), die nachfolgend dargestellt werden.

1. Gebietskörperschaften und deren Sondervermögen

19 Öffentliche Auftraggeber sind gem. § 98 Nr. 1 und 3 GWB zunächst die **klassischen öffentlichen Auftraggeber** nebst ihren öffentlich-rechtlichen Sondervermögen. Zu den klassischen öffentlichen Auftraggebern zählen **Gebietskörperschaften** ungeachtet der Frage, welche Aufgaben sie mit dem Beschaffungsvorgang erfüllen wollen.[4] Als Gebietskörperschaften werden die Bundesrepublik Deutschland, die Bundesländer, Landkreise, Kommunen und in Abhängigkeit vom kommunalen Organisationsrecht weitere öffentliche Institutionen verstanden.

20 Sondervermögen der Gebietskörperschaften sind organisations- und vermögensrechtlich selbstständige Einheiten, die keine eigene Rechtsfähigkeit besitzen, wie kommunale Eigenbetriebe und nicht-rechtsfähige Stiftungen.[5]

2. Andere juristische Personen des öffentlichen und privaten Rechts

21 Daneben unterfallen nach § 98 Nr. 2 GWB auch andere juristische Personen des öffentlichen Rechts (öffentlich-rechtliche Anstalten, Stiftungen) und privaten Rechts (GmbH, AG) dem Vergaberecht, wenn sie zu dem Zweck gegründet worden sind,

- im **Allgemeininteresse liegende Aufgaben nichtgewerblicher Art** zu erfüllen und
- eine **besondere Staatsnähe** aufweisen.[6]

---

4 EuGH, Urt. v. 22.12.2010 – C-215/09 –.
5 Ziekow/Völlink/*Ziekow*, § 98 GWB Rn 27.
6 EuGH, Urt. v. 1.2.2001 – C-237/99 –.

Auf diesem Weg wird von vornherein vermieden, dass ein öffentlicher Auftraggeber durch die Wahl einer privaten Rechtsform das Vergaberecht umgeht. 22

a) Im Allgemeininteresse liegende Aufgaben nichtgewerblicher Art

Der öffentliche Auftraggeber muss zur Erfüllung einer im Allgemeininteresse liegenden Aufgabe nichtgewerblicher Art gegründet worden sein. Der Begriff des Allgemeininteresses ist gesetzlich nicht definiert. Näherungsweise beschrieben wird der Begriff des Allgemeininteresses durch die Maßgabe, dass hierunter Aufgaben zu verstehen sind, die der Staat oder eine Gebietskörperschaft aus Gründen des Allgemeininteresses regelmäßig selbst erfüllen oder bei denen er oder sie einen entscheidenden Einfluss behalten möchte.[7] Der Korridor im Allgemeininteresse liegender Aufgaben ist weit und reicht von Tätigkeiten zur Durchführung von Messeveranstaltungen[8] über das Bekleidungsmanagement der Bundeswehr[9] bis zur Versorgung städtischer Gebiete mit Energie aus der Abfallverbrennung.[10] Ob ein Allgemeininteresse im vorstehend beschriebenen Sinn vorliegt, ist grundsätzlich anhand der jeweiligen Satzung bzw. des Gesellschaftsvertrages der Institution zu prüfen. 23

Zur Klärung der Frage, ob Aufgaben nichtgewerblicher Art sind, müssen alle Umstände, die zur **Gründung der betreffenden Einrichtung** geführt haben, und die **Voraussetzungen, unter denen sie ihre Tätigkeit ausübt**, berücksichtigt werden. Dabei ist zu prüfen, ob die Institution ihre Tätigkeit unter Wettbewerbsbedingungen bewerkstelligt.[11] Der Gründungszweck darf nicht vorrangig auf Gewinnerzielung ausgerichtet sein, ansonsten ist von einer gewerblichen Tätigkeit auszugehen. Auch kann der Referenzmarkt, d.h. der Markt, auf dem die Einrichtung entsprechend ihres Gründungszwecks tätig ist, ein Hinweis auf die Gewerblichkeit der Aufgabe sein, wenn er einen entwickelten Wettbewerb aufweist.[12] Allerdings sind auch eine Tätigkeit in einem entwickelten Markt und die Wahrnehmung von Tätigkeiten in Gewinnerzielungsabsicht unschädlich, wenn eine Gesamtwürdigung der Umstände zu der Feststellung führt, dass die Einrichtung weiterhin ihre im Allgemeininteresse liegenden Aufgaben erfüllt.[13] 24

Auf dem Gebiet der Energieversorgung beispielsweise hat sich seit der Liberalisierung Ende der 1990er Jahre ein zunehmender Wettbewerb zwischen öffentlichen und privaten Energieversorgungsunternehmen entwickelt. Mithin spricht vieles da- 25

7 EuGH, Urt. v. 10.4.2008 – C-393/06 –.
8 EuGH, Urt. v.10.5.2001 – C-223/99 –.
9 OLG Düsseldorf, Beschl. v. 30.4.2003 – Verg 67/02 –.
10 EuGH, Urt. v. 10.4.2008 – C-393/06 –.
11 EuGH, Urt. v. 10.4.2008 – C-393/06 –; EuGH, Urt. v. 22.5.2003 – C-18/01 –.
12 EuGH, Urt. v. 10.4.2008 – C-393/06 –; EuGH, Urt. v. 27.2.2003 – C-373/00 –.
13 EuGH, Urt. v. 27.2.2003 – C-373/00 –; EuGH, Urt. v. 15.1.1998 – C-44/96 –.

für, dass der Wettbewerb im Elektrizitätsmarkt bereits so stark ausgeprägt ist, dass von einer gewerblichen Tätigkeit ausgegangen werden muss. Soweit ein Energieversorgungsunternehmen allerdings gleichzeitig auch auf anderen, nicht durch den Wettbewerb geprägten Teilmärkten tätig ist, wie z.B. im Bereich der Wasserversorgung, ist das Unternehmen insgesamt als nichtgewerblich tätig einzuordnen und unterliegt dem Anwendungsbereich des Vergaberechts.

b) Besondere Staatsnähe

26 Als weitere Voraussetzung muss das als besondere Staatsnähe umschriebene Näheverhältnis zwischen dem Unternehmen, das die Aufgabe erfüllt, und staatlichen Institutionen gegeben sein. Dies wird bejaht, wenn die staatlichen Institutionen ihrerseits öffentliche Auftraggeber i.S.d. § 98 Nr. 1–3 GWB sind und das Unternehmen allein oder mit mehreren öffentlichen Auftraggebern

- durch **Beteiligung oder auf sonstige Weise überwiegend finanzieren** oder
- über **ihre Leitung die Aufsicht ausüben** oder
- mehr als die Hälfte der **Mitglieder der Geschäftsführungs- oder Aufsichtsorgane bestimmt.**

27 Die vorbenannten Kriterien müssen lediglich alternativ – und nicht kumulativ – erfüllt sein.

28 Die erforderliche Beteiligung ist gegeben, wenn öffentliche Auftraggeber i.S.d. § 98 Nr. 1–3 GWB unmittelbar oder mittelbar die Mehrheit des gezeichneten Kapitals des Unternehmens besitzen oder über die Mehrheit der mit den Anteilen der Einrichtung verbundenen Stimmrechte verfügen.

29 Eine überwiegende Finanzierung wird angenommen, wenn das Unternehmen zu mehr als 50% von öffentlichen Auftraggebern i.S.d. § 98 Nr. 1–3 GWB durch Geldmittel getragen wird. Finanzierungsmittel sind dabei nur solche, die ohne spezifische Gegenleistung zur Verfügung gestellt werden. Zur Berechnung des Anteils der überwiegenden öffentlichen Finanzierung sind alle Mittel der Einrichtung, einschließlich der aus gewerblicher Tätigkeit stammenden Beträge, zu berücksichtigen, die ihr im Haushaltsjahr, in dem die Ausschreibung stattfindet, zur Verfügung stehen.[14]

30 Da nur eines der Kriterien erfüllt sein muss, um die besondere Staatsnähe zu begründen, ist die Aufsicht durch den Auftraggeber einer überwiegenden Finanzierung oder mehrheitlichen Bestimmung der Geschäftsführungs- oder Aufsichtsorgane gleichwertig. Unzureichend ist in diesem Zusammenhang eine bloß nachprüfende Kontrolle. Vielmehr ist eine aktive Aufsicht über die Leitung der Einrichtung notwendig.

---

14 EuGH, Urt. v. 13.12.2007 – C-337/06 –; EuGH, Urt. v. 3.10.2000 – C-380/98 –.

Hierbei geht es um Aufsicht im Sinne einer tatsächlichen Einflussmöglichkeit auf die Geschäftstätigkeit des Unternehmens durch konkrete, insbesondere gesellschaftsvertragliche, Rechte und Möglichkeiten, nicht um eine bloße ex post-Kontrolle. Gleichbedeutend hiermit ist die mehrheitliche Besetzung der Gesellschaftsorgane, d.h. Geschäftsführung und/oder Aufsichtsorgane, durch den öffentlichen Anteilseigner. 31

c) Sektorenauftraggeber

§ 98 Nr. 4 GWB qualifiziert die sog. Sektorenauftraggeber als öffentliche Auftraggeber. Sektorenauftraggeber sind 32

natürliche oder juristische Personen des privaten Rechts,

- die auf dem **Gebiet der Trinkwasser- oder Energieversorgung oder des Verkehrs (Sektoren)** tätig sind,
- wenn diese Tätigkeiten auf der **Grundlage von besonderen oder ausschließlichen Rechten ausgeübt werden**, die von einer zuständigen Behörde gewährt wurden, oder wenn Auftraggeber, die unter § 98 Nr. 1–3 GWB fallen, auf diese einzeln oder gemeinsam einen beherrschenden Einfluss ausüben können.

Die Vorschrift findet nach ihrem Wortlaut nur Anwendung auf natürliche oder juristische Personen des privaten Rechts, wie kommunale Stadtwerke in der Rechtsform einer GmbH, die im Bereich der Trinkwasserversorgung, der Elektrizitäts- und Gasversorgung, der Wärmeversorgung und des Verkehrs tätig sind. 33

Besondere oder ausschließliche Rechte werden in § 98 Nr. 4 Hs. 2 GWB als solche Rechte definiert, die dazu führen, dass die Ausübung dieser Tätigkeiten einem oder mehreren Unternehmen vorbehalten wird und dass die Möglichkeit anderer Unternehmen, diese Tätigkeit auszuüben, erheblich beeinträchtigt wird. 34

Ausschließliche Rechte zeichnen sich dadurch aus, dass das privilegierte Unternehmen nicht mit anderen um Marktanteile konkurriert.[15] Besondere Rechte sind solche, die die Erbringung einer Dienstleistung oder sonstigen Tätigkeit in einem bestimmten Gebiet aufgrund von Rechts- oder Verwaltungsvorschriften einer limitierten Mehrzahl von Unternehmen vorbehalten.[16] Dem Unternehmen wird quasi eine Monopolstellung eingeräumt. 35

Hieran anknüpfend ist zu erwähnen, dass jegliche Sektorentätigkeit zur Anwendung der SektVO führt. Danach sind auch Auftraggeber i.S.d. § 98 Nr. 1–3 GWB zur Anwendung der SektVO verpflichtet, sofern ihre Tätigkeit im Zusammenhang mit einer Sektorentätigkeit steht. Der Zusammenhang wird bejaht, wenn 36

---

15 Streinz/*Kühling*, Art. 106 AEUV Rn 20.
16 Calliess/Ruffert/*Jung*, Art. 106 AEUV Rn 16.

der Hauptgegenstand des in Rede stehenden Auftrags der Sektorentätigkeit dient. Ist der Hauptgegenstand eines Auftrages, der sowohl Sektorentätigkeiten als auch andere Tätigkeiten von Auftraggebern i.S.d. § 98 Nr. 1–3 GWB betrifft, nicht feststellbar, dann gilt die SektVO nicht. Vielmehr gelten gem. § 99 Abs. 12 S. 1 GWB die übrigen Vergabevorschriften (GWB, VgV, VOB/A, VOL/A, VOF). Damit fällt eine Kommune, die die Elektrizitätsversorgung durch einen Regiebetrieb erbringen lässt, etwa auch für die öffentliche Straßenbeleuchtung, für Aufträge im Zusammenhang mit der Elektrizitätsversorgung in den Anwendungsbereich der SektVO und unterliegt in den anderen Bereichen den allgemeinen Vergabevorschriften.

d) Weitere öffentliche Auftraggeber

37 Zu den weiteren öffentlichen Auftraggebern zählen Verbände nach § 98 Nr. 3 GWB sowie Auftraggeber aufgrund überwiegender Finanzierung durch die öffentliche Hand nach § 98 Nr. 5 GWB.

II. Öffentlicher Auftrag

38 Öffentliche Aufträge sind gem. § 99 Abs. 1 GWB entgeltliche Verträge von öffentlichen Auftraggebern mit Unternehmen über die Beschaffung von Leistungen, die **Liefer-, Bau- oder Dienstleistungen** zum Gegenstand haben. Ferner zählen zu den öffentlichen Aufträgen **Baukonzessionen** und **Auslobungsverfahren**, die zu Dienstleistungsaufträgen führen sollen.

1. Beschaffungszweck

39 Voraussetzung für einen öffentlichen Auftrag ist grundsätzlich, dass überhaupt eine Beschaffung vorliegt. Der öffentliche Auftraggeber beschafft sich immer dann eine Leistung, wenn ihm die Gegenleistung entweder unmittelbar zugutekommt, wie etwa beim Einkauf von Einrichtungsgegenständen, oder mittelbar, wenn sie ihn bei der Erfüllung der ihm obliegenden Aufgaben unterstützt, wie etwa der Organisation der Straßenbeleuchtung.

40 Im Bereich der öffentlichen Straßenbeleuchtung ist der Beschaffungszweck beispielsweise auch bei Modellen des Contractings erfüllt. Diese sind dadurch gekennzeichnet, dass der Contractor, etwa kommunale Stadtwerke, gegen ein festes vertragliches Entgelt Aufgaben der Straßenbeleuchtung erfüllt. Diese können je nach Ausgestaltung des Contractingvertrages in der (kumulativen) Übernahme investiver Maßnahmen, der Betriebsführung, der Erwirtschaftung bestimmter Energieeinsparpotenziale oder der Energiebeschaffung zum Betrieb der Anlagen bestehen. Contractingverträge enthalten damit vielfach bau-, liefer- und dienstvertragliche Elemente,

weshalb sie vergaberechtlich als typengemischte Verträge bezeichnet werden. Die vergaberechtliche Einordnung typengemischter Verträge wird nachfolgend gesondert behandelt.[17]

Zu verneinen ist der Beschaffungszweck hingegen, wenn der öffentliche Auftraggeber lediglich Zuschüsse dafür gewährt, dass sich ein anderer etwas beschafft.[18] Damit stellt die Veräußerung von Gesellschaftsanteilen etwa mangels Beschaffungsvorgangs grundsätzlich keinen öffentlichen Auftrag i.S.d. § 99 Abs. 1 GWB dar. 41

2. Entgeltlicher Vertrag

Das Vorliegen eines entgeltlichen Vertrags erfordert den Abschluss einer Vereinbarung im Sinne eines beiderseits verbindlichen Rechtsgeschäfts, bei der **Leistung und Gegenleistung verknüpft sind**. In der Regel erfolgt eine Geldzahlung als Gegenleistung. 42

Ausreichend ist aber grundsätzlich jeder vom Auftragnehmer für die Leistung erlangte geldwerte Vorteil.[19] Die Gegenleistung oder der geldwerte Vorteil kann dabei sowohl vom Auftraggeber als auch von einem Dritten gewährt werden.[20] Allerdings ist bei einer Zahlung oder Gewährung geldwerter Vorteile durch Dritte immer die Abgrenzung zur ausschreibungsfreien Dienstleistungskonzession zu beachten. Für die Dienstleistungskonzession charakteristisch ist die Tatsache, dass die Gegenleistung in dem Recht zur Nutzung der Dienstleistung oder in diesem Recht zuzüglich der Zahlung eines Preises – durch einen Dritten – besteht. 43

Praxistipp !

Verträge können grundsätzlich eine unbestimmte Laufzeit aufweisen. Allerdings steigen in diesen Fällen die Vorgaben an den Wettbewerb. Verträge über straßenbeleuchtungsspezifische Leistungen, zumindest solche über die Erneuerung von Straßenbeleuchtungsanlagen (Contractingverträge ausgenommen), dürften sich in ihrer Laufzeit an der Lebensdauer derselben von 20 Jahren orientieren. Die Bedeutung der Lebensdauer einer solchen Anlage zeigt sich darin, dass Fragen der Betriebskosten, insbesondere der Wartungskosten, der Ersatzteilversorgung einschließlich der Ersatzteilbevorratung bzw. -beschaffung, für einen langen Zeitraum zu kalkulieren sind.

3. Lieferaufträge

Lieferaufträge sind gem. § 99 Abs. 2 GWB Verträge zur **Beschaffung von Waren**, die insbesondere Kauf oder Ratenkauf, Leasing, Miet- oder Pachtverhältnisse mit oder ohne Kaufoption betreffen. Sie können auch Nebenleistungen umfassen. 44

17 Siehe hierzu unter B.II.7 Rn 58 f.
18 OLG München, Beschl. v. 25.3.2011 – Verg 4/11 –.
19 OLG Düsseldorf, Beschl. v. 7.3.2012 – Verg 78/11 –.
20 EuGH, Urt. v. 18.1.2007 – C-220/05 –.

45 Waren sind körperliche Gegenstände, die Gegenstand von Handelsgeschäften sein können. Der Aggregatszustand ist dabei unerheblich, sodass auch die Beschaffung von Energie, wie Strom, den Lieferaufträgen unterfällt.[21]

46 Im Einzelfall kann es schwierig sein, den Lieferauftrag vom Bauauftrag abzugrenzen. In dieser Hinsicht bietet der Grundsatz Orientierung, dass die Lieferung von Gegenständen, die der Auftragnehmer den konkreten baulichen Verhältnissen anzupassen, vor Ort einzubauen oder zu montieren hat, wie z.B. das Verlegen elektrischer Leitungen für Straßenbeleuchtungsanlagen, als Bauleistung zu qualifizieren ist.

47 Die bloße Lieferung von Teilen ohne individuelle, auf das Bauvorhaben bezogene Be- und Verarbeitung sind hingegen als reine Lieferaufträge zu bezeichnen.[22]

Praxistipp

Maßnahmen zur Modernisierung von Straßenbeleuchtungsanlagen, wie der reine Austausch von Leuchtmitteln ohne gesonderte individuelle bauliche Leistungen, sind ebenso als Lieferverträge zu qualifizieren wie Verträge über die Beschaffung von Energie für Straßenbeleuchtungsanlagen. Dies ist im Rahmen der durch die Ökodesign-Richtlinie und das EVPG initiierten Beschaffungsmaßnahmen – insbesondere zur Ersetzung der Quecksilberdampflampen im Jahr 2015 und der Halogenmetalldampflampe im Jahr 2017 – zu beachten. Das Vorstehende gilt jedoch dann nicht, wenn diese Leistungen nur eine Teilleistung eines umfassenden Contractingvertrages mit verschiedenen Leistungsarten darstellen.[23]

---

4. Bauaufträge

48 Bauaufträge sind gem. § 99 Abs. 3 GWB Verträge über

- die **Ausführung** eines Bauvorhabens oder eines Bauwerks für den öffentlichen Auftraggeber, das Ergebnis von Tief- oder Hochbauarbeiten ist und eine wirtschaftliche oder technische Funktion erfüllen soll oder
- die **gleichzeitige Planung und Ausführung** eines Bauvorhabens oder eines Bauwerks für den öffentlichen Auftraggeber, das Ergebnis von Tief- oder Hochbauarbeiten ist und eine wirtschaftliche oder technische Funktion erfüllen soll oder eines Bauwerks, das Ergebnis von Tief- oder Hochbauarbeiten ist und eine wirtschaftliche oder technische Funktion erfüllen soll, oder
- einer dem Auftraggeber unmittelbar wirtschaftlich zugutekommenden **Bauleistung durch Dritte** gemäß den vom Auftraggeber genannten Erfordernissen.

49 Der Begriff des Bauauftrags ist gemeinschaftsrechtlich geprägt, sodass die nationale Qualifikation solcher vertraglicher Beziehungen als Werk-, Werklieferungs- oder

21 Kulartz/Kus/Portz/*Eschenbruch*, § 99 Rn 163.
22 OLG München, Beschl. v. 5.11.2009 – Verg 15/09 –.
23 Siehe hierzu unter Rn 59.

Dienstvertrag nichts daran ändert, dass schlussendlich ein Bauauftrag vorliegen kann.[24] Unter einem Bauwerk wird eine unbewegliche, durch Verwendung von Arbeit und Material in Verbindung mit dem Erdboden hergestellte Sache verstanden.[25]

Praxistipp
Insofern ist anzumerken, dass sich die Frage, ob Vorhaben zur Beschaffung von straßenbeleuchtungsspezifischen Leistungen als Bauauftrag qualifiziert werden können, erst dann stellt, wenn ausschließlich oder in erheblichem Umfang Erdarbeiten – insbesondere zum Austausch kompletter Masten – erforderlich sind.[26]

5. Dienstleistungsaufträge

Dienstleistungsaufträge gem. § 99 Abs. 4 GWB sind Verträge über Leistungen, 50
die weder Bau- und Lieferaufträge noch Auslobungsverfahren darstellen. Hierbei handelt es sich nicht um eine Definition, sondern um eine **Negativabgrenzung.**[27]

a) Dienstleistungsaufträge im Sinne der VOL/A

Für den Begriff der Dienstleistung im Sinne der VOL ist in negativer Hinsicht ent- 51
scheidend, dass die beschaffte Leistung keine Lieferung und keine speziell definierte Bauleistung ist. In positiver Hinsicht gilt, dass sie einer der im Anhang I zur VOL/A aufgeführten Leistungen gleichkommt.[28]

Daher werden sowohl Leistungen, wie die Überprüfung von Beleuchtungsan- 52
lagen auf ihre Funktionsfähigkeit, die Reinigung von Beleuchtungskörpern, der Austausch defekter Teile[29] sowie Bauleitungsaufgaben[30] als Dienstleistungsaufträge qualifiziert. Gleiches ist bei Betriebsführungsaufgaben anzunehmen, die allerdings häufig Bestandteil eines gesondert zu beurteilenden Contractingvertrags sind.

24 EuGH, Urt. v. 18.1.2007 – C-220/05 –.
25 VK Brandenburg, Beschl. v. 12.2.2002 – 2 VK 123/01 –.
26 Siehe hierzu unter Rn 59.
27 Ziekow/Völlink/*Ziekow*, § 98 GWB Rn 186.
28 OLG Naumburg, Beschl. v. 26.7.2012 – 2 Verg 2/12 –.
29 VK Berlin, Beschl. v. 13.6.2011 – VK B 2-7/11 –.
30 EuGH, Urt. v. 21.2.2008 – C-412/04 –.

b) Dienstleistungsaufträge im Sinne der VOF

53 Dienstleistungsaufträge im Sinne der VOF erfassen gem. § 1 Abs. 1 und 2 VOF

- Aufträge über Dienstleistungen im Sinne der Anlage 1 Teil A VOF (entspricht Anhang I Teil A zur VOL/A) und Anlage 1 Teil B VOF (entspricht Anhang I Teil B zur VOL/A),
- freiberufliche oder im Wettbewerb mit freiberuflich Tätigen erbrachte Tätigkeiten, die
  - Gegenstände betreffen, deren Lösung nicht vorab eindeutig und erschöpfend beschrieben werden kann und
  - den Schwellenwert von 207.000 € (netto) erreichen.

c) Abgrenzung der Dienstleistungsaufträge

54 Dienstleistungsaufträge sind in ihrer Eigenschaft als Auffangtatbestand auch von den Auslobungsverfahren gem. § 99 Abs. 5 GWB abzugrenzen. Auslobungsverfahren sind öffentliche Aufträge, die dazu dienen, dem öffentlichen Auftraggeber insbesondere auf den Gebieten der Raumplanung, der Stadtplanung, der Architektur und des Bauwesens einen Plan oder eine Planung zu verschaffen, deren Auswahl durch ein Preisgericht aufgrund vergleichender Beurteilung mit oder ohne Verteilung von Preisen erfolgt.

55 Schließlich müssen Dienstleistungsaufträge von Dienstleistungskonzessionen abgegrenzt werden, was ist in der Praxis mitunter problematisch, aber zugleich essentiell ist, da Dienstleistungskonzessionen nach Art. 17 VKR nicht der Anwendung des Vergaberechts unterliegen. Dienstleistungskonzessionen sind gem. Art. 1 Abs. 4 VKR Verträge, die von öffentlichen Dienstleistungsaufträgen nur insoweit abweichen, als die Gegenleistung für die Erbringung der Dienstleistungen ausschließlich in dem Recht zur Nutzung der Dienstleistung oder in diesem Recht zuzüglich der Zahlung eines Preises besteht.

56 Dienstleistungsaufträge und Dienstleistungskonzessionen haben damit zwar den gleichen Leistungsgegenstand in Form einer Dienstleistung. Der entscheidende Unterschied besteht jedoch in der Vergütung des Auftragnehmers. Während der Auftragnehmer im Rahmen des Dienstleistungsauftrags im Wesentlichen direkt vom Auftraggeber vergütet wird, erhält er durch die Dienstleistungskonzession nur das Recht zur wirtschaftlichen Verwertung der erbrachten Leistung, ggf. zuzüglich der Zahlung eines Preises. Insofern übernimmt der Konzessionär ganz oder zu einem erheblichen Teil das Nutzungsrisiko, d.h. die Gefahr eines Ausfalls seines Vergütungsanspruchs oder der Nichtinanspruchnahme seiner Leistung.[31]

---

31 OLG Düsseldorf, Beschl. v. 7.3.2012 – Verg 78/11 –.

6. Baukonzessionen

Zu den öffentlichen Aufträgen zählen ferner Baukonzessionen nach § 99 Abs. 6 GWB. Hierbei handelt es sich um: 57
- einen Vertrag über die **Durchführung eines Bauauftrages**, bei dem
- die Gegenleistung für die Bauarbeiten statt in einem Entgelt in dem **befristeten Recht auf Nutzung der baulichen Anlage**, ggf. zuzüglich der Zahlung eines Preises, besteht.

7. Typengemischte Verträge

Als öffentliche Aufträge werden nach § 99 Abs. 10 GWB zudem sog. typengemischte Verträge[32] eingestuft. Unter typengemischten Verträgen sind Aufträge zu verstehen, deren **einzelne Teile untrennbar miteinander verbunden** sind und die somit ein unteilbares Ganzes bilden.[33] Die einzelnen Teile können Liefer-, Dienst- oder Bauleistungscharakter aufweisen. 58

Typengemische Verträge sind im Bereich der öffentlichen Straßenbeleuchtung regelmäßig zu finden. Werden Leistungen der Wartung, Störungs- und Schadensbeseitigung öffentlicher Straßenbeleuchtungsanlagen ausgeschrieben, welche die 59
- Inspektion und Prüfung aller Bauteile,
- Reinigung,
- Kontrolle der Funktionsfähigkeit,
- den Austausch defekter Teile,
- das Anbringen von Prüfplaketten sowie Störungsbeseitigung und
- die Schadensbeseitigung insbesondere von Sturmschäden

umfassen, so handelt es sich um einen Dienstleistungsauftrag, da der Schwerpunkt der Arbeiten nach ihrem Zweck sowie Inhalt und hinsichtlich ihres Anteils am Gesamtpreis eindeutig bei den Dienstleistungen liegt. Dies folgt daraus, dass der Auftragnehmer routinemäßig alle Beleuchtungsanlagen auf ihre Funktionsfähigkeit zu überprüfen, die Beleuchtungskörper zu reinigen und defekte Teile auszutauschen hat.

Praxistipp !

Reparaturen, die Erdarbeiten und im äußersten Fall auch das Aufstellen eines neuen kompletten Beleuchtungskörpers betreffen, sind in dieser Konstellation die Ausnahme. Machen diese Bautätigkeiten im Durchschnitt weniger als ein Drittel der Endpreise der eingereichten Angebote aus, sind ihr Anteil und ihre Bedeutung so gering, dass sie höchstens als untergeordnete Nebenarbeiten zu qualifizieren sind.[34]

---

32 Ziekow/Völlink/*Ziekow*, § 99 GWB Rn 221; anders Kulartz/Kus/Portz/*Eschenbruch*, § 99 GWB Rn 262.

33 EuGH, Urt. v. 6.5.2010 – C-145/08 –.

34 VK Berlin, Beschl. v. 13.6.2011 – VK B 2-7/11 –.

8. Zusammengesetzte Verträge

a) Verträge mit Liefer- und/oder Dienst- und/oder Bauleistungen

60 Für Aufträge, die unterschiedliche, aber im Gegensatz zu § 99 Abs. 10 GWB voneinander trennbare Tätigkeiten betreffen, ist der **Hauptgegenstand des Auftrags** nach § 99 Abs.11 GWB **maßgeblich** für die Einordnung als Liefer-, Dienstleistungs- oder Bauauftrag.[35] Zur Feststellung des Hauptgegenstands ist auf die wesentlichen, vorrangigen Verpflichtungen abzustellen, die den Auftrag als solche prägen, und nicht auf die Verpflichtungen bloß untergeordneter oder ergänzender Art, die zwingend aus dem eigentlichen Gegenstand des Vertrags folgen.[36]

b) Verträge mit Sektorentätigkeiten und sonstigen vergabepflichtigen oder vergabefreien Leistungen

61 Für zusammengesetzte Verträge, die auch Sektorentätigkeiten umfassen, gilt § 99 Abs. 12 GWB. Danach ist für einen Auftrag der neben Sektorentätigkeiten vergabepflichtige Tätigkeiten von Auftraggebern nach § 98 Nr. 1–3 GWB umfasst, der **Schwerpunkt des Auftrags maßgeblich.** Der Bau eines kommunalen Verwaltungsgebäudes, in dem auch einige Räume für die Verwaltung des kommunalen Stadtwerks vorgesehen sind, wäre demnach als öffentlicher Bauauftrag durch eine Gebietskörperschaft i.S.d. § 98 Nr. 1 GWB zu qualifizieren.[37]

62 Für Aufträge, die Sektorentätigkeiten und solche von Auftraggebern nach § 98 Nr. 1–3 GWB betreffen und deren Hauptgegenstand nicht feststellbar ist, gelten die vergaberechtlichen Vorschriften, denen die in § 98 Nr. 1–3 GWB genannten Auftraggeber unterliegen.

63 Bei Aufträgen, die sowohl Sektorentätigkeiten als auch Tätigkeiten betreffen, die nicht in die Bereiche von Auftraggebern nach § 98 Nr. 1–3 GWB fallen und keinen Hauptgegenstand aufweisen, gelten die Vorschriften für Sektorentätigkeiten.

III. Schwellenwerte/Auftragsvolumina

64 Die Anwendbarkeit der vergaberechtlichen Vorschriften ist entscheidend davon abhängig, ob der jeweilige Auftragswert den für Bau-, Liefer- oder (freiberufliche) Dienstleistungen festgelegten Schwellenwert erreicht bzw. übersteigt. Die Schwellenwerte betragen seit dem 1.1.2014 für

- Bauaufträge: 5,186 Mio. € (netto),
- Liefer- und Dienstleistungsaufträge: 207.000 € (netto).

---

35 Ziekow/Völlink/*Ziekow*, § 99 GWB Rn 221.

36 EuGH, Urt. v. 26.5.2011 – C-306/08 –.

37 BT-Drucks. 16/10117, S. 19.

Für Auftragsvergaben, die im Zusammenhang mit einer Sektorentätigkeit stehen, sind seit dem 1.1.2014 die folgenden Schwellenwerte zu berücksichtigen: 65
- Bauaufträge: 5,186 Mio. € (netto) und
- Liefer- und Dienstleistungsaufträge: 414.000 € (netto).

Bei der Ermittlung des Auftragswertes ist gem. § 3 Abs. 1 VgV bzw. § 2 Abs. 1 SektVO von der geschätzten **Gesamtvergütung für die zu beschaffende Leistung** auszugehen. Die Umsatzsteuer ist nicht hinzuzurechnen. Vergaberechtlich unzulässig ist es in jedem Fall, den Auftragswert in der Absicht zu schätzen oder aufzuteilen, dass der Auftrag der Anwendung des Vergaberechts entzogen werden soll. Vergaberechtswidrig ist daher nicht eine Beschaffung mit einem geschätzten Auftragswert nahe dem jeweiligen Schwellenwert, sondern nur eine Manipulation des Auftragswertes mit dem Ziel der Umgehung des Vergaberechts.[38] 66

Bei Liefer- und Dienstleistungsaufträgen mit einer Laufzeit von bis zu 48 Monaten, für die kein Gesamtpreis angegeben wird, ist der Gesamtwert für die Laufzeit dieser Aufträge zu schätzen. Bei Liefer- und Dienstleistungsaufträgen mit unbestimmter Laufzeit ist der **48-fache Monatswert als Berechnungsgrundlage** nach § 3 Abs. 4 VgV für den geschätzten Auftragswert anzusetzen. 67

Problematisch ist die Berechnung des Gesamtwerts, sofern Aufträge in Lose aufgeteilt werden. Dann gilt gem. § 3 Abs. 7 S. 1 VgV der Grundsatz, dass bei Aufträgen, die aus mehreren Losen bestehen, für die jeweils ein gesonderter Auftrag vergeben wird, **alle Lose für den Gesamtwert zu addieren sind**. Dies ist insbesondere zu beachten, wenn ein Gesamtauftrag zur Modernisierung von Straßenbeleuchtungsanlagen in unterschiedliche Leistungsfelder der Ersatzteilbeschaffung und deren Einbau einerseits und wartungsspezifische Leistungen andererseits unterteilt werden soll. In diesem Fall ist ein Los Ersatzteilbeschaffung und ein Los Wartung zu bilden. 68

Praxistipp !

Bei der Schätzung des Auftragswerts müssen neben der Vertragslaufzeit auch etwaig vereinbarte Optionsrechte und Vertragsverlängerungen berücksichtigt werden.

Die Schätzung betrifft den Gesamtwert der vorgesehenen Leistung. Danach ist der Wert der Leistung zu ermitteln, die in funktionaler und technischer Hinsicht einen einheitlichen Charakter aufweisen. Dies gilt für Bau- und Dienstleistungen gleichermaßen und betrifft insbesondere die Vergabe von Contracting-Verträgen im Bereich der Straßenbeleuchtung.

Hinsichtlich der anzuwendenden vergaberechtlichen Vorschriften ist zu unterscheiden, ob der geschätzte Auftragswert die einschlägigen Schwellenwerte für europaweite Vergaben erreicht bzw. übersteigt oder ob dieser unterhalb der Schwellenwerte bleibt.

---

38 OLG Düsseldorf, Beschl. v. 9.11.2001 – Verg 38/01 –.

1. Erreichen bzw. Übersteigen der Schwellenwerte

69 Für Bauaufträge mit einem Auftragswert in Höhe von 5,186 Mio. € (netto) gelten
- der 4. Teil des GWB,
- die VgV,
- die Basis- und „EG"-Paragraphen der VOB/A.

70 Für Liefer- und Dienstleistungsaufträge mit einem Auftragswert in Höhe von 207.000 € (netto) gelten
- der 4. Teil des GWB,
- die VgV,
- die Basis- und „EG"-Paragraphen der VOL/A.

71 Für freiberufliche Leistungen mit einem Auftragswert in Höhe von 207.000 € (netto) gelten
- der 4. Teil des GWB,
- die VgV,
- die VOF.

72 Für Bauaufträge mit einem Auftragswert in Höhe von 5,186 Mio. € (netto), Liefer- und Dienstleistungsaufträge sowie freiberufliche Leistungen mit einem Auftragswert in Höhe von 207.000 € (netto) gelten, wenn sie im Zusammenhang mit Sektorentätigkeiten stehen, nur
- der 4. Teil des GWB und
- die SektVO.

73 Die VgV, die VOB/A, die VOL/A und die VOF finden bei der Vergabe dieser Bau-, Liefer- und Dienstleistungsaufträge sowie der freiberuflichen Leistungen keine Anwendung.

2. Unterschreiten der Schwellenwerte

74 Für Bauaufträge mit einem Auftragswert unter 5,186 Mio. € (netto) gelten
- haushaltsrechtlichen Regelungen, auf deren Grundlage
- ggf. die Basis-Paragraphen der VOB/A und
- ggf. erlassene Landesvergabegesetze

75 Für Liefer- und Dienstleistungsaufträge mit einem Auftragswert unter 207.000 € (netto) gelten
- die haushaltsrechtlichen Regelungen, auf deren Grundlage
- ggf. die Basis-Paragraphen der VOL/A und
- ggf. erlassene Landesvergabegesetze.

Für freiberufliche Leistungen mit einem Auftragswert unter 207.000 € (netto) gelten unter Umständen 76
- die haushaltsrechtlichen Regelungen und
- ggf. erlassene Landesvergabegesetze.

Für Bauaufträge mit einem Auftragswert unter 5,186 Mio. € (netto) und Liefer-, Dienstleistungsaufträge sowie freiberufliche Leistungen mit einem Auftragswert unter 207.000 € (netto) gelten, wenn sie im Zusammenhang mit Sektorentätigkeiten stehen, nur die gemeinschaftsrechtlichen Vergabegrundsätze, wonach im Falle der Annahme eines europaweiten Interesses von Unternehmen an dem fraglichen Auftrag (sog. Binnenmarktrelevanz) doch eine Ausschreibung durchzuführen ist. 77

C. Vergabefreie Aufgabenübertragung

Angesichts des mit der Durchführung eines Vergabeverfahrens verbundenen Aufwands versuchen die öffentlichen Auftraggeber vielfach – auch wenn ein Vergabeverfahren mitunter die günstigere Lösung darstellt – die Ausnahmereglungen in Anspruch zu nehmen, die sie von der Beachtung des Vergaberechts freistellen. In diesem Zusammenhang besteht die Möglichkeit, Leistungen im Wege einer sog. **Inhouse-Vergabe** direkt vom Auftragnehmer zu beziehen. Darüber hinaus gibt es Leistungen, deren Beschaffung gem. §§ 100 Abs. 2, 100a, 100b, 100c GWB **gesetzlich von der Beachtung des Vergaberechts freigestellt** ist. 78

I. Inhouse-Vergabe

Die Inhouse-Vergabe ist ein von der Rechtsprechung entwickeltes Rechtsinstitut. Sie bezeichnet eine Konstellation zwischen öffentlichem Aufraggeber und Auftragnehmer, die so beschaffen ist, dass der öffentliche Auftraggeber trotz der Auftragsvergabe an den Auftragnehmer die Leistung selbst erbringt. Durch eine solche Auftragsvergabe wird der Wettbewerb nicht berührt, da die Leistung nicht am Markt, sondern „Inhouse" erbracht wird. 79

Aufgrund des Zwecks des Vergaberechts, Wettbewerb zu schaffen und zu fördern, sind Inhouse-Vergaben, die Leistungen den Wettbewerb entziehen, ja gerade nicht fördern, an enge Voraussetzungen gebunden. Insofern müssen zwei Kriterien erfüllt sein: 80
- Der öffentliche Auftraggeber muss allein oder mit anderen öffentlichen Auftraggebern über eine Einrichtung eine ähnliche Kontrolle wie über eine eigene Dienststelle ausüben (**Kontrollkriterium**).

- Darüber hinaus muss diese Einrichtung zudem ihre Tätigkeit im Wesentlichen für den oder die öffentlichen Auftraggeber verrichten, die ihre Anteile halten (**Wesentlichkeitskriterium**).[39]

1. Kontrollkriterium

81 Bei der Beurteilung, ob eine öffentliche Stelle über die auftragnehmende Stelle eine ähnliche Kontrolle ausübt wie über ihre eigenen Dienststellen, sind alle Rechtsvorschriften und maßgebenden Umstände zu berücksichtigen. Die auftragnehmende Einrichtung muss einer Kontrolle unterworfen sein, die es der beauftragenden öffentlichen Stelle ermöglicht, sowohl auf die strategischen Ziele als auch auf die wichtigen Entscheidungen des Unternehmens einzuwirken. Als maßgebende Umstände zur Beurteilung der erforderlichen Kontrolle sind dabei die Beteiligung am Kapital der auftragnehmenden Stelle, die Zusammensetzung ihrer Beschlussorgane und der Umfang der Befugnisse der Beschlussorgane zu berücksichtigen.[40] Ob eine derartige Kontrolle vorliegt, ist grundsätzlich unter Berücksichtigung der Satzung oder des Gesellschaftsvertrags der auftragnehmenden Stelle zu prüfen.

82 In diesem Zusammenhang ist auch die Rechtsform der auftragnehmenden Stelle von Bedeutung. Dabei gelten Aktiengesellschaften im Gegensatz zu Gesellschaften mit beschränkter Haftung als nur beschränkt Inhouse-fähig, da der Vorstand einer Aktiengesellschaft viel selbstständiger agiert als ein Geschäftsführer einer Gesellschaft mit beschränkter Haftung.

83 Bei kommunalen Konzernen, insbesondere bei Stadtwerkekonzernen, ist nicht eindeutig geklärt, ob eine minimale Beteiligung Privater auf den unteren Beteiligungsebenen eine Kontrolle durch die konzernlenkende Gesellschaft ausschließt. Die Rechtsprechung hat dies bislang noch nicht eindeutig entschieden.[41]

! **Praxistipp**
Das Kontrollkriterium – und damit die Inhouse-Fähigkeit insgesamt – ist oftmals bei der Vergabe straßenbeleuchtungsspezifischer Leistungen innerhalb von Stadtwerkekonzernen zu prüfen. Eine Vergabefreiheit ist in jedem Einzelfall genau zu begründen.

39 EuGH, Urt. v. 18.11.1999 – C-107/98 –; EuGH, Urt. v. 11.1.2005 – C-26/03 –; EuGH, Urt. v. 19.4.2007 – C-295/05 –.

40 EuGH, Urt. v. 13.11.2008 – C-324/07 –.

41 OLG Frankfurt am Main, Beschl. v. 30.8.2011 – 11 Verg 3/11 –; VK Münster, Beschl. v. 7.10.2010 – VK 6/10 –.

2. Wesentlichkeitskriterium

Die auftragnehmende Stelle ist dann im Wesentlichen für den öffentlichen Auftraggeber, der die Anteile innehat, aktiv, wenn sie **hauptsächlich** für diese tätig wird und jede andere Tätigkeit **rein nebensächlich** ist. 84

Das Wesentlichkeitserfordernis soll insbesondere eine ausschreibungsfreie Vergabe an ein kontrolliertes Unternehmen verhindern, welches auf dem Markt agiert und daher mit anderen Unternehmen in Wettbewerb treten kann. Um dies festzustellen, sind die Marktausrichtung der ausgeübten Tätigkeiten und die Umsatzstruktur der kontrollierten Stelle zu untersuchen. Maßgeblich ist dabei der Umsatz, den das fragliche Unternehmen aufgrund der Vergabeentscheidungen der sie kontrollierenden öffentlichen Auftraggeber erzielt, und zwar einschließlich des Umsatzes, der in Ausführung solcher Entscheidungen mit Nutzern erzielt wird.[42] 85

Unklar ist, wie hoch der Wert des Fremdumsatzanteils sein darf. Der EuGH hielt in seiner Rechtsprechung einen Fremdumsatzanteil von 10% im Grundsatz für unschädlich.[43] Die nationalen Gerichte stehen dem skeptisch gegenüber[44] und stellen teilweise fest, dass kontrollierte Stellen mit einem Fremdumsatzanteil von 7,5% schon nicht mehr im Wesentlichen für den öffentlichen Auftraggeber tätig sind.[45] 86

Das Wesentlichkeitskriterium wird von der Rechtsprechung deutscher Oberlandesgerichte in jüngster Zeit allerdings zunehmend eingeschränkt.[46] So hat beispielsweise das OLG Düsseldorf entschieden, dass nur der Umsatzanteil des zu beauftragenden Unternehmens mit fremden Dritten zu beachten sei. Zumindest teilweise können auch Umsätze mit einer Tochtergesellschaft des Auftragnehmers Fremdumsätze sein, wenn die Tochtergesellschaft eine Markausrichtung hat, mithin ihrerseits Leistungen für Dritte in erheblichem Umfang durchführt.[47] 87

Praxistipp !

Die neueren vergaberechtlichen Entwicklungen zum Inhouse-Geschäft sind aufmerksam weiterzuverfolgen und insbesondere auch im Hinblick auf die Prüfung des Wesentlichkeitskriteriums zu beachten. Ob im Bereich der öffentlichen Straßenbeleuchtung Leistungsbeziehungen zwischen Kommunen und kommunalen Unternehmen als unzulässige Inhouse-Konstellationen zu qualifizieren sind, ist in jedem Einzelfall zu prüfen.

42 EuGH, Urt. v. 11.5.2006 – C-340/04 –.

43 EuGH, Urt. v. 19.4.2007 – C-295/05 –.

44 BGH, Urt. v. 3.7.2008 – I ZR 145/05 –.

45 OLG Celle, Beschl. v. 29.9.2009 – 13 Verg 8/09 –.

46 OLG Frankfurt am Main, Beschl. v. 30.8.2011 – 11 Verg 3/11 –; OLG Düsseldorf, Beschl. v. 28.7.2011 – 7 Verg 20/11 –; OLG Hamburg, Beschl. v. 14.12.2010 – 1 Verg 5/10 –.

47 OLG Düsseldorf, Beschl. v. 28.7.2011 – Verg. 20/11 –.

II. Gesetzliche Ausnahmetatbestände

88 Beschaffungsvorgänge, die in §§ 100 Abs. 2, 100a–c GWB aufgeführt sind, unterliegen nicht dem Vergaberecht.

§ 100 Abs. 2 GWB legt fest, dass die in § 100 Abs. 3–6 und 8 GWB und die in §§ 100a–c GWB genannten Leistungen nicht den Regelungen des 4. Teils des GWB unterliegen, mithin nicht im Wege von Vergabeverfahren beschafft werden müssen. Die Aufzählung ist abschließend.

89 Die Ausnahmetatbestände sind wie folgt strukturiert. Dabei enthalten:
- § 100 Abs. 2 GWB die **allgemeinen Ausnahmen,**
- § 100a GWB die **Ausnahmen für nicht sektorspezifische und nicht verteidigungs- und sicherheitsrelevante Aufträge,**
- § 100b GWB die Ausnahmen für **Aufträge im Sektorenbereich** und
- § 100c GWB die **Ausnahmen für Aufträge in den Bereichen Verteidigung und Sicherheit.**

90 Die Regelung des § 100c GWB ist der Vollständigkeit halber an dieser Stelle genannt, wird in der nachfolgenden Übersicht über die Ausnahmetatbestände mangels Anwendbarkeit im Bereich der Straßenbeleuchtung aber nicht dargestellt.

1. Der Ausnahmetatbestand des § 100 Abs. 3–6 und 8 GWB

91 Nach § 100 Abs. 3–6 und 8 GWB sind
- Arbeitsverträge,
- Schiedsgerichts- und Schlichtungsleistungen,
- Forschungs- und Entwicklungsleistungen (die zumindest im teilweisen Eigentum des Auftragnehmers verbleiben),
- Geschäfte über den Erwerb von Grundstücken oder Mietverhältnisse oder Rechte an Grundstücken oder anderem unbeweglichen Vermögen,
- Beschaffungen in Verbindung mit wesentlichen nationalen Sicherheitsinteressen sowiweitere Geheimhaltungsinteressen oder internationalen Abkommen unterliegende Beschaffungen
- von der Beachtung des Vergaberechts befreit.

2. Der Ausnahmetatbestand des § 100a GWB

92 Nach § 100a GWB sind von der Beachtung des 4. Teils des GWB Aufträge von klassischen öffentlichen Auftraggebern befreit, die weder Sektorentätigkeiten noch verteidigungs- oder sicherheitsrelevante Tätigkeiten betreffen. Gesetzliche Ausnahmen sind
- die Programmbeschaffung oder Ausstrahlung von Sendungen durch Rundfunk- und Fernsehanstalten,

- finanzielle Dienstleistungen im Zusammenhang mit Finanzinstrumenten insbesondere Wertpapiergeschäften,
- Dienstleistungsaufträge an andere öffentliche Auftraggeber mit einem ausschließlichen Recht zur Erbringung der Dienstleistung und
- Aufträge zur Erbringung von Telekommunikationsdienstleistungen.

3. Der Ausnahmetatbestand des § 100b GWB

Die Vorschrift des § 100b GWB regelt die Ausnahmen für Aufträge über Tätigkei- 93
ten auf dem Gebiet der Trinkwasser- oder Energieversorgung und des Verkehrs. Dementsprechend besitzt diese Norm im Kontext der Straßenbeleuchtung die größte Relevanz. Die wichtigsten besonderen Ausnahmen sind im Folgenden dargestellt.

a) Ausnahmen nach § 100b Abs. 2 GWB

Befreit sind nach § 100b Abs. 2 GWB im Einzelnen: 94
- finanzielle Dienstleistungen im Zusammenhang mit Finanzinstrumenten insbesondere Wertpapiergeschäften,
- die Beschaffung von Wasser bei Tätigkeiten auf dem Gebiet der Trinkwasserversorgung oder
- die Beschaffung von Energie bei Tätigkeiten auf dem Gebiet der Energieversorgung und die Beschaffung von Brennstoffen bei Tätigkeiten auf dem Gebiet der Energieerzeugung.

Praxistipp !

Die Beschaffung von Energie und Brennstoffen ist restriktiv zu verstehen. Die Freistellung von Energielieferverträgen erstreckt sich danach nicht auf Contractingverträge, die sich aus einer Energielieferung und dem Bau eines Kraftwerks zusammensetzen. Dies ergibt sich aus folgender Erwägung: Hätte der Auftraggeber für seine Energieversorgung ein neues Kraftwerk bauen müssen, kann der Auftraggeber nicht deshalb von der Ausschreibungspflicht befreit werden, weil er auf Basis des Contracting-Modells aus der für ihn vom Investor errichteten Energieerzeugungsanlage seine Energie bezieht.[48]

b) Ausnahmen nach § 100b Abs. 3–5 GWB

Nach § 100b Abs. 3 GWB sind ferner die Vergaberegeln nicht anwendbar für 95
- Dienstleistungsaufträge an andere öffentliche Auftraggeber nach § 98 Nr. 1–3 GWB, die ein ausschließliches Recht zur Erbringung der Dienstleistung besitzen.

48 VK Brandenburg, Beschl. v. 8.3.2007 – 2 VK 4/07 –.

96 Zu den weiteren gesetzlichen Ausnahmen zählen nach § 100b Abs. 4 GWB
- Aufträge von Sektorenauftraggebern, die anderen Zwecken dienen als der Sektorentätigkeit.

97 Danach unterliegen Aufträge von reinen Sektorenauftraggebern, die nicht im Zusammenhang mit einer Sektorentätigkeit stehen, nicht dem 4. Teil des GWB. Sind die Sektorenauftraggeber jedoch zugleich Auftraggeber i.S.d. § 98 Nr. 2 GWB, gelten für diese Aufträge die allgemeinen vergaberechtlichen Bestimmungen. Weitere Legalausnahmen des § 100b Abs. 4 GWB sind:
- Sektorentätigkeiten außerhalb der Europäischen Union,
- Aufträge zum Zwecke der Weiterveräußerung und Vermietung an Dritte sowie
- Sektorentätigkeiten, die unmittelbar dem Wettbewerb ausgesetzt sind.

Auch sind nach § 100b Abs. 5 GWB folgende Aufträge befreit:
- Baukonzessionen zur Durchführung von Sektorentätigkeiten.

c) Ausnahmen nach § 100b Abs. 6–9 GWB

98 Eine Ausschreibung kann darüber hinaus in den Fällen des § 100b Abs. 6 und 7 GWB sowie 100b Abs. 8 und 9 GWB unterbleiben. In diesem Zusammenhang handelt es sich um die Vergabe von Aufträgen zwischen einem Gemeinschaftsunternehmen und einem Mutterunternehmen bzw. zwischen einem Gemeinschaftsunternehmen und einem mit einem der Mutterunternehmen verbundenen Unternehmen im Sektorenbereich. Hierbei wird von dem sog. **Konzern-/Joint-Venture-Privileg** gesprochen.

99 Nach § 100b Abs. 6 Nr. 1 und Abs. 7 GWB darf ein öffentlicher Auftraggeber Aufträge im Sektorenbereich vergabefrei
- an ein mit ihm verbundenes Unternehmen vergeben, wenn
- mindestens 80% des von dem verbundenen Unternehmen während der letzten drei Jahre in der EU erzielten durchschnittlichen Umsatzes auf die Leistungen im spezifischen Sektor, dem der Auftrag zuzurechnen ist, entfällt.

100 Zu den gesetzlichen Ausnahmen zählen auch Aufträge nach § 100b Abs. 6 Nr. 2 und Abs. 7 GWB, die
- von einem gemeinsamen Unternehmen, das mehrere Sektorenauftraggeber ausschließlich zur Durchführung von Sektorentätigkeiten gebildet haben, an ein Unternehmen vergeben werden, das mit einem dieser Auftraggeber verbunden ist, wenn
- mindestens 80% des von dem verbundenen Unternehmen während der letzten drei Jahre in der EU erzielten durchschnittlichen Umsatzes auf die Leistungen im spezifischen Sektor, dem der Auftrag zuzurechnen ist, entfällt.

Als weitere Ausnahme sieht § 100b Abs. 8 GWB vor, dass Aufträge 101

- von einem gemeinsamen Unternehmen, das mehrere auf dem Sektorengebiet tätige Auftraggeber ausschließlich zur Durchführung von Sektorentätigkeiten gebildet haben, an eine dieser Muttergesellschaften, oder
- von Sektorenauftraggebern an ein gemeinsames Unternehmen i.S.d. § 100b Abs. 8 Nr. 1 GWB

vergabefrei vergeben werden dürfen.

Nach § 100b Abs. 9 GWB ist gemeinsame Voraussetzung der Alternativen nach 102
§ 100b Abs. 8 GWB, dass

- das gemeinsame Unternehmen errichtet wurde, um die betreffende Tätigkeit während eines Zeitraums von mindestens drei Jahren durchzuführen, und
- in dem Gründungsakt festgelegt wird, dass die dieses Unternehmen bildenden Auftraggeber dem Unternehmen zumindest während des gleichen Zeitraums angehören werden.

Praxistipp !

Die Beschaffung konzerninterner Leistungen kann durch das Konzern-/Joint-Venture-Privileg vergabefrei ermöglicht werden. Das Vorliegen der Voraussetzungen ist auch in diesem Bereich jeweils sachlich zu begründen, um etwaigen Vergabenachprüfungen entgegenzuwirken.

D. Vorbereitung der Ausschreibung

I. Die Bedarfsanalyse als zentraler Ausgangspunkt der Beschaffung

Die Bedarfsanalyse steht organisatorisch am Anfang jedes Beschaffungsvorha- 103
bens, auch wenn sie in formal-juristischer Hinsicht nicht den Beginn des Vergabeverfahrens darstellt. Das Verfahren beginnt vielmehr erst mit der Bekanntmachung.

Bei der Bedarfsanalyse ist der Auftraggeber verpflichtet, sich einen **Marktüber-** 104
blick zu verschaffen, der ihm die Feststellung erlaubt, ob sein Beschaffungsbedarf durch verschiedene Unternehmen gedeckt werden kann oder eventuell nur von dem Unternehmen, das er von Beginn im Betracht gezogen hatte.[49] Dem Auftraggeber wird ein Beurteilungsspielraum zuerkannt, der einer Prüfung auf seine sachliche Rechtfertigung unterliegt.[50] Die Frage, welche Anforderungen insoweit an die Bedarfsanalyse zu stellen sind, steht damit in unmittelbarem Zusammenhang mit dem Grundsatz der **Produktneutralität** gem. § 7 Abs. 8 VOB/A, § 8 Abs. 7 EG VOL/A. Da-

49 OLG Karlsruhe, Beschl. v. 21.7.2010 – 15 Verg 6/10 –.
50 OLG Celle, Beschl. v. 22.5.2008 – 13 Verg 1/08 –.

nach ist die Vorgabe bestimmter Produkte in einer Leistungsbeschreibung grundsätzlich unzulässig.

II. Der Bedarf in der öffentlichen Straßenbeleuchtung

105 Die Festlegung, welcher Leistungsgegenstand in welcher Form beschafft werden soll, ist auch bei der Vergabe straßenbeleuchtungsspezifischer Leistungen von zentraler Bedeutung.

106 In diesem Zusammenhang erfolgt auf Basis einer **detaillierten Analyse** des Ist-Zustandes der Straßenbeleuchtungsanlagen etwa die Entscheidung über Art und Umfang derjenigen Modernisierungsmaßnahmen, die insbesondere infolge der Geltung der Ökodesign-Richtlinie und des EVPG erforderlich werden. Die Bewertung der Wirtschaftlichkeit und der Erfolg von Beschaffungsvorhaben in diesem Bereich ist abhängig von der wirtschaftlichen und technischen Evaluierung der Bestandsdaten. Zu erfassen sind insbesondere Mast, Alter, Leuchtmittel, -stärke, Betriebszeiten (ggf. nach Modellen), Energieverbrauch (ggf. nach Modellen), Personal- und Wartungskosten. Die Erfassung der Daten ist auch notwendig, um die Einhaltung des sog. Lebenszyklusprinzips zu gewährleisten.[51]

107 Auf Grundlage einer solchen Berechnung können Einsparpotenziale identifiziert werden, um die kommunalen Energiekosten erheblich zu senken. Diese Potenziale lassen sich vielfach durch eine frühzeitige Beschaffung moderner LED-Leuchtmittel realisieren, um die energieineffizienteren und ab 2015 nicht mehr zu beschaffenden Quecksilberdampflampen zu ersetzen. In dieser Hinsicht sind auch Fragen des Beleuchtungsmanagements wie einer Nachtabsenkung und geringere Reinigungskosten für solche Leuchten zu berücksichtigen. Eine solche Beschaffungsmaßnahme muss aber nach Maßgabe des Lebenszyklusprinzips auch mit noch energieeffizienteren umfassenderen Maßnahmen wie dem Austausch des kompletten Leuchtenkopfs (Vorschaltgerät, Reflektor und Leuchtmittel) verglichen werden.

108 Die Entscheidung für eine Beschaffungsmaßnahme sollte dabei nicht ohne Einschaltung eines Fachplaners getroffen werden, der die vergebende Stelle bei der Festlegung der zu beschaffenden Leistung unabhängig berät. Eine unabhängige Expertise erscheint sowohl zur **Festlegung sachbezogener und produktneutraler Kriterien der Leistungsbeschreibung** als auch für eine eventuell angestrebte Auswahl eines Contractors von Vorteil. Auf diese Art und Weise können kostenreduzierende, versorgungssichere und langfristige Lösungen erzielt werden. Die beschriebenen Modernisierungsmaßnahmen sind in Zeiten leerer Haushaltskassen

51 Dieses wird in landesvergaberechtlichen Regelungen wie § 17 Abs. 2 TVgG-NRW verbindlich für alle Beschaffungsvorhaben vorgeschrieben.

allerdings unmittelbar mit der Frage ihrer Finanzierbarkeit verknüpft. Neben der klassischen Kreditfinanzierung stehen den Entscheidungsträgern hier auch die vorstehend erwähnten Contracting-Modelle zur Verfügung.

E. Der Ablauf des Vergabeverfahrens in der Praxis

Öffentliche Aufträge, die keiner der vorstehenden Ausnahmeregelungen unterfallen 109
und die Schwellenwerte erreichen, sind im Wege europaweiter Vergabeverfahren zu vergeben. Die Art und Weise der Durchführung solcher Vergabeverfahren wird bestimmt durch die folgenden Verfahrensarten nach § 101 GWB:
- offenes Verfahren,
- nichtoffenes Verfahren sowie
- Verhandlungsverfahren (mit und ohne vorherigen Teilnahmewettbewerb).[52]

Die Verfahrensarten unterhalb der Schwellenwerte tragen zwar andere Bezeichnun- 110
gen, sind aber inhaltlich und strukturell mit den Verfahrensarten oberhalb der Schwellenwerte, geringfügige Abweichungen ausgenommen, weitestgehend identisch. Mithin entspricht die öffentliche Ausschreibung dem offenen Verfahren, die beschränkte Ausschreibung dem nichtoffenen Verfahren und die freihändige Vergabe dem Verhandlungsverfahren.

Praxistipp !

Das Vergabeverfahren besteht – je nach Verfahrensart – aus den nachfolgenden Phasen:
- Strukturierung des Beschaffungsvorhabens,
- Stellen der Vergabeunterlagen/Ausschreibungsunterlagen,
- Bekanntmachung,
- Teilnahmewettbewerb (ggf.),
- Angebotsphase,
- Öffnung der Angebote (Submission),
- Prüfung und Wertung der Angebote,
- Information der unterlegenen Bieter unter Einhaltung der Wartefrist gem. § 101a GWB/national nur, wenn ausdrücklich vom Bieter gewünscht,
- Zuschlag sowie
- Bekanntmachung über Auftragserteilung.

Die einzelnen Phasen des Vergabeverfahrens und die wesentlichen Entscheidungen sind zeitnah unter Angabe der entsprechenden Gründe zu dokumentieren.

---

52 Daneben gibt es noch den sog. wettbewerblichen Dialog, der mangels praktischer Anwendung nachfolgend nicht dargestellt wird.

I. Das offene Verfahren

111 Leistungen sind grundsätzlich im Wege eines offenen Verfahrens zu beschaffen. Das offene Verfahren ist das Regelverfahren.

112 Nach § 101 Abs. 2 GWB ist das offene Verfahren eine Vergabeart, in der eine unbeschränkte Anzahl von Unternehmen öffentlich zur Abgabe von Angeboten aufgefordert wird. Der genaue Verfahrensablauf ist gesetzlich aber nicht beschrieben, wird aber durch folgende wesentliche Verfahrensschritte gekennzeichnet:

1. Strukturierung des Beschaffungsvorhabens

113 Zunächst ist im Vorfeld des Vergabeverfahrens der Auftragswert anhand objektiver Kriterien zu schätzen.[53]

114 Der öffentliche Auftraggeber kann überdies eine sog. Vorinformation über beabsichtigte Aufträge bis zu zwölf Monaten vor Beginn des Vergabeverfahrens im EU-Amtsblatt oder auch in Tageszeitungen, amtlichen Veröffentlichungsblättern oder Internetportalen veröffentlichen, sofern deren geschätzter Gesamtwert mindestens 750.000 € (netto) beträgt. Durch die Vorinformation kann die Angebotsfrist verkürzt werden, § 12 Abs. 3 lit. a EG VOL/A, § 10 Abs. 1 Nr. 2 EG VOB/A.

2. Erstellung der Vergabeunterlagen/Ausschreibungsunterlagen

115 In diesem Stadium sind die Vergabeunterlagen/Ausschreibungsunterlagen einschließlich der später zu schließenden Vertragsdokumente zu erstellen. Die Vergabeunterlagen umfassen

- das **Anschreiben**, d.h. das Aufforderungsschreiben zur Angebotsabgabe,
- die **Bewerbungsbedingungen** (einschließlich der Zuschlagskriterien, sofern diese nicht schon in der Bekanntmachung genannt wurden) und
- die **Vertragsunterlagen**, d.h. die Leistungsbeschreibung und die Vertragsbedingungen.

116 Unter Berücksichtigung des Beschaffungsgegenstands und der Fristenregelungen ist für das offene Verfahren in der jeweiligen Vergabeordnung ein Zeitplan für die Durchführung des Vergabeverfahrens zu erstellen.

117 Darüber hinaus sind die Bewertungsmatrizen für die Eignungsprüfung zu erstellen. Insofern sind die gem. § 6 EG VOB/A und §§ 6, 7 EG VOL/A zu fordernden Nachweise, wie Umsatzzahlen (wirtschaftliche Nachweise) und Referenzen über vergleichbare Leistungen (fachliche Nachweise) bzw. Erklärungen über die Geset-

53 Siehe hierzu unter Rn 66ff.

zestreue und die regelmäßige Steuerzahlung (Zuverlässigkeitsnachweise), festzulegen.

In diesem Zusammenhang sollten auch die Zuschlagskriterien einschließlich et- 118
waiger Unterkriterien und ihrer jeweiligen Gewichtung festgelegt werden. Die Zuschlagskriterien müssen dabei einen sachlichen Zusammenhang zum Leistungsgegenstand aufweisen. Soll das wirtschaftlichste Angebot den Zuschlag erhalten und nicht der niedrigste Preis, sind verschiedene mit dem Auftragsgegenstand zusammenhängende Kriterien, wie Qualität, Preis, technischer Wert, Ästhetik, Zweckmäßigkeit, Umwelteigenschaften (u.a. Betriebsstunden von Leuchtmitteln), Betriebskosten, Rentabilität, Wartung, Lieferzeitpunkt und Lieferungs- oder Ausführungsfrist denkbar.

3. Bekanntmachung

Im Anschluss hieran ist die Bekanntmachung entsprechend der Bekanntma- 119
chungsmuster zu erstellen und im **EU-Amtsblatt** zu veröffentlichen. Schließlich sind Fragen zu der Bekanntmachung und Anfragen zum Versand der Vergabeunterlagen zu bearbeiten.

4. Angebotsphase

In der Angebotsphase haben die öffentlichen Auftraggeber die Vergabeunterlagen 120
an interessierte Bewerber im Verfahren nach der VOB/A binnen sechs Kalendertagen nach Eingang des Antrags zuzusenden, § 12 Abs. 4 Nr. 1 EG VOB/A.

Die VOL/A sieht keine Frist vor. Hier muss die Übermittlung in geeigneter Weise 121
erfolgen. Dementsprechend erhalten im offenen Verfahren alle diejenigen die Vergabeunterlagen, die einen Antrag gestellt haben.

Die Angebotsfrist beträgt mindestens 52 Kalendertage vom Tag der Absendung 122
der Bekanntmachung an, § 10 Abs. 1 Nr. 1 EG VOB/A, § 12 Abs. 2 EG VOL/A. Sofern eine Vorinformation veröffentlicht wurde, kann diese Frist verkürzt werden und sollte 36 Kalendertage nicht unterschreiten. Sollte den Bietern zur Angebotserstellung eine angemessene Zeit verbleiben, kann diese Frist noch weiter, und zwar auf 22 Kalendertage, verkürzt werden. Wird ein Auftrag nach der VOB/A elektronisch bekanntgemacht, kann die durch die Vorinformation verkürzte Frist um weitere 7 Kalendertage verkürzt werden. Diese und weitere Ausnahmen sind explizit zu begründen.

5. Öffnung der Angebote (Submission)

Im Bereich der Bauaufträge wird die Angebotsöffnung als Submissionstermin be- 123
zeichnet. In diesem werden die Angebote im **Beisein der Bieter und ihrer Bevollmächtigten geöffnet** und in allen wesentlichen Teilen, mitunter den Bieternamen und den Angebotspreisen, verlesen, § 14 Abs. 3 Nr. 2 VOB/A. Bei Liefer- und Dienstleistungsaufträgen erfolgt die Öffnung durch mindestens zwei Vertreter des Auf-

traggebers, die die Bieternamen, Endbeträge und etwaige Nebenangebote dokumentieren, § 17 Abs. 2 EG VOL/A. Bieter sind hier nicht zugelassen.

6. Prüfung und Wertung der Angebote

124 Die Angebotsprüfung und -wertung erfolgt in vier Schritten:

a) Vollständigkeitsprüfung

125 Die Angebote werden im ersten Schritt auf Vollständigkeit, d.h. auf das Vorliegen der geforderten Unterlagen und Unterschriften, geprüft.

b) Eignungsprüfung

126 Die darauf folgende Eignungsprüfung dient dazu, die Unternehmen zu ermitteln, die zur Erbringung der konkret nachgefragten Leistungen nach **Fachkunde, Leistungsfähigkeit und Zuverlässigkeit** generell in Betracht kommen und die unzureichend qualifizierten Bieter auszusondern.[54]

127 Bei der Prüfung der Eignung eines Bieters hat der öffentliche Auftraggeber eine Prognoseentscheidung zu treffen. Insoweit steht ihm ein Beurteilungsspielraum zu.

c) Angemessenheitsprüfung der Preise

128 Der Auftraggeber hat im dritten Schritt die Angebotspreise auf ihre Angemessenheit, d.h. auf ihre wirtschaftliche Auskömmlichkeit hin, zu prüfen. Die Preise dürfen **nicht unangemessen niedrig** bzw. in einem offenbaren Missverhältnis zur Leistung stehen.[55]

129 Ein beträchtlicher Preisabstand zwischen dem niedrigsten und den nachfolgenden Angeboten ist für sich allein genommen noch kein hinreichendes Merkmal dafür, dass der niedrige Preis auch im Verhältnis zu der in Rede stehenden Leistung ungewöhnlich niedrig ist.[56] Unangemessen niedrig ist ein Preis erst dann, wenn sie in der zielgerichteten Absicht der Marktverdrängung abgegeben worden sind oder die zumindest die Gefahr begründen, dass bestimmte Wettbewerber vom Markt verdrängt werden.[57]

130 In diesem Zusammenhang gilt es, das Nachverhandlungsverbot als tragenden Grundsatz des offenen Verfahrens zu beachten. Danach sind Verhandlungen über

54 BGH, Urt. v. 15.4.2008 – X ZR 129/06 –.
55 OLG Düsseldorf, Beschl. v. 25.4.2012 – Verg 61/11 –.
56 OLG Karlsruhe, Beschl. v. 16.6.2010 – 15 Verg 4/10 –.
57 OLG Düsseldorf, Beschl. v. 2.11.2011 – Verg 22/11 –.

eine Änderung der Angebotsinhalte oder der -preise unzulässig. Zulässig sind hingegen sog. **Aufklärungsgespräche**, die den Angebotsinhalt präzisieren, ihn aber nicht ändern.

d) Auswahl des wirtschaftlichsten Angebots

Nach Maßgabe der bekanntgemachten und gewichteten Zuschlagskriterien werden 131
die Angebote sodann im vierten und letzten Schritt bewertet und das wirtschaftlichste zur Erteilung des Zuschlags ausgewählt. Das wirtschaftlichste Angebot ist nicht gleichbedeutend mit dem niedrigsten Preis.

7. Information der unterlegenen Bieter unter Einhaltung der Wartefrist gem. § 101a GWB

Die nicht berücksichtigten Bieter sind nach § 101a Abs. 1 S. 1 GWB über die beabsich- 132
tigte Erteilung des Zuschlags und über den Namen des Bieters, dessen Angebot angenommen werden soll, sowie über die Gründe ihrer Nichtberücksichtigung zu informieren. Ein Vertrag darf erst 15 Kalendertage nach Absendung der Information geschlossen werden. Im Falle einer elektronischen Versendung kann die Frist auf 10 Kalendertage verkürzt werden. Ein Verstoß gegen diese Pflicht führt zur Unwirksamkeit des geschlossenen Vertrages.

8. Zuschlag

Nach Ablauf der Frist i.S.d. § 101a GWB wird der Zuschlag erteilt. Die Zuschlagsertei- 133
lung erfolgt auf das wirtschaftlichste Angebot. Die Zuschlagserteilung ist **gleichbedeutend mit dem Vertragsschluss**.

9. Bekanntmachung über Auftragserteilung

Nach Vergabe des Auftrages ist gem. § 18a Abs. 4 EG VOB/A und § 23 EG VOL/A bzw. 134
§ 14 VOF innerhalb von 48 Kalendertagen eine Bekanntmachung über die Zuschlagsentscheidung im EU-Amtsblatt zu veröffentlichen.

II. Nichtoffenes Verfahren

Bei Vorliegen bestimmter Ausnahmetatbestände kann der öffentliche Auftraggeber 135
ein nichtoffenes Verfahren nach § 101 Abs. 3 GWB durchführen. Zuerst findet ein sog. Teilnahmewettbewerb statt und in einem zweiten Schritt wird aus dem Bewerberkreis eine beschränkte Anzahl von Unternehmen zur Angebotsabgabe aufgefordert.

1. Strukturierung des Beschaffungsvorhabens

136 Der Auftraggeber hat zunächst die Wahl der Verfahrensart zu begründen. Das nichtoffene Verfahren ist im Falle der Vergabe eines Bauauftrags gem. § 3 Abs. 3 EG VOB/A zulässig, wenn

- die Bearbeitung des Angebotes wegen der **Eigenart der Leistung einen außergewöhnlich hohen Aufwand** erfordert,
- die Leistung nach ihrer **Eigenart nur von einem beschränkten Kreis von Unternehmen in geeigneter Weise ausgeführt** werden kann, besonders wenn außergewöhnliche Zuverlässigkeit oder Leistungsfähigkeit (beispielsweise Erfahrung, technische Einrichtungen oder fachkundige Arbeitskräfte) erforderlich ist,
- ein offenes Verfahren oder nichtoffenes Verfahren **aufgehoben wurde** oder
- das offene Verfahren aus anderen Gründen (z.B. **Dringlichkeit, Geheimhaltung**) unzweckmäßig ist.

137 Im Falle eines Lieferauftrages ist das nichtoffene Verfahren gem. § 3 Abs. 2 EG VOL/A zulässig, wenn

- die Leistung nach ihrer **Eigenart nur von einem bestimmten Kreis von Unternehmen ausgeführt** werden kann,
- das offene Verfahren für den Auftraggeber oder die Bewerber einen **Aufwand** verursachen würden, der zu dem **erreichbaren Vorteil** oder dem **Wert der Leistung im Missverhältnis stehen** würde,
- das offene Verfahren **kein wirtschaftliches Ergebnis** gehabt hat oder
- ein offenes Verfahren **aus anderen Gründen** unzweckmäßig ist.

Im Übrigen gelten die genannten Voraussetzungen des offenen Verfahrens ebenso.[58]

2. Erstellung der Vergabeunterlagen/Ausschreibungsunterlagen

138 In diesem Stadium sind die Vergabeunterlagen/Ausschreibungsunterlagen einschließlich der später zu schließenden Vertragsdokumente zu erstellen.

139 Unter Berücksichtigung des Beschaffungsgegenstandes und der Fristenregelung für das nichtoffene Verfahren in der jeweiligen Vergabeordnung ist zudem ein Zeitplan für die Durchführung des Vergabeverfahrens zu erstellen.

140 Im Übrigen gelten die genannten Voraussetzungen des offenen Verfahrens ebenso.[59]

---

58 Siehe hierzu unter Rn 113 f.

59 Siehe hierzu unter Rn 115 ff.

3. Bekanntmachung

Danach ist die Bekanntmachung entsprechend der Bekanntmachungsmuster zu erstellen und im EU-Amtsblatt zu veröffentlichen. Durch die Bekanntmachung wird eine unbeschränkte Zahl von Unternehmen aufgefordert, einen Antrag auf Teilnahme am nichtoffenen Verfahren zu stellen. In diesem Zusammenhang sind eventuelle Fragen zur Bekanntmachung zu bearbeiten. 141

4. Teilnahmewettbewerb

Im Anschluss hieran sind die eingegangenen Teilnahmeanträge zu prüfen. Der Teilnahmewettbewerb beinhaltet die Eignungsprüfung. Insofern erfolgt die Eignungsprüfung – im Gegensatz zum offenen Verfahren – nicht im Rahmen der Angebotswertung, sondern vor dem Versand der Vergabeunterlagen. Die Frist für den Eingang der Anträge auf Teilnahme beträgt mindestens 37 Kalendertage, gerechnet vom Tag nach Absendung der Bekanntmachung. Aus Gründen der Dringlichkeit – dies sind objektive und sachliche Gründe, die der Auftraggeber nicht verschuldet hat – kann die Frist auf 15 Kalendertage verkürzt werden, § 10 Abs. 2 Nr. 6 lit. a EG VOB/A. Im Bereich der VOL/A ist im Falle einer elektronischen Übermittlung eine Verkürzung sogar auf 10 Kalendertage möglich. 142

Die Höchstzahl der Bewerber, die zur Angebotsabgabe aufgefordert werden, soll in der Bekanntmachung angegeben werden. Sie darf bei Bau-, Liefer- und Dienstleistungsaufträgen nicht unter fünf liegen, § 6 Abs. 2 Nr. 2 S. 1 EG VOB/A, § 3 Abs. 5 S. 3 EG VOL/A. 143

5. Angebotsphase

Nach der Auswahl der Bewerber erfolgt der Versand der Vergabeunterlagen. 144

Die Angebotsfrist beträgt in der Regel mindestens 40 Kalendertage vom Tag der Absendung der Aufforderung zur Angebotsabgabe, § 12 Abs. 5 EG VOL/A bzw. 40 Kalendertage vom Tag nach der Absendung der Aufforderung zur Angebotsabgabe an gerechnet, § 10 Abs. 2 Nr. 3 EG VOB/A. Sofern eine Vorinformation veröffentlicht wurde, kann diese bei Bauaufträgen auf 22 Kalendertage, § 10 Abs. 2 Nr. 4 EG VOB/A und in Fällen besonderer Dringlichkeit auf maximal 10 Kalendertage verkürzt werden, § 10 Abs. 2 Nr. 6 lit. b EG VOB/A. Auch bei Fristverkürzung um fünf Kalendertage im Falle elektronischer Verfügbarkeit der Vergabeunterlagen darf die Gesamtfrist von 10 Kalendertagen nicht unterschreiten. 145

Im Bereich der Liefer- und Dienstleistungen kann die Frist auf 36 Kalendertage ab dem Tag der Absendung der Aufforderung zur Angebotsabgabe verkürzt werden, sofern eine Vorinformation veröffentlicht wurde. Sollte den Bietern zur Angebotserstellung eine angemessene Zeit verbleiben, kann diese Frist noch weiter, und zwar auf 22 Kalendertage, verkürzt werden. In Fällen besonderer Dringlichkeit 146 ist eine Reduktion der Frist auf maximal 10 Kalendertage möglich, § 12 Abs. 5 EG VOL/A.

6. Öffnung der Angebote (Submission)

147 Hinsichtlich der Öffnung der Angebote gelten die für das offene Verfahren beschriebenen Erwägungen.[60]

7. Prüfung und Wertung der Angebote

148 Die im Rahmen der Prüfung und Wertung der Angebote genannten Voraussetzungen des offenen Verfahrens gelten – mit Ausnahme der Ausführungen zur Vollständigkeits- und Eignungsprüfung – ebenso.[61]

8. Information der unterlegenen Bieter unter Einhaltung der Wartefrist gem. § 101a GWB

149 Die genannten Voraussetzungen des offenen Verfahrens gelten ebenso.[62]

9. Zuschlag

150 Nach Ablauf der Frist i.S.d. § 101a GWB wird der Zuschlag erteilt. Die Zuschlagserteilung erfolgt auf das wirtschaftlichste Angebot. Die Zuschlagserteilung ist gleichbedeutend mit dem Vertragsschluss.

10. Bekanntmachung über Auftragserteilung

151 Die genannten Voraussetzungen des offenen Verfahrens gelten ebenso.[63]

III. Verhandlungsverfahren mit vorherigem Teilnahmewettbewerb

152 Das Verhandlungsverfahren mit oder ohne vorherige öffentliche Aufforderung zur Teilnahme ist eine Vergabeart, bei der sich der **Auftraggeber an ausgewählte Unternehmen wendet**, um mit einem oder mehreren über die Auftragsbedingungen zu verhandeln.

---

60 Siehe hierzu unter Rn 123.
61 Siehe hierzu unter Rn 124 ff.
62 Siehe hierzu unter Rn 132.
63 Siehe hierzu unter Rn 134.

1. Strukturierung des Beschaffungsvorhabens

Diese Verfahrensart ist ausnahmsweise nur dann anwendbar, wenn nach § 3 Abs. 4 EG VOB/A 153

- ein offenes Verfahren oder nichtoffenes Verfahren wegen **nicht annehmbarer Gebote aufgehoben** wurde und die ursprünglichen Vertragsunterlagen nicht grundlegend geändert worden sind,
- die betroffenen **Bauvorhaben nur zu Forschungs-, Versuchs- oder Entwicklungszwecken** durchgeführt werden, oder
- im Ausnahmefall die Leistung **nach Art und Umfang** oder wegen der damit **verbundenen Wagnisse** nicht eindeutig und so erschöpfend beschrieben werden kann, dass eine einwandfreie Preisermittlung zwecks Vereinbarung einer festen Vergütung möglich ist.

Im Falle eines Lieferauftrags ist das Verhandlungsverfahren mit vorherigem Teilnahmewettbewerb gem. § 3 Abs. 3 EG VOL/A zulässig, wenn 154

- in einem offenen Verfahren oder einem nichtoffenen Verfahren oder einem wettbewerblichen Dialog **nur Angebote abgegeben worden sind, die ausgeschlossen wurden**, sofern die ursprünglichen Bedingungen des Auftrages nicht grundlegend geändert werden,
- es sich um Aufträge handelt, **die ihrer Natur nach oder wegen der damit verbundenen Risiken** die vorherige Festlegung eines Gesamtpreises nicht zulassen, oder
- die zu erbringenden **Dienstleistungsaufträge nicht hinreichend genau festgelegt** werden können, um den Auftrag durch die Wahl des besten Angebots in Übereinstimmung mit den Vorschriften über offene und nichtoffene Verfahren vergeben zu können insbesondere Dienstleistungen der Kategorie 6 des Anhangs IA).

In der VOF werden Aufträge im Regelfall im Verhandlungsverfahren mit vorherigem Teilnahmewettbewerb vergeben. 155

Im Übrigen gelten die genannten Voraussetzungen des offenen Verfahrens ebenso.[64] 156

2. Erstellung der Vergabeunterlagen/Ausschreibungsunterlagen

In diesem Stadium sind die Vergabeunterlagen/Ausschreibungsunterlagen einschließlich der später zu schließenden Vertragsdokumente zu erstellen. Im Übrigen gelten die genannten Voraussetzungen des offenen Verfahrens.[65] 157

---

64 Siehe hierzu unter Rn 113 f.

65 Siehe hierzu unter Rn 115 ff.

3. Bekanntmachung

158 Im Anschluss hieran ist die Bekanntmachung entsprechend der Bekanntmachungsmuster zu erstellen und im EU-Amtsblatt zu veröffentlichen. Schließlich sind Fragen zu der Bekanntmachung zu bearbeiten. Durch die Bekanntmachung wird eine unbeschränkte Zahl von Unternehmen aufgefordert, einen Antrag auf Teilnahme am Verhandlungsverfahren zu stellen.

4. Teilnahmewettbewerb

159 Im Anschluss hieran sind die eingegangenen Teilnahmeanträge zu prüfen. Insofern gelten die genannten Voraussetzungen des nichtoffenen Verfahrens ebenso.[66]

5. Angebotsphase

160 Nach Auswahl der Bewerber erfolgt der Versand der Vergabeunterlagen.

161 Eine nach Tagen bemessene Angebotsfrist ist weder in der VOB/A noch in der VOL/A oder der VOF enthalten. Die Angebotsfrist muss lediglich angemessen für die Erstellung der Angebote ausgestaltet sein.

6. Verhandlungsphase

162 Im Verhandlungsverfahren mit vorherigem öffentlichem Teilnahmewettbewerb dürfen der öffentliche Auftraggeber und die Bieter über **Angebotsinhalte und Preise verhandeln**. Im Nachgang zu den einzelnen Verhandlungsrunden sind die Bieter – ggf. unter Angabe konkretisierender Verfahrensvorschriften – zur Abgabe weiterer Angebote bzw. eines verbindlichen Angebots aufzufordern.

163 Das Verhandlungsverfahren ist im Unterschied zum offenen und nichtoffenen Verfahren dadurch gekennzeichnet, dass Angebote abgeändert werden dürfen, nachdem sie abgegeben worden sind. Auftraggeber und potenzieller Auftragnehmer können – bei Wahrung der Identität des Beschaffungsvorhabens – über den Auftragsinhalt und die Auftragsbedingungen solange verhandeln, bis klar ist, wie die Leistung konkret beschaffen sein muss und zu welchen Konditionen der Auftragnehmer leistet.[67] Insofern ist es wichtig zu beachten, dass am Ende des Verhandlungsverfahrens nicht etwas anderes beschafft werden darf, als ursprünglich ausgeschrieben.

164 Bei einer ausreichenden Anzahl an geeigneten Bewerbern müssen mindestens drei Bewerber zu Verhandlungen aufgefordert werden. Diese werden mit dem Anschreiben aufgefordert, ein den Bewerbungsbedingungen und den Vertragsunterla-

---

66 Siehe hierzu unter Rn 142f.

67 BGH, Urt. v. 10.9.2009 – VII ZR 255/08 –; OLG Düsseldorf, Beschl. v. 3.8.2011 – Verg 16/11 –.

gen entsprechendes erstes, sog. indikatives (teilweise unverbindliches) Angebot abzugeben. Dieses Angebot bildet die Grundlage für die erste Verhandlungsrunde und unterliegt, sofern weitere Verhandlungsrunden folgen, der weiteren Anpassung analog zur genaueren Beschreibung des Leistungsgegenstandes. Nach Abschluss der Verhandlungen erfolgt die Angebotswertung.

7. Öffnung der Angebote (Submission)

Hinsichtlich der Öffnung der Angebote gelten die genannten Voraussetzungen des offenen Verfahrens ebenso.[68] Dies gilt allerdings nur für die letztverbindlichen Angebote. 165

Die Eröffnung des ersten, sog. indikativen (teilweise unverbindlichen) Angebots sowie weiterer Angebote im Verhandlungsverfahren, die noch kein letztverbindliches Angebot darstellen, erfolgt aus Geheimhaltungsgründen **nicht in Anwesenheit der Bieter**. 166

8. Prüfung und Wertung der Angebote

Die im Rahmen der Prüfung und Wertung der Angebote genannten Voraussetzungen des offenen Verfahrens gelten – mit Ausnahme der Ausführungen zur Vollständigkeits- und Eignungsprüfung – ebenso.[69] 167

9. Information der unterlegenen Bieter unter Einhaltung der Wartefrist gem. § 101a GWB

Zur Information der unterlegenen Bieter unter Einhaltung der Wartefrist gem. § 101a GWB gelten die genannten Voraussetzungen des offenen Verfahrens ebenso.[70] 168

10. Zuschlag

Nach Ablauf der Frist wird i.S.d. § 101a GWB der Zuschlag erteilt. Die Zuschlagserteilung erfolgt auf das wirtschaftlichste Angebot. Die Zuschlagserteilung ist gleichbedeutend mit dem Vertragsschluss. 169

11. Bekanntmachung über Auftragserteilung

Hierzu gelten die genannten Voraussetzungen des offenen Verfahrens ebenso.[71] 170

---

68 Siehe hierzu unter Rn 123.
69 Siehe hierzu unter Rn 128 ff.
70 Siehe hierzu unter Rn 132.

IV. Verhandlungsverfahren ohne vorherigen Teilnahmewettbewerb

171 Das Verhandlungsverfahren ohne vorherigen Teilnahmewettbewerb nach § 3 Abs. 4 EG VOL/A ist gleichbedeutend mit einem Verhandlungsverfahren ohne Vergabebekanntmachung nach § 3 Abs. 5 EG VOB/A und § 3 Abs. 4 VOF.

172 In diesen Fällen wendet sich der Auftraggeber direkt an das von ihm ausgewählte Unternehmen. Aufgrund des Ausnahmecharakters der Verfahrensart ist das Verhandlungsverfahren ohne Teilnahmewettbewerb insbesondere nur in Konstellationen **besonderer (vom Auftraggeber nicht verschuldeter) Dringlichkeit und des Zwangs zur Auftragsvergabe an ein bestimmtes Unternehmen** anwendbar.

173 Das Verhandlungsverfahren ohne vorherigen Teilnahmewettbewerb unterliegt keinen besonderen Verfahrensvorschriften. Allerdings ist neben dem Transparenzgrundsatz, der zu einer nachvollziehbaren Auswahl der Unternehmen verpflichtet,[72] die Vorgabe zu beachten, dass möglichst immer mindestens drei Unternehmen zur Abgabe eines indikativen Angebots aufgefordert werden sollen.

F. Vergaberechtsschutz

174 Das System des vergaberechtlichen Rechtsschutzes ist zweigeteilt. Ab Erreichen der Schwellenwerte wird interessierten Unternehmen sog. **primärrechtlicher Rechtsschutz** gewährt. Dieser ist dadurch gekennzeichnet, dass interessierten Unternehmen Rechte gewährt werden, ein laufendes Vergabeverfahren überprüfen zu lassen und das eigene Interesse auf Erhalt des Zuschlags vor speziellen vergaberechtlichen Nachprüfungsinstanzen durchzusetzen. Der vergaberechtliche Primärrechtsschutz ist in §§ 107 ff. GWB normiert.

175 Der sog. **sekundärrechtliche Rechtsschutz** beschreibt die Ansprüche der Bieter auf Ersatz der Schäden, die ihnen durch Vergaberechtsverstöße des Auftraggebers entstanden und nicht auf Erhalt des Auftrags im eigentlichen Sinn gerichtet sind.

176 Unterhalb der Schwellenwerte steht den interessierten Unternehmen grundsätzlich kein Anspruch auf Einhaltung vergaberechtlicher Regelungen zu. Etwaige Ansprüche sind grundsätzlich auf die Wahrung des Gleichbehandlungsgrundsatzes beschränkt, der vor den Zivilgerichten geltend zu machen ist. Ein Primärrechtsschutz ist dabei nur in minimaler Form möglich, da die interessierten Unternehmen mangels einer Bekanntmachungspflicht über die beabsichtigte Vergabe selten vor der Erteilung des Zuschlags von der Nichtberücksichtigung ihres Angebots erfahren.[73]

---

71 Siehe hierzu unter Rn 134.
72 Ziekow/Völlink/*Antweiler*, § 101 GWB Rn 31.
73 Ziekow/Völlink/*Ziekow*, vor § 102 GWB Rn 16.

Kapitel 5
Vertragsrechtliche Besonderheiten

Unabhängig von der Ausgestaltung der Beziehungen zwischen Gemeinde und Straßenbeleuchtungsunternehmen im Einzelnen ist eine vertragliche Festlegung der gegenseitigen Rechte und Pflichten aufgrund der Komplexität der Straßenbeleuchtung und der regelmäßig längeren Vertragsdauer erforderlich. Die wichtigsten Regelungsgegenstände sind im Folgenden dargestellt, wobei insbesondere im Hinblick auf die Vielzahl der möglichen Betriebsmodelle kein Anspruch auf Vollständigkeit besteht. 1

A. Vertragliche Grundstrukturen

Zwischen der Gemeinde und dem Straßenbeleuchtungsunternehmen sind abhängig vom gewählten Betriebsmodell im Wesentlichen Regelungen zu den folgenden Punkten zu treffen: 2

- Leistungsumfang, ggf.
  - Instandhaltung, Wartung und Instandsetzung,
  - Erneuerung,
  - Neubau, Umbau, Rückbau,
  - Stromlieferung,
- Entgelt,
- Haftung,
- Laufzeit,
- ggf. Endschaftsbestimmung.

Bei der Ausgestaltung kommt es im Einzelnen darauf an, ob es sich um einen reinen Wartungsvertrag handelt, in dessen Rahmen das Unternehmen sich lediglich zur Instandhaltung der Anlagen verpflichtet, oder ob das Unternehmen auch die Erneuerung von bestehenden Anlagen und ggf. auch die Errichtung neuer Anlagen übernimmt. Dies hängt wiederum u.a. von förder- und abgaberechtlichen Aspekten ab. 3

Handelt es sich bei dem Unternehmen zugleich um ein Versorgungsunternehmen, kann auch die Lieferung des für die Beleuchtung notwendigen Stroms (oder in Einzelfällen auch Gases) Gegenstand des Vertrags sein. Häufig trifft man aber auch eine Gestaltung an, in der das Unternehmen nicht Instandhaltung, Erneuerung, Errichtung und ggf. Stromlieferung im Einzelnen, sondern die „Beleuchtung" als solche im Ganzen zusagt (sog. Beleuchtungs- oder Lichtcontracting). In diesen Fällen findet keine Energielieferung an die Gemeinde statt, sondern das Unternehmen stellt der Gemeinde unter Einhaltung festgelegter Regeln die „beleuchtete Straße" zur Verfügung. 4

In diesem Zusammenhang ebenfalls zu regeln ist die Eigentumsfrage an den Straßenbeleuchtungsanlagen. Dieses kann sowohl bei der Gemeinde als auch – in 5 vielen Fällen aufgrund der historischen Verbindung des Straßenbeleuchtungsvertrags mit dem Stromkonzessionsvertrag – beim Unternehmen liegen. Auch diesbezüglich spielen förder- und abgaberechtliche Aspekte eine wichtige Rolle. Befinden sich die Anlagen im Eigentum des Unternehmens oder soll dieses neue Anlagen in seinem Eigentum errichten, empfiehlt es sich, eine Endschaftsbestimmung in den Vertrag aufzunehmen, die den Verbleib des Eigentums und etwaige Ablösesummen hierfür bei Vertragsende festlegt.

6 Der Leistungsumfang findet sich spiegelbildlich auch in der Entgeltvereinbarung wieder. So enthalten reine Wartungsverträge sowohl aufwandsbezogene Entgeltregelungen als auch Pauschalen, die Stromlieferung wird in der Regel verbrauchsabhängig abgerechnet. Bei einem umfassenden Beleuchtungscontracting hingegen wird der Gemeinde in der Regel nur eine Pauschale in Rechnung gestellt, die alle regelmäßig zu erbringenden Leistungen und den Strombezug mit umfasst.

7 Die Laufzeit von Straßenbeleuchtungsverträgen ist historisch zumeist an die Laufzeit des parallel abgeschlossenen Stromkonzessionsvertrags gebunden gewesen. Bei einer etwaigen separaten Ausschreibung fällt eine solche Bindung fort. Eine Laufzeit von bis zu 20 Jahren kann heute unter Umständen auch aus vergaberechtlichen Gründen problematisch sein,[1] andererseits besteht bei bestimmten Betriebsmodellen (z.B. beim Einsparcontracting) der Bedarf nach einer langen Laufzeit, um die Amortisation der Investitionen des Unternehmens zu gewährleisten.

8 Abhängig von der Laufzeit sollte eine Preisanpassungsklausel vereinbart werden, die dem Unternehmen die Möglichkeit gibt, Kostensteigerungen an die Gemeinde weiterzugeben. Gerade bei langen Laufzeiten könnte eine festvereinbarte Pauschale sonst unwirtschaftlich werden und schwierige Nachverhandlungen nach sich ziehen.

9 Die Sicherstellung der Verkehrssicherheit auf öffentlichen Wegen und Straßen ist Aufgabe der Gemeinde, insofern ergibt sich hieraus unter bestimmten Umständen eine Haftung. Eine vollständige Übertragung dieser Verantwortung auf das Unternehmen ist zwar nicht möglich, jedoch kommt je nach Umfang und Ausgestaltung des Betriebs der Straßenbeleuchtung durch das Unternehmen eine Freistellung der Gemeinde in Betracht.

B. Vertragsrisiken und Risikozuordnung

10 Der Betrieb der Straßenbeleuchtung berührt mehrere Risiko- und Verantwortungsbereiche, die entweder der Gemeinde oder dem Unternehmen zugeordnet werden können bzw. zugeordnet sind.

1 Kap. 4 Rn 64 ff.

So ist das Risiko der ausreichenden Beleuchtung im Hinblick auf die Verkehrssicherheit grundsätzlich der Gemeinde als Trägerin der Straßenbaulast zuzuordnen. Soweit das Unternehmen auf die Ausgestaltung der Beleuchtung aber Einfluss nimmt, kann das Risiko im Wege der Freistellung der Gemeinde schuldrechtlich auch zum Teil dem Unternehmen zugeordnet werden. 11

Das wirtschaftliche Risiko beim Betrieb der Straßenbeleuchtungsanlagen kann abhängig von der Verantwortung jeder Seite aufgeteilt werden. Dies spiegelt sich zumeist in der Ausgestaltung des Entgelts für das Unternehmen wider. Bei einem aufwandsbezogenen Entgelt wird das Risiko weitgehend auf die Gemeinde verlagert, während Pauschalen das Risiko zwischen Gemeinde und Unternehmer aufteilen. Im Bereich des Einsparcontractings geht mit dem unternehmerischen Risiko gleichzeitig auch die Chance für den Betreiber einher, durch vorzeitige Investitionen seinen Gewinn aus den Einsparungen zu steigern. In der Regel trägt der Contractor dafür jedoch auch das Risiko der Energiepreisentwicklung, soweit dieses nicht durch eine entsprechende Preisgleitklausel abgemildert wird. 12

Das Risiko des zufälligen Untergangs einzelner Straßenbeleuchtungsanlagen liegt in der Regel – auch bei einem umfassenden Beleuchtungscontracting – aufseiten der Gemeinde, da eine Pauschalierung dieses Risikos nicht unerhebliche Wagniszuschläge bedingen würde, die die Besorgung der Straßenbeleuchtung durch einen Dritten für die Gemeinde unattraktiv machen würde. 13

C. Begriffsdefinitionen

Um die Verantwortlichkeiten der Vertragspartner zueinander abzugrenzen und um Missverständnisse über die Aufgaben des Straßenbeleuchtungsunternehmens zu vermeiden, empfiehlt es sich, in den Beleuchtungsvertrag Begriffsdefinitionen zu den wichtigsten Bestandteilen der Straßenbeleuchtungsanlage aufzunehmen. 14

Nach allgemeiner Auffassung wird die Straßenbeleuchtungsanlage in drei Bestandteile unterteilt: 15

- die eigentliche Leuchte,
- das Trägersystem und
- die Versorgungsanlagen.

Als Leuchte oder Laterne wird das Gehäuse bezeichnet, in dem sich das eigentliche Leuchtmittel sowie etwaige erforderliche weitere Betriebsgeräte und optische Systeme befinden. Zu den Leuchtmitteln wiederum gehören z.B. Glühlampen, Gasentladungslampen, Leuchtdioden, aber auch Leuchtfeuer bei Gaslaternen. 16

Das Trägersystem bezeichnet in der Regel den Mast, auf dem die Leuchte befestigt ist. Gelegentlich werden Leuchten aber auch an quer über die Straße gespannten Seilen oder Hauswänden mittels Auslegern befestigt. 17

18 Zu den erforderlichen Versorgungsanlagen gehören je nach örtlicher Gestaltung das zum örtlichen Stromverteilnetz separate Straßenbeleuchtungsnetz bzw. die separaten Straßenbeleuchtungskabel sowie zugehörige Schaltkästen. In den wenigen Städten mit Gasbeleuchtung treten die entsprechenden Gasversorgungsanlagen an deren Stelle.

19 Weitere Begriffsdefinitionen können in Abhängigkeit von der konkreten Ausgestaltung des Vertrags sinnvoll sein.

Klauselmuster

Die Straßenbeleuchtungsanlagen im Sinne dieses Vertrags bestehen aus Straßenbeleuchtungsnetz und Leuchtstellen, die ausschließlich der Beleuchtung der öffentlichen Verkehrswege wie Straßen, Wege und Plätze dienen. Die Leuchtstelle besteht im Regelfall aus Leuchtenträger (z.B. Mast), Leuchte, Lampe und elektrischer Ausrüstung.

D. Instandhaltung, Wartung & Instandsetzung, Erneuerung, Neubau, Umbau, Rückbau

20 Einer der wesentlichen Unterschiede zwischen den verschiedenen Betriebsmodellen ist die Verantwortung für die Maßnahmen der Instandhaltung auf der einen und Aufgaben der Erneuerung, des Neubaus, Umbaus und ggf. auch Rückbaus auf der anderen Seite.

21 Instandhaltung umfasst nach klassischer Definition die Wartung, die Inspektion, die Instandsetzung sowie die Verbesserung (DIN 31051). Danach fallen unter Wartung alle Maßnahmen zur Verzögerung des Abbaus des vorhandenen Abnutzungsvorrats. Zur Gewährleistung der Zielerreichung sind diese Maßnahmen in regelmäßigem Abstand durchzuführen. Die Wartung ist daher klassischer Bestandteil von Straßenbeleuchtungsverträgen genauso wie die Inspektion, d.h. die systematische Überprüfung der Anlagen zur Beurteilung ihres Zustands.

22 Ebenfalls in der Regel zum klassischen Straßenbeleuchtungsvertrag gehörend ist die Instandsetzung, also die Wiederversetzung einer defekten Anlage in einen funktionsfähigen Zustand. Solche Reparaturmaßnahmen können im Einzelfall aber auch separat geregelt sein und werden je nach Umfang auch neben einer etwaigen Pauschale vergütet. Anders verhält es sich mit dem Aspekt der Verbesserung. Dieser ist nicht zwangsläufig Gegenstand klassischer Straßenbeleuchtungsverträge, da hiervon solche Maßnahmen umfasst sind, die der Erhöhung der Funktionssicherheit der Anlage dienen, ohne ihre Funktion zu verändern. Da derartige Maßnahmen unter Umständen zusätzliche Investitionen erforderlich machen, sind Verbesserungen in der Regel von Pauschalen nicht umfasst und bedürfen der gesonderten Beauftragung oder jedenfalls Zustimmung der Gemeinde.

23 Insbesondere aufgrund der förder- und abgaberechtlichen Vorgaben sind der Neubau und die Erneuerung von Straßenbeleuchtungsanlagen klassischerweise

nicht Gegenstand des Straßenbeleuchtungsvertrags, sondern wird von den Gemeinden, wenn auch mit Fremdunternehmern, auf eigene Rechnung durchgeführt, da in der Regel Fördermittel oder Anliegerbeiträge ansonsten nicht in Anspruch genommen werden können.[2]

Hierfür gilt es in Fällen eines Contractings (unabhängig, ob „Licht-“ oder „Einspar-“) Lösungen zu finden, da bei diesen Modellen regelmäßig der Contractor für die Errichtung neuer und die Erneuerung bestehender Anlagen verantwortlich ist und insbesondere beim Einsparcontracting hieraus gerade seinen wirtschaftlichen Vorteil erzielt. Bei diesem erneuert und (in der Regel) betreibt der Unternehmer die bestehenden Straßenbeleuchtungsanlagen dergestalt, dass gegenüber dem bisherigen Zustand eine deutliche Energieeinsparung erreicht wird. Diese kommt zum einen der Gemeinde zugute, zum anderen erwirtschaftet der Contractor hieraus aber auch seine Aufwendungen und seinen Gewinn über die Laufzeit des Vertrages. 24

Entsprechendes dürfte auch für die Aufgabe des Umbaus gelten. Gerade hier stehen der Straßenbeleuchtung aufgrund der europarechtlichen Vorgaben und der technischen Weiterentwicklung größere Umbrüche bevor,[3] die einen erheblichen Investitionsbedarf mit sich bringen und ggf. Contracting-Lösungen attraktiv machen. 25

Der Rückbau bestehender Straßenbeleuchtungsanlagen ist nicht Bestandteil klassischer Verträge und kommt auch in der Praxis eher selten vor. Sofern ein solcher Rückbau im Einzelfall erforderlich wird, werden entsprechende Aufträge für den jeweiligen Einzelfall vergeben. Bei einem umfassenden Beleuchtungscontracting könnte aber grundsätzlich auch der Rückbau von Anlagen mitberücksichtigt werden. 26

E. Dokumentationsvorgaben

Eine aussagekräftige und systematisch gepflegte Dokumentation ist sowohl für die Gemeinde als Auftraggeberin als auch für das beauftragte Unternehmen untere mehreren Gesichtspunkten wichtig: Zum einen erlaubt eine Bestandsdokumentation einen Überblick über die vorhandenen Anlagen und deren Alter und lässt damit Rückschlüsse auf einen anstehenden Erneuerungs- und Investitionsbedarf zu. Zum anderen dient sie aber auch als Leistungsnachweis des Unternehmens, soweit es auch für die Erneuerung von Anlagen zuständig ist. 27

Weitere erforderliche Dokumentationen umfassen die an Anlagen aufgetretenen Störungen und Beschädigungen, die Hinweise geben können für etwaige Änderungen der Wartungs- und Inspektionszyklen sowie ebenfalls auf etwaig erforderliche 28

2 Kap. 3 Rn 69 ff.
3 Kap. 1 Rn 13 ff., 28 ff.

Investitionen. Als Leistungsnachweis des Unternehmens und zur Planung entsprechender Maßnahmen für die Zukunft ist darüber hinaus die Dokumentation der einzelnen durch das Unternehmen ergriffenen Maßnahmen sinnvoll, jedenfalls soweit sie über die regelmäßigen geplanten Maßnahmen hinausgehen. Schließlich ist, insbesondere im Rahmen eines Einparcontractings, auch eine Dokumentation der Veränderungen des Energieverbrauchs sinnvoll.

29 Die vorgenannten Dokumentationen sind daher sowohl für die Gemeinde als auch den Unternehmer erheblich. Je nach Ausgestaltung und Umfang des Straßenbeleuchtungsvertrags sind die Dokumentationen der Gemeinde daher entweder regelmäßig zur Verfügung zu stellen oder jedenfalls, wenn z.B. im Rahmen eines Beleuchtungscontractings der Contractor die weitgehende Verantwortung und Entscheidungsbefugnis trägt, zum Ende des Vertrags und in der Zwischenzeit zur Kontrolle auf Verlangen der Gemeinde zu übergeben.

Klauelmuster

„(1) Der Betreiber erstellt und führt eine Bestandsdokumentation der Straßenbeleuchtung in eindeutiger, für fremde Dritte nachvollziehbarer Form. Diese beinhaltet:

- *jeweiliger Standort der Straßenbeleuchtungsanlagen mit Straßenbezeichnung,*
- *Leuchten: Typ, Hersteller, Wattage, Baujahr, Leuchtmittel, letzter Lampenwechsel,*
- *Maste: Bauart, Lichtpunkthöhe, Zopfdurchmesser, Material, Korrosionsschutz, Baujahr, Farbgebung, letzter Korrosionsschutz,*
- *Schaltanlagen: Angeschlossene Stromkreise, Anzahl Absicherungen, Baujahr,*
- *Kabel: Querschnitt, Baujahr.*

(2) Des Weiteren sind bekanntgewordene Störungen und/oder Beschädigungen zu erfassen.
(3) Innerhalb von drei Monaten nach Ablauf eines jeden Kalenderjahrs wird der Betreiber der Gemeinde eine Aufstellung über die im abgelaufenen Kalenderjahr im Rahmen von Erneuerungen und Erweiterungen durchgeführten Maßnahmen und Investitionen übergeben.
(4) Bei Vertragsende sind oben genannte Dokumentationen an die Gemeinde zu übergeben. Die Gemeinde kann auch während der Vertragslaufzeit, jedoch höchstens einmal jährlich, eine Kopie der oben genannten Dokumentationen verlangen."

F. Haftung

30 Als Trägerin der Straßenbaulast der meisten örtlichen Verkehrswege ist die Gemeinde für deren Zustand verantwortlich und hat grundsätzlich für deren Verkehrssicherheit Sorge zu tragen. Die entsprechenden Regelungen finden sich in den jeweiligen Landesstraßen- und -wegegesetzen.

Beispiel

§ 9 Abs. 1 StrWG NRW:

„Die Straßenbaulast umfasst alle mit dem Bau und der Unterhaltung zusammenhängenden Aufgaben. Die Träger der Straßenbaulast haben nach ihrer Leistungsfähigkeit die Straßen in einem dem

regelmäßigen Verkehrsbedürfnis genügenden Zustand zu bauen, um- und auszubauen, zu erweitern oder sonst zu verbessern sowie zu unterhalten. Soweit sie hierzu unter Berücksichtigung ihrer Leistungsfähigkeit außerstande sind, haben sie auf den nicht verkehrssicheren Zustand vorbehaltlich anderweitiger Anordnungen der Straßenverkehrsbehörden durch Verkehrszeichen oder Verkehrseinrichtungen hinzuweisen."

§9a Abs. 1, 2 StrWG NRW:

„(1) Die mit dem Bau und der Unterhaltung der öffentlichen Straßen einschließlich der Bundesfernstraßen zusammenhängenden Aufgaben obliegen den Bediensteten der damit befassten Körperschaften als Amtspflichten in Ausübung hoheitlicher Tätigkeit. Das Gleiche gilt für die Erhaltung der Verkehrssicherheit.

(2) Die Straßen sind so herzustellen und zu unterhalten, dass sie den Erfordernissen der Sicherheit und Ordnung genügen. [...] Die Straßenbaubehörde trägt die Verantwortung dafür, dass die öffentlich-rechtlichen Vorschriften eingehalten und die sicherheitstechnischen Erfordernisse erfüllt werden."

Umfang und Grenzen der sich hieraus ergebenden Haftung der Gemeinde bei Verletzungen der Verkehrssicherungspflicht sind durch die Gerichte entwickelt worden. 31

Beispiel

OLG Hamm, Urteil vom 17. Januar 2006, Az. 9 U 102/05:

„Die Gemeinde verletzt ihre Verkehrssicherungspflicht, wenn die zeitweilige Abschaltung der Straßenbeleuchtung aus Gründen der Ersparnis dazu führt, dass Pflanzkübel auf dem Gehweg, die verkehrstechnische Aufgaben oder dekorative Zwecke erfüllen sollen, für Fußgänger des Nachts nicht mehr hinreichend erkennbar sind und deshalb eine Verletzungsgefahr darstellen.

Aus den Gründen:

[...] Die Beklagte haftet der Klägerin aus §839 Abs.1 BGB i.V.m. §9, 9a StrWG NRW, Art. 34 GG für die Folgen des Unfalls vom 20. Oktober 2003. Der Senat teilt nicht die Auffassung des Landgerichts, dass der Sturz der Klägerin nicht auf einer Verletzung der Verkehrssicherungspflicht durch die Beklagte beruhe.

Bei der Beurteilung des Sachverhalts ist auf den auch vom BGH anerkannten Grundsatz abzustellen, dass der Verkehrssicherungspflichtige solche Gefahrenquellen zu beseitigen bzw. vor ihnen zu warnen hat, die für die Verkehrsteilnehmer trotz Anwendung der von ihnen zu erwartenden Eigensorgfalt nicht rechtzeitig erkennbar sind oder auf die sie sich nicht rechtzeitig einzustellen vermögen (BGH VersRl979, 1055). Dabei ist ein generell abstrakter Maßstab, d.h. unter Einbeziehung der denkbar ungünstigsten Wahrnehmungsbedingungen anzulegen, da der Verkehrssicherungspflichtige auch für diese möglichen Situationen Vorsorge treffen muss.

Dabei muss insbesondere auch die Möglichkeit in Rechnung gestellt werden, dass ein Fußgänger den auf dem Gehweg an der ursprünglichen Stelle unmittelbar neben der Fahrbahn aufgestellten nur 60 cm (nach Angaben der Beklagten sogar nur 45 cm) hohen Pflanzkübel bei Dunkelheit und fehlender Beleuchtung nicht rechtzeitig erkennt, und zwar sowohl beim Gehen auf dem Gehweg entlang der Straße als auch beim Überqueren der Straße. Ist eine Gefahrenquelle vom Verkehrssicherungspflichtigen selbst geschaffen worden, so ist an die Sicherungspflicht ein besonders strenger Maßstab anzulegen (Urt. des Senats vom 19.7.1996 – 9 LJ 108/96, NJW 1997, 749 = MDR 1996, 1131 = ZfS 1996, 442). Zu den der Beklagten in Erfüllung ihrer nach § 9, 9a, 47 StrWG NRW als Amtspflicht obliegenden Aufgaben als Trägerin der Straßenbaulast gehört daher auch die Verpflichtung, keine verkehrsgefährdenden Hindernisse zu errichten. Weil jedes auf dem Weg befindliche Hindernis eine Gefahrenquelle darstellen kann, sind Wege von Hindernissen möglichst freizuhalten (Urt.

des Senats vom 9.11.2001 – 9 U 252/98, MDR 2002, 643 für den Fall des Aufstellens eines Sperrpfostens auf einem Fuß- und Radweg neben der Fahrbahn). Lässt sich das Errichten eines Hindernisses auf einem Gehweg nicht vermeiden oder ist es im Einzelfall aus verkehrstechnischen Gründen sogar geboten, dann muss das Hindernis für die Benutzer des Weges rechtzeitig erkennbar sein, weil sie gewöhnlich mit einem derartigen Hindernis nicht rechnen müssen.
Daran ändert auch der Umstand nichts, dass Pflanzgefäße wie der Kübel im vorliegenden Fall nicht selten im Verkehrsraum zu Dekorations- bzw. Verkehrsberuhigungszwecken aufgestellt werden. Sie sind weder notwendiger Bestandteil von Fahrbahnen bzw. Gehwegen noch sind sie auch im innerstädtischen Bereich so häufig, dass die Passanten überall mit ihnen rechnen müssen. Solange bei Dunkelheit die Straßenbeleuchtung eingeschaltet war, war die Gefahrenstelle hinreichend gesichert. Durch das Ausschalten der Straßenbeleuchtung hat die Beklagte ihre Sicherungspflicht verletzt. Dies war ursächlich für den Unfall der Klägerin, da diese den Kübel aufgrund der schlechten Sichtverhältnisse nicht erkannt hat und zu Fall gekommen ist. Der Umstand, dass sich der Kübel nicht an seinem ursprünglichen Platz befand, sondern womöglich von Dritten in die Mitte des Gehweges gerückt worden war, ändert hieran nichts, da hierdurch die bestehende generelle Gefahrensituation allenfalls erhöht, aber nicht erst geschaffen worden ist. […]"

Beispiel
BGH Urteil vom 21. Dezember 1961 Az. III ZR 152/60:
„Orientierungssatz: Die Stadtgemeinde, die es unterlässt eine nachts abgeschaltete Straßenlaterne entsprechend zu kennzeichnen, schafft eine Gefahrenlage und haftet für einen daraus entstandenen Unfall aufgrund der Mitursächlichkeit der von ihr zu vertretenden Verkehrssicherungspflichtverletzung."

---

32 Ihre Grenzen findet die Verkehrssicherungspflicht dort, wenn nach herrschender Verkehrsauffassung diejenigen Sicherungsmaßnahmen getroffen worden sind, die ein verständiger Verkehrsteilnehmer für ausreichend erachten muss, um andere Personen vor Schäden zu bewahren.

Beispiel
BGH-Urteil vom 6. Februar 2007, Az. VI ZR 274/05:
„[…] Nach ständiger Rechtsprechung des BGH ist derjenige, der eine Gefahrenlage – gleich welcher Art – schafft, grundsätzlich verpflichtet, die notwendigen und zumutbaren Vorkehrungen zu treffen, um eine Schädigung anderer möglichst zu verhindern (vgl. etwa Senat, NJW 1990, 1236 = VersR 1990, 498 [499]; NJW-RR 2002, 525 = VersR 2002, 247 [248]; NJW-RR 2003, 1459 = VersR 2003, 1319; NJW-RR 2005, 251 = VersR 2005, 279 [280]; NJW 2006, 610 = VersR 2006, 233 [234] – jew. mw. Nachw.). Die rechtlich gebotene Verkehrssicherung umfasst diejenigen Maßnahmen, die ein umsichtiger und verständiger, in vernünftigen Grenzen vorsichtiger Mensch für notwendig und ausreichend hält, um andere vor Schäden zu bewahren. Sie kann sich auch auf Gefahren erstrecken, die erst durch den unerlaubten und schuldhaften Eingriff eines Dritten entstehen (vgl. Senat, VersR 1976, 149 [150]; NJW 1990, 1236 = VersR 1990, 498).
Zu berücksichtigen ist jedoch, dass nicht jeder abstrakten Gefahr vorbeugend begegnet werden kann. Ein allgemeines Verbot, andere nicht zu gefährden, wäre utopisch. Eine Verkehrssicherung, die jede Schädigung ausschließt, ist im praktischen Leben nicht erreichbar. Haftungsbegründend wird eine Gefahr daher erst dann, wenn sich für ein sachkundiges Urteil die naheliegende Möglichkeit ergibt, dass Rechtsgüter anderer verletzt werden (vgl. Senat, NJW 2006, 610 m.w. Nachw.). Des-

halb muss nicht für alle denkbaren Möglichkeiten eines Schadenseintritts Vorsorge getroffen werden. Es sind vielmehr nur die Vorkehrungen zu treffen, die geeignet sind, die Schädigung anderer tunlichst abzuwenden (vgl. Senat, MDR 1979, 216 = VersR 1978, 1163 [1165]; NJW-RR 2003, 1459; NJW 2006, 610 = VersR 2006, 233). Der im Verkehr erforderlichen Sorgfalt (27611 BGB) ist genügt, wenn im Ergebnis derjenige Sicherheitsgrad erreicht ist, den die in dem entsprechenden Bereich herrschende Verkehrsauffassung für erforderlich hält (vgl. Senat, VersR 1972, 559 [560]; NJW-RR 2003, 1459 = VersR 2003, 1319; NJW 2006, 610 = VersR 2006, 233). Daher reicht es anerkanntermaßen aus, diejenigen Sicherheitsvorkehrungen zu treffen, die ein verständiger, umsichtiger, vorsichtiger und gewissenhafter Angehöriger der betroffenen Verkehrskreise – hier: der Verkehrsteilnehmer – für ausreichend halten darf, um andere Personen […] vor Schäden zu bewahren, und die ihm den Umständen nach zuzumuten sind (vgl. Senat, VersR 1963, 532; VersR 1967, 801; NJW-RR 2002, 525 = VersR 2002, 247; NJW-RR 2003, 1459 = VersR 2003, 1319; NJW 2006, 610 = VersR 2006, 233; NJW 2006, 2326 = VersR 2006, 1083). […]“

Abhängig vom Umfang der vom Unternehmen übernommenen Verantwortung für 33
die Straßenbeleuchtung ist daher auch die Haftungsverteilung im Hinblick auf die Verkehrssicherungspflicht zwischen Gemeinde und Unternehmen zu gestalten.

Dabei ist eine vollständige Übernahme der Verkehrssicherungspflicht der Ge- 34
meinde seitens des Unternehmens nicht möglich, jedoch kann eine weitgehende Freistellung der Gemeinde im Innenverhältnis erfolgen. Eine solche Freistellung erfordert eine Kausalität zum Betrieb der Straßenbeleuchtung durch das Unternehmen und ggf. eine schuldhafte Abweichung von zwischen der Gemeinde und dem Unternehmen vereinbarten Standards beim Betrieb der Straßenbeleuchtung. Eine detaillierte Beschreibung der einzuhaltenden Standards ist daher auch im Hinblick auf die Haftungsverteilung wichtig.

Darüber hinaus kann auch die Haftung zwischen Gemeinde und Unternehmen 35
im Rahmen des Straßenbeleuchtungsbetriebs z.B. auf Vorsatz und grobe Fahrlässigkeit beschränkt werden. Eine solche Beschränkung ist im Hinblick auf Dritte nicht möglich, da es sich dabei ansonsten um einen unzulässigen Vertrag zulasten Dritter handeln würde.

Da die Gemeinde primär verantwortlich für die Verkehrssicherheit bleibt, be- 36
steht ein hohes Interesse an einer ausreichenden Absicherung eines Schadensfalls. Zu diesem Zweck empfiehlt sich, das Unternehmen zum Abschluss einer ausreichenden Haftpflichtversicherung sowie zum Nachweis des Bestands derselben zu verpflichten.

Klauselmuster

„(1) Für alle Schäden, die der Gemeinde oder Dritten bei der Errichtung, der Unterhaltung und dem Betrieb der Straßenbeleuchtungsanlagen nach Maßgabe dieses Vertrages durch den Betreiber zugefügt werden, haftet der Betreiber nach den gesetzlichen Bestimmungen.

(2) Wird die Gemeinde von Dritten wegen Schäden in Anspruch genommen, die darauf beruhen, dass der Betreiber in diesem Vertrag übernommene Verpflichtungen verletzt hat, so stellt der Betreiber die Gemeinde von diesen Ansprüchen insoweit frei. Die Gemeinde wird den Betreiber umgehend unterrichten, wenn gegen sie entsprechende Ansprüche erhoben werden.

(3) Der Betreiber hat sein Haftpflichtwagnis ausreichend zu versichern und auf Anforderung durch die Gemeinde das Bestehen dieser Versicherung nachzuweisen.
[ggf.: Die Mitgliedschaft im Kommunalen Schadensausgleich westdeutscher Städte gilt als ausreichende Versicherung in diesem Sinne.]"

G. Preis- und Preisgleitklauseln, Preisindizes

37 Als Gegenleistung für den Betrieb sowie ggf. auch Errichtung und Erneuerung der Straßenbeleuchtungsanlagen und/oder Beschaffung der erforderlichen Energie erhält das Unternehmen entweder ein aufwandsbezogenes Entgelt oder eine regelmäßige, meist jährliche Pauschale. Häufig enthält das Straßenbeleuchtungsentgelt aber auch sowohl aufwandsbezogene als auch pauschale Anteile für einzelne Leistungsanteile.

38 Wartungs- und Inspektionsmaßnahmen werden in der Regel mit einer Pauchale abgegolten, bei Instandsetzungsmaßnahmen wird hingegen häufig nach Art und Umfang der erforderlichen Maßnahmen unterschieden, sodass z.B. die Beseitigung von Schäden infolge von Vandalismus aufwandsbezogen zu ersetzen sind, während Ermüdungsschäden ebenfalls gegen ein pauschaliertes Entgelt zu beseitigen sind.

39 Während der Aufwand für den Energiebezug im klassischen Straßenbeleuchtungsvertrag aufwandsbezogen meist 1:1 zum Bezugspreis an die Gemeinde weitergeben wird, besteht der Reiz des Einsparcontractings gerade darin, dass Gemeinde und Contractor hierfür eine Pauschale auf der Grundlage des bisherigen und des im Rahmen des Betriebs langfristig angestrebten Verbrauchs vereinbaren. Ziel ist es, dass der Contractor nunmehr frühzeitig stärker investiert und damit höhere Einsparungen erzielt. Die Differenz stellt in diesem Fall ganz oder zum Teil den Gewinn des Contractors dar.

40 Übernimmt das Unternehmen ein Beleuchtungscontracting und ggf. auch das Eigentum an den Straßenbeleuchtungsanlagen, wird in der Regel eine umfassende Pauschale vereinbart, die neben den Aufwendungen für die Instandhaltung und den Energiebezug auch geplante Investitionen im Hinblick auf Erneuerungen mitabdeckt.

41 Werden Pauschalen über einen Zeitraum von mehreren Jahren vereinbart, so sollten diese mithilfe von Preisgleitklauseln an die Entwicklung der Preise für die einzelnen Bestandteile der Pauschale gekoppelt werden, sodass die Pauschalen auch im Vertragsverlauf weiterhin für das Unternehmen auskömmlich bleiben. Das hier dargestellte Klauselmuster stellt eine entsprechende Klausel für ein Beleuchtungscontracting dar, in dem das Unternehmen die Verantwortung für Betrieb, Energiebezug und Erneuerung sowie die Umrüstung übernommen hat.

42 Eine detaillierte Darstellung des Themas Preis- und Preisgleitklauseln erfolgt in Kap. 6 Rn 119.

Klauselmuster

„(1) Die Gemeinde zahlt dem Betreiber für Betrieb (einschließlich Energiekosten), Instandhaltung und Erneuerung der Straßenbeleuchtungsanlagen eine monatliche Pauschale in Höhe von

... €/Leuchte für das Jahr ...
(Stand zum Vertragsbeginn).

Mit dieser Pauschale sind alle anfallenden Kosten für Betrieb, Instandhaltung und Erneuerung gemäß der Betriebsweise bei Beginn des Straßenbeleuchtungsvertrages abgegolten.
(2) Die Pauschale gem. Ziff. 1 ändert sich gemäß folgender Preisanpassungsklausel:

$$P = P_0 \cdot \left(a \cdot \frac{A_0}{A} + b \cdot \frac{S}{S_0} + c \cdot \frac{I}{I_0} + d \cdot \frac{Z}{Z_0} + e \cdot \frac{L}{L_0} \right)$$

$(a + b + c + d + e) = 1$

In der Formel bedeuten:
P_0: Ausgangswert der Pauschale gem. Ziff. 1
A: Anzahl der Leuchten
A_0: Anzahl der Leuchten (Stand zum Vertragsbeginn A_0 = ...)
S: Strompreis nach ... Zur Ermittlung wird ein Verbrauch von ... kWh/a zugrunde gelegt. Dieser Wert beträgt (Preisstand zum Vertragsbeginn) S_0 = ... ct/kWh einschließlich Belastungen aus Netzentgelten, Mess- und Abrechnungsentgelten, EEG, KWK und Stromsteuer (z.Z. ... ct/kWh) ohne Umsatzsteuer.
I: Investitionsgüterindex gemäß dem vom Statistischen Bundesamt ermittelten Jahresindex für Investitionsgüter (Fachserie 17, Reihe 2, Index der Erzeugerpreise gewerblicher Produkte) auf der Basis 2005 = 100. Für den Index wird der für das vorangegangene Kalenderjahr ermittelte durchschnittliche Wert in die Preisanpassungsklausel eingesetzt (beim Stand ...: I_0 = ...).
Z: Der Zinssatzindex richtet sich nach dem 12-Monats-EURIBOR (Basiszins) zzgl. 1,5%. Der Zinssatz wird für Perioden von jeweils 12 Monaten festgelegt, beginnend mit dem 1.1. ... Der Betreiber teilt der Gemeinde den jeweils gültigen Zinssatz mit. Maßgeblicher Basiszins ist der 12-Monats-EURIBOR vom ... (... %). Auf der Seite der Bundesbank sind Zeitreihen hinterlegt, auf denen man die EURIBOR-Zinssätze einsehen kann:[4]
L: Index nach dem vom Statistischen Bundesamt ermittelten Jahresindex der tariflichen Monatsgehälter in der gewerblichen Wirtschaft und bei Gebietskörperschaften für die Energieversorgung in Deutschland (Fachserie 16, Reihe 4.3) auf der Basis 2005 = 100. Für den Index wird der für das vorangegangene Kalenderjahr ermittelte durchschnittliche Wert in die Preisanpassungsklausel eingesetzt (Stand ...: L_0 = ...).
(3) Die Anpassung der Pauschale erfolgt zum 1.1. eines jeden Jahres. Würde bei Anwendung vorstehender Preisanpassungsklausel eine Veränderung der Pauschale P von weniger als 1 eintreten, unterbleibt eine Preisanpassung (Bagatellgrenze).
(4) Für den Fall, dass das Statistische Bundesamt die oben genannten Indices (2005 = 100) umbasiert, sind in der Preisanpassungsklausel die Ausgangsindices unter Anwendung des amtlichen Verkettungsfaktors neu zu bestimmen. Bei einer Umbasierung wird die Preisanpassungsklausel durch den Betreiber angepasst.“

4 http://www.bundesbank.de/statistik/statistik_zeitreihen.php?lang=de&open=&func=row&tr=ST0343.

H. Vertragslaufzeiten

43 Wie bereits dargestellt, waren aufgrund der technischen Verknüpfung Straßenbeleuchtungsverträge klassisch an den jeweiligen Konzessionsvertrag Strom für das betreffende Gemeindegebiet geknüpft. Daraus resultierte aufgrund der kartellrechtlichen Beschränkung der Laufzeit dieser Konzessionsverträge auf 20 Jahre regelmäßig auch für die Straßenbeleuchtungsverträge eine entsprechende Laufzeit. Damit einher ging häufig auch, dass das Eigentum an den Anlagen beim Stromnetzbetreiber in der jeweiligen Gemeinde lag.

44 Mit der Liberalisierung der Energieversorgung seit 1998 brach eine wesentliche Grundlage für die Verknüpfung der Straßenbeleuchtung mit dem Konzessionsvertrag weg, sodass vielfach Gemeinden die Straßenbeleuchtung übernahmen und die Instandhaltung von dritter Seite einkauften. Bezüglich solcher Instandhaltungsverträge besteht kein Bedürfnis einer langfristigen Bindung, sodass diese häufig für eine Dauer von vier bis fünf Jahren abgeschlossen werden. Entsprechendes gilt für Verträge über den Strombezug, da diese regelmäßig an die aktuellen Marktbedingungen für die betreffende Energieart angepasst werden. Diesbezüglich sind darüber hinaus auch vergaberechtliche Vorgaben zu beachten.

45 Um eine Amortisation der eingesetzten Investitionen zu erreichen, wird im Bereich des Einsparcontractings in der Regel eine Vertragslaufzeit von 10 bis 15 Jahren angestrebt. Im Rahmen eines reinen Beleuchtungscontractings wären auch kürzere Laufzeiten möglich. In der Regel werden aber auch diese Gestaltungen mit Investitionsaufwand für den Contractor verbunden sein, sodass dieser ein Interesse an einer möglichst langen Vertragslaufzeit hat.

I. Endschaftsklauseln

46 Umfang und Inhalt der Endschaftsklauseln eines Straßenbeleuchtungsvertrags hängen ganz wesentlich von der Frage ab, wer Eigentümer der Straßenbeleuchtungsanlagen während der Laufzeit des Vertrags ist.

47 Liegt das Eigentum bei der Gemeinde, so können sich die Endschaftsklauseln auf Verpflichtungen betreffend die Übergabe der Dokumentation (wie oben dargestellt) sowie ggf. eine gemeinsame Abnahme der Straßenbeleuchtungsanlagen durch beide Vertragspartner beschränken.

48 Anders sieht es aus, wenn das Eigentum an den Straßenbeleuchtungsanlagen ganz oder zum Teil bei dem Unternehmen liegt, dieses die Anlagen also entweder von der Gemeinde erworben oder diese während der Laufzeit des Vertrags im eigenen Eigentum errichtet hat. War der Straßenbeleuchtungsvertrag bisher mit dem Konzessionsvertrag für das örtliche Stromverteilnetz verbunden, ist diese Ausgestaltung nicht selten. In diesen Fällen wird häufig im Straßenbeleuchtungsvertrag auch auf die Endschaftsbestimmungen des Konzessionsvertrags verwiesen, zu deren Be-

dingungen in der Regel auch die Straßenbeleuchtungsanlagen bei Beendigung der Verträge erworben werden können. Historisch wird in diesen Fällen zumeist auf den Sachzeitwert der Anlagen als Kaufpreis abgestellt. Diesbezüglich ist aber die Rechtsprechung des BGH zu beachten („Kaufering"-Urteil v. 16.11.1999, Az.: KZR 12/97).

Befinden sich die Straßenbeleuchtungsanlagen im Rahmen eines Contracting- 49
Modells im Eigentum des Unternehmens, so sind die Bedingungen der Eigentumsübertragung von den Modalitäten des Modells abhängig. Üblicherweise wird eine Vergütung für die Übereignung der Anlagen vereinbart, die den Restwert derselben unter Berücksichtigung bisheriger Finanzierungsleitungen seitens der Gemeinde, durch Förderzuschüsse oder Anliegerbeiträge sowie über das Straßenbeleuchtungsentgelt berücksichtigen. Abhängig davon, zu welchem Zeitpunkt der Vertrag endet und ob das Unternehmen die Möglichkeit hatte, etwaige Investitionen zu amortisieren, sollte darüber hinaus ein Ausgleich für bisher nicht amortisierte Investitionen getroffen werden. Dies ist insbesondere bei Einsparcontracting-Modellen wichtig, da diese auf dem Ansatz hoher Vorleistungen durch das Unternehmen basieren, die für dieses bei einer Beendigung „zur Unzeit" verloren gingen.

Klauselmuster

„(1) Bei Beendigung bzw. Nichtfortsetzung des Straßenbeleuchtungsvertrags und/oder für den Fall, dass der (jeweilige) Konzessionsvertrag „Elektrizität" zwischen der Gemeinde und dem Betreiber endet und kein neuer Straßenbeleuchtungsvertrag mit dem Betreiber geschlossen wird, ist die Gemeinde berechtigt und auf Verlangen des Betreibers verpflichtet, die sich im Gemeindegebiet befindenden Straßenbeleuchtungsanlagen einschließlich der mit diesem Vertrag übertragenen Nebenrechte vom Betreiber gegen Zahlung des Restwerts der aufgrund dieses Vertrags übertragenen Anlagen zu erwerben.
(2) Im Falle eines Erwerbs gem. Abs. 1 besteht keine Verpflichtung der Gemeinde zur Zahlung eines Entgelts für vom Betreiber errichtete Straßenbeleuchtungsanlagen, für die die Gemeinde dem Betreiber die Kosten erstattet hat. Soweit Straßenbeleuchtungsanlagen vom Betreiber erneuert wurden, ist der Differenzbetrag zwischen den Erneuerungskosten und den kumulierten von der Gemeinde über die Pauschale oder in sonstiger Weise auf die kalkulatorischen Abschreibungen auf die Erneuerungen gezahlten Erneuerungsbeiträgen (entspricht Tilgungsanteil) auszugleichen (Investitionskostenausgleich)."

Kapitel 6
Kosten, Kostenvergleich und Preisbildung

A. Einleitung

Die Straßenbeleuchtung ist heutzutage vielerorts mit neuen Herausforderungen konfrontiert. Zum einen ergeben sich aus den europäischen Anforderungen zum **Klimaschutz**[1] bedeutende Investitionen in die Sanierung der Infrastruktur, zum anderen suchen vielerorts Kommunen nach dem besten **Betreibermodell**. Vor dem Hintergrund angespannter Haushaltslagen und dem zu beachtenden Vergaberecht stellt sich die Frage, wie zukünftig die Aufgabe der Beleuchtung von Straßen und Plätzen im Rahmen der Daseinsfürsorge der Kommunen effizient und optimiert ausgestaltet werden kann. 1

In diesem Rahmen müssen in den Kommunen richtungsweisende Entscheidungen über Investitionen, Organisation oder Vergabe der Aufgaben getroffen werden. So stellt sich z.B. die Frage, ob die Straßenbeleuchtung in Eigenregie betrieben oder an Dritte vergeben werden soll. Für eine anstehende Sanierung muss beispielsweise entschieden werden, ob die Durchführung mithilfe eines Contractors oder in Eigenregie ggf. unter Nutzung von Fördermitteln sinnvoller durchzuführen ist. Bei den Entscheidungen zu solchen und ähnlichen Fragen tun sich viele Verwaltungen schwer. Dies liegt häufig an einer nur **schwer herstellbaren Vergleichbarkeit** der verschiedenen Infrastrukturen und Organisationsformen von Kommune zu Kommune, wie auch an fehlenden Controllinginstrumenten zur Kosten- und Leistungsrechnung in den Kommunen selbst. Hinzu kommt ein bis dato eher **geringer Wettbewerb** insbesondere bei langfristig abgeschlossenen Straßenbeleuchtungsverträgen, die bisher überwiegend an den Konzessionsvertrag „Strom“ gekoppelt waren. 2

Ein wichtiger Baustein zur Entscheidungsfindung ist dabei die Transparenz über die Kostensituation und deren Einflussgrößen. Mithilfe von sachgerecht durchgeführten **Kostenvergleichen** können erfolgreiche Modelle identifiziert, lokale Besonderheiten erklärt und Entwicklungen über Jahre nachvollzogen werden. 3

Im folgenden Kapitel sollen die folgenden Fragen beantwortet werden: 4

- Welches sind die relevanten Leistungen und Kosten der öffentlichen Beleuchtung?
- Wie kann ein Kostenrechnungssystem aufgebaut werden?
- Wie kann eine Bepreisung von Leistungen zur Straßenbeleuchtung vorgenommen werden?

---

1 Wie RL 2009/125/EG des Europäischen Parlaments und des Rates vom 21.10.2009 (kurz: Ökodesign-Richtlinie).

- Wie kann ein Kennzahlenvergleich angestellt werden, und was ist dabei zu beachten?

Bevor diese Fragen im Detail beantwortet werden, wird eine einführende Übersicht zu den Themen Kostenanalyse und -vergleich gegeben.

B. Grundlagen von Kostenanalyse und Kostenvergleich

5 Die **Kosten- und Leistungsrechnung** dient der **Steuerung von Leistungserstellungsprozessen** und ist ein Teilgebiet des Controllings. Sie dient der Entscheidungsfindung mithilfe von Planungs- und Kontrollrechnungen sowie in bestimmten Zusammenhängen auch der Erfüllung von (gesetzlich vorgegebenen) Dokumentationspflichten. Durch die Kosten- und Leistungsrechnung gelingt es, Aussagen zur Wirtschaftlichkeit bestimmter Unternehmungen, wie z.B. Make-or-Buy-Entscheidungen, zu treffen, Preisgrenzen einzelner Produkte zu bestimmen oder Verrechnungspreise für den innerbetrieblichen Leistungsaustausch zu kalkulieren.[2] In der Umbruchphase von der Kameralistik zur Doppik spielt für Kommunen die Frage nach dem Einsatz einer in der Doppik verwurzelten Kosten- und Leistungsrechnung zur Steuerung vom Einsatz öffentlicher Mittel eine wichtige Rolle.

6 Im Rahmen der kommunalen Aufgabe der Beleuchtung der öffentlichen Straßen und Wege kommt dieser weiten betriebswirtschaftlichen Disziplin eine wichtige Rolle zu, wenn Entscheidungen über den Betrieb, die Organisation oder über Investitionen getroffen werden sollen. Voraussetzung hierfür ist eine sachgerechte und aussagekräftige **Kostenerfassung**. Je nach vorab zu definierendem Detaillierungsgrad sind Kosten und Aufwendungen entsprechenden Leistungseinheiten zuzuordnen. Unter Umständen geht hiermit auch eine von der Finanzbuchhaltung abweichende **Wertermittlung** zum Zweck der Abbildung des tatsächlichen Werteverzehrs einher. In vielen Fällen müssen darüber hinaus Entscheidungen über Kostenschlüssel und Kostenverrechnung im Sinne einer **innerbetrieblichen Leistungsverrechnung** aufgrund einer fehlenden direkten Zuordenbarkeit gefällt werden. Der Aufwand für solch ein Kostenrechnungssystem muss im Verhältnis zu seinem Informationsgewinn stehen.

7 Das Kostenrechnungssystem muss sich dabei an den zu untersuchenden Leistungen orientieren und adäquat Auskunft über den Ort und die Höhe der entstandenen Kosten geben.[3] Deshalb muss man zunächst die Leistungen und Beziehungen in der Organisation intern sowie mit Externen strukturieren, um somit entsprechende **Kosteninformationen** ableiten zu können.

---

2 Vgl. *Coenenberg/Fischer/Günther*, S. 22ff.
3 Vgl. *Höhne/Schröter/Cichowski*, S. 161.

Ein Kostenvergleich bringt die Kosten der einzelnen Leistungen ins Verhältnis zu entsprechenden Bezugsgrößen, die idealerweise eindeutig definiert werden können mit dem Ziel, ein möglichst verzehrfreies Vergleichsbild abzugeben. Mit den so ermittelten Kennzahlen soll es sodann möglich sein, Informationen über Kostentreiber, Ineffizienzen und ggf. Optimierungspotenziale zu erhalten. 8

C. Leistungen der Straßenbeleuchtung

Die Aufgaben zur Beleuchtung der öffentlichen Straßen und Plätze, denen Kommunen im Rahmen der **Daseinsvorsorge** für die Bürgerinnen und Bürger nachkommen, sind mit der Gewährleistung der Verkehrssicherheit, Unterstützung der öffentlichen Sicherheit und Ordnung sowie Steigerung der Attraktivität der Städte und Gemeinden durch gestalterische Elemente der Beleuchtung umrissen.[4] Neben den einschlägigen technischen Regelwerken wie z.B. Normen des Deutschen Instituts für Normung (DIN), Bestimmungen vom Verband der Elektrotechnik Elektronik Informationstechnik e.V. (VDE) sowie Unfallverhütungsvorschriften der Berufsgenossenschaften (BGV) stehen diese Aufgaben heutzutage insbesondere unter dem übergeordneten Aspekt der Umweltverträglichkeit. 9

Die Leistungen, die zur Aufgabenerfüllung erforderlich sind, lassen sich in drei operative Teilbereiche und eine vierte kaufmännisch geprägte **Querschnittsfunktion** untergliedern: 10
- Technische Betriebsführung,
- Versorgung mit elektrischer Energie,
- Investitionstätigkeit,
- Management.

Diese Gliederung der einzelnen Leistungen ist keineswegs eindeutig, wie die verschiedenen Darstellungen in der Literatur zeigen.[5] Sie kann von (Bedarfs-)Fall zu (Bedarfs-)Fall variieren und sollte sich an dem jeweiligen Ziel, das mit der Leistungseinordnung verfolgt wird, orientieren. So kann etwa eine gröbere Einteilung in Anlagen- und Betriebsmanagement durchaus ausreichend sein. Hierbei würde die Leistung „Energie“ dem Betriebsmanagement zugeordnet. 11

Die folgenden Unterteilungen und Detaillierungen der Leistungen zur Straßenbeleuchtung orientieren sich an der **VDEW-Ausarbeitung** zur **„Öffentlichen Beleuchtung als Dienstleistung“**.[6] Deutlich soll hierbei werden, dass es sich bei den Managementleistungen in der Regel um Querschnittsfunktionen handelt, die überwiegend 12

4 Vgl. *DStGB.*
5 Vgl. *VWEW*, S. 24 ff. oder *Höhne/Schröter/Cichowski*, S. 33 ff.
6 Vgl. VDEW, Öffentliche Beleuchtung als Dienstleistung – VDEW Materialen M 16/2000 –.

im kaufmännischen Bereich liegen. Dies bekommt im Hinblick auf die Erstellung einer Kosten- und Leistungsrechnung und der Kostenzurechnung zu den operativen Bereichen eine besondere Bedeutung und wird deshalb ergänzend erläutert.

I. Technische Betriebsführung

13 Unter der Betriebsführung wird, abgeleitet aus den einschlägigen **VDE-Bestimmungen „Betrieb von elektrischen Anlagen"**, das Bedienen, Arbeiten und Instandhalten der Beleuchtungsanlagen verstanden.[7] Der „Betrieb" umschließt alle **technischen wie organisatorischen Maßnahmen**, um die Beleuchtungsanlagen in einen betriebsfähigen Zustand zu versetzen bzw. diesen zu erhalten. Dabei sich unter anderem die Bestimmungen und Regel zum Betrieb von elektrischen Anlagen der DIN VDE 0105 -100, die Grundlagen der Instandhaltung nach DIN 31051, die Unfallverhütungsvorschrift „Elektrische Anlagen und Betriebsmittel" (BGV A3) sowie die besonderen Anforderungen an die Straßenbeleuchtung der DIN 13201-1 bzw. DIN EN 13201-2 bis 4 zu beachten. Im Folgenden wird die Betriebsführung in die Aufgabenbereiche Bedienung, Instandhaltung und Entsorgung unterteilt.

1. Bedienung

14 Das Durchführen von Schaltvorgängen zum Ein-, ggf. Teilein- und Ausschalten der Beleuchtung ist eine Aufgabe von höchster Wichtigkeit. Hierbei sind die vorab von den verantwortlichen Behörden definierten **Schaltkriterien** von dem Bediener, sei es die Kommune oder ein Dienstleister, zu beachten. Die Möglichkeiten des Schaltens sind abhängig von den technischen Gegebenheiten und die konkrete Umsetzung – insbesondere zum Ausschalten – ist häufig zum Erzielen von Einsparungen politisch motiviert. Die Straßenbeleuchtung wird in der Regel in Abhängigkeit von der sich in der Dämmerung verringernden Beleuchtungsstärke des natürlichen Tageslichts eingeschaltet. Dies kann über zentrale Schaltvorrichtungen wie Dämmerungsschalter mittels Rundsteuersignale (z.B. beim Unterschreiten einer Beleuchtungsstärke von 50 Lux) oder auch über dezentrale Schaltvorrichtungen wie er lokal installierte und programmierte Schaltuhren (z.B. astronomische Zeitschaltuhr) am Mast oder Schaltschrank gesteuert werden. Das Ausschalten kann in gleicher Weise in den Morgenstunden realisiert werden.

15 Um Energiekosten durch Schalthandlungen einsparen zu können, wird neben der **Definition des richtigen Zeitpunkts** zum Ein- und Ausschalten auch nach Möglichkeiten zum **Reduzieren innerhalb der Einschaltperiode** gesucht. Hierbei

7 Vgl. DIN/VDE, Betrieb von elektrischen Anlagen – DIN VDE 0105-100 –.

werden bewusst das Beleuchtungsniveau und damit der Energieverbrauch in verkehrsschwachen Zeiten durch Stufenschaltungen reduziert, z.B. vom zweilampigen in den einlampigen Betrieb, Spannungsabsenkungen oder sonstige Dimmung. Insbesondere im Zusammenhang mit neuer **LED-Technologie** wird heutzutage auch mit **Bewegungsmeldern** oder dem sog. Dial-for-Light (d.h., man wählt eine Nummer eines Dienstleisters, der dann automatisch die benötigte Lampe(-n) einschaltet) zum bedarfsgerechten Ein- und Ausschalten der Beleuchtung experimentiert.

2. Instandhaltung

Nach **DIN 31051** versteht man unter Instandhaltung die *„Kombination aller technischen und administrativen Maßnahmen sowie Maßnahmen des Managements während des Lebenszyklus einer Betrachtungseinheit zur Erhaltung des funktionsfähigen Zustandes oder der Rückführung in diesen, so dass sie die geforderte Funktion erfüllen kann.“*[8] Dabei werden folgende **drei Aufgaben** unterschieden: 16
- Inspektion,
- Wartung,
- Instandsetzung.

Die Überwachung und Beurteilung (**Inspektion**) des Ist-Zustands der Beleuchtungsanlagen durch eine entsprechende Anlagenkontrolle bildet den ersten Schritt der Instandhaltung. Da sich die Beleuchtung im öffentlichen Verkehrsraum befindet und ihr in Gefahrenbereichen eine besondere Aufgabe für die Verkehrssicherheit zukommt, ist eine vorbeugende Kontrolle besonders wichtig. Mit der Inspektion sind **Funktionskontrollen licht-, elektro- und bautechnischer Art** gemeint. Dies umfasst z.B. die Kontrolle von Verschmutzung, Alterung oder Beschädigung von Leuchten und sonstigen elektrischen Bauteilen, Funktionstests zum Schalten der Lampen oder Standsicherheitsprüfungen der Maste. 17

Während die **Wartung** *„Maßnahmen zur Verzögerung des Abbaus“*, also der Abnutzung der Anlagen beinhaltet, hat die Instandsetzung deren *„Rückführung in einen funktionsfähigen Zustand“*[9] im Fokus. Das Warten umfasst etwa turnusmäßige Lampenwechsel, Reinigungen oder Korrosionsschutzmaßnahmen und ist aufgrund des **präventiven Charakters der Tätigkeit** eine planbare Aufgabe. Das Instandsetzen hingegen reagiert auf Störungen oder Schäden und ist als Reparaturmaßnahme weniger planbar. Zu dem Begriff Instandsetzung wird häufig ergänzend die Erneuerung im Sinne von Ersetzen oder Austauschen einzelner Betriebsmittel genannt. Kann durch eine Instandsetzungsreparatur der gewünschte Erfolg nicht mehr herbeigeführt werden, oder wäre der Aufwand dafür zu hoch, kommt es zu einer **Erneuerung**. Die Er- 18

8 Vgl. DIN, Grundlagen der Instandhaltung – DIN 31051:2012-09 –.
9 Vgl. DIN, Grundlagen der Instandhaltung – DIN 31051:2012-09 –.

neuerung beinhaltet den Austausch von instandsetzungswürdigen Teilen durch neuwertige Teile bei ansonsten gleichen Eigenschaften der Anlage. In Abgrenzung zur **Sanierung**, was eine Erneuerungs- bzw. Ersatzinvestition (vgl. Rn 25 ff.) mit in der Regel erheblichen Eingriffen und meist eine Modernisierung impliziert, beinhaltet die hier beschriebene Erneuerung keine Modernisierung oder sonstige Leistungssteigerung der Anlagen. Bei langlebigen Wirtschaftsgütern, wie bei den Anlagen einer Straßenbeleuchtung, kann bei einer Erneuerung am Ende der Lebensdauer einer Anlage aufgrund von technischer Entwicklung der dann zurückliegenden Jahrzehnte in der Regel auch von einer Modernisierung ausgegangen werden. Die Abgrenzung zwischen Erneuerung im Sinne der Instandsetzung oder im Sinne einer Sanierung ist keineswegs immer eindeutig und der Einschätzung des Beurteilers unterlegen.

3. Entsorgung

19 Der Vollständigkeit halber sei auf das Thema Entsorgung hingewiesen. Grundsätzlich gelten die einschlägigen **gesetzlichen Bestimmungen** wie das Kreislaufwirtschaftsgesetz (KrWG) sowie ergänzend das Gesetz über das Inverkehrbringen, die Rücknahme und die umweltverträgliche Entsorgung von Elektro- und Elektronikgeräten (ElektroG) zur Entsorgung bzw. zum Recycling der jeweiligen Materialien. Insbesondere sind bei den verschiedenen Lampentypen Spezifika wie der Quecksilbergehalt bei Gasentladungslampen zu beachten. Entsprechende Sammelstellen sind zwingend für eine umweltgerechte Entsorgung bzw. für das Recycling aufzusuchen. Gleiches gilt für sonstige Materialien, die in der Straßenbeleuchtung vorzufinden sind, wie imprägnierte Holz-, Stahl- oder Betonmaste sowie sonstige Elektro-Altgeräte. Entsprechende Informationen zur Entsorgung sind von den Herstellern oder Entsorgungsfachbetrieben zu erfragen.

II. Versorgung mit elektrischer Energie

20 Die Deckung des Energiebedarfs für die Straßenlaternen muss zu jedem Zeitpunkt sichergestellt werden. Die anlagentechnischen Voraussetzungen dafür werden beim Errichten geschaffen (siehe Rn 25 ff.) und durch die Instandhaltung bewahrt (siehe Rn 16 ff.).

21 Im laufenden Betrieb der Anlagen ist die Beschaffung der Energiemengen für die Straßenbeleuchtung sicherzustellen. Meist ist dies ein einmaliger „Bestellvorgang“ für eine **Lieferperiode**, die in der Regel ein Jahr oder mehr umfassen kann. Hier können **Stromlieferverträge** mit einem beliebigen Energielieferanten abgeschlossen werden. Kommunen müssen das Vergaberecht berücksichtigen (siehe Kap. 4). Um seitens der Kommune ggf. durch höhere Mengen einen besseren Preis zu erzielen, kann der gesamte kommunale Energieverbrauch inklusive Straßenbeleuchtung ausgeschrieben werden.

Der Energieverbrauch der Straßenbeleuchtung ergibt sich aus dem Zusammenspiel der **installierten Leistung** sowie der **Brenndauer und -art der Laternen** und wird entsprechend des angeschlossenen Stromliefervertrags je nach Tarifgestaltung bepreist. Üblich ist die Verrechnung eines Arbeitspreises oder einer Arbeits-/Verrechnungspreiskombination. Jeder Stromlieferant hat unabhängig von seiner eigenen Strompreiskalkulation neben den gesetzlichen Abgaben und Steuern auch die **örtlichen Netzentgelte** an den Netzbetreiber zu entrichten (vgl. Rn 37ff.). Die Höhe der Netzentgelte ist u.a. von der Anschlusssituation der Straßenbeleuchtung abhängig und liegt damit zumindest bei Neuerrichtungen oder Umbauten im Einflussfeld des Errichters. Nachdem der Liefervertrag geschlossen ist, hat die Kommune neben der Begleichung und Kontrolle der Stromrechnung keine weiteren Leistungen bzgl. der Energiebeschaffung zu erbringen. 22

Die Ermittlung der verbrauchten Mengen kann über klassische Haushaltszähler (mechanisch oder elektronisch) oder über eine registrierende Leistungsmessung (eher selten, aufgrund höherer Kosten) erfolgen. Alternativ kann die Energiemenge auch errechnet werden. 23

Der Energieversorger selbst plant die benötigten Strommengen für die Straßenbeleuchtung in seinen Bilanzkreis ein, d.h., er prognostiziert als Netzbetreiber den Bedarf eines jeden Verbrauchers für den Folgetag und sichert über die vorgeschriebenen Mechanismen die Versorgung. Sich ergebende Mehr- oder Mindermengen werden zwischen Netzbetreiber und Stromlieferanten abgerechnet. 24

III. Investitionstätigkeit

Unter den Begriff Investitionstätigkeit werden die Leistungen gefasst, die mit dem Bau der Beleuchtungsinfrastruktur unter Einsatz finanzieller Mittel zusammenhängen. Dies betrifft die Vermögensseite einer Kommune, sei es den **Vermögenshaushalt** in der Kameralistik oder die **Bilanzierung** von Anlagen und **Finanzmitteln** in der kommunalen Doppik. Unter Bau der Anlagen werden 25

- Neubau,
- Erweiterung,
- Umbau und Sanierung sowie
- Erneuerung/Ersatz

verstanden.[10] Zu den Bauleistungen können neben den reinen **Anschaffungskosten** und **Anlagenwerten** wie Leuchten, Maste und Kabel auch sonstige **aktivierungsfähige Leistungen** als Nebenkosten gem. § 255 HGB gezählt werden. Dazu können z.B. die Aufwendungen gehören, die mit dem Aushub und der Oberflä-

10 Vgl. *Höhne/Schröter/Cichowski*, S. 158.

chenbearbeitung des Kabelgrabens zusammenhängen oder Managementleistungen für z.B. Planung und Projektierung, die mit dem Bauvorhaben direkt verrechnet werden können. Es sind jeweils die geltenden Richtlinien und Normen (z.B. DIN 13201-1 bzw. DIN EN 13201-2 bis 4 „Straßenbeleuchtung", DIN 67523 „Beleuchtung von Fußgängerüberwegen mit Zusatzbeleuchtung", DIN 67524 „Beleuchtung von Straßentunneln und Unterführungen") beim Bau der Anlagen zu berücksichtigen.

26 Die Investitionsentscheidungen zum Aufbau der Versorgungsinfrastruktur beeinflussen für die Lebensdauer der Anlage die Rahmenbedingungen, in denen der Betrieb arbeiten muss.[11] Im Folgenden wird auf die **Anschlusssituation** in der Straßenbeleuchtung sowie auf die sich daraus ergebenden Besonderheiten eingegangen.

27 Die Straßenbeleuchtung kann über **separate Beleuchtungskabel und -freileitungen** oder über **Einzelanschlüsse** ans Netz des örtlichen Verteilnetzbetreibers angeschlossen sein. Mischformen sind bei gewachsenen Strukturen häufig vorzufinden. Ein separates Beleuchtungsnetz wird über entsprechende Anschlussvorrichtungen, die sich in der Regel in Niederspannungsschaltschränken oder Stationen befinden, an das Netz der öffentlichen Versorgung angeschlossen. Genaugenommen handelt es sich um mehrere in dem Versorgungsgebiet verteilte Beleuchtungsnetze. Jeder Anschluss stellt dabei eine Abnahmestelle dar. Alternativ können einzelne oder einige wenige zusammengefasste Leuchtstellen über Abzweigmuffen **direkt** an das Niederspannungsnetz angeschlossen werden. Ein separates Beleuchtungsnetz entfällt in diesem Fall. Jede Leuchtstelle stellt dann eine Abnahmestelle dar. Die Energieversorgung der Straßenbeleuchtung wird durch das öffentliche Energieversorgungsnetz des **örtlichen Verteilnetzbetreibers** sichergestellt.

28 Im Grunde ist jede Abnahmestelle aus Sicht des Netzbetreibers diskriminierungsfrei so zu behandeln wie jede andere Abnahmestelle eines beliebigen Netzkunden auch. Die Besonderheiten der Straßenbeleuchtung kommen letztendlich erst durch die häufig fehlende Messung und den Anschluss ans allgemeine Versorgungsnetz über einen Schaltschrank anstatt eines Hausanschlusses zustande. Eine Messung ist mit vertretbarem Aufwand nur bei separaten Beleuchtungsnetzen durchführbar. Alternativ ist eine Errechnung des Energieverbrauchs anhand von Anschlussleistungen und Schaltzeiten (Brennkalender oder Schaltprotokollen) weit verbreitet. Hierbei spart man die Kosten der Messung, weshalb häufig selbst bei vorhandenem separatem Beleuchtungsnetz auf eine Messung verzichtet wird. Der Gesetzgeber hat mit der Änderung der StromNEV vom 14.8.2013 für dieses, lange Zeit von der BNetzA kritisch gesehene Verfahren Rechtssicherheit geschaffen (vgl. Rn 37 ff.).

11 Vgl. *Höhne/Schröter/Cichowski*, S. 39.

IV. Management

Unter den Managementleistungen werden Leitungs-, Verwaltungs- und Organisationsaufgaben subsumiert. Hier laufen die Fäden und die Gesamtverantwortung für die Straßenbeleuchtung zusammen. Nicht immer sind Kommunen sich der konkreten Zuordnung von Managementleistungen zu der Straßenbeleuchtung bewusst.[12] Sie sind aber unabdingbar für einen sicheren Betrieb. Die Managementleistungen können dabei sowohl **kaufmännisch** – Abrechnung, Haushaltsplanung, Verfolgung von Schadensansprüchen, Materialwirtschaft, Dokumentation und IT – wie auch **technisch** – Planung und Projektierung (u.a. Grundsatzplanung, Sonder-(Groß-)Projekte), Betriebssteuerung (u.a. Störungsannahme, Instandhaltungssteuerung) – geprägt sein. 29

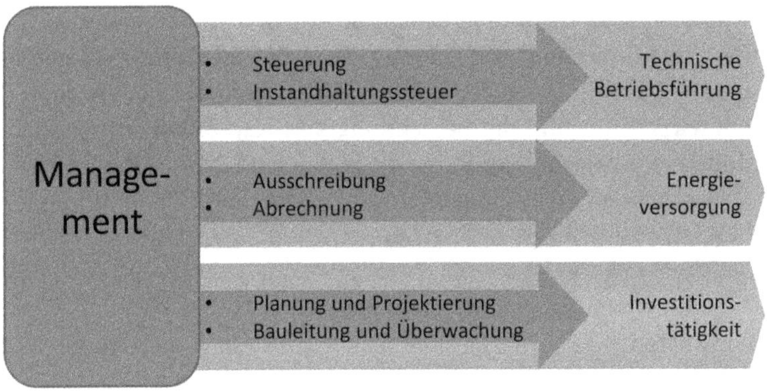

Management als Querschnittsfunktion

D. Kostenrechnung der Straßenbeleuchtung

Die Kostenrechnung der Straßenbeleuchtung befasst sich mit der kostenseitigen Auswertung der Leistungserstellungsprozesse etwa zum Zwecke der Wirtschaftlichkeitskontrolle oder der Kalkulation von Selbstkosten. Im folgenden Abschnitt werden zunächst die Kosten der Straßenbeleuchtung anhand der oben getroffenen Leistungseinteilung sowie wissenswerte Detailinformationen erläutert. Anschließend werden der Prozess der Kostenanalyse in den Schritten Kostenarten-, Kostenstellen- und Kostenträgerrechnung sowie ein Beispiel dargestellt. Abschließend werden aus dem Blickwinkel eines Dienstleisters die Preisbildung und notwendige Regelungen für Dienstleistungen zur Straßenbeleuchtung aufgezeigt. 30

12 Vgl. *VWEW*, S. 26.

I. Kosten der Straßenbeleuchtung

1. Kostenbestandteile der öffentlichen Beleuchtung

31 Die Kostenbestandteile der Straßenbeleuchtung lassen sind entsprechend der Leistungen, die im Rahmen der Straßenbeleuchtung zu erbringen sind, in die folgenden Bestandteile untergliedern:
- Betriebsführungskosten,
- Energiekosten,
- Kapitalkosten,
- Managementkosten.

32 Zur Abbildung der Belastung des kommunalen Haushalts durch die Straßenbeleuchtung sowie im Rahmen der Kostenanalyse z.B. zum Vergleich von Angeboten oder Investitionsvorhaben sind alle diese Kostenbestandteile zu ermitteln und einzubeziehen. Während die Ermittlung von **Energie- und Betriebsführungskosten** in der Regel gut aus der Buchführung einer Kommune ableitbar ist, fällt eine Zuordnung von **Managementkosten** und die Berechnung von **Kapitalkosten** deutlich schwerer. Die Gründe hierfür liegen häufig in den fehlenden Kostenrechnungssystemen mit den entsprechenden Instrumenten zur Kostenzuordnung und -schlüsselung.

a) Betriebsführungskosten

33 Als Betriebsführungskosten werden im Allgemeinen die Kosten verstanden, die im Rahmen einer **technischen** und **organisatorischen Leistungserbringung** zum Funktionieren der Beleuchtungsanlagen anfallen. Die im Abschnitt C (Rn 13ff.) genauer betrachteten Leistungen beinhalten insbesondere das **Bedienen der Anlagen** und die **Instandhaltung**. Das regelmäßige Bedienen der Anlagen erfolgt weitestgehend automatisch. Schalthandlungen sind in der Regel vorprogrammiert oder werden über Signale (Rundsteuersignal, Dämmerungsschalter) zum Ein- oder Ausschalten ausgesendet. Konkrete Kosten fallen dann an, wenn etwa das Rundsteuersignal eingekauft wird. Die mit der Instandhaltung zusammenhängenden Kosten für Tätigkeiten wie die Wartung, die Störungsbeseitigung, die Inspektion oder die Instandsetzung beinhalten zum einen Löhne und Gehälter, zum anderen auch Material- und Kapitalkosten für Werkzeuge und Gerät, Gebäude und Werkstätten. Die Kosten fallen für die Arbeiten an den Anlagen an und sind in der Abgrenzung zu Managementaufgaben eher von technischem Charakter. Im Falle der Fremdvergabe der Leistungen sind die Kosten als bezogene Leistungen in Form eines Dienstleistungsentgelts für Instandhaltung etc. zu identifizieren.

34 Als wesentlicher Kostentreiber für die Arbeiten an den Anlagen ist die **Anfahrtszeit** der Monteure zu beachten. Die Materialkosten sind unter Umständen im Vergleich zu den Kosten der Monteurstunde so gering, dass sich ein **turnus-**

mäßiger Wechsel von Leuchtmitteln in einem bestimmten Wartungszyklus gegenüber einem störungsbedingten Auswechseln einzelner Lampen rechnet. Hierbei wird aufgrund von statistischen Werten des Herstellers und Erfahrungen ggf. auch durch Beobachtungen ein rechtzeitiger Austausch von noch funktionierenden Lampen gegen Ende ihrer Lebensdauer durchgeführt. Des Weiteren kann bei der Anschaffung der Lampen schon auf die Langlebigkeit der Anlagen geachtet werden.

Die Instandhaltung hat zum Ziel, die **Nutzungsdauer** der Anlagen unter Wah- 35
rung der Funktionsfähigkeit zu erhalten. Der Aufwand ist bei langlebigen Gütern oftmals ohne einen direkten messbaren Erfolg, weshalb sie Gegenstand von Einsparüberlegungen sind.[13]

Selbst bei angemessener Instandhaltung sind eine Alterung und ein Verschleiß 36
der Anlagenelemente letztendlich nicht aufzuhalten. Für die Sicherstellung der Funktionstüchtigkeit der Straßenbeleuchtung gehört demnach auch die **rechtzeitige Erneuerung** von Anlagen zu den Aufgaben der technischen Betriebsführung (vgl. Rn 13 ff.). Hierbei wird wie in Abschnitt C.I (Rn 13 ff.) und C.III (Rn 25 ff.) beschrieben zwischen einer in der Regel bedarfsmäßigen, über den Instandhaltungsaufwand laufenden Erneuerungen und investive Erneuerungen im Rahmen einer Sanierung unterschieden. Die Erneuerungs- und Ersatz*investitionen* finden sich kostenseitig in den Kapitalkosten (siehe Rn 54 ff.) wieder.

b) Energiekosten

Die Energiekosten ergeben sich durch die Multiplikation des Strompreises – in der 37
Regel in ct/kWh – mit der verbrauchten Energiemenge in Kilowattstunden. Beide Parameter sind bei der Frage nach der Höhe und der Beeinflussbarkeit der Energiekosten zu berücksichtigen. Wenn von einer Reduzierung der Energiekosten gesprochen wird, ist häufig von einer **Reduzierung des Energieverbrauchs** z.B. durch den Einsatz von energiesparenden Technologien die Rede. Auf der anderen Seite des Produkts steht der **Strompreis**, der im Allgemeinen als integrierter Preis, d.h. als Endpreis aller Komponenten inklusive aller Steuern, Abgaben und Netznutzungsentgelte, angegeben wird. Im Folgenden wird eine typische Strompreiszusammensetzung basierend auf den Daten des Jahres 2013 dargestellt:

13 Vgl. *Höhne/Schröter/Cichowski*, S. 24 f.

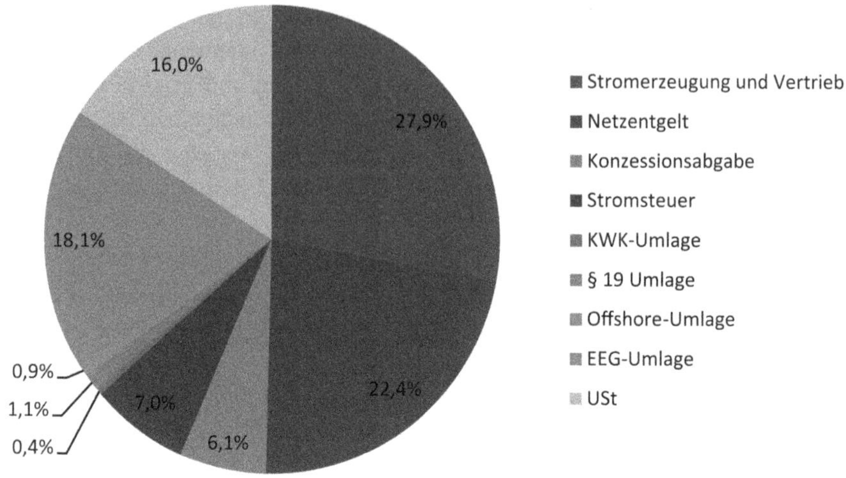

Beispiel prozentuale Zusammensetzung des Strompreises in Deutschland (Stand Januar 2013)

38 Aufgrund der unterschiedlichen Beeinflussbarkeit werden im Folgenden die **Strompreiskomponenten** im Einzelnen betrachtet.

aa) Strombeschaffung

39 Unter Abzug aller vom Energielieferanten nicht beeinflussbaren Strompreiskomponenten lässt sich als residuale Größe der Wettbewerbsanteil bestehend aus Beschaffungskonditionen, Vertriebskosten und Marge ermitteln. Die Beschaffung erfolgt entweder an der **Leipziger Strombörse EEX** (was allerdings eine bestimmte Größenordnung und entsprechendes Know-how voraussetzt), über Energiehändler oder Energieversorger im Rahmen eines **Ausschreibungsverfahren** oder aus **Eigenerzeugung**. Die Preise, zu denen Energiemengen an der EEX gehandelt werden, können als Referenzpreise angesehen werden, selbst wenn die Energiemengen OTC (Over-The-Counter), also in bilateralen Beziehungen gehandelt werden. Somit kann man mit einem Blick auf die Börsenpreise zuzüglich Steuern und Abgaben eine Einschätzung der eigenen Strompreiskonditionen vornehmen.

40 Die elektrische Energie für die Straßenbeleuchtung wird für **eine Lieferperiode in der Zukunft** eingekauft. Dabei ist der prognostizierte zeitliche Verlauf der Energieentnahmen bei einem sich im stündlichen bzw. viertelstündlichen Raster nach Angebot und Nachfrage ergebenden Börsenpreis entscheidend. Dieser Preis kann je nach Uhrzeit des Energieverbrauchs unterschiedlich ausfallen. Deshalb ist das zeitliche Annahmeverhalten, das sog. **Profil der Abnahme**, von Bedeutung.

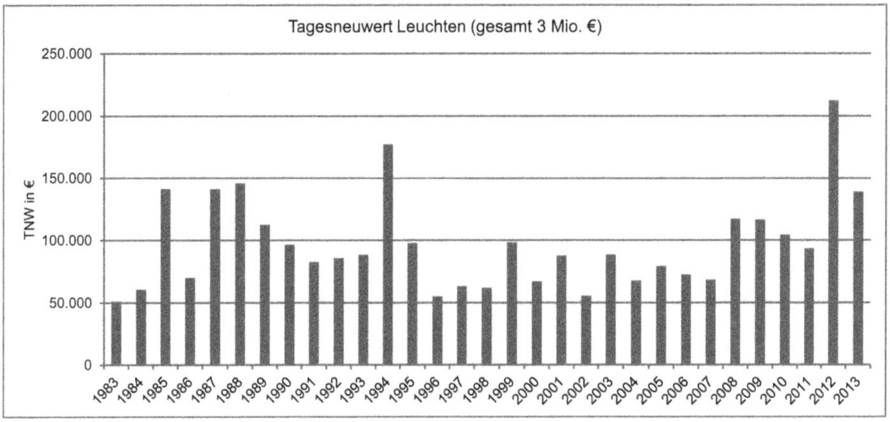

bb) Standardlastprofile der Straßenbeleuchtung und Haushalte im Vergleich

Strom ist in den sog. **Off-Peak-Zeiten**, also den Zeiten, die jenseits der großen Nachfrage liegen, in der Regel günstiger. Dies trifft wiederum tendenziell auf die Straßenbeleuchtung zu, die üblicherweise nachts eingeschaltet ist. Obige Abbildung zeigt ein Beispiel eines üblichen Haushaltskundenprofils, dessen Verbrauch tagsüber und insbesondere zu den Mittags- und Abendstunden hoch ist, im Vergleich zu einem Straßenbeleuchtungsprofil, das überwiegend nachts Energie zieht. Eine Bepreisung der Profile führt je nach Handelstag zu Unterschieden von 5–10%. 41

Eine Kommune geht in der Regel nicht auf diese Detailebene des Energiepreises, sondern vereinbart den schon erwähnten integrierten Preis mit dem Energieversorger. Dieser stellt jedoch in seiner **Preiskalkulation** auf die oben beschriebenen Zusammenhänge und seine eigenen Beschaffungskonditionen ab. 42

cc) Netzentgelte

Die Netzentgelte werden von dem jeweiligen örtlichen Netzbetreiber je nach Anschlusssituation und Verbrauchsverhalten des Letztverbrauchers in Rechnung gestellt. Sie sind Teil des **integrierten Preises**, den jeder Stromabnehmer zahlen muss. Die Netzentgelte setzen sich aus folgenden **Komponenten** zusammen: 43
- Netzentgelte (eigentliches Entgelt für die Netznutzung),
- Messentgelt,
- Entgelt für den Messstellenbetrieb.

dd) Abrechnungsentgelt

Ein Netzbetreiber hat nach dem EnWG jedem Energielieferanten einen diskriminierungsfreien Netzzugang zu ermöglichen. Damit gehen umfangreiche **Entflechtungs- und Berichtspflichten** einher. Die Höhe der Netzentgelte basiert auf lokalen 44

Gegebenheiten sowie der Netzkostensituation und kann von Kommune zu Kommune abweichen. Wichtig ist dabei festzuhalten, dass bei sonst gleichen Umständen die Höhe der Netzentgelte für jeden Energielieferanten gleich ist.

45 Die Anschlusssituation und die Abgrenzung des Straßenbeleuchtungsnetzes zum Netz der allgemeinen Versorgung spielen aus **regulatorischer Sicht** eine Rolle. Würde das Straßenbeleuchtungsnetz zum **Netz der allgemeinen Versorgung** gezählt, würde der Betreiber hierfür Netzentgelte inklusive einer zugestandenen Verzinsung vereinnahmen können. Die Kosten würden demnach alle Netzkunden über die Netzentgelte und nicht ausschließlich die Kommune, die im Rahmen der Daseinsvorsorge letztendlich die Kosten der Straßenbeleuchtung schultern muss, tragen. Die **BNetzA** hat mit der Anlage K2 zu den „Definitionen zu den Erhebungsbögen für Betreiber von Elektrizitätsversorgungsnetzen" vom 14.5.2012 die Abgrenzung so definiert, dass sowohl das separate Beleuchtungskabel wie auch der Kabelanschlussschrank oder Verteilungsschrank sowie die Anschlussleitung vom Netz zum Kabelanschlussschrank Teil der Straßenbeleuchtung sind. Damit ist die Möglichkeit, zusätzliche Anlagen regulatorisch geltend zu machen, **deutlich eingeschränkt**. Bei direkt ans Niederspannungsnetz angeschlossenen Leuchten könnten die Kabel, die von den Abzweigmuffen zu den Leuchtstellen gehen, den Beleuchtungsanlagen zugerechnet werden. Alternativ könnte auch die **„elektrische Grenze"** zwischen Verteilnetz und Verbrauchsanlage, die an den Klemmen des Sicherungskastens (entsprechend einem Hausanschlusskasten) liegt, zur Abgrenzung herangezogen werden.[14] Entscheidend für die Zuordnung ist eine saubere Trennung und Zuständigkeit für Investitionen, Instandhaltung, etc.

46 Eine **Beeinflussung der Höhe der Netzentgelte** durch den Betreiber wäre nur durch die **Anschlusssituation** zu erzielen (vgl. Rn 25ff). Hierbei ist die Frage zu beantworten, ob die Straßenbeleuchtung aus der Umspannebene von Mittelspannung zu Niederspannung oder aus dem Niederspannungsnetz versorgt wird. Der Anschluss in der Umspannebene hat den **Vorteil**, dass in der Regel niedrigere Netzentgelte anfallen. Auf der anderen Seite ist für einen Umspannkunden eine Leistungsmessung vorgesehen, was die Kosten wieder in die Höhe treibt. Jedoch ist aufgrund gewachsener Strukturen im örtlichen Verteilnetz und in der Straßenbeleuchtung nur eingeschränkt von tatsächlicher Beeinflussbarkeit zu sprechen, da zum Erzielen günstiger Netzentgelte ein Umbau der Anschlusssituation durchgeführt werden müsste.

47 Der Gesetzgeber hat mit der Änderung der StromNEV vom 14.8.2013 der lange in der Praxis erprobten rechnerischen oder auf Grundlage von Schätzungen erfolgten Ermittlung von Arbeit und Leistung der Straßenbeleuchtungsverbräuche einen rechtssicheren Rahmen gegeben. Hierbei ist gem. **§ 17 Abs. 6 S. 4 StromNEV** das Anwenden einer **Arbeits-/Leistungspreissystematik** auch ohne Leistungsmessung zulässig,

14 Vgl. *Höhne/Schröter/Cichowski*, S. 95ff.

soweit die Berechnung bzw. Schätzung mit hinreichender Sicherheit zu vergleichbaren zuverlässigen Ergebnissen wie eine Leistungsmessung mittels Lastgang führt. Insbesondere wird durch diese Regelung klargestellt, dass *„die an das gleiche Niederspannungsnetz angeschlossenen Straßenbeleuchtungsanlagen (...) zu einem Zählpunkt zusammengefasst“*[15] werden können. Weiter heiß es in der Gesetzesbegründung:

> „Im Falle der Straßenbeleuchtung dürften solche gesicherten Erkenntnisse regelmäßig vorliegen, da die Zahl der in einem Netzgebiet installierten Straßenbeleuchtungsanlagen, deren Leistung und deren Ein- und Ausschaltzeiten im Vorhinein bekannt sind. Der Einbau von separaten Messeinrichtungen würde zu erheblichen Mehrkosten führen, die außer Verhältnis stehen würden zum Informationsgewinn.“[16]

ee) Steuern und Abgaben

Die Letztverbraucherabnahme unterliegt in Deutschland grundsätzlich den folgenden Steuern und Abgaben: 48
- KWKG,
- EEG,
- Stromsteuer,
- Konzessionsabgabe,
- § 19 Abs. 2 StromNEV-Umlage,
- Offshore-Umlage,
- Umsatzsteuer.

Grundsätzlich sind alle Komponenten in einem Strompreis für die Straßenbeleuchtung enthalten. Die KWKG-, § 19 Abs. 2 – sowie Konzessionsabgabe wird vom Netzbetreiber mit den Netzentgelten vereinnahmt, während Stromsteuer und EEG-Umlage vertriebsseitig vom Energielieferanten abgerechnet wird. Bei den verschiedenen Komponenten gibt es je nach Modell und Konstellation die Möglichkeit von Einsparungen zu realisieren (vgl. Kap. 7). 49

ff) Energieverbrauch

Auf der anderen Seite der Energiekostengleichung steht der Energieverbrauch. Dieser wiederum hängt von der **installierten Leistung** der Leuchtkörper, ggf. Vorschaltgeräten und Systemverlusten sowie von der Systemansteuerung und den Schaltzeiten der Straßenbeleuchtung ab. 50

Setzt man voraus, dass bei einer bestimmten Beleuchtungssituation nicht an der „Qualität der Beleuchtung“ gespart wird, also entsprechend der anerkannten 51

15 Vgl. BR-Drucks. 447/13 v. 29.5.13, S. 22.
16 Vgl. BR-Drucks. 447/13 v. 29.5.13, S. 22.

Regeln der Technik z.B. nach **DIN EN 13201 d**ie Dimensionierung der Anlagen ausgelegt wird, so stellt sich die Frage, mit welchem Energieeinsatz dies realisiert werden kann. Hierbei spielt der Technologieeinsatz eine große Rolle (vgl. Kap. 9). Es gibt große Unterschiede im **Wirkungsgrad** von Leuchtmitteln. Die EU hat in den letzten Jahren entsprechende Standards geschaffen, sodass weniger effiziente Leuchtmittel wie etwa die Quecksilberdampfhochdruck-Lampen nach und nach vom Markt genommen werden (vgl. Kap. 1 Rn 13ff.). Neben der Frage nach der Energieeffizienz eines Leuchtmittels spielen weitere Aspekte wie Lebensdauer und Wartungshäufigkeit bei der Wirtschaftlichkeit sowie die Lichtfarbe, um einen gestalterischen Aspekt zu nennen, bei der Wahl eine Rolle.

52 Die **Ansteuerung** der Lampen zum An- und Ausschalten oder zum Dimmen stellt eine weitere Stellgröße für den Energieverbrauch dar. Gängige Systeme sind dabei Dämmerungsschalter oder Rundsteuerschaltungen zum einfachen Schalten sowie Halbnachtschaltungen, Spannungsreduzierung oder Schaltungen über mehrstufige Vorschaltgeräte, um nachts durch **Reduzierung** der Beleuchtungsstärke Energieeinsparungen zu erzielen. Nicht unüblich insbesondere in ländlichen Regionen ist auch die komplette Abschaltung der Straßenbeleuchtung (vgl. Kap. 2).

53 Aus den beschriebenen Einflussfaktoren, wie die installierte Leistung und die Schaltung der Lampen, ergibt sich damit der Energieverbrauch der gesamten Straßenbeleuchtung. Kennzahlenvergleiche zeigen große Unterschiede von Kommune zu Kommune. Nicht immer bedeutet ein geringer Energieverbrauch, dass die **Infrastruktur** energieeffizient ist; denn eine abgeschaltete Straßenbeleuchtung hat einen Energieverbrauch von null, kann jedoch unter Umständen nicht die Anforderung erfüllen, die an sie gestellt wird.

c) Kapitalkosten und Abschreibungen

54 Der Begriff Kapitalkosten beschreibt die Kosten, die entstehen, wenn Kapital eingesetzt bzw. zur Verfügung gestellt wird. Dies ist regelmäßig dann der Fall, wenn **Investitionen** (vgl. Rn 25ff.) durchgeführt werden. Im Rahmen der Straßenbeleuchtung hängen die Kosten also mit Baumaßnahmen zusammen, deren **Anschaffungs- und Herstellungskosten** die Basis für die Berechnung der Kapitalkosten darstellen. Hierunter fallen sowohl die Kosten der Anlagen an sich, also Kabel, Maste, Leuchtköper etc., aber auch sonstige aktivierungsfähige Leistungen wie die Kosten der Errichtung, des Grabenaushubs und der Oberflächenwiederherstellung sowie Kosten der Projektierung, Bauüberwachung und zurechenbare Gemeinkosten.

55 Das HGB regelt im § 255 Abs. 1 die Bewertungsmaßstäbe und definiert Anschaffungskosten als Aufwendungen, die geleistet werden, „um einen Vermögensstand zu erwerben und ihn in einen betriebsbereiten Zustand zu versetzen". Dazu zählen neben dem Anschaffungspreis auch die Nebenkosten wie z.B. Montagekosten.

56 Im kommunalen Zusammenhang der Straßenbeleuchtung weniger relevant sind die Herstellungskosten nach § 255 Abs. 2 HGB die Aufwendungen, „die durch den

Verbrauch von Gütern und die Inanspruchnahme von Diensten für die Herstellung eines Vermögensgegenstands, seine Erweiterung oder für eine über seinen ursprünglichen Zustand hinausgehende wesentliche Verbesserung entstehen“. Hierbei wird für bestimmte Aufwendungen wie Material- und Fertigungskosten bzw. deren Gemeinkosten von Aktivierungspflicht, bei z.B. Verwaltungsgemeinkosten von einem Aktivierungswahlrecht, sowie bei Vertriebskosten von einem Aktivierungsverbot gesprochen.

Die Kapitalkosten lassen sich in Eigen- und Fremdkapitalkosten untergliedern. 57
Für die weitere Betrachtung werden ebenfalls Abschreibungen aufgrund ihres direkten Zusammenhangs mit den Investitionen betrachtet.

aa) Eigenkapitalkosten

Da es sich bei Eigenkapitalkosten um Kosten handelt, die mit einer Gewinnerzie- 58
lungsabsicht in Verbindung stehen (z.B. das Erzielen einer Kapitalrendite auf eingesetztes Eigenkapital), was wiederrum im Rahmen einer kommunalen Aufgabe der Daseinsvorsorge **keine Rolle** spielt, werden diese nicht weiter betrachtet. Ein privates Unternehmen würde jedoch im Sinne von Wagniszuschlägen sein Risiko mit Aufschlägen bzw. Gewinnmargen entsprechend den Marktgegebenheiten einrechnen.

bb) Fremdkapitalkosten

Fremdkapitalkosten sind Kosten, die im Rahmen von Fremdkapitalaufnahmen an 59
z.B. Banken oder Sparkassen oder auch öffentlich-rechtliche Einrichtungen wie die KfW-Bankengruppe entrichtet werden. Es handelt sich dabei vor allem um Fremdkapitalzinsen, die der Fremdkapitalnehmer für das Erhalten der Fremdmittel zu zahlen hat. Die Höhe richtet sich nach den **Marktkonditionen** und dem **Risiko**, dass der Fremdmittelgeber in dem Geschäft sieht. Neben den Konditionen wie Laufzeit und Tilgung ist die Bonität, also die Fähigkeit des Fremdkapitalnehmers die Schulden zurückzuzahlen, maßgeblich. Fremdkapitalgeber werden im Vergleich zu Eigenkapitalgebern vorrangig bedient, sodass deren Risiko als geringer einzuschätzen ist, was sich in tendenziell geringeren (Zins-)Kosten als beim Eigenkapital widerspiegelt.

cc) Abschreibungen

Abschreibungen resultieren aus dem Werteverzehr von Vermögensgegenständen 60
wie die Straßenbeleuchtungsanlagen oder auch immaterielle Vermögensgegenstände wie Software. In der Kostenrechnung schlagen Investitionen nicht mit ihren Anschaffungs- und Herstellungskosten im Jahr der Anschaffung zu Buche, sondern bilden einen Aufwand mit der sich nach der Abschreibungsdauer und -methode richtenden jährlichen Abschreibung. Die Abschreibungsdauer kann je nach Kontext unterschiedlich ausfallen (u.a. steuerlich, handelsrechtlich, preisrechtlich). Für die

Kostenrechnung kommt es auf eine möglichst genaue Darstellung des **tatsächlichen technischen/wirtschaftlichen Werteverzehrs**, also die Wertverminderung der Vermögensgegenstände, an. Hieraus lassen sich Rückschlüsse für den Reinvestitionszeitpunkt oder für die Preiskalkulation ziehen.

dd) Anlagenbewertung

61 Eine **konkrete Zuordnung** von Kapitalkosten und Abschreibungen zu den Anlagen der Straßenbeleuchtung ist im kommunalen Umfeld bislang selten zu finden. Für das Bestandsanlagevermögen liegt eine Finanzierung in der Regel lange zurück. Eine historische Zuordnung von Darlehen zu Projekten zum Bau von Straßenbeleuchtungen ist kaum leistbar. Hinzu kommt, dass die kameralistische Buchführung des öffentlichen Sektors keine Abschreibungen kennt und deshalb eine wesentliche Kostenkomponente fehlt. Ebenso können die aktuellen Vermögenswerte nicht einfach aus einer Bilanz abgelesen werden. Dies macht den Kostenvergleich zwischen einer auf der Kameralistik basierenden Darstellung mit einer aus der aufwandsbasierenden Kostenrechnung abgeleiteten Darstellung eines privatrechtlichen Unternehmens schwierig.

62 Im Rahmen der Einführung der kommunalen Doppik[17] ist jedoch eine Bewertung des kommunalen Vermögens **notwendig** geworden. Ebenfalls kann eine Anlagenbewertung dann von Relevanz sein, wenn es um den Kauf oder Verkauf von Anlagen der Straßenbeleuchtung geht. Dies tritt bei auslaufenden Straßenbeleuchtungsverträgen auf, bei denen der Dienstleister auch das Eigentum an den Anlagen hatte und nun die Kommune die Anlagen zurückkaufen möchte bzw. dazu vertraglich sogar verpflichtet ist.

63 In der Praxis beschränken sich die verfügbaren Details zu den Anlagen der Straßenbeleuchtung häufig auf ein technisches Anlagengitter über Mast- und Leuchtentypen mit Altersangaben sowie Kabellängen und Anzahl von Schaltschränken, konkrete historische AHK liegen nicht vor. Eine Bewertung kann auf der Grundlage in folgenden Schritten durchgeführt werden:

- Ermittlung Anlagentagesneuwert,
- Ermittlung rückindizierte Anschaffungs- und Herstellungskosten,
- Berechnung von kalkulatorischen Restwerten und Abschreibungen,
- Ableitung von überschlägigen Kapitalkosten.

64 Zunächst ist anhand des Anlagengitters eine sog. Tagesneubewertung durchzuführen. Dabei wird durch Multiplikation des Mengengerüsts mit aktuellen spezifischen

---

17 Die „Doppik" ist ein Kunstwort (Doppelte Buchführung in Konten), das im Kontext des öffentlichen Sektors ein auf der doppelten Buchführung basierendes Rechnungswesen beschreibt und das Prinzip der Kameralistik beim Führen von Finanzhaushalten von Kommunen ablöst.

Anschaffungspreisen für die einzelnen Bestandteile der Straßenbeleuchtung wie Leuchten, Maste, Kabel und Freileitungen sowie Kabelverteilerschränke der **Wert einer kompletten Neuerrichtung** nach aktuellen Preisen ermittelt. Hierbei kann zur Komplexitätsreduzierung oder für Überschlagsrechnungen auf Durchschnittswerte z.B. für die Kosten eines Lichtpunkts inklusive anteiligem Kabel und Schaltschrank zurückgegriffen werden.

Über eine Rückindizierung des Tagesneuwerts, beispielsweise mittels der **WIBERA-Indexreihen**, lassen sich die historischen Anschaffungskosten der Anlagen abschätzen. Dabei wird auf Daten des Statistischen Bundesamtes basierend auf der historischen Preisentwicklung von Wirtschaftsgütern durch z.B. Tarifsteigerungen oder Materialkostenentwicklung etwa für Beleuchtungskabel oder Leuchtkörpern zurückgegriffen. 65

Aus den Anschaffungskosten kann durch lineare Abschreibung über die Nutzungsdauer der **Restwert der Straßenbeleuchtung** berechnet werden. Der Restwert hängt somit auch vom Ansatz der Nutzungsdauern ab. Diese werden neben den eigentlichen Produkteigenschaften wie Material und Verarbeitung auch von lokalen Einflüssen wie z.B. Belastung durch Straßenverkehr, Industrieemissionen aber auch natürliche Gegebenheiten wie Salzgehalt in der Luft bestimmt. Desweitern kann eine entsprechend angepasste oder auch unterlassene Instandsetzung die Nutzungsdauer beeinflussen. Untenstehende Tabelle zeigt typische Spannen, in denen sich die Nutzungsdauern bewegen können: 66

in Jahre	Unterer Rand	Oberer Rand	Steuerrechtlich
Maste	35	40	20
Leuchten	25	30	20
Kabel	40	50	35
Schaltanlagen	30	35	20

Die Anlagenbewertung dient auch zur **Berechnung eines möglichen Kaufpreises** 67 der Straßenbeleuchtung. Vielerorts erfolgte die Vergabe der Straßenbeleuchtung in der Vergangenheit im Rahmen des Konzessionsvertrags Strom. Oftmals wird in den zugehörigen Verträgen der **Sachzeitwert** als Rückkaufpreis bei Beendigung des Vertragsverhältnisses genannt. Dieser ist definiert als der um die Abschreibungen geminderte Tagesneuwert eines Wirtschaftsgutes und lässt sich aus der oben beschriebenen Anlagenbewertung ableiten.

Geht man vereinfachend davon aus, dass die Tilgung den Abschreibungen ent- 68 spricht, wie es bei einer Anlagen- und Darlehensrestwerts-Kohärenz der Fall ist, lassen sich die **jährlichen Kapitalkosten** anhand der Annuitätenmethode überschlägig wie folgt ermitteln:

$$\text{Kapitalkosten} = \frac{\text{Anschaffungskosten} \times \text{Annuitätenfaktor ANF}}{100}$$

Dabei ergibt sich der Annuitätenfaktor aus folgender Formel:

$$ANF = \frac{p \times q^n}{q^n - 1}$$

mit
p = Zinssatz (%/a),
q = 1 + p/100 = Zinsfaktor,
n = Abschreibungsdauer in Jahren.

69 Folgender Tabelle können exemplarische Annuitätenfaktoren entnommen werden, die überschlägig die prozentualen Kapitalkosten darstellen:

Zinssatz	Annuitätenfaktoren bei der jeweiligen Abschreibungsdauer			
	20 Jahre	30 Jahre	40 Jahre	50 Jahre
2%/a	6,12	4,46	3,66	3,18
3%/a	6,72	5,10	4,33	3,89
4%/a	7,36	5,78	5,05	4,66
5%/a	8,02	6,51	5,83	5,48
6%/a	8,72	7,26	6,65	6,34

Beispiel

Im Folgenden wird **exemplarisch** gezeigt, wie eine **Anlagenbewertung** von Leuchten durchgeführt werden kann.

Ermittlung Anlagentagesneuwert:

Es wird von der praxisnahen Annahme ausgegangen, dass ein technisches Anlagengitter zu den Leuchten mit Altersangaben vorliegt. Folgende Abbildung zeigt das Mengengerüst der Leuchten (in Summe 10.000 Stück) in einer jahresscharfen Darstellung. Für diese Anlagen soll eine Bewertung nach den obigen Schritten durchgeführt werden, um die historischen Anschaffungskosten zu ermitteln.

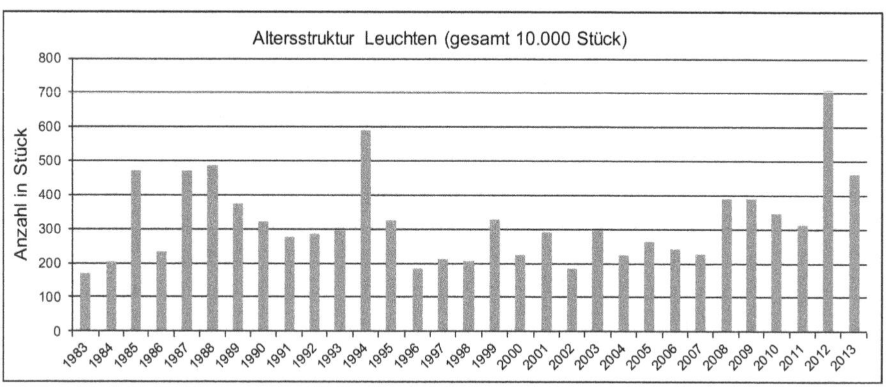

Es wird angenommen, dass die Material- wie die Montageaufwendungen für die Wertermittlung zu berücksichtigen sind (vgl. Rn 54). Der Tagesneuwert der Leuchten ergibt sich aus der Multiplikation der durchschnittlichen spezifischen Tagesneuwerte der eingesetzten Leuchten mit ihrer Anzahl. Der durchschnittliche Tagesneuwert wird mit 250 € Material und 50 € Montage je Leuchte angenommen. Hieraus ergibt sich der Tagesneuwert des Anlagevermögens wie folgt zu 3,0 Mio. €:

Tagesneuwert Material Leuchten
= Spezifischer Tagesneuwert Leuchte x Anzahl
= 250 €/Leuchte × 10.000 Leuchten = 2.500.000 €

Tagesneuwert Montage Leuchten
= Spezifischer Tagesneuwert Montage x Anzahl
= 50 €/Leuchte × 10.000 Leuchten = 500.000 €

Tagesneuwert Leuchten = Tagesneuwert Material + Tagesneuwert Montage
= 2.500.000 € + 500.000 € = 3.000.000 €

Ermittlung rückindizierte Anschaffungs- und Herstellungskosten:
Mithilfe der Tagesneuwerte und Faktoren zur Rückindizierung werden die Anschaffungs- und Herstellungskosten ermittelt. Exemplarisch wird dies für eine Leuchte aus dem Jahr 1990 durchgeführt. Aus der folgenden Abbildung lassen sich die Faktoren für die Ermittlung der Anschaffungskosten für Beleuchtungskörper (WIBERA-Indexreihe Nr. 52) und Tariflöhne der Versorgungswirtschaft (WIBERA-Indexreihe Nr. 30) mit dem Basisjahr 2013 (=1) ablesen.

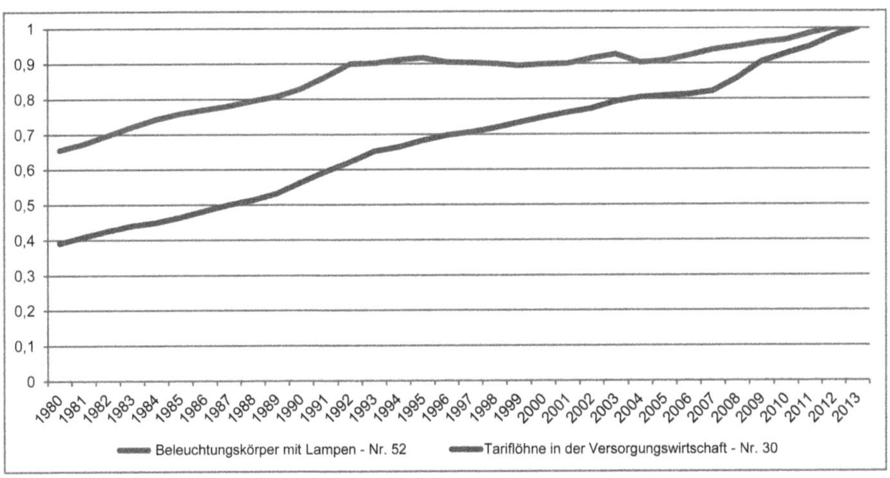

Faktorenverkäufe für Tariflöhne der Versorgungswirtschaft und Beleuchtungskörper mit Lampen auf Basis der WIBERA-Indexreihen für das Jahr 2013
Zur Ermittlung der historischen Anschaffungskosten der Leuchte aus dem Jahr 1990 wird der Tagesneuwert anteilig mit dem Materialfaktor 0,82919 und dem Lohnfaktor 0,56306 multipliziert.

AHK Material Leuchte 1990
= Tagesneuwert Leuchte x WIBERA - Faktor Nr. 52 1900
= 250 €/Leuchte x 0,82919 = 207,30 €/Leuchte

AHK Montage Leuchte 1990
= Tagesneuwert Montage x WIBERA - Faktor Nr. 30 1900
= 50 €/Leuchte x 0,56306 = 28,15 €/Leuchte

Eine im Jahr 1990 errichtete Leuchte hatte demnach unter den obigen Ansätzen im Jahr 1990 AHK in Höhe von 235,45 €. Zur Bewertung des gesamten Anlagevermögens sind sämtliche Leuchten mit den jeweiligen Jahresfaktoren zu multiplizieren. Für das dargestellte Mengengerüst der Leuchten ergeben sich daraus Anschaffungs- und Herstellungskosten in Höhe von 2,59 Mio. €.

Berechnung von kalkulatorischen Restwerten:
Der Restwert der im vorherigen Beispiel beschriebenen Leuchte aus dem Jahr 1990 ergibt sich bei Ansatz einer Nutzungsdauer von 25 Jahren bei einer Bewertung im Jahr 2014 wie folgt:

$$\text{Restwert Leuchte 1990} = \text{AHK Leuchte 1990} \times \frac{\text{Restnutzungsdauer}}{\text{Nutzungsdauer}}$$

$$= \text{AHK Leuchte 1990} \times \frac{\text{Nutzungsdauer} - (\text{Jahr}_{\text{Ist}} - \text{Jahr}_{\text{Bau}})}{\text{Nutzungsdauer}}$$

$$= 235{,}45\ € \times \frac{25 - (2014 - 1990)}{25} = 125{,}45\ € \times \frac{1}{25} = 9{,}42\ €$$

Der Restwert der Leuchte beträgt damit 9,42 €. Bei einer längeren angesetzten Nutzungsdauer von 30 Jahren ergibt sich der Restwert zu 47,09 €.
Zur Bewertung des Gesamtrestwerts der Anlagen müsste dieser Schritt für jedes Jahr durchgeführt werden. Für das im vorherigen Praxisbeispiel dargestellte Anlagevermögen ergibt sich bei Ansatz einer Nutzungsdauer von 25 Jahren ein Restwert in Höhe von 1,134 Mio. € bzw. bei 30 Jahren von 1,334 Mio. €.

Ableitung von überschlägigen Kapitalkosten:
Im zuvor dargestellten Beispiel betragen die AHK der Leuchten in Summe 2,59 Mio. €. Bei einer Abschreibungsdauer von 30 Jahren und einem Zinssatz von 4% p.a., ergeben sich die überschlägigen jährlichen Kapitalkosten durch die Multiplikation mit dem Annuitätenfaktor von 5,78 zu rund 150.000 €.

ee) Substanzerhaltende Erneuerung

70 Durch die Erneuerung wird die Anlagensubstanz erhalten und der technisch-wirtschaftliche Werteverzehr ausgeglichen. Die Höhe der substanzerhaltenden Erneuerung errechnet sich aus dem Wiederbeschaffungswert sowie der technisch-wirtschaftlichen Nutzungsdauer der Anlagen und ist ein sich mit der Preisentwicklung der Anlagengüter entwickelnder Wert. Er bemisst sich demnach zu jedem Zeitpunkt einer Erneuerung neu. Zur pauschalen Einschätzung der zu tätigenden Investitionen in den Anlagenbestand ist ein Vergleich mit einem Durchschnittswert des gesamten Anlagenbestandes zu Tagesneuwerten dividiert durch eine durchschnittliche Nutzungsdauer aller Anlagen von z.B. 40 Jahren als Indikator anzusetzen.

Beispiel
Das zuvor dargestellte Mengengerüst wird im folgenden Diagramm in Tagesneuwerten dargestellt:

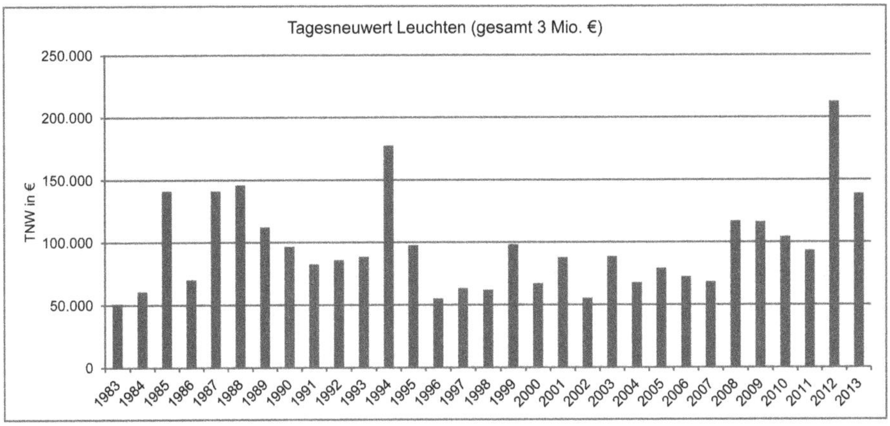

Bei Ansatz einer Nutzungsdauer von 25 Jahren ergeben sich die zum Substanzerhalt zu tätigenden Investitionen zu 3.000.000 €/25 Jahre = 120.000 €/Jahr (rote Linie). Bei einer längeren Nutzungsdauer von 30 Jahren sind die zu tätigenden Investitionen mit 100.000 € entsprechend geringer (grüne Linie).

Das Beispiel zeigt, dass es durchaus sinnvoll ist, Spannen zu betrachten, um die jährlichen Investitionen einzuordnen. In der Praxis werden die Investitionen in der Regel nicht gleichmäßig erfolgen, sondern den Erfordernissen entsprechend schwanken. Daher sollte auf eine erste Einschätzung der zum Substanzerhalt notwendigen Investitionen eine genauere Investitionsplanung folgen. Beispielsweise kann auf Basis des Mengengerüsts und durchschnittlicher Nutzungsdauern ein Investitionsplan ermittelt werden, der die Altersstruktur einbezieht. Noch detaillierter wäre ein Asset Management, in dem der Zustand der Anlagen dokumentiert wird und auf dieser Basis die Investitionen geplant werden. Beispielsweise können hierin die Ergebnisse von Maststandsicherheitsprüfungen aufgenommen werden und somit genauere Informationen zum erforderlichen Investitionszeitpunkt erlangt werden. 71

d) Managementkosten

Die mit dem laufenden Betrieb verbundenen Managementkosten beinhalten zum Großteil **Personalkosten** von kaufmännischen Mitarbeitern bei der Stadt oder von einem Dienstleister. 72

Sie werden verursacht durch regelmäßige Abstimmungs- und Planungsprozesse, die nicht einem konkreten Investitionsprojekt zugerechnet werden können. Hierunter sind die Abrechnungs- und Controllingaufgaben eines städtischen Mitar- 73 beiters oder auch die Managementleistungen eines Dienstleisters zu verstehen. Ebenfalls werden hier die **Dokumentationspflichten** bzw. die Überwachung einer sauberen Dokumentation angesiedelt. Dies kann zum einen die Dokumentation des operativen Betriebs wie das Aufzeichnen von Schaltstellungen der Straßenbeleuchtung, das Aufnehmen von Fehlermeldungen und das Führen von Schadensstatistiken, zum anderen aber auch das Pflegen einer Anlagenbuchhaltung betreffen.

2. Kostenbestandteile in Abhängigkeit der Organisationsform

74 Kommunen kommen in unterschiedlicher Art und Weise ihrer Pflicht zur Beleuchtung von öffentlichen Straßen, Wegen und Plätzen nach (vgl. Kap. 8). Im Folgenden werden drei Grundmodelle unterschieden:
- Eigenleistung,
- Fremdvergabe,
- Zwischenformen.

75 Kommunen müssen über ihr **operatives Engagement** bei den Leistungen zur Straßenbeleuchtung entscheiden. Maßgeblich sind neben einer strategischen Ausrichtung an den Zielen der Kommune die strukturellen Voraussetzungen z.B. durch einen Baubetriebshof sowie die entsprechenden Kapazitäten mit fachlichem und methodischem Know-how für eine Steuerung der Aufgaben. Hat man als Kommune die Wahl zwischen Eigenleistung oder Fremdvergabe, spielt neben der reinen Wirtschaftlichkeit auch die Wahrung von kommunaler Einflussnahme auf die Straßenbeleuchtung eine wichtige Rolle. Ungeachtet vergaberechtlicher Bestimmungen dürfte eine „umfassende Fremdvergabe“ von Leistungen an ein 100% kommunales Stadtwerk einer Kommune leichter fallen als die an einen privatrechtlichen Dienstleister.

76 Für die Kostenanalyse sind die Organisationsformen von Bedeutung, weil in ihrer Abhängigkeit unterschiedliche Kosteninformationen vorliegen.

a) Eigenleistung

77 Erbringt eine Kommune die Leistungen zur Straßenbeleuchtung selber, benötigt sie dafür die notwendigen **organisatorischen Strukturen** (Managementstelle, Planungsbüro), das **Fachpersonal** (Elektromeister, Monteure) sowie das notwendige **Gerät** (Steiger, Werkzeug). Kommunen mit einem Baubetriebshof sind häufig in der Lage, neben Aufgaben wie die Grünflächenbewirtschaftung oder den Betrieb der Lichtsignalanlagen auch die Straßenbeleuchtung zu betreiben. Darüber hinaus halten Kommunen in diesem Fall auch das Eigentum an den Beleuchtungsanlagen mit den einhergehenden Aufgaben zum Anlagenmanagement und deren Finanzierung. Dies führt unter Beachtung der kommunalen Doppik zur Bilanzierung von Anlagen

und Aufwand im städtischen Haushalt durch Abschreibungen und Finanzierungskosten für Investitionstätigkeiten.

In der Regel wird selbst bei einem hohen Grad von Eigenleistung für Spezial- 78
aufgaben ein auf diese Tätigkeiten spezialisiertes Unternehmen beauftragt. Insbesondere für Aufgaben ohne regelmäßigen Charakter oder mit hohem Spezialisierungsgrad wie etwa bei Standsicherheitsprüfungen der Maste oder Erdarbeiten bei Bauvorhaben ist dies der Fall.

Die Kosten, die in Sachen Straßenbeleuchtung **bei der Kommune** anfallen, 79
sind in die folgenden Kostenarten zu unterteilen:
- Materialaufwand (inkl. Energiebezug),
- Aufwand für bezogene Leistungen,
- Personalaufwand,
- sonstiger betrieblicher Aufwand,
- Fremdkapitalzinsen,
- Abschreibungen.

b) Fremdvergabe

Unter der Organisationsform Fremdvergabe soll verstanden werden, dass die Kom- 80
mune selber **nicht operativ** an der Leistungserbringung zum Beleuchten der Straßen, Wege und Plätze beteiligt ist. Sie vergibt die Leistung komplett an einen oder mehrere **Dienstleister.** Unter Umständen ist damit auch ein Eigentumsübergang auf den Dienstleister und die Aufgabe verbunden, Investitionen durchzuführen. Anstelle einer Energielieferung kann auch eine Lichtlieferung vereinbart werden. Dies kann unter Umständen steuerliche Vorteile bringen (vgl. Kap. 7). Bei der reinen Fremdvergabe schuldet der Dienstleister letztendlich die **beleuchtete Straße** und erhält dafür ein **Dienstleistungsentgelt.** Ein solcher Dienstleister ist in den meisten Fällen aufgrund technischer und historischer Gründe der **lokale Stromnetzbetreiber**, wie z.B. das Stadtwerk oder der Regionalversorger.

Für die Kommune ergibt sich daher die Situation, dass ihr keine detaillierten In- 81
formationen für eine Kostenrechnung vorliegen, da sie quasi einen **Preis** für die Leistung bezahlt. Solange dieser anhand von Marktpreisen anderer Anbieter vergleichbar ist, reicht dies für eine Kostenanalyse aus. Das ist für manche Teilleistungen sicher zu bejahen, insbesondere im Bereich der Bauleistungen oder Instandhaltungsdienstleistungen. Schwierig wird es jedoch bei einer höchst individuellen Komplettvergabe der Leistungen, wie oben beschrieben. Ein Vergabeverfahren kann bei einem Vergleich von Leistungsangeboten und einer Marktpreisfindung helfen.

Aufseiten der Kommune bleiben Managementleistungen wie Koordinations-, 82
Abstimmungs- und Controllingaufgaben bestehen, die aufgrund des **hoheitlichen Charakters** der Straßenbeleuchtung nicht abgegeben werden können. Die mit diesen Aufgaben anfallenden Kosten sind dem Dienstleistungsentgelt hinzuzurechnen, um einen umfassenden Kostenüberblick zu erhalten.

83 Die Kosten, die im Rahmen der reinen Fremdvergabe bei Kommunen in Sachen Straßenbeleuchtung anfallen, sind in die folgenden Kostenarten zu unterteilen:
- Aufwand für bezogene Leistungen,
- Materialaufwand (Managementleistungen),
- Personalaufwand (Managementleistungen),
- sonstiger betrieblicher Aufwand (Managementleistungen).

c) Zwischenformen

84 Die reinen Organisationsformen zum Betrieb der Straßenbeleuchtung, wie oben exemplarisch beschrieben, gibt es in den seltensten Fällen. Im Hinblick auf die hoheitliche Aufgabe zur Beleuchtung einer Kommune kann man darüber diskutieren, **welche Aufgaben** selber erbracht und welche vergeben werden können. Die Parameter, die für eine derartige Entscheidung relevant sind, können u.a. die Kosten, der Einfluss der Kommune auf Entscheidungen oder auch die Gegebenheiten vor Ort sein. Folgende Fragen könnte sich eine Kommune dabei stellen:
- Gibt es die notwendige Struktur z.B. mit einem Bauhof und dem entsprechend geschulten Personal?
- Was würde ein Aufbau solch einer Struktur kosten?
- Gibt es ein kommunales Unternehmen, dem die Aufgaben der Straßenbeleuchtung zugeordnet werden können (Stadtwerk, technische Betriebe)?
- Kann man sich den gewünschten kommunalen Einfluss durch vertragliche Regelungen mit dem Dienstleister sichern?
- Zu welchem Preis bietet ein Dienstleister den Betrieb an, und was kostet die Eigenerbringung?

85 Aus diesen Fragen und den entsprechenden individuellen und lokal höchst unterschiedlichen Antworten ergeben sich die verschiedenen **Modelle** zum Betrieb der Straßenbeleuchtung. Gelegentlich geben steuerrechtliche Aspekte für das eine oder andere Modell den Ausschlag, manchmal die aktuelle Haushaltslage oder die Zufriedenheit bzw. Unzufriedenheit mit dem aktuellen Betreiber.

86 Für die Kostenerhebung ergibt sich demnach ein **Mischbild** der oben dargestellten Modelle. Je nachdem, was konkret selber geleistet wird und wo das Eigentum der Anlagen liegt, ergeben sich Kosten, die der Straßenbeleuchtung zuzuordnen sind.

d) Kostenvergleich

87 Die Leistungen der Straßenbeleuchtung werden demnach von einer Kommune selber erbracht oder aber in Form von Dienstleistungen eingekauft. Zwischenformen sind dabei denkbar. Die verschiedenen Organisationsformen führen zu unterschied-

lichen Ansätzen in der Kostenanalyse. Im Falle der Eigenregie befindet man sich in der klassischen Kostenrechnung, mit deren Instrumenten eine sachgerechte und aussagekräftige Bewertung der eigenen Leistungen erbracht werden soll, während man im anderen Extremfall der Fremdvergabe bei einem reinen Preisvergleich der Leistungen ist. Zu beachten sind jedoch die Eigenleistungen einer Kommune, die sich ggf. rein auf Kontrolltätigkeiten beschränken kann.

Bei der Kostenauflistung im Vergleich der Organisationsformen wird ein ver- 88
steckter Aspekt häufig übersehen: Es handelt sich um die für Kommunen aufgrund der fehlenden Vorsteuerabzugsberechtigung relevante Umsatzsteuer. Diese fällt insbesondere auf die Personalkosten der Eigenleistungen nicht an. Ein Kostenvergleich muss deshalb immer brutto stattfinden. Ebenfalls unterliegt eine Kommune nicht der Gewinnerzielungsabsicht, wie es naturgemäß ein privatrechtliches Unternehmen tut. Selbst im Zusammenhang mit einem 100%-kommunalen Stadtwerk müssen die Vorgaben der verdeckten Gewinnausschüttung beachtet werden. Im Kostenvergleich der Modelle Eigenleistung und Fremdvergabe muss demnach ein Dienstleister seinen Kostennachteil durch die Umsatzsteuer insbesondere auf die Personalkosten durch sonstige Kostenvorteile ausgleichen.

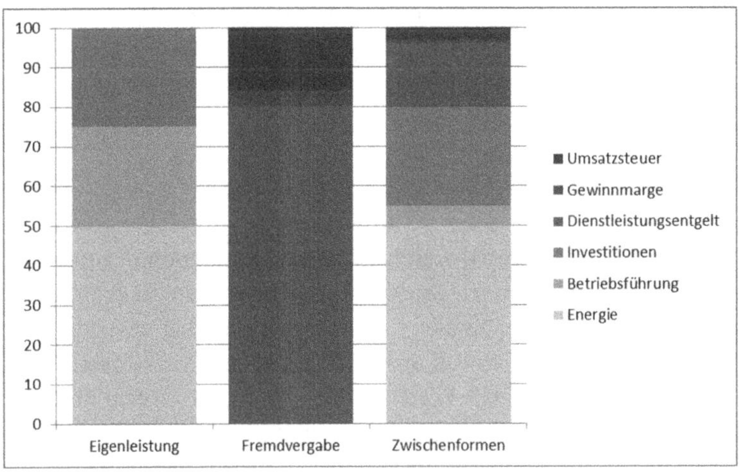

Kostenzusammensetzung unterschiedlicher Organisationsformen

II. Kostenanalyse der Straßenbeleuchtung

Die Kosten- und Leistungsrechnung unterteilt sich in folgende drei Teilgebiete: 89

- Kostenartenrechnung,
- Kostenstellenrechnung,
- Kostenträgerrechnung.

90 Die **Kostenartenrechnung** ermittelt die im Rahmen der Kostenrechnung relevanten Kosten der Höhe nach. Dabei werden verschiedene Kostenarten für den Zweck der weiteren Verrechnung definiert und teilweise aus der Finanzbuchhaltung (FiBu) abgeleitet (Grundkosten oder aufwandsgleiche Kosten), teilweise abweichend von der FiBu neu kalkuliert (Zusatz-, Anderskosten oder kalkulatorische Kosten). Die Kostenartenrechnung ermittelt demnach, welche Kosten angefallen sind.

91 Die **Kostenstellenrechnung** ermittelt die Kostenverursacher durch die Aufteilung der Kosten auf sog. Kostenstellen. Hierbei werden die Kosten aus der Kostenartenrechnung in Einzel- und Gemeinkosten unterteilt und möglichst verursachungsgerecht einzelnen organisatorischen Einheiten zugerechnet. Mithilfe eines **Betriebsabrechnungsbogens** wird eine interne Leistungsverrechnung von Gemeinkosten zwischen den Kostenstellen abgebildet. Die Kostenstellenrechnung ermittelt demnach, wo die Kosten angefallen sind.

92 Die **Kostenträgerrechnung** verteilt die Einzelkosten und Gemeinkosten auf die Kostenträger, also auf die Leistungen, Produkte oder Aufträge, denen letztendlich Kosten zugeordnet sind. Mithilfe der Kostenträgerrechnung können die Selbstkosten einer Leistung bestimmt werden. Die Kostenträgerrechnung ermittelt, wofür die Kosten angefallen sind.

93 Es bleibt festzuhalten, dass eine Kosten- und Leistungsrechnung eine reine Zweckrechnung ohne rechtlich vorgeschriebene Vorgaben ist. Daher ist deren Ausgestaltung höchst individuell und von den gewünschten Steuerungs-, Kontroll- oder Dokumentationszielen abhängig.[18]

1. Kostenartenrechnung

94 In der Kostenartenrechnung wird erfasst, **welche Kosten** überhaupt im Laufe einer Periode angefallen sind. Sie werden nach vorab festgelegten Regeln für die Kontierung von Kosten gegliedert. Genaugenommen handelt es sich hierbei in erster Linie nicht um eine Rechnung, sondern um eine **geordnete Darstellung von Kosten.**[19] Sie bilden die Basis für die sich anschließende Kostenstellen-/Kostenträgerrechnung.

95 Die **Gliederung** der Kostenarten kann nach verschiedenen Aspekten erfolgen. In der Regel kommt mehr als ein Kriterium zur Anwendung, sodass wichtige Zusatzinformationen miterfasst werden können. Das Grundgerüst wird üblicherweise mit der Differenzierung nach der Art der verbrauchten Güter und Leistungen und entsprechend den bekannten Kostenarten wie Personal-, Material-, Kapitalkosten sowie Kosten für Fremdbezug und öffentlichen Abgaben und Steuern gebildet.[20]

---

18 Vgl. *Coenenberg/Fischer/Günther*, S. 39.

19 Vgl. dazu Stichwort: Kostenartenrechnung, abrufbar unter http://www.wirtschaftslexikon24.com/d/kostenartenrechnung/kostenartenrechnung.htm.

20 Vgl. *Coenenberg/Fischer/Günther*, S. 43.

Im Rahmen der Kostenstellenrechnung sowie der Kostenträgerrechnung ist die Frage der Art der **Kostenzuordnung** zu einem Kostenträger oder einer Kostenstelle entscheidend. Deshalb werden Kosten in Einzelkosten und Gemeinkosten unterteilt. **Einzelkosten** können direkt einer Verrechnungseinheit zugerechnet werden, während **Gemeinkosten** über sach- und verursachungsgerechte Schlüsselungen indirekt verrechnet werden. Letztendlich steht und fällt die Qualität der Zuordnung mit dem Aufwand, den man in die Schlüsselung steckt, sowie der Komplexität des Zusammenhangs. Durch entsprechenden Aufwand einer Erhebung ließen sich manch typische Gemeinkosten einer Kostenstelle direkt als Einzelkosten zuordnen wie z.B. der Stromverbrauch einer einzelnen Maschine im Verhältnis zum gesamten Stromverbrauch durch die Installation einer Messung. Hier ist die Verhältnismäßigkeit zwischen Aufwand und Nutzen der Schlüsselung zu beachten. 96

Wegen der Relevanz für die Straßenbeleuchtung soll abschließend die Kostenarteneinteilung nach Grundkosten und Anders- bzw. Zusatzkosten erläutert werden. Als **Grundkosten** bezeichnet man die Kosten, die als Zweckaufwand den betrieblich veranlassten Werteverzehr darstellen. Sie lassen sich aus der Finanzbuchhaltung eins zu eins ableiten und werden deshalb auch als aufwandsgleiche Kosten bezeichnet. Zu ihnen gehören z.B. Löhne und Gehälter, Materialaufwand oder bezogene Leistungen. Neben den aufwandsgleichen Kosten gibt es aber auch Kosten, die nicht dem betrieblichen Zweckaufwand entsprechen. Dieser ist grundsätzlich durch gesetzliche Vorgaben für die Bewertung von Aufwand und Ertrag an das Realisations- und Anschaffungswertprinzip gebunden. Im Rahmen der Kosten- und Leistungsrechnung ist unter Umständen jedoch eine **andersartige oder zusätzliche Bewertung von Kosten** für eine betriebswirtschaftlich saubere Bewertung von Leistungen notwendig. So können z.B. kalkulatorische Eigenkapitalkosten als Opportunitätskosten, gestiegene Materialpreise oder andere als auf den Anschaffungskosten nach steuerlichen Gesichtspunkten basierende Abschreibungen – sog. **kalkulatorische Abschreibungen** – angesetzt werden. Der kalkulatorischen Abschreibung kommt bei langlebigen Wirtschaftsgütern wie denen der Straßenbeleuchtung eine besondere Bedeutung zu. Zur Ermittlung der Selbstkosten wird eine dem tatsächlichen Werteverzehr entsprechende Abschreibung gerechnet. Im Vergleich zur steuerlichen Behandlung werden häufig längere Nutzungsdauern und eine lineare Abschreibung auf die jeweiligen aktuellen Wiederbeschaffungswerte als Grundlage zur Substanzerhaltung der Anlagen herangezogen (vgl. Rn 54ff.). Durch die kalkulatorische Abschreibung wird also die tatsächliche technisch-wirtschaftliche Wertminderung der genutzten Anlagegegenstände erfasst. Für weitere Kostenartendefinitionen wird auf die einschlägige Fachliteratur verwiesen. 97

2. Kostenstellenrechnung

Durch die Ermittlung der Gesamtkosten in der oben beschriebenen Kostenarten- 98
rechnung ist eine detaillierte Leistungsanalyse der Straßenbeleuchtung noch nicht

möglich. Aussagen zu einzelnen Aufgabenbereichen sind nicht ohne Weiteres machbar. Lediglich ein Gesamtkostenvergleich kann durchgeführt werden. Eine genauere und tiefergehende Kostenrechnung im Sinne einer Kostenstellen-/Kostenträgerrechnung bietet Möglichkeiten für weitergehende Analysen der Leistungserstellung.

99 Die Kostenstellenrechnung hat zur Aufgabe die Kostenarten nach dem Ort der Entstehung zuzuordnen, um so **Kostenschwerpunkte** deutlich zu machen.[21] Im Rahmen der Kostenstellenrechnung wird eine Organisationseinheit wie ein Unternehmen oder eine Behörde in einzelne Kostenstellen unterteilt. Jede Kostenart wird einer Kostenstelle **zugewiesen**. Die matrizenhafte Darstellung in einem Betriebsabrechnungsbogen (BAB) verdeutlicht dabei den Zusammenhang zwischen Kostenarten (Einzel- und Gemeinkosten) und Kostenstellen bzw. Kostenträgern. Dabei wird zwischen Haupt- und Nebenkostenstellen unterschieden. Hauptkostenstellen sind solche Kostenstellen, deren Leistungen nicht auf andere Kostenstellen, sondern direkt auf die Kostenträger verrechnet werden. Nebenkostenstellen werden hingegen vorab auf Hauptkostenstellen verrechnet.

100 Die konkrete Unterteilung und Ausgestaltung des Kostenstellensystems hängt von den jeweiligen Rahmenbedingungen und Zielen ab. Eine Kostenstellenrechnung kann folgende Aufgaben erfüllen:

- Aufzeigen, an welcher Stelle in der Organisation Kosten entstanden sind,
- Weiterverrechnung von Gemeinkosten durch Haupt- und Nebenkostenstellen (innerbetriebliche Leistungsverrechnung),
- Wirtschaftlichkeitskontrolle einzelner Verantwortungsbereiche (Kostenstellen).[22]

101 Die Aufgaben, die der Kostenstellenrechnung zugerechnet werden, machen deutlich, dass sich eine Kostenstelle durch eine gewisse Autonomie und Einflussnahmen auszeichnen muss. Die konkrete Art der Ausgestaltung ist höchst individuell und richtet sich nach der Aufbau- und Ablauforganisation des Unternehmens oder der Behörde.[23] Als Kriterien für die Aufteilung können u.a. Verantwortlichkeit, Funktion oder räumlicher Zusammenhang herangezogen werden.

102 Im Rahmen der Organisation der Straßenbeleuchtung bietet sich eine Orientierung entsprechend des **funktionalen Zusammenhangs** am Leistungserstellungsprozess an. Hier kann die folgende grobe Kostenstellenstruktur Ausgangspunkt für einen dem Leistungserstellungsprozess angepassten Kostenstellenplan sein:[24]

- Management (Verwaltung, Projektierung, Controlling),
- Betrieb (Bedienung, Instandhaltung),

---

21 Vgl. *Höhne/Schröter/Cichowski*, S. 161.
22 Vgl. *Coenenberg/Fischer/Günther*, S. 83 ff.
23 Vgl. *Coenenberg/Fischer/Günther*, S. 85.
24 Vgl. *Höhne/Schröter/Cichowski*, S. 162 ff.

- Bau (Montage, Werkstatt),
- Energieeinkauf.

Die Zurechnung der Kostenarten erfolgt in dieser Struktur entweder direkt (Einzelkosten) oder über Schlüsselungen auf die Kostenstellen. 103

3. Kostenträgerrechnung

Mithilfe der Kostenträgerrechnung wird aufbauend auf der Kostendefinition und -schlüsselung der Kostenarten- und Kostenstellenrechnung **eine Zuordnung der Kosten zu einzelnen Leistungen** (oder Produkten, Aufträgen) einer Organisation abgeleitet. Dabei können Einzelkosten den jeweiligen Leistungen direkt zugeordnet werden, während sich die verschiedenen Kostenträgerrechnungsmethoden mit der Problematik einer verursachungsgerechneten Zurechnung von Gemeinkosten, also Kosten, die keiner Bezugsgröße unmittelbar zurechenbar sind, befassen. Es ist die dritte Stufe der Kostenrechnung. Die Grundlage der Kostenträgerrechnung ist bereits mit der sachgerechten Kostenverrechnung im Rahmen der Kostenstellenrechnung gelegt. Für manche Branchen, wie z.B. für den Dienstleistungssektor, ist eine Trennung zwischen Kostenstellen und Kostenträgern nicht immer leicht durchführbar.[25] Es wird in der Betriebswirtschaftslehre in Kostenträgerstückrechnung und Kostenträgerzeitrechnung unterschieden. Im Folgenden wird aufgrund der Relevanz für die Straßenbeleuchtung die Kostenträgerstückrechnung genauer betrachtet. 104

Die zentrale Aufgabe der Kostenträgerstückrechnung ist die Ermittlung der Herstell- und Selbstkosten eines Kostenträgers u.a. zur: 105
- Beurteilung der Ertragskraft durch Vergleich mit den Erlösen zu den Kosten eines Kostenträgers,
- Beurteilung eigener Wettbewerbsfähigkeit der Eigenerstellung im Vergleich zum Fremdbezug,
- Unterstützung bei der Preiskalkulation und/oder internen Verrechnungspreisen,
- Preiskalkulation öffentlicher Aufträge und Leistungen nach den Leitsätzen für die Preisermittlung aufgrund von Selbstkosten (LSP).

Im Rahmen der **Straßenbeleuchtung** könnten folgende Leistungen als Kostenträger einzeln betrachtet werden:[26] 106
- Betrieb:
  - Wartung und Instandhaltung,
  - Störungsdienst,
  - Bedienung,

25 Vgl. *Coenenberg/Fischer/Günther*, S. 104.
26 Vgl. *Höhne/Schröter/Cichowski*, S. 161 ff.

- Bau von Anlagen:
  - Neubau,
  - Erneuerung,
- Energielieferung.

107 Die verschiedenen Methoden der Kostenträgerrechnung sind ausführlich in der Fachliteratur dargestellt.[27]

108 Im Rahmen der Straßenbeleuchtung kann es für eine Kommune interessant sein, ob Leistungen selbst erbracht oder von Dritten bezogen werden können. Die Kenntnis über die eigenen Kosten ist dabei ein wichtiger Faktor. Der Aufbau einer Kostenrechnung hilft in diesem Zusammenhang, strukturiert an eine Kostenzuordnung zu einzelnen kommunalen Leistungen oder Produkten heranzugehen. In Analogie zur bei einer Leistungsbepreisung eines öffentlichen Auftrags entsprechend der **„Leitsätze für eine Preisermittlung aufgrund von Selbstkosten (LSP)“** grundsätzlich anzuwendenden Zuschlagskalkulation soll diese im Folgenden auf eine Leistung im Rahmen der Straßenbeleuchtung angewandt werden. Bei der **Zuschlagskalkulation** werden dem Kostenträger Einzelkosten direkt und Gemeinkosten über Gemeinkostenzuschlagssätze zugeschlagen. Die Gemeinkostenzuschlagssätze werden mithilfe der Kostenstellenrechnung bestimmt. Gemeinkosten können nicht oder nur mit unverhältnismäßigem Aufwand den Kostenträgern direkt zugerechnet werden.

109 Im folgenden Beispiel (unter Rn 113) werden mithilfe einer Kostenarten-/Kostenstellen-/Kostenträgerrechnung mit Zuschlagskalkulation die Selbstkosten für die Leistung „Energielieferung für die Straßenbeleuchtung“ ermittelt. Es wird angenommen, dass ein städtischer Mitarbeiter den Beschaffungsprozess koordiniert und durchführt. In einer vereinfachten Betrachtung wird angenommen, dass es eine Hilfskostenstelle „Gebäude“ sowie die Hauptkostenstelle „Energiebeschaffung“ gibt. Hierbei laufen auf der Kostenstelle „Energiebeschaffung“ alle Kosten der gesamten Energiebeschaffung der kommunalen Einrichtungen und Liegenschaften auf. Weiterhin wird angenommen, dass der Mitarbeiter das Thema Energiebeschaffung nur zu einem bestimmten Prozentsatz im Jahr begleitet und darüber hinaus weitere Aufgaben übernimmt. Folgenden Kosten werden betrachtet:
- Gehaltskosten,
- Gebäudekosten inkl. Instandhaltung und Raumausstattung,
- Energiebezugskosten.

110 Die Zuschlagskalkulation basiert auf dem Betriebsabrechnungsbogen. Im Rahmen der Primärkostenverrechnung können zunächst die reinen Energiebezugskosten

27 Vgl. *Coenenberg/Fischer/Günther*.

sowie die anteiligen Personalkosten des Mitarbeiters der Kostenstelle „Energiebeschaffung" zugewiesen werden.. Die Zurechnung der primären Kostenarten auf die Kostenstelle erfolgt in der Kostenartenrechnung und sollte nach dem **Verursachungsprinzip** erfolgen.[28] Die Energiebeschaffungskosten könnten in diesem Zusammenhang auch als Einzelkosten direkt dem Kostenträger zugerechnet werden, wenn es nur einen Kostenträger „Energiebeschaffung" geben würde. In unserem Beispiel haben wir jedoch die Kostenart **„Energiekosten"** in Summe für die Kommune. Die Kostenträger unterteilen sich in die Leistung „Energiebeschaffung der Straßenbeleuchtung" und „Energiebeschaffung der andern Liegenschaften und öffentlichen Einrichtungen". Es bedarf demnach noch einer weiteren Verteilung der Energiekosten auf die Kostenträger. Deshalb sind die Energiekosten im Sinne der Kostenträgerrechnung auch Gemeinkosten, können jedoch der Kostenstelle Energiebeschaffung zu 100% zugerechnet werden.[29] Sie werden quasi über einen Umweg in die Kostenstellenrechnung als Kostenstellen-Einzelkosten zugerechnet, um eine weitere Verrechnung zwischen Kostenstellenrechnung und Kostenträgerrechnung zu ermöglichen.

Die **Personalkosten** des Mitarbeiters, der u.a. den Beschaffungsprozess mana- 111
get, haben aufgrund ihrer anteiligen Zuordnung von vornherein den Charakter von Gemeinkosten im Sinne der Kostenträgerrechnung. Durch die Vorabverteilung durch geeignete Schlüssel bei der Kostenerfassung in der Kostenartenrechnung werden die sog. Kostenstellen-Gemeinkosten mehreren Kostenstellen zugerechnet.[30] Eine Verrechnung der anteiligen Personalkosten kann z.B. anhand einer Stundenerhebung der Vorjahre der Kostenstellen „Energiebeschaffung" erfolgen.

Im Rahmen der **Sekundärkostenverrechnung** werden die Gemeinkosten der 112
Hilfskostenstelle „Gebäude" betrachtet. Sie werden der Hauptkostenstelle als interne Leistungsverrechnung zugerechnet und somit die gesamten Kosten der Kostenstelle ermittelt. Dieses sich so ergebende Zwischenergebnis der Gesamtkosten der Kostenstelle „Energiebeschaffung" kann bereits Hinweise für die Wirtschaftlichkeit beinhalten. So ist etwa ein Vergleich mit Vorjahren oder eine Budgetverantwortung überprüfbar. Des Weiteren werden die Zuschlagssätze ermittelt, die im Rahmen der Kostenträgerrechnung anschließend der Energiebeschaffung Straßenbeleuchtung die anteiligen Gemeinkosten zu schlüsseln. Die Verrechnung von Gemeinkosten hat im Unterschied zur primären Kostenverteilung eher den Charakter einer pauschalen Umlage. Zu ihrer Ermittlung gilt aber das, was für andere Schlüsselungen auch gilt: Je mehr Aufwand betrieben wird, desto besser ist in der Regel die Zuordnung – der Kosten-/Nutzenabgleich muss jedoch stimmen. Die Gemeinkosten der Hilfskostenstelle „Gebäude" soll in unserem Beispiel auf-

28 Vgl. *Coenenberg/Fischer/Günther*, S. 88.
29 Vgl. *Coenenberg/Fischer/Günther*, S. 89.
30 Vgl. *Coenenberg/Fischer/Günther*, S. 89.

grund der Serviceaufgabe „Arbeitsplatz bereitstellen“ und der anteiligen Zuordnung des Mitarbeiters zur Energiebeschaffung pauschal mit einem zweistufigen Schlüssel aus Quadratmetern Bürofläche zur Gesamtfläche und anteiliger Arbeitszeit verteilt werden.

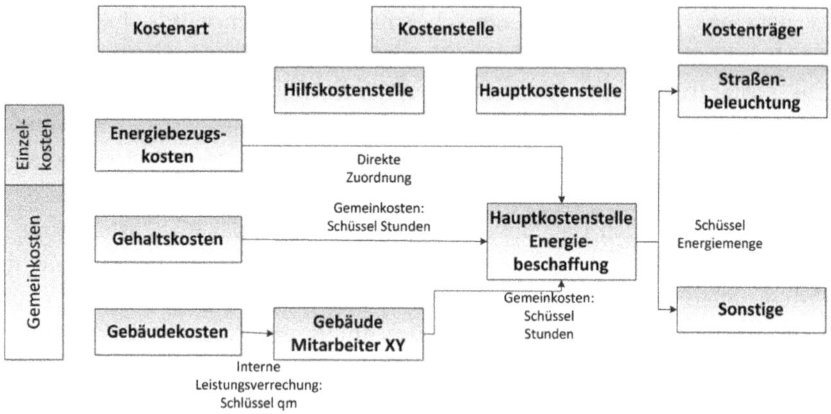

113 Aus der Abbildung wird die Kostenzuordnung zur Energiebeschaffung deutlich. Neben den tatsächlichen Kosten für die Energiebeschaffung werden zusätzlich die Kosten für die Gebäude und die Gehälter der Mitarbeiter, die für die Beschaffung zuständig sind, in Form eines Zuschlagssatzes berücksichtigt. Die Thematik wird anhand des folgenden Beispiels noch einmal deutlich gemacht.

Beispiel

Eine Kommune bezieht im Jahr 10.000.000 kWh. Für die Kilowattstunde zahlt die Kommune brutto 25 ct. Für die Straßenbeleuchtung werden im Jahr 2.500.000 kWh benötigt. Der Mitarbeiter, der in der Kommune für den Bezug des Stroms zuständig ist, arbeitete im Vorjahr 1.800 Stunden und wendete für den Beschaffungs- und Abrechnungsprozess etc. der Energie 80 Stunden, also zwei Wochen auf. Die gesamten Gehaltskosten für den Mitarbeiter belaufen sich im Jahr auf 80.000 €. Zusätzlich besitzt er ein 20 m² großes Büro in dem 6.000 m² großen Gebäude der Stadtverwaltung. Der Kommune entstehen für das Gebäude inkl. Instandhaltung und Raumausstattung Belastungen von 900.000 € pro Jahr.

Die Ermittlung der Selbstkosten erfordert die folgenden Rechenschritte:

Koststellenrechnung:

Angewendete Schlüssel:

$$\text{Schlüssel Personal Energiebeschaffung} = \frac{80\ \text{h}}{1.800\ \text{h}} = 0{,}0444$$

$$\text{Schlüssel Gebäude Mitarbeiter XY} = \frac{20\ \text{m}^2}{6.000\ \text{m}^2} = 0{,}0033$$

Energie (direkte Zuordnung):

Energiekosten Energiebeschaffung $= 0{,}25 \frac{€}{\text{kWh}} \times 10.000.000\ \text{kWh}$

$= 2.500.000\ €$

Personal (Gemeinkosten)
Personal Energiebeschaffung $= 80.000\ € \times 0{,}0444 = 3.552\ €$

Mitarbeiter (Sekundärkostenverrechnung):
Hilfskostenstelle Gebäude Mitarbeiter XY
Gebäude Mitarbeiter XY $900.000\ € \times 0{,}0033 = 2.970\ €$

Hauptkostenstelle Gebäude
Gebäude Energiebeschaffung $= 2.970\ € \times 0{,}0444 = 132\ €$

Hauptkostenstelle Energiebeschaffung
Hauptkostenstelle Energiebeschaffung $= 2.500.000 + 3.552\ € + 132\ € = 2.503.684\ €$

Kostenträgerrechnung:

Angewendete Schlüssel:
Schlüssel Energiemenge

Schlüssel Straßenbeleuchtung $= \frac{2.500.000\ \text{kWh}}{10.000.000\ \text{kWh}} = 0{,}25$

Schlüssel Sonstige $= 1 - 0{,}25 = 0{,}75$

Kostenträger Straßenbeleuchtung $= 0{,}25 \times 2.503.684\ € = 625.921\ €$

Kostenträger Sonstige Verbraucher $= 1.877.763\ €$

Spezifische Kosten Straßenbeleuchtung $= \frac{625.921\ €}{2.500.000\ \text{kWh}} = 0{,}2504\ €/\text{kWh}$

Es fallen inklusive der Gemeinkosten 2.503.684 € pro Jahr für die Energiebeschaffung an. Die Verteilung der Hauptkostenstelle auf die Kostenträger Straßenbeleuchtung und Sonstiges wird über die abgerechneten Energiemengen in Kilowattstunden realisiert. Der spezifische Ausweis der Kosten beträgt damit 25,04 ct/kWh und liegt durch das Einbeziehen von Mitarbeiter- und Gemeinkosten über dem reinen Bezugspreis.

III. Preisbildung von Dienstleistungen zur Straßenbeleuchtung

1. Dienstleistungen in der Straßenbeleuchtung

Der Betrieb und die Bewirtschaftung von Straßenbeleuchtungsinfrastrukturen ist eine Aufgabe, die von **Verteilnetzbetreibern** als Dienstleistung für Kommunen seit jeher wahrgenommen wird. Sie gehört klassischerweise zum Aufgaben-Portfolio 114 eines Stadtwerks, das in der Regel in der Lage ist, alle Leistungen bzgl. der Straßenbeleuchtung (vgl. Rn 9f.) anzubieten. Dies zeigt sich etwa an der Koppelung von Straßenbeleuchtungs- und **Konzessionsverträgen.**[31] In den letzten Jahren wird dies durch die Liberalisierung der Energiemärkte und einer Verschärfung des Vergaberechts – wenn auch nur zögerlich – aufgeweicht. Insbesondere für die Teilleistungen, die sich hinter den Oberbegriffen „Unterhaltung" und „Investitionen" verbergen, lässt sich auch schon in der Vergangenheit ein „Wettbewerb am Markt" beobachten.[32] So werden Bauunternehmen mit der Errichtung von Straßenbeleuchtungsanlagen im Rahmen von Erschließungen beauftragt oder Elektroinstallateure mit der entsprechenden Qualifikation für die Wartung, Reinigung oder Instandsetzung von Leuchten engagiert. Dahingegen bleibt der Anteil von privaten Anbietern ohne EVU-Hintergrund, die ein umfangreiches Aufgabenpaket anbieten bzw. auch den Zuschlag erhalten, eher gering. Im Zuge der Liberalisierung der Energiemärkte in den letzten 10–15 Jahren lässt sich die Liste der wettbewerblichen Teilmärkte der Straßenbeleuchtung um die Energiebeschaffung ergänzen.

115 Wer als Dienstleister ein umfassendes Angebot zur Straßenbeleuchtung machen möchte, muss in der Lage sein, alle Aufgaben der Straßenbeleuchtung inklusive Managementaufgaben, Projektierung und Abwicklung von Bauvorhaben sowie die Instandhaltung und ggf. auch den Energieeinkauf sowie die damit einhergehenden Risiken zu beherrschen.[33] Ein regionaler Bezug, ggf. der Aufbau von einer oder mehreren Betriebsstätten, machen deutlich, dass ein wirtschaftliches Engagement nur bei **längeren Vertragslaufzeiten** von 10 Jahren oder mehr sinnvoll erscheint. Hierdurch und durch die vielerorts vorzufindende technische Verflechtung mit dem Netz der allgemeinen Versorgung wird der „natürliche" Vorteil von kommunalen Energieversorgern für die Dienstleistung der Straßenbeleuchtung deutlich, denn diese sind bereits vor Ort und verfügen aus der Nähe der Aufgabe zum Netzbetrieb über die entsprechende Qualifikation und Organisation. Allen Anbieter ist gemein, dass sie versuchen werden, durch das Nutzen von Synergien, ggf. Größenvorteilen und Spezialisierung wirtschaftlich günstigere Angebote zu machen, als dies eine Kommune im Eigenbetrieb könnte. **Synergien** sind u.a. in den Bereichen der Materialwirtschaft, Datenverarbeitung und Dokumentation, Gerätschaften und (Spezial-)Werkzeugen sowie im Störungsdienst zu erwarten. Es bleibt jedoch auch zu beachten, dass es bei einer Fremdvergabe einer bis dato in die kommunale Organisation einbezogenen Aufgabe zu negativen Effekten kommen kann. Bestehende Synergien bei einer Kommune z.B. durch die Nutzung eines Steigers für Straßenbeleuchtung und Lichtsignalanlagen würden zukünftig entfallen.

---

31 Vgl. VDEW, Öffentliche Beleuchtung als Dienstleistung – VDEW Materialen M 16/2000 – S. 23.

32 Vgl. VDEW, Öffentliche Beleuchtung als Dienstleistung – VDEW Materialen M 16/2000 – S. 8.

33 Vgl. *Höhne/Schröter/Cichowski*, S. 173.

Für den Fall, dass die Aufgabe der Straßenbeleuchtung umfangreich fremdvergeben wird, verbleiben bei der Kommune neben der **Organisations- und Aufsichtspflicht**[34] lediglich **originäre Aufgaben** wie die Festlegung von Art, Umfang und Reihenfolge sowie Qualitätsstandards.[35] 116

2. Regelungen zwischen Kommune und Dienstleister

Straßenbeleuchtungsverträge regeln elementare Aspekte wie Leistungsbeziehung, 117
Vergütung und Laufzeit (vgl. Kap. 5). Insbesondere bei langfristigen Verträgen ist zu beachten, dass neben der Quantität auch die **Qualität** der Dienstleistung zu definieren ist. Damit sind zum einen technische Aspekte zum Betrieb, wie Schaltzeiten, Reaktionszeiten bei Störungen sowie Art und Umfang von Instandhaltungsaufgaben, aber auch Vereinbarungen zu Material und deren Mindest- oder Standardanforderungen gemeint. In einem **technischen Beleuchtungskonzept**, das z.B. als Anlage zum Vertrag erstellt werden kann, sollten Kommune und Dienstleister sämtliche technischen Details **regeln.** Insbesondere wenn auch Erneuerungs- und Erweiterungsaufgaben mit dem Straßenbeleuchtungsvertrag abgebildet sind, und Investitionen pauschal über ein Beleuchtungsentgelt verrechnet werden, ist eine Regelung zu Leuchten- und Maststandards zur Wahrung der Wirtschaftlichkeit und Einflussnahmen der Stadt auf gestalterische Aspekte geboten. Folgende Punkte können in einem technischen Beleuchtungskonzept geregelt werden:

- Beleuchtungsstandards:
  - Auswahl von Bauteilfamilien unter Berücksichtigung technischer und gestalterischer Vorgaben (z.B. Farben und Formen),
  - Schaltzeiten,
- technische Kriterien, u.a. Verkehrssituation, Hauptnutzer, Beleuchtungsgütemerkmale, Wirkungsgrad, Lebensdauer,
- gestalterische Kriterien, u.a. Lichtfarbe, Gehäuseform, zu beleuchtender Bereich bzw. Umgebung,
- Handhabung innovativer Technologien (z.B. LED),
- Vorgaben durch technische Planungsebene, Stadtplaner und evtl. Lichtplaner.

Die Regelungen zu technischen Standards sind im Übrigen auch mit weiteren Drit- 118
ten, wie einem privaten Erschließungsträger, zu vereinbaren, um die gleichen Vor-

34 Vgl. *Höhne/Schröter/Cichowski*, S. 31.
35 Vgl. *Höhne/Schröter/Cichowski*, S. 174.

aussetzungen im ganzen Stadtgebiet zu haben und dem Dienstleister anschließend nach Übergabe der Anlagen vom Erschließungsträger einen reibungslosen Betrieb zu gewährleisten.

3. Bepreisung und Preisgleitklausel

119 Beauftragt eine Kommune einen Dritten mit dem Betrieb der Straßenbeleuchtungsinfrastruktur, wird für diese Dienstleistung eine Vergütung fällig. Der Anbieter wird in seiner **Preiskalkulation** ggf. in ähnlicher Weise herangehen, wie das im obigen Kapiteln für die Straßenbeleuchtung mit dem Fokus einer Kommune beschreiben wurde. In die Preiskalkulation werden demnach die Kostenbestandteile wie Monteurstunden, Materialaufwand, Finanzierungskosten und Gemeinkosten sowie die Gewinnmarge des Anbieters einfließen. Damit ein Anbieter diesen Preis kalkulieren kann, benötigt er detaillierte Informationen zu der Beleuchtungsstruktur wie Angaben zu Energieverbrauch, Erneuerungsbedarf, Lichtpunkthöhen, Details zur Straßenstruktur und Vorstellungen der Kommune zu Standards der Anlagen sowie Schadensstatistiken. Aus diesen und ggf. weiteren Angaben kann der Anbieter die verschiedenen Leistungen der Straßenbeleuchtung einschätzen, kalkulieren und eine Preisvorstellung abgeben. Manche Leistungspakete sind dabei gut einschätzbar und kalkulierbar, bei anderen ist dies nicht ohne Weiteres möglich. Dann spielt die Erfahrung und Expertise des Anbieters eine große Rolle. So können die geplante Instandhaltung sowie die Steuerung der Anlagen ohne größeres Risiko in ein Entgelt pauschal eingepreist werden.[36] Die Leistungen wie Instandsetzung oder Projektierung sind nur teilweise über Erfahrungswerte planbar, jedoch in einem gewissen Rahmen beeinflussbar. Dagegen sind z.B. Schadensfälle und außergewöhnliche Maßnahmen naturgemäß nicht vorhersehbar und der Aufwand nicht genau einschätzbar. Hier ist in dem Straßenbeleuchtungsvertrag bzw. in dem technischen Beleuchtungskonzept Vorsorge zu treffen, dass möglicher Mehraufwand spitz nach Zeit und Aufwand abgerechnet werden kann.[37] Eine so ausgestaltete Bepreisung hat den Charme, dass der Kämmerer im kommunalen Haushalt eine Belastung durch die Straßenbeleuchtung weitestgehend konstant einplanen kann.

120 Üblicherweise wird ein Gesamtpreis oder ein Preis für einzelne Leistungen als Durchschnittspreis in € pro Lichtpunkt pro Jahr angegeben. Die Angabe eines Durchschnittspreises hat den Vorteil, dass bei sich ändernder Lichtpunktanzahl z.B. durch Neuerschließungen eine einfache Anpassung der Vergütung erfolgen kann. Eine Evaluierung der **Lichtpunktanzahl** kann dabei jährlich oder bei größeren Zuwächsen auch unterjährig erfolgen. Bei längerfristigen Verträgen ist es üblich mit einer **Preisgleitklausel** zu arbeiten, die die inflationsbedingte Preisveränderung

---

36 Vgl. VDEW, Öffentliche Beleuchtung als Dienstleistung – VDEW Materialen M 16/2000 – S. 33.
37 Vgl. VDEW, Öffentliche Beleuchtung als Dienstleistung – VDEW Materialen M 16/2000 – S. 15 ff.

in das Entgelt übersetzt. Ein Beispiel einer Preisgleitklausel wird im Folgenden gezeigt:

$$P_t = P_0 \cdot \left(x \cdot \frac{S}{S_0} + y \cdot \frac{I}{I_0} + z \cdot \frac{L}{L_0} \right)$$

Mit:

P_T: Pauschale im Jahr t

P_0: Ausgangswert der Pauschale bei t = 0

x: prozentualer Anteil Energiekosten

S: Strompreis im Jahr t

S_0: S bei t = 0

y: prozentualer Anteil Materialkosten

I: Index zur Abbildung der allgemeinen Preissteigerung der Materialkosten

I_0: I bei t = 0

z: prozentualer Anteil Lohnkosten

L: Index zur Abbildung der allgemeinen Preissteigerung der Lohnkosten

L_0: L bei t = 0

mit (x + y + z) = 1

Die Formel untergliedert sich in das **spezifische Beleuchtungsentgelt** im Anfangs- 121
jahr (P_0) und den **Preisanpassungsterm.** In P_0 gehen die Strom-, Personal- und Materialkosten im Ausgangsjahr ein. Im Preisanpassungsterm wird die relative Kostenveränderung der drei Einflussgrößen Strompreis, Personal- und Materialkosten pauschal über einen zu definierenden Index abgebildet. Die Faktoren vor den einzelnen Indizes – x, y, z – verdeutlichen den prozentualen Anteil der Bestandteile an P_0. Sie werden über eine Aufteilung der Kosten in die Bereiche Lohn, Material und Energie ermittelt. Während die Energiekosten direkt zugeordnet werden können, ergeben sich die Lohn- und Materialkosten aus prozentualer Aufteilung der Betriebsführungskosten. Bezieht man die einzelnen Bestandteile auf die Gesamtkosten pro Lichtpunkt und Jahr, so erhält man die prozentuale Aufteilung der Preisgleitklausel.

Beispiel

Folgende Abbildung zeigt beispielhaft die Ermittlung der Preisgleitklausel mit der Unterteilung der Kostenbestandteile in die Komponenten der Preisgleitklausel und deren prozentuale Aufteilung:

Komponenten Leuchtenpauschale			spezifische Kosten in € / a
a.	Betriebsführung (25% Lohn, 75% Material)		40
b.	Energie		60
	Summe		100
Komponenten Preisgleitklausel	Lohn	Material	Energie
a.	10	30	
b.			60
Prozentuale Aufteilung Preisgleitklausel	10%	30%	60%

Aus obigem Beispiel ergibt sich folgende Preisgleitklausel:

$$P_t = 100€/a \cdot \left(0{,}6 \cdot \frac{S}{S_0} + 0{,}3 \cdot \frac{I}{I_0} + 0{,}1 \cdot \frac{L}{L_0} \right)$$

Die Formel ist durch einen Kapitalkosten- und Finanzierungsaspekt bei Eigentumsübergang mit einer Verpflichtung zu Investitionen erweiterbar. Über einen Durchschnittsansatz der Pauschale über die Vertragslaufzeit kann eine Verstetigung von Aufwendungen, z.B. bei erhöhtem Sanierungsbedarf zu Beginn des Vertrages, realisiert werden. Dies gilt insbesondere für die Energiekosten beim Einsatz energiesparender Lampen.

E. Kennzahlenvergleich/Benchmarking

I. Ziel vom Benchmarking

122 Benchmarking ist ein Instrument der Wettbewerbsanalyse, das einen kontinuierlichen Vergleich von Produkten, Dienstleistungen sowie Prozessen und Methoden mit mehreren Teilnehmern, mit dem Ziel eventuelle Leistungslücken zum Besten zu schließen, beschreibt.[38] Dabei werden in Benchmarking-Prozessen häufig **Kennzahlen** eingesetzt, da sie *„in präziser und konzentrierter Form über wichtige und zahlenmäßig erfassbare Tatbestände (...) informieren.“*[39] Für einen aussagekräftigen Kennzahlenvergleich müssen die entsprechenden Daten zur Bildung der Kennzahlen sachgerecht ermittelt und sinnvollerweise in den gewünschten Zusammenhang gebracht werden. Sie können als relative oder absolute Zahlen dargestellt werden. Zur Vermeidung von Fehlinterpretationen macht es häufig Sinn, nicht nur eine Kennzahl anzuschauen, sondern je nach Sachverhalt mehrere Kennzahlen gegenüberzustellen.[40] Es ist sicherzustellen, dass in einem Vergleich nur „Vergleichbare“ einbezogen werden.

123 Ein Kennzahlenvergleich in der Straßenbeleuchtung mit anderen Kommunen (**externer Benchmark**) hat grundsätzlich die Aufgabe, die eigenen Stärken und Schwächen der Leistungserbringung zu ermitteln, zu analysieren und eventuell Optimierungspotenziale zu identifizieren. Die Kosten der Straßenbeleuchtung können ohne Einfluss auf die vom Bürger wahrgenommene Qualität minimiert werden. Die jeweils besten Umsetzungen (**Best Practice**) der Kommunen können identifiziert und ggf. Strategien für den eigenen Betrieb der kommunalen Beleuchtung abgeleitet werden. Neben dem Vergleich mit anderen Kommunen sollte die eigene Leistungs-

38 Vgl. zum Stichwort: Benchmarking, abrufbar unter http://wirtschaftslexikon.gabler.de/Archiv/2297/benchmarking-v6.html.

39 Vgl. *Groll*, S. 9.

40 Vgl. *Brechtezende*, S. 30.

erbringung im Laufe der Zeit betrachtet werden (interner Benchmark). Hierdurch können Einsparungen, Produktivitätssteigerungen u.ä. dokumentiert und überwacht werden. Sowohl der Vergleich innerhalb einer Kommune als auch mit anderen Kommunen sollte keine Momentaufnahme darstellen, sondern ein ständiger Prozess werden, um eine fortlaufende Verbesserung zu erreichen.

Neben den **Informationsfunktionen** des internen und externen Benchmarks 124
kann ein Kennzahlenvergleich eine gewisse **Preis- oder Kostenorientierung** liefern.[41] Aufgrund der Besonderheit der Straßenbeleuchtung als kommunale Aufgabe in lokalen Strukturen und des stark eingeschränkten Marktes,[42] z.B. durch eine vielerorts praktizierte Koppelung des Straßenbeleuchtungsvertrages an den Konzessionsvertrag bzw. durch die Übernahme der Aufgaben von der Kommune selbst, fehlt es häufig an Preisen zur Orientierung für potenzielle Anbieter und Kommunen. Das Vergaberecht und die deutlich eingeschränkte Auslegung der sog. Inhousevergabe (vgl. Kap. 4) sowie neu zu vergebenen Konzessionen und der damit einhergehende Neuabschluss von Straßenbeleuchtungsverträgen als auch ein erhöhtes Kostenbewusstsein haben hier zu einem Wandel angestoßen. Die Anzahl von Marktteilnehmern, die keinen kommunalen Hintergrund haben, wie in der Regel alle Energieversorger, ist jedoch immer noch sehr überschaubar.[43] Ein Benchmarking kann einen solchen Anhaltspunkt für (Markt-)Preise geben.

II. Kennzahlen zur Straßenbeleuchtung und ihre Aussagekraft

Um aussagekräftige Kennzahlen zu bilden, sind zuerst diejenigen **Parameter** zu 125
bestimmen, zu denen ein **Vergleich** durchgeführt werden soll. Die Güte der Aufgabenerfüllung der Kommune zur Straßenbeleuchtung ließe sich anhand des Beleuchtungsniveaus oder der Qualität der Beleuchtung nach technischen Standards bestimmen. Dies wäre jedoch mit einem hohen messtechnischen Aufwand verbunden.[44] Neben den reinen technischen und ggf. gestalterischen Aspekten spielt die **Wirtschaftlichkeit der Leistungserbringung** eine entscheidende Rolle bei der Beurteilung der Aufgabenerfüllung. Die Kommune ist verpflichtet, ökonomisch mit den Haushaltsmitteln umzugehen.

Ein Benchmarking zur Beurteilung der Leistungserbringung zur Beleuchtung 126
von öffentlichen Straßen, Wegen und Plätzen basiert auf strukturellen, technischen und kostenbasierten Kenngrößen. Als **strukturell** werden hier Umstände bezeichnet, die für die Straßenbeleuchtung als gegeben angesehen werden und sich nicht

41 Vgl. *Höhne/Schröter/Cichowski*, S. 166 ff.
42 Vgl. *Höhne/Schröter/Cichowski*, S. 168.
43 Vgl. WIBERA 2011.
44 Vgl. *Brechtezende*, S. 30.

verändern lassen. **Technische Gegebenheiten** können dagegen zumindest mittelfristig angepasst werden. Dieser umfangreiche Kennzahlenansatz wird aufgrund der Vielzahl von Leistungen mit unterschiedlichen Einflüssen sowie der komplexen Beeinflussung einzelner Kennzahlen untereinander notwendig. Oftmals wird erst im Zusammenhang verschiedener Kennzahlen ein Einfluss sichtbar bzw. kann ein richtiger Rückschluss aus einer Kennzahl gezogen werden. Grundsätzlich hängt die Aussagekraft eines Vergleichs immer von der Quantität und Qualität der verfügbaren Daten ab.

127 Für die Kennzahlen eignen sich insbesondere folgende **Parameter**:
- Strukturell: Einwohneranzahl, Einwohnerdichte, Länge und Anteil nach Straßenkategorien, Kilometer beleuchtete Straße,
- Technisch: Lichtpunktanzahl, Leuchtentyp, Altersstruktur, installierte Leistung, Energieverbrauch,
- Kostenbezogen: Energie, Betriebsführung, Erneuerung und Investitionen der letzten Jahre.

128 Durch die Kombination dieser Parameter lassen sich Kennzahlen bilden, die Aussagen zum Aufbau der Straßenbeleuchtungsinfrastruktur, zu den Energiekosten und seinen Einflüssen, zu den Betriebskosten sowie zu dem Investitionsverhalten ermöglichen.

129 Folgenden Kennzahlen können gebildet werden:

Kategorie	Kennzahl
Strukturell	Einwohner/Lichtpunkt
	Lichtpunkte/Kilometer beleuchtete Straße
	Kilometer beleuchtete Straße
Technisch	Installierte Leistung/Lichtpunkt
	Installierte Leistung/Kilometer beleuchtete Straße
	Energieverbrauch/Lichtpunkt
	Energieverbrauch/Einwohner
	Energieverbrauch/Kilometer beleuchtete Straße
	Anzahl Lichtpunkte
	Durchschnittsalter
	Leuchtenstruktur
Kostenbezogen	Gesamtkosten/Lichtpunkt
	Energiekosten/Lichtpunkt
	Betriebskosten/Lichtpunkt
	Gesamtkosten/Kilometer beleuchtete Straße
	Energiekosten/Kilometer beleuchtete Straße
	Betriebskosten/Kilometer beleuchtete Straße
	Gesamtkosten/Einwohner
	Energiekosten/Einwohner
	Betriebskosten/Einwohner
	Energiekosten/Energieverbrauch (spezifische Kosten)

Kategorie	Kennzahl
	Durchschnittliche Investitionen der letzten Jahre Durchschnittliche Investitionen der nächsten Jahre (Plan)

Die **Strukturkennzahlen** dienen dabei primär der Identifikation vergleichbarer Infrastrukturen, die man sinnvoll miteinander vergleichen kann. Die **Relativierung der Kennzahlen** in pro Lichtpunkt oder pro Kilometer lässt einen Vergleich unterschiedlicher Stadtgrößen möglich erscheinen. Jedoch haben Benchmarks gezeigt, dass tendenziell größenmäßig vergleichbare Städte in puncto Straßenbeleuchtung eher miteinander vergleichbar sind als deutlich unterschiedliche. Eine Einteilung über die **Einwohner- oder die Lichtpunkteanzahl** kann einen ersten Hinweis geben. Zur Verbesserung des Vergleichs könnte man im Hinblick auf die strukturellen Unterschiede von Straßenbeleuchtungsanlagen eine Einteilung nach dem jeweiligen Anteil der **Straßentypen** in Hauptverkehrsstraßen und Anliegerstraßen vornehmen. 130

Die technikbezogenen Kennzahlen dienen zum einen zur Erklärung der Ergebnisse der kostenbezogenen Kennzahlen, zum anderen liefern sie mit der Kennzahl „durchschnittliche installierte Leistung pro Lichtpunkt" bzw. „durchschnittlicher Energieverbrauch pro Lichtpunkt" auch Kernkennzahlen für die **Energieeffizienz** der Anlagen. 131

Die **kostenbezogenen Kennzahlen** liefern Aussagen über die Kosteneffizienz der Leistungserbringung. Abweichungen werfen Fragen nach dem „Warum" auf und müssen analysiert und beantwortet werden. Die Kostenkennzahlen zu den **Energiekosten** sind in der Regel gut herleitbar. Die Zusammenhänge und Einflussfaktoren wie die installierte Leistung, die Schaltzeiten und die spezifischen Stromkosten lassen sich gut nachvollziehen. Schwieriger ist es, Betriebsführungskosten zu vergleichen, da zum einen der Umfang des Leistungsspektrums variiert, zum anderen die Art und Weise zwischen Fremd- und Eigenleistung unterschiedlich ist. In diesem Zusammenhang spielt das Thema Kosten- und Leistungsrechnung eine große Rolle. 132

Es wird empfohlen, die Kostenkennzahlen sowohl auf die Anzahl der Lichtpunkte als auch auf den **Kilometer beleuchtete Straße** zu beziehen. Durch die Betrachtung dieser beider Kennzahlen wird der Einfluss des Lichtpunktabstandes auf die Kosten deutlich und Fehlschlüsse bei der Betrachtung nur einer Kennzahl werden vermieden. Manche Benchmarks stellen auch auf die Vergleichsgröße Einwohneranzahl ab, was jedoch nur eine begrenzte Aussagekraft hat. 133

Die inhaltliche Ausgestaltung und Detaillierungstiefe eines Kostenvergleichs ist maßgeblich für seine Aussagekraft. Dabei ist der Zusammenhang zwischen Aufwand der Datenerhebung, Verfügbarkeit der Daten bei allen Teilnehmern sowie die Eindeutigkeit der Datendefinition im Verhältnis zu der Aussage der Kennzahl zu sehen. Hierbei gilt: Manchmal ist weniger mehr! Eine Erhebung weniger, aber klar umrissener Pa- 134 rameter mit dem Ziel, eine möglichst große Vergleichsgruppe zu erreichen, hat dabei den Effekt, durch eine große Datenbasis im Mittel gute Vergleichswerte zu erhalten, erfordert jedoch im Einzelfall eine Einordnung der Ergebnisse mit lokalem Hintergrundwissen. Das bedeutet, dass sich ggf. Abweichungen zum Benchmark durch lokale Gegebenheiten erklären lassen und somit eine in diesem Benchmark hinzunehmende schlechtere Kennzahl mit sich bringt. Würde diese Besonderheit mit als Parameter in den Benchmark aufgenommen oder per Definition aus der Datenbasis ausgeschlossen, ergäbe sich ein anderes Bild. Andererseits: Wenn sich mit einem motivierten Teilnehmerkreis eine eindeutige Datenbasis mit einem gemeinsamen Verständnis erzielen lässt, sind deutlich detailliertere Kennzahlen zu erheben. Dies setzt aber eine *„vertrauensvolle Zusammenarbeit und eine offene und ehrliche Kommunikation voraus.“*[45]

III. Musterkennzahlen

1. Hintergrund zur Erhebung

135 Im folgenden Abschnitt wird ein Überblick über relevante Kennzahlen der Straßenbeleuchtung gegeben. Die Werte sind Auszüge der PwC/WIBERA-Umfrage „Straßenbeleuchtung – eine kommunale Aufgabe im Wandel“, die in den Jahren 2010 und 2011 unter deutschen Kommunen durchgeführt wurde. Es wurde deutschlandweit Kommunen ein Fragebogen zugesendet und parallel zum Download veröffentlicht. Abgefragt wurden neben allgemeinen Angaben zu den Kommunen technische Parameter, Fragen zur rechtlichen Organisation und Kosten der Straßenbeleuchtung sowie eine Einschätzung zu aktuellen Themengebieten wie der Einsatz von LED-Technologie im Rahmen der öffentlichen Beleuchtung.

136 An der Umfrage haben sich rund 350 Kommunen unterschiedlicher Größe beteiligt. Zur Gruppierung der Vergleichsdaten und Präzisierung des Vergleichs wurde eine Unterteilung nach der Größe der Kommunen entsprechend der Einwohnerzahl in der Unterteilung Großstädte (Einwohnerzahl größer 100.000), Mittelstädte (Einwohnerzahl zwischen 20.000 und 100.000), Kleinstädte (Einwohnerzahl zwischen 5.000 und 20.000) und Landstädte (Einwohnerzahl kleiner 5.000) gewählt. Der Großteil der teilnehmenden Kommunen sind Kleinstädte. Sie machen 50% der teilnehmenden Kommunen aus. Dies entspricht in etwa einem Anteil von 8% aller deutschen Kleinstädte. Die zweitgrößte Städtetypgruppe dieser Umfrage mit 31% sind die sog. Mittelstädte. Sie sind mit ca. 18% vertreten. Von den deutschen Großstädten mit Einwohnerzahlen über 100.000 haben sich 27 beteiligt, was einer Quote von 34% aller Großstädte in Deutschland entspricht. Außerdem sind Landstädte mit 11% vertreten.

45 Vgl. *Höhne/Schröter/Cichowski*, S. 166.

Die Straßenbeleuchtung als öffentliche Aufgabe ist ein vielfältiges und von Kommune zu Kommune oft höchst unterschiedlich gehandhabtes Thema. Wir wissen daher um die Schwierigkeit, Vergleiche zu ziehen, sehen durch das Interesse an unserer Umfrage aber auch einen erheblichen Bedarf. Bei der Bewertung der Benchmark-Analyse ist immer zu beachten, dass die analysierten Größen von **vielfältigen Einflussfaktoren** abhängen. Es ist nicht auszuschließen, dass Unterschiede zwischen einzelnen Kommunen durchaus durch weitere Faktoren zu erklären wären, die jedoch nicht Gegenstand dieser Umfrage waren. Mit dem Hintergrundwissen über die jeweiligen **lokalen Gegebenheiten** bietet diese Benchmark-Analyse eine gute Vergleichsmöglichkeit für Ihre Straßenbeleuchtung. 137

Im Folgenden werden einige Kennzahlen **exemplarisch** aufgeführt und erläutert. Eine Kennzahlenanalyse bezieht sich auf diese Kennzahlen im Zusammenspiel untereinander. 138

In den Grafiken werden als Lagemaße der Median (Wert der mittleren Kommune[46]) sowie die oberen und unteren Quartile (25% der Kommunen haben einen spezifischen Wert oberhalb bzw. unterhalb dieses Schwellenwertes) dargestellt. Generell sollte für eine Optimierung der eigenen Beleuchtung eine zusätzliche Orientierung an den jeweils besten Werten (Best Practice) stattfinden. 139

2. Lichtpunktabstand

Die Grafik zeigt die Anzahl der Lichtpunkte pro Kilometer beleuchteter Straße in Abhängigkeit der Stadtgröße. Dadurch kann auch der **mittlere Abstand** zwischen den Lichtpunkten berechnet werden. Der mittlere Abstand zwischen den Lichtpunkten beträgt 34 m – in Großstädten ist der Abstand geringer als in kleineren Kommunen, d.h. die Lichtpunkte stehen enger als in den kleinen Städten. Bei der mittleren Kommune der Landstädte gibt es 27,5 Lichtpunkte pro Kilometer beleuchteter Straße, demzufolge beträgt der mittlere Abstand zwischen den Lichtpunkten 36 m. Im Gegensatz dazu beträgt der mittlere Abstand zwischen den Lichtpunkten in den Großstädten nur 30 m, was 33 Lichtpunkten pro Kilometer beleuchteter Straße entspricht. 140

46 Der Median ist eine statistische Größe für Mittelwerte von Verteilungen. Er entspricht derjenigen Zahl, die bei einer Ordnung von Werten der Größe nach an der mittleren Stelle steht. Anders als der arithmetische Mittelwert wird der Median nicht von Ausreisern beeinflusst.

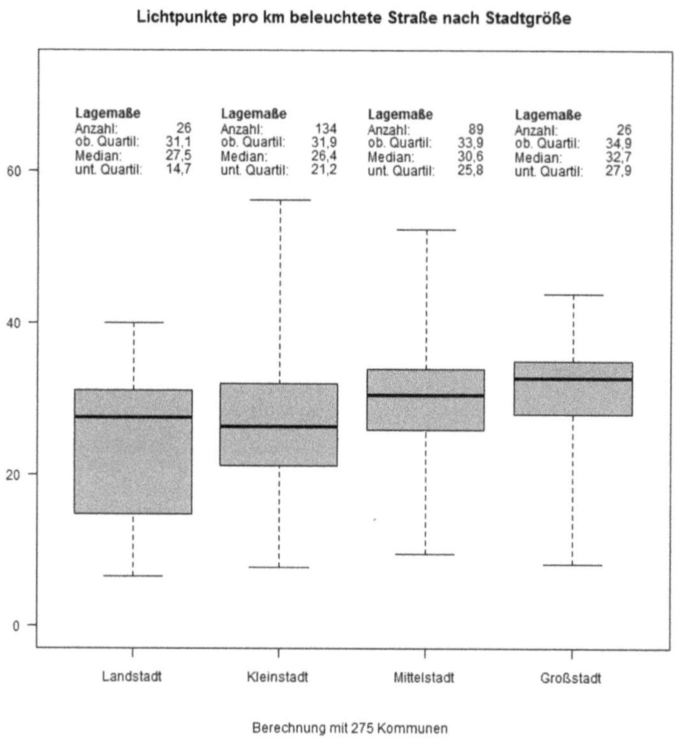

141 Die mittleren 50% der Kommunen der Landstädte haben zwischen 15 und 31 Lichtpunkte pro Kilometer beleuchteter Straße (unteres und oberes Quartil). Die mittleren 50% der Kommunen der Großstädte haben dagegen zwischen 28 und 35 Lichtpunkte pro Kilometer beleuchteter Straße.

3. Installierte Leistung

a) Installierte Leistung pro Lichtpunkt

142 Die Grafik zeigt den Wert der **installierten Leistung** pro Lichtpunkt in Abhängigkeit der Stadtgröße. Sie gibt einen Anhaltspunkt über die energetische Ausstattung der Straßenbeleuchtung. Höhere Werte sprechen für einen höheren **Energieverbrauch**, sind jedoch nicht das alleinige Merkmal, da in die bezogene Menge neben der installierten Leistung auch die **Betriebsstundenzahl** sowie eine mögliche Leistungsreduzierung beispielsweise durch Halbnachtschaltung einfließt. Der Großteil der Leistungen pro Lichtpunkt bewegt sich in einer Bandbreite von 72 bis 104 W – die installierte Leistung steigt mit der Größe der Kommune:

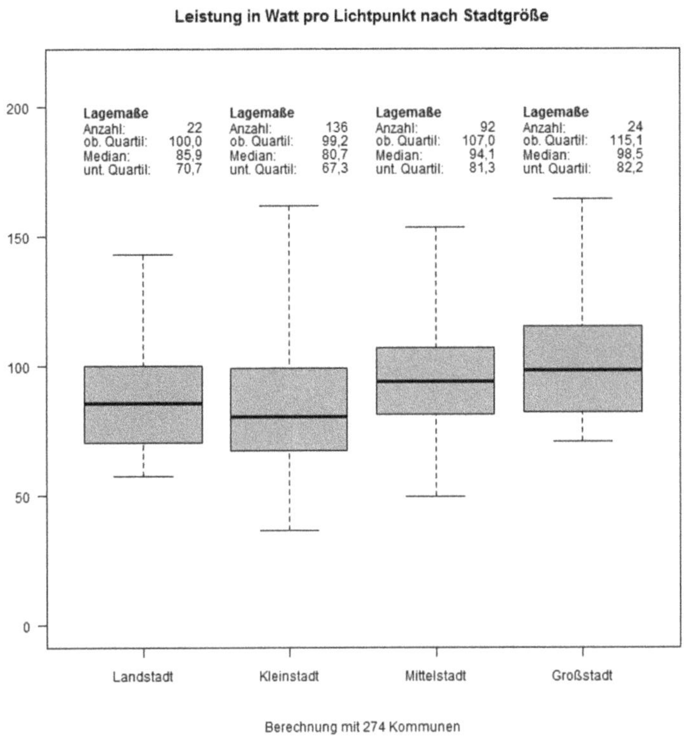

Die Auswertung über alle vier Städtetypen zeigt, dass die mittleren 50% eine installierte Leistung pro Lichtpunkt zwischen 72 und 104 W haben. Damit befindet sich ein Großteil der Leistungen in einer Bandbreite von ca. 30 W. Es gibt jedoch Unterschiede in Abhängigkeit der Stadtgröße. Die installierte Leistung pro Lichtpunkt steigt mit zunehmender Einwohnerzahl in der Kommune. Dies lässt sich etwa durch größere **Lichtpunkthöhen** auf großen Hauptverkehrsstraßen in den Großstädten erklären. Bei der mittleren Kommune (Median) der Landstädte beträgt die Leistung pro Lichtpunkt 86 W. Dies ist deutlich kleiner als die Leistung pro Lichtpunkt bei der mittleren Kommune der Großstädte, die 99 W beträgt. Die mittleren 50% der Kommunen der Landstädte weisen eine installierte Leistung zwischen 71 und 100 W pro Lichtpunkt auf. Im Gegensatz dazu bewegt sich die Leistung pro Lichtpunkt in den Großstädten zwischen 82 und 115 W. 143

b) Installierte Leistung pro Kilometer

Die Grafik zeigt die installierte Leistung in Kilowatt pro Kilometer beleuchtete Straße nach Stadtgröße. 144

Installierte Leistung in kW je km beleuchteter Straße nach Stadtgröße

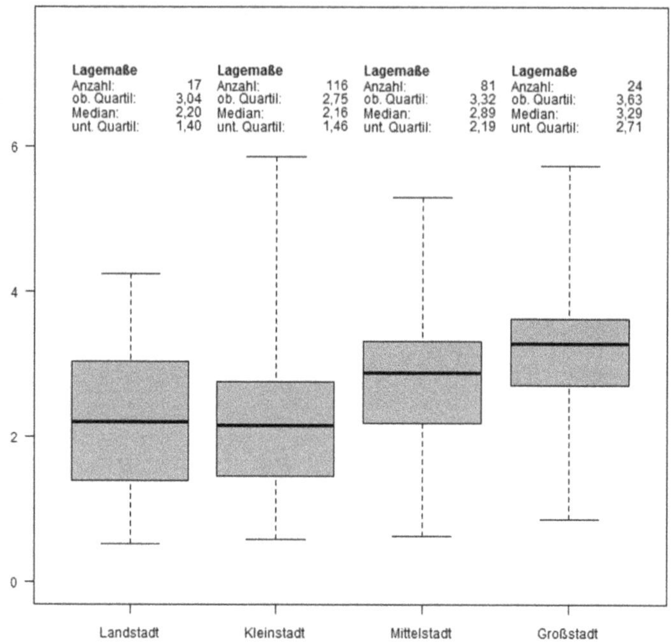

Berechnung mit 238 Kommunen

145 Grundsätzlich erscheint hier dieselbe Tendenz wie in der Auswertung pro Lichtpunkt. Es gibt einen Zusammenhang zwischen der Größe der Kommune und der installierten Leistung. Je größer eine Kommune ist, desto höher ist tendenziell die installierte Leistung.

146 Die installierte Leistung der **mittleren Kommune** (Median) über alle Stadttypen liegt bei 2,50 kW pro Kilometer. Der Median der **Landstädte** liegt mit 2,20 kW um etwa 1 kW unter dem der **Großstädte** von 3,29 kW pro Kilometer. Diese Tendenz spiegelt sich auch bei der installierten Leistung der mittleren 50% wider: Während die installierte Leistung bei den Landstädten zwischen 1,40 kW und 3,04 kW liegt, haben die mittleren 50% der Großstädte eine deutlich höhere installierte Leistung von 2,71 kW bis 3,63 kW.

147 Im Unterschied zur Auswertung pro Lichtpunkt fließt hier sowohl die installierte Leistung pro Lichtpunkt als auch der Abstand der Lichtpunkte ein. Eine höhere installierte Leistung pro Lichtpunkt muss für die Gesamtbetrachtung nicht unbedingt von Nachteil sein, wenn dadurch die Lichtpunktanzahl optimiert wird. Diesem Effekt trägt die Auswertung pro Kilometer Rechnung.

4. Energieverbrauch pro Lichtpunkt

Nachfolgende Grafik zeigt, wie hoch der Energieverbrauch pro Lichtpunkt ist. Im Unterschied zur installierten Leistung pro Lichtpunkt beeinflussen **weitere Faktoren** diese Kennzahl. So spielen z.B. die Steuerung und Schaltung der Leuchten eine Rolle. 148

Die mittlere Kommune (Median) hat einen Energieverbrauch von 340 kWh pro Lichtpunkt. 149

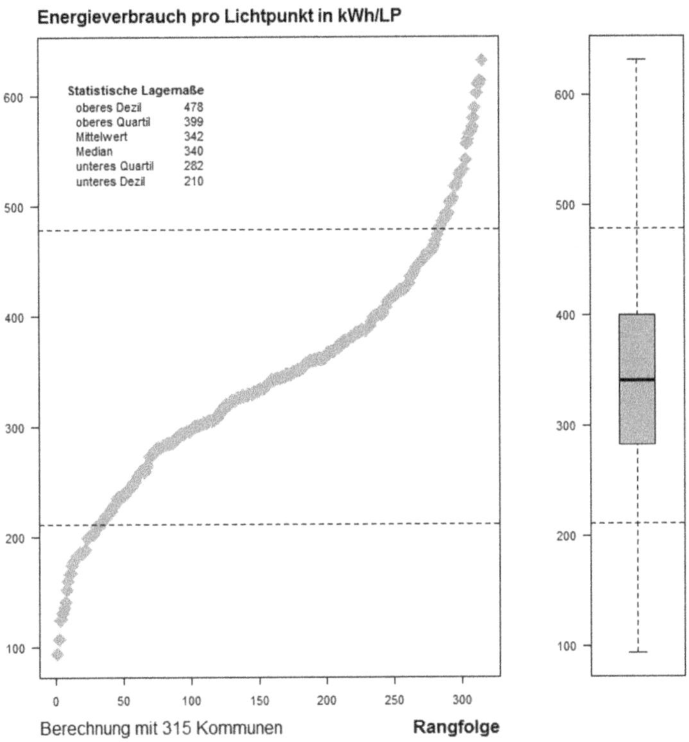

10% der Kommunen haben einen Energieverbrauch von mehr als 478 kWh pro Lichtpunkt (oberes Dezil), während 10% der Kommunen weniger als 210 kWh pro Lichtpunkt (unteres Dezil) verbrauchen. 150

Anhand der Fläche des Boxplots ist die Streuung der Kommunen erkennbar: Die mittleren 50% der Kommunen bewegen sich zwischen 282 und 399 kWh pro Lichtpunkt (unteres und oberes Quartil). 151

Die Streuung lässt sich durch unterschiedliche Einflüsse wie die eingesetzte Lampentechnologie und Leistung sowie die praktizierten Schaltungen und Einsparmaßnahmen erklären. Für die **individuelle Analyse** sollten darüber hinaus strukturelle Gegebenheiten beachtet werden (z.B. Tunnel, Anschluss weiterer Verbraucher wie Weihnachtsbeleuchtung etc.). 152

153 Würde man in Deutschland einen mittelfristig mit erprobten Technologien realisierbaren „Good Practice-Wert“ von 270 kWh pro Lichtpunkt und Jahr erreichen, ergäbe sich beim Strom ein Einsparvolumen von rund 20% oder 100 Millionen €. Durch den Einsatz von modernen LED-Leuchten lässt sich der Energieverbrauch darüber hinaus weiter absenken.

5. Kosten pro Lichtpunkt

154 Die Grafik zeigt die Kosten der Straßenbeleuchtung pro Lichtpunkt. Es werden die **Gesamtkosten**, **Energiekosten** sowie **Betriebs- und Instandhaltungskosten** jeweils pro Lichtpunkt dargestellt. Unter dem Begriff Betriebskosten sind die Betriebs- und Instandhaltungskosten zu verstehen. Die jährlichen Gesamtkosten betragen im Mittel 92 € pro Lichtpunkt und teilen sich zu ca. 60% in Energie- und zu 40% in Betriebskosten auf.

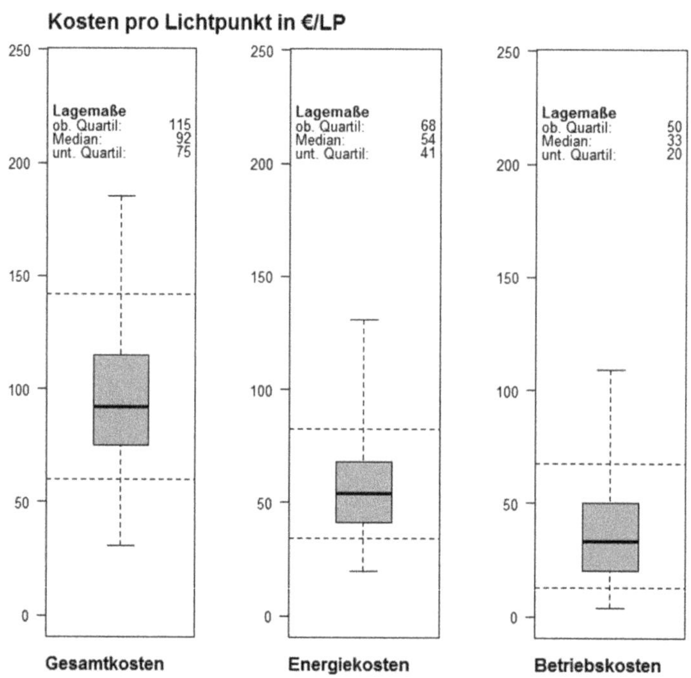

Berechnung mit 294 Kommunen

155 Bei der mittleren Kommune (Median) betragen die Gesamtkosten 92 € pro Lichtpunkt. Die mittleren 50% der Kommunen haben Gesamtkosten zwischen 75 und 115 € pro Lichtpunkt. Aus der Grafik ist erkennbar, dass im Durchschnitt die Energiekosten im Vergleich zu den Betriebs- und Instandhaltungskosten den größeren Teil ausmachen. Die Energiekosten der mittleren Kommune liegen bei 54 € pro

Lichtpunkt. Die mittleren 50% der Kommunen haben Energiekosten zwischen 41 und 68 € pro Lichtpunkt. Die mittlere Kommune hat Betriebs- und Instandhaltungskosten in Höhe von 33 € pro Lichtpunkt. Bei den mittleren 50% der Kommunen bewegen sich die Betriebs- und Instandhaltungskosten zwischen 20 und 50 € pro Lichtpunkt.

Eine genauere Analyse nach einer Gruppierung nach der Stadtgröße sollte vorgenommen werden. 156

6. Gesamtkosten pro Kilometer

Die Grafik zeigt die Gesamtkosten pro Kilometer beleuchteter Straße nach Stadtgröße. Diese steigen mit der Größe der Kommune. 157

Gesamtkosten in € pro km beleuchteter Straße nach Stadtgröße

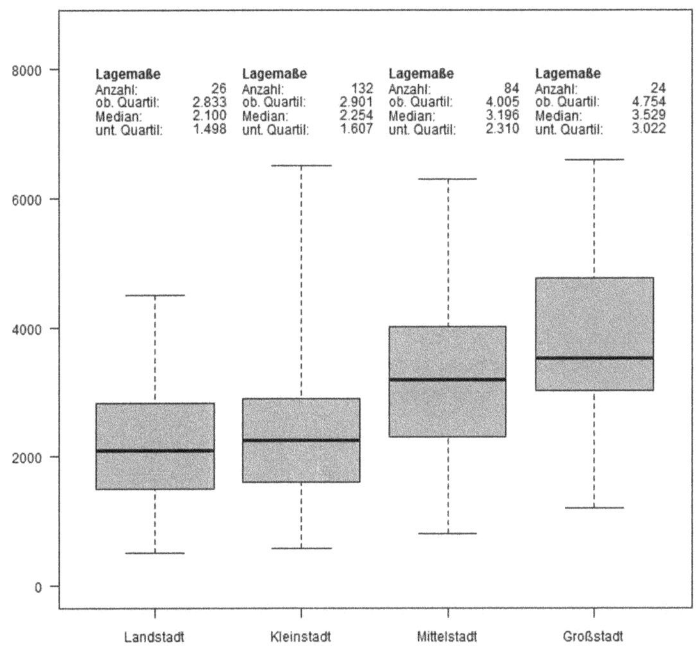

Berechnung mit 266 Kommunen

Die Gesamtkosten bei der mittleren Kommune (Median) der Landstädte betragen 2.100 € pro Kilometer beleuchteter Straße. Bei der mittleren Kommune der Großstädte sind die Gesamtkosten pro Kilometer deutlich höher. Diese betragen 3.529 € pro Kilometer beleuchteter Straße. Bei den mittleren 50% der Kommunen der Landstädte bewegen sich die Gesamtkosten pro Kilometer beleuchteter Straße zwischen 1.498 € und 2.833 €. Im Gegensatz dazu haben die mittleren Kommunen der Großstädte Gesamtkosten zwischen 3.022 € und 4.754 € pro Kilometer. 158

7. Investitionen

159 Die Grafik zeigt, wie hoch die durchschnittlichen Investitionen pro Lichtpunkt in den letzten fünf Jahren waren.

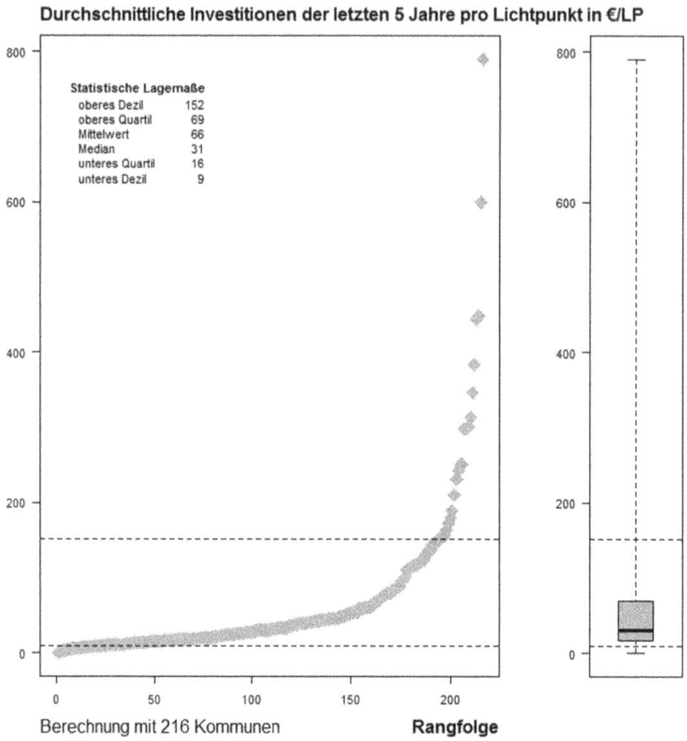

160 Die **Investitionen für Erneuerung und Erweiterung** können im Zeitverlauf stark schwanken. Daher ist ein externer Vergleich der Aufwendungen für eine Zeitspanne (z.B. die letzten fünf Jahre oder geplante Aufwendungen in den nächsten fünf Jahren) einem Vergleich einzelner Jahre vorzuziehen.

161 Der Median liegt bei 31 € pro Lichtpunkt, während der Mittelwert als arithmetisches Mittel bei 66 € pro Lichtpunkt liegt. Der hohe Durchschnittswert könnte durch vereinzelt sehr hohe Investitionskosten erklärt werden. Bei den oberen 10% der Kommunen betragen die Investitionskosten 152 € pro Lichtpunkt. Die unteren 10% der Kommunen unterschreiten 9 € pro Lichtpunkt. Die mittleren 50% der Kommunen haben Investitionskosten zwischen 16 und 69 € pro Lichtpunkt.

162 Die Grafik zeigt, wie hoch die geplanten Investitionen pro Lichtpunkt in den nächsten fünf Jahren sind.

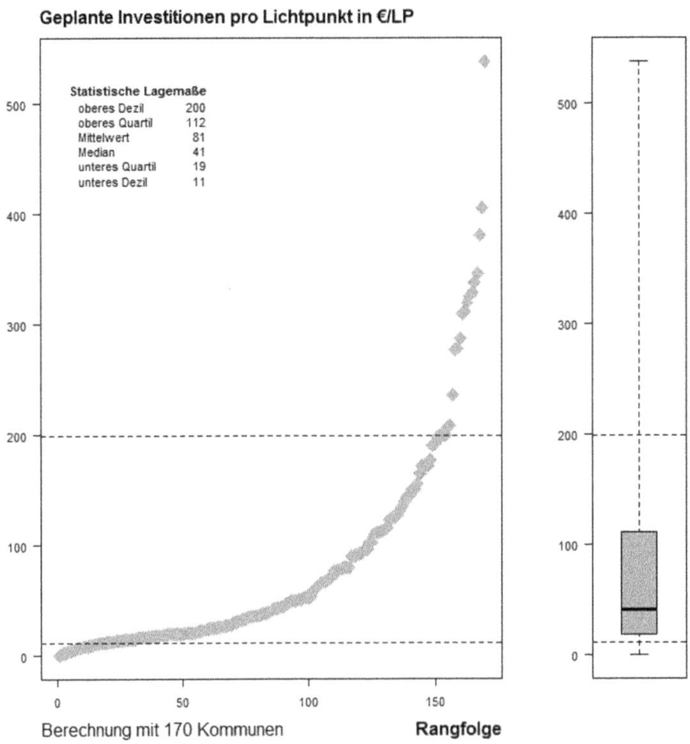

Die mittlere Kommune (Median) plant Investitionen in Höhe von 41 € pro Lichtpunkt und liegt damit um ca. 25% über den Werten der Vergangenheit. Bei den oberen 10% der Kommunen betragen die Investitionskosten mehr als 200 € pro Lichtpunkt. Die unteren 10% der Kommunen unterschreiten 11 € pro Lichtpunkt. Die mittleren 50% der Kommunen planen Investitionskosten zwischen 19 und 112 € pro Lichtpunkt. 163

Tendenziell werden bei höherem Durchschnittsalter höhere Investitionen geplant, wie die Auswertung unten zeigt. 164

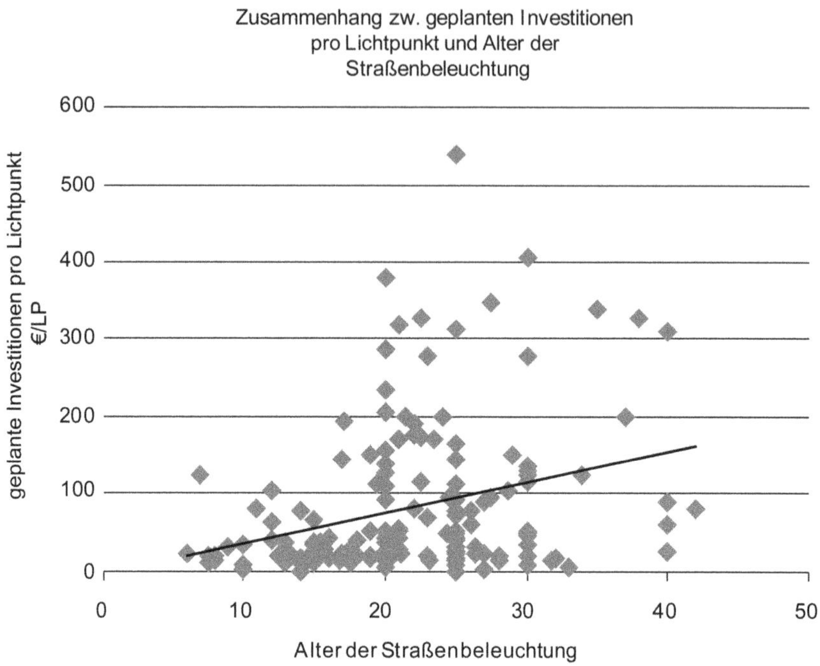

IV. Beispiel Kennzahlenanalyse

165 Im Folgenden wird anhand einer anonymen **Beispielkommune** eine Kennzahlenanalyse eines Benchmarking-Ergebnisses durchgeführt. Es wird gezeigt, wie die Ergebnisse **interpretiert** und mithilfe verschiedener Kennzahlen Kostentreiber **identifiziert** und fehlerhafte Interpretationen **verhindert** werden können.

166 Die Beispielkommune ist eine Kommune mit ca. 120.000 Einwohnern, ca. 13.000 Lichtpunkten auf 300 km beleuchteten Straßen. Es soll die Kostensituation bewertet werden. Dazu wird zunächst die Kennzahl **Gesamtkosten** pro Lichtpunkt über die Gesamtheit der Benchmark-Teilnehmer betrachtet. Unsere Beispielkommune hat im Vergleich zum Median des Benchmarks leicht erhöhte Gesamtkosten von ca. 100 € pro Lichtpunkt (vgl. Abb. 1). Allerdings beinhaltet der dargestellte Benchmark Straßenbeleuchtungsstrukturen aller Größen.

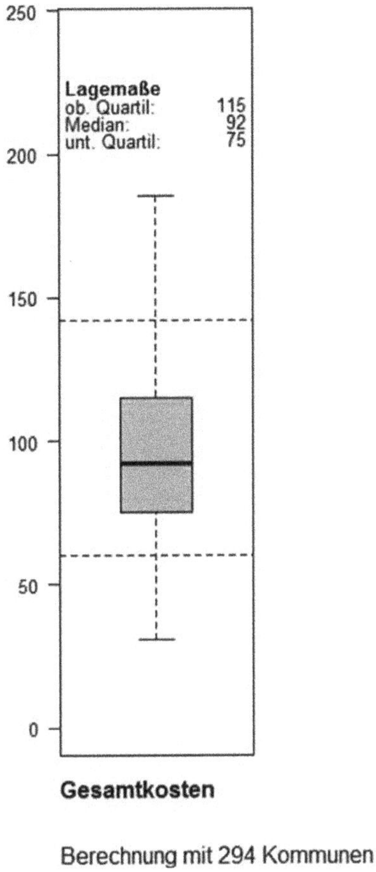

Legt man den Größenfilter **Einwohnerzahl** über den Benchmark, erhält man ein anderes Bild (vgl. Abb. 2), da der Betrieb einer Straßenbeleuchtungsinfrastruktur von Großstädten tendenziell teurer ist. Im Vergleich zu anderen Großstädten zeigt die Kommune Gesamtkosten pro Lichtpunkt, die zu den besten 25% unter den Großstädten gehören. Im Vergleich mit Vergleichbaren schneidet die Kommune demnach deutlich besser ab. Allerdings ist der Datenumfang der „Großstädte" als Untergruppe des gesamten Datensatzes auch erheblich kleiner. 167

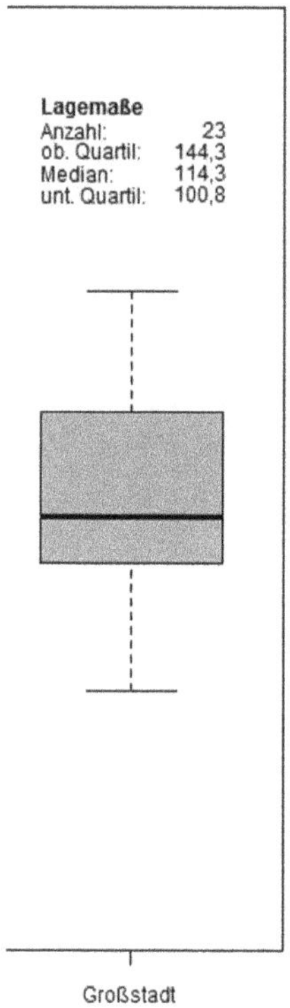

168 Sollten die Verantwortlichen mit der Leistungserbringung zufrieden sein? Spezifisch pro Lichtpunkt ist die Situation zunächst recht positiv einzuschätzen. Zur Einschätzung der Gesamtsituation einer beleuchteten Straße schaut man sich die Kennzahl **Gesamtkosten pro Kilometer** an.

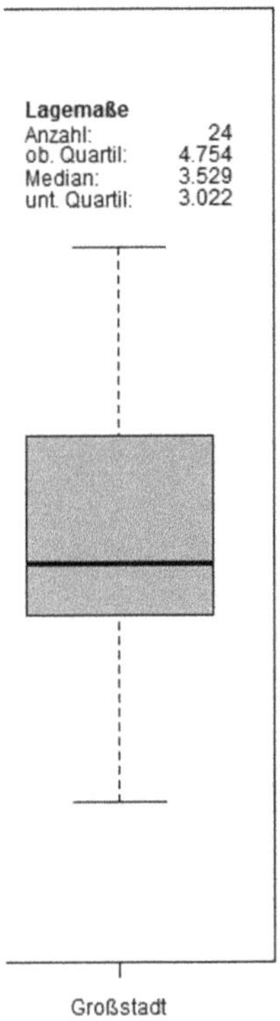

Im Vergleich der Großstädte steht die Kostenbasis mit überdurchschnittlichen Gesamtkosten nicht mehr so gut da wie bei der vorherigen Betrachtung. Was ist der Grund? Eine weitere Kostenunterteilung in Energie- und Betriebsführungskosten wird bemüht, um tiefere Einblicke zu erlangen. 169

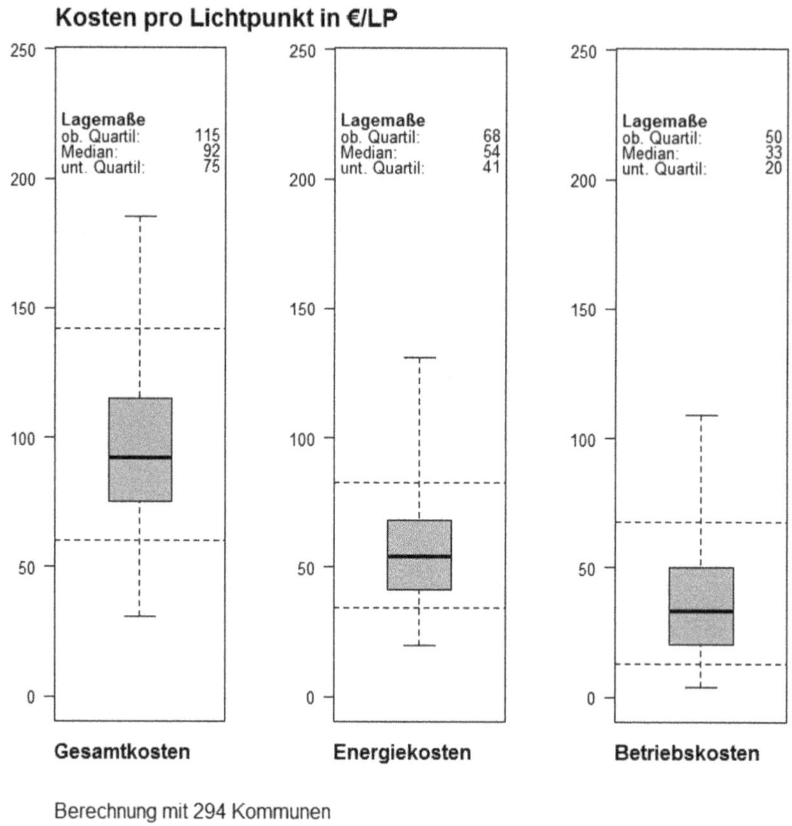

170 Die Darstellung der Energie- und Betriebskosten zeigt, dass die Gesamtkosten durch deutlich geringere Energiekosten und deutlich höhere Betriebsführungskosten als der Benchmark beeinflusst ist. Dies wirft Fragen nach den Gründen auf.

171 Es wird zunächst geschaut, wie hoch der Energieverbrauch der Infrastruktur im Durchschnitt pro Lichtpunkt ist. Abb. 5 zeigt einen Energieverbrauch pro Jahr und Lichtpunkt von ca. 250 kWh. Dieser Wert liegt deutlich unter dem Durchschnitt von 340 kWh.

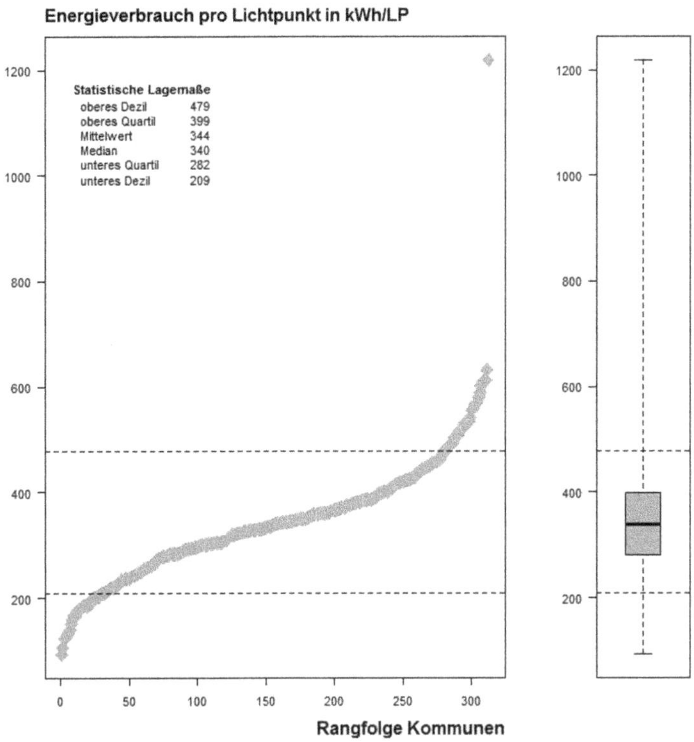

Der Vermutung, dass der geringe Energieverbrauch mit einem im Durchschnitt geringen Lichtpunktabstand und damit geringeren Leistungen aufgrund geringerer Lichtpunkthöhen einhergeht, wird untersucht: 172

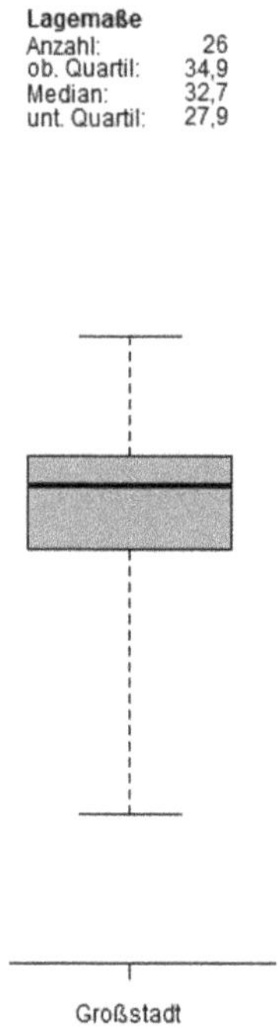

173 Die Vermutung kann bestätigt werden. Der mittlere Lichtpunktabstand als **Kehrwert** der Lichtpunkte pro Kilometer beträgt 24 m–8 m oder 30% weniger als im Durchschnitt. Die Beispielkommune zeichnet sich durch überdurchschnittlich viele Lichtpunkte pro Kilometer mit ca. 42 (Median 32) aus. Zu dem Bild passen die niedrigeren Energiekosten und höheren Betriebsführungs- und Instandhaltungsaufwendungen. Letztendlich bleibt die Frage zu beantworten, ob es einen Grund für diesen geringen Lichtpunktabstand gibt, der etwa in lokalen Gegebenheiten liegt? Ist dies strukturell bedingt, z.B. durch einen überproportionalen Anteil an Anliegerstraßen, ist eine Beeinflussung nur in Grenzen möglich.

174 Das Beispiel zeigt, dass eine Betrachtung nur einer Kennzahl (Kosten pro Lichtpunkt) keine ausreichende **Aussagekraft** für die Beurteilung der Leistungserbringung gegeben hat. Vielmehr hätte man die Situation zu schlecht eingeschätzt, weil man sich als Großstadt in einen Vergleich mit Kleinstädten begeben hätte. Erst ein genauerer Blick mit der Vergleichsgruppe Großstädte und dem weiteren Hinterfragen der Ergebnisse sowie die Kombination aus kostenbasierten, Technik- sowie Strukturkennzahlen hat einen tieferen Einblick ermöglicht.

F. Zusammenfassung

Mithilfe einer Kostenanalyse und eines Kostenvergleichs lassen sich wertvolle Informationen für die **Steuerung der Leistungserstellungsprozesse** der Straßenbeleuchtung ableiten. Vor dem Hintergrund der aktuellen Herausforderungen in der Straßenbeleuchtung mit einem erhöhten Investitionsaufwand und der vielerorts neu abzuschließenden Straßenbeleuchtungsverträge stellt sich die Frage nach Transparenz und Einflussmöglichkeiten auf die Kostensituation. Dies ist insbesondere angesichts eines hohen Kostenbewusstseins aufgrund angespannter Haushaltslagen durch steigende Auf- und Ausgabenlasten von deutschen Kommunen der Fall. 175

Um Aussagen über die Leistungsfähigkeit der Straßenbeleuchtung aus betriebswirtschaftlicher Sicht machen zu können, ist eine **Kostenanalyse** im Sinne einer Kosten- und Leistungsrechnung durchzuführen. Dabei werden die Leistungen, die im Rahmen des Betriebs der Straßenbeleuchtung erbracht werden, in operative Teilbereiche wie die Sicherstellung der Energieversorgung, die Durchführung der technischen Betriebsführung wie Instandhaltung und Bedienung sowie Organisation und Abwicklung von Bauvorhaben und eine Querschnittsfunktion Management eingeteilt. 176

Die für diese Leistungen anfallenden Kosten stellen sich entsprechend der Leistungserbringung je nach Art in Eigen- und Fremdleistung ein. Für die Kostenerhebung der Kostenarten ist eine sachgerechte **Identifizierung** und **Zuordnung** der Kosten wie Personal-, Material- oder sonstiger betrieblicher Aufwand maßgeblich für eine aussagekräftige Kostenanalyse. Neben den aufwandsgleichen Kosten ist für die Beurteilung eine Ermittlung der kalkulatorischen Anderskosten bezüglich der Anlagenbewertung für Abschreibung und Kapitalkosten notwendig. Zu beachten ist dabei, dass in Kameralistik und Doppik unterschiedliche Voraussetzungen für die Ermittlung vorliegen. Für eine Vergleichbarkeit von Eigenleistungen einer Kommune mit denen von Dritten privatrechtlichen Unternehmen ist eine gleiche Herangehensweise der Kostenermittlung maßgeblich. Der Vergleich muss aufgrund der fehlenden Vorsteuerabzugsfähigkeit der Kommune brutto erfolgen. 177

In der **Kostenträgerrechnung** werden den Leistungen der Straßenbeleuchtung als betrachtete Kostenträger die ermittelten Kosten zugerechnet bzw. -geschlüsselt. Dies kann unter Zuhilfenahme der Kostenstellenrechnung auch Gemeinkosten, die keine direkte Verrechnung zu einzelnen Kostenträger zulassen, betreffen, um somit einen umfassenden Kostenüberblick zu erhalten. 178

Ein **Kennzahlenvergleich** liefert unter Beachtung der in der jeweiligen Untersuchung möglichen Detaillierungstiefe Aussagen im Vergleich zum Benchmark. Dabei werden strukturelle, technische und kostenbasierte Kenndaten erhoben und ins Verhältnis gesetzt. Durch die Eingruppierung im Benchmark können Hinweise auf die eigene Leistungserbringung abgeleitet werden bzw. Fragen zu dem „Warum“ bei deutlichen Unterschieden aufgeworfen werden. Ein umfassender Kennzahlenver- 179 gleich von verschiedenen Kennzahlen kann dabei Aufschluss über Kostentreiber und Besonderheiten einzelner Strukturen liefern und somit ein Ausgangspunkt für Optimierungen sein.

Kapitel 7
Steuerliche Aspekte

A. Einführung

Der Energiebedarf für die Straßenbeleuchtung stellt einen nicht unerheblichen Anteil am gesamten Lichtstromverbrauch in Deutschland dar. Daher ist es geboten, die Straßenbeleuchtung streng wirtschaftlich zu betreiben und dabei den rechtlichen und technischen Anforderungen zu genügen. 1

In Anbetracht der desolaten Lage der öffentlichen Haushalte und steigender Betriebskosten bei der Straßenbeleuchtung gestaltet sich das Erreichen dieses Zieles für die Städte und Gemeinden als zunehmend schwierig. 2

Die „klassischen" Straßenbeleuchtungsverträge, die zwischen regionalen Energieunternehmen und in ihrem Versorgungsgebiet liegenden Gemeinden abgeschlossen wurden, haben in Zeiten eines **liberalisierten Energiemarkts** und einer allgemein wettbewerbsorientierten Aufgabenwahrnehmung nur noch untergeordnete Bedeutung. 3

Vorrangig zur Senkung der Wartungskosten entscheiden sich die Kommunen nunmehr für sog. **Eigenregielösungen**, d.h., die Kommunen verkaufen oder verpachten die Straßenbeleuchtungsanlagen an Unternehmen, an denen sie selbst beteiligt sind (in der Regel die Stadtwerke), wobei ein Verkauf bzw. eine Verpachtung an Dritte dennoch nicht gänzlich ausgeschlossen ist. 4

Dabei wird die Entscheidung, ob das Eigentum übertragen, die Anlagen verpachtet oder eine Dienstleistung gewählt wird, wesentlich von steuerlichen Fragestellungen beeinflusst. Diese Fragen betreffen nicht nur die **Körperschaft-**, **Gewerbe-** und **Kapitalertragsteuer**, sondern innerhalb der Leistungsbeziehungen auch Fragen des **Umsatzsteuer**rechts. Im Falle von Stromlieferungen ist zudem immer an **Stromsteuer**gesichtspunkte zu denken. Sofern Straßenbeleuchtungsanlagen samt Grundstücken übertragen werden, sind schließlich **Grunderwerbsteuer**tatbestände zu prüfen. 5

Bei der nachfolgenden Betrachtung wird zunächst unterstellt, dass die Stadtwerke/Energieversorgungsunternehmen in der Rechtsform einer Kapitalgesellschaft betrieben werden. Handelt es sich hingegen um Personengesellschaften, können sich weitere steuerliche Fragestellungen ergeben, die nachfolgend in einem Exkurs dargestellt werden.[1] 6

1 Siehe Rn 148 ff.

B. Ausgangsfall

I. Ausgestaltung

7 Eine ausreichende Beleuchtung von Straßen, Wegen und Plätzen ist im Rahmen der **Daseinsvorsorge** Aufgabe der Kommunen. Im Regelfall stehen die Straßenbeleuchtungsanlagen im Eigentum der Kommunen. Ihnen obliegt die Errichtung, Instandhaltung und der Betrieb der Straßenbeleuchtung. Dementsprechend ist die Kommune Vertragspartner und Leistungsempfänger bei Lieferungen und sonstigen Leistungen, die von Dritten (z.B. Handwerksunternehmen) im Zusammenhang mit den Straßenbeleuchtungsanlagen erbracht werden.

8 Die für den Betrieb der Straßenbeleuchtungsanlagen notwendige **Energie** beziehen die Kommunen von den Stadtwerken (an denen sie unmittelbar oder mittelbar beteiligt sind) oder von einem anderen Energieversorgungsunternehmen.

II. Laufende Besteuerung

1. Stromsteuer

9 Das **Strom- und Energiesteuergesetz** sieht Möglichkeiten zur **Steuerbefreiung** bzw. **-entlastung** vor. Diese gelten vor allem für sog. **Unternehmen des produzierenden Gewerbes.**

10 Da die Kommunen selbst allerdings keine solchen Unternehmen sind, kommen für den Ausgangsfall weder Steuerbefreiungen noch -entlastungen in Betracht.

! **Praxistipp**
Zu einer Stromsteuerersparnis kann es hingegen kommen, wenn die Straßenbeleuchtungsanlagen auf Dritte übertragen oder verpachtet werden.[2]

---

2. Ertragsteuer

11 Mit seinem Urteil vom 7.5.1975[3] hat der BFH die Errichtung und Instandhaltung von Straßenbeleuchtungsanlagen dem **Hoheitsbereich** der Kommune zugeordnet. Die Errichtung und Instandhaltung von Straßenbeleuchtungsanlagen sei nicht Teil der allgemeinen Energieversorgung (die auch von privat- und gemischtwirtschaftlichen Unternehmen betrieben werden können), sondern diene dem hoheitlichen Bereich

2 Siehe Rn 54 ff. und Rn 124.
3 BFH, Urt. v. 7.5.1975 – V R 144/72 – BStBl. 1975 II, 751.

der **Daseinsvorsorge.** Eine höchstrichterliche Abkehr von dieser Rechtsprechung ist bislang nicht erfolgt.[4]

Die Aufwendungen für den Betrieb und die Instandhaltung der Anlagen fallen daher in einem **steuerlich nicht relevanten Bereich** an. Sie können nicht zur Minderung steuerpflichtiger Einnahmen genutzt werden. 12

Für das Energieversorgungsunternehmen ist die Kommune zunächst wie jeder andere Stromabnehmer auch zu behandeln. Einnahmen und Ausgaben im Zusammenhang mit der Zurverfügungstellung des Stroms sind Betriebseinnahmen bzw. -ausgaben. 13

Lediglich für den Fall, dass die Kommune an dem Energieversorgungsunternehmen beteiligt ist und der Strom zu einem unterhalb des Marktpreises liegenden Entgelt überlassen wird, kommt eine **verdeckte Gewinnausschüttung (vGA)**[5] in Betracht. 14

Insoweit wäre der Gewinn des Energieversorgungsunternehmens außerbilanziell um den Betrag der verdeckten Gewinnausschüttung zu erhöhen. Außerdem würde Kapitalertragsteuer anfallen. 15

Praxistipp !
Die Rechtsfolgen einer verdeckten Gewinnausschüttung treten nicht ein, wenn es keine gesellschaftsrechtliche Beziehung zwischen dem Energieversorgungsunternehmen und der die Straßenbeleuchtungsanlagen betreibenden Kommune gibt.

3. Umsatzsteuer

Das Energieversorgungsunternehmen stellt den Strom zuzüglich Umsatzsteuer in Rechnung. 16

Die Kommune empfängt die **Leistung im Hoheitsbereich** und nicht im Rahmen ihrer Betriebe gewerblicher Art gem. § 2 Abs. 3 Umsatzsteuergesetz (UStG). Daher ist ein **Vorsteuerabzug** der Kommune insofern **ausgeschlossen.** 17

Praxistipp !
Ein Vorsteuerabzug ist möglich, sofern die Kommune Lieferungen oder Leistungen im umsatzsteuerlichen Sinn im Rahmen ihrer Betriebe gewerblicher Art gem. § 2 Abs. 3 UStG empfängt. Empfängt die Kommune Lieferungen und Leistungen im umsatzsteuerlichen Sinne im Rahmen ihres Hoheitsbereichs, ist ein Vorsteuerabzug ausgeschlossen. Daher ist zur steuerlichen Optimierung die Möglichkeit einer Übertragung/Verpachtung der Straßenbeleuchtungsanlagen im Einzelfall zu prüfen.[6]

4 Zu der insoweit anscheinend abweichenden Auffassung des FG Sachsen siehe Rn 88 ff.
5 Siehe Rn 71 ff.
6 Siehe dazu Rn 20 ff. und Rn 111 ff.

III. Zwischenfazit

18 Im Ausgangsfall sind der Betrieb und die Instandhaltung der Straßenbeleuchtungsanlagen für die Kommune mit **strom-**[7] und **umsatzsteuerlichen**[8] **Belastungen** verbunden. Auch ertragsteuerlich können die Aufwendungen nicht geltend gemacht werden.

Praxistipp
Zur Lösung dieser steuerlichen Nachteile und des Spannungsverhältnisses zwischen hohen Energiekosten einerseits und fehlenden finanziellen Mitteln aufseiten der Kommunen andererseits, setzt sich im Bereich der Straßenbeleuchtung immer mehr die Lösung der Übertragung oder Verpachtung (mit Abschluss von Dienstleistungsverträgen) durch (sog. Beleuchtungs-Contracting in Form eines Einspar-Contractings).

19 Beim sog. Beleuchtungs-Contracting in Form eines Einspar-Contractings plant und finanziert zum Beispiel ein Contractor die zuvor ermittelten Modernisierungsmaßnahmen und setzt diese selbstständig um. Zwischen dem Contracting-Nehmer und dem Contractor wird eine feste Contracting-Fee vertraglich vereinbart mit der der Contractor über die Jahre der Vertragslaufzeit seine Anschaffungskosten für die Modernisierungsmaßnahmen amortisiert. Die Höhe der Contracting-Fee bestimmt sich abhängig vom jeweiligen Einzelfall nach dem Einsparpotential der Kommune und der Dauer der Vertragslaufzeit.[9] Der Contractor übernimmt gegenüber der Kommune eine vertragliche Einspargarantie, welche sich an dem realistischerweise zu erzielenden Einsparergebnis orientiert. Für die Kommunen entstehen dabei keine zusätzlichen Kosten im Vergleich zu ihrem Aufwand vor den Modernisierungsmaßnahmen. Die Energiekosten nach der Optimierung zzgl. der Contracting-Fee überschreiten die Energiekosten vor der Modernisierung regelmäßig nicht.[10] Allerdings bewirkt das auch, dass die Kommunen meist nicht von Anfang an Kosten einsparen. Die Energieeinsparung kommt ihnen regelmäßig erst nach Ende der Vertragslaufzeit zugute, da neben den – zwar erheblich gesunkenen – Energiekosten die Contracting-Fee anfällt. Je nach vertraglicher Gestaltung kann zwischen dem Contractor und dem Contracting-Nehmer aber auch vereinbart werden, dass die Kommune ab Beginn des Vertragsverhältnisses an der Energieersparnis und den dadurch ersparten Kosten prozentual beteiligt wird.[11] Entsprechend verlängert sich auch die Vertragslaufzeit des Contracting-Vertrages, sodass der Contractor auch bei diesem Modell seine Kosten über einen längeren Zeitraum zuverlässig decken kann. Die Kommunen profitieren

---

7 Siehe dazu Rn 10.
8 Siehe dazu Rn 17.
9 Wirtschaftsbild Nr. 7 12/1996, Energiecontracting: Mit Energiesparen Geld verdienen, S. 42ff., 44.
10 Contracting in Kommunen – und es funktioniert doch!, EnergieAgentur NRW, 05/2010, S. 16.
11 Contracting in Kommunen – und es funktioniert doch!, EnergieAgentur NRW, 05/2010, S. 17.

von den Modernisierungsmaßnahmen auch und vor allem nach Ende der Vertragslaufzeit, da die neuen Anlagen und Leuchtmittel regelmäßig in ihr Eigentum übergehen und so auf Dauer eine energieeffiziente Straßenbeleuchtung ermöglichen.

C. Übertragung der Straßenbeleuchtungsanlagen

I. Ausgestaltung

Eine Übertragung des Eigentums an den Straßenbeleuchtungsanlagen von der Kommune auf ein Energieversorgungsunternehmen bzw. eine andere Eigengesellschaft würde damit verbunden, dass sich das Unternehmen gegenüber der Kommune **verpflichtet**, die Anlagen zu **betreiben** und (zu von der Kommune vorgegebenen Zeiten) **„Licht zu liefern"**. Damit würden die Anlagen zu Betriebsvorrichtungen des Unternehmens und die zum Betrieb bzw. der Instandhaltung notwendigen Aufwendungen wären betrieblich veranlasst. 20

Die Übertragung des Eigentums an den Straßenbeleuchtungsanlagen von der Kommune auf einen Dritten (Energieversorgungsunternehmen oder Eigengesellschaft, in der Regel Stadtwerke) kann auf schuldrechtlicher oder gesellschaftsrechtlicher Grundlage erfolgen. 21

Auf **schuldrechtlicher Grundlage** erfolgt eine Übertragung regelmäßig durch Verkauf der Straßenbeleuchtungsanlagen. 22

Beispiel
Die Kommune schließt mit einem Dritten einen Kaufvertrag. Im Rahmen dieses Kaufvertrages werden die Leistung (Straßenbeleuchtungsanlagen) und die Gegenleistung genau bezeichnet und im Wege der Einzelrechtsnachfolge dinglich übertragen.

Auf **gesellschaftsrechtlicher Grundlage** kann die Übertragung der Straßenbeleuchtungsanlagen durch die Kommune als Gesellschafterin gegen Gewährung einer entsprechenden Gegenleistung oder ohne eine Gegenleistung (Einlage) erfolgen. 23

Im Rahmen der Einlage ist dabei zwischen der offenen und der verdeckten Einlage zu unterscheiden. Steuerlich grenzt der BFH die offenen von den verdeckten Einlagen danach ab, ob für die Zuwendung eines bilanzierbaren Vermögensvorteils ein Entgelt in Gestalt von Gesellschaftsrechten gewährt wird (**offene Einlage**) oder nicht (**verdeckte Einlage**).[12] Bei der nachfolgenden Betrachtung wird von dieser Definition ausgegangen. 24

12 BFH, Urt. v. 28.4.2004 – I R 20/03 – BFH/NV 2005, 19 und Urt. v. 27.5.2009 – I R 53/08 – BFHE 226, 500.

25 Voraussetzung für eine Übertragung auf gesellschaftsrechtlicher Grundlage ist jedoch, dass die Kommune an dem Unternehmen, auf das die Straßenbeleuchtungsanlagen übertragen werden, unmittelbar oder mittelbar **beteiligt** ist (Eigengesellschaft, insbesondere Stadtwerke).

! **Praxistipp**
Zweck einer Übertragung im Unternehmensverbund kann beispielsweise die Stärkung der Eigenkapitalquote der Eigengesellschaft sein.

II. Besteuerung des Übertragungsvorgangs

1. Verkauf

a) Ertragsteuer

26 Bei einem Verkauf der Straßenbeleuchtungsanlagen stellt sich u.a. die Frage, mit welchem **Wert** die Gesellschaft die gekauften Anlagen zu bilanzieren hat und wie ein eventueller **Veräußerungsgewinn** der Kommune steuerlich zu behandeln ist.

27 Nach § 6 Abs. 1 Nr. 1 S. 1 EStG sind Wirtschaftsgüter des Anlagevermögens, die der Abnutzung unterliegen, mit den **Anschaffungs- und Herstellungskosten** anzusetzen.

28 Bei einem Kauf der Straßenbeleuchtungsanlagen führt dies aufseiten der Eigengesellschaft (Stadtwerke) daher zu einem Ansatz mit dem an die Kommune gezahlten Kaufpreis. Gewinnauswirkungen ergeben sich hieraus nicht.

29 Bei der Kommune führt eine Veräußerung von Wirtschaftsgütern grundsätzlich zu einem Veräußerungsgewinn bzw. -verlust. Da die Straßenbeleuchtungsanlagen jedoch dem Hoheitsbereich der Kommune zuzuordnen sind, fällt ein entsprechender Veräußerungsgewinn im Hoheitsbereich der Kommune an. Eine **Ertragsteuerbelastung** aufseiten der Kommune entsteht demnach nicht.

! **Praxistipp**
Zu beachten ist, dass ein nicht dem angemessenen Kaufpreis entsprechendes Entgelt zu einer verdeckten Einlage bzw. verdeckten Gewinnausschüttung führen kann. Ein zu niedrig bemessener Kaufpreis kann in Höhe der Differenz zwischen dem gezahlten und dem angemessenen Kaufpreis eine **verdeckte Einlage** des Gesellschafters in die Eigengesellschaft (Stadtwerke) darstellen. Ein zu hoher Kaufpreis kann umgekehrt in Höhe der Differenz zwischen dem angemessenen und dem tatsächlich gezahlten Kaufpreis zu einer **verdeckten Gewinnausschüttung** und damit zu einer Kapitalertragsteuerbelastung für die Kommune führen.[13]

---

13 Bei einer Personengesellschaft würde es sich stattdessen um Einlagen bzw. Entnahmen handeln, siehe Rn 155.

b) Umsatzsteuer

Bei einem Verkauf der Straßenbeleuchtungsanlagen liefert die Kommune die Straßenbeleuchtungsanlagen und erhält dafür den Kaufpreis. Leistungsempfänger ist das Energieversorgungsunternehmen bzw. die Eigengesellschaft (Stadtwerke). Es liegt demnach eine **Lieferung (§ 3 Abs. 1 UStG) gegen Entgelt** im umsatzsteuerlichen Sinne vor (§ 1 Abs. 1 Nr. 1 UStG). 30

Der Umsatzsteuer unterliegt diese Lieferung jedoch nur dann, wenn sie durch einen „Unternehmer" erfolgt. Unternehmer ist gem. § 2 Abs. 1 UStG, wer eine gewerbliche oder berufliche Tätigkeit selbstständig ausübt. 31

Laut § 2 Abs. 3 UStG sind die juristischen Personen des öffentlichen Rechts nur im Rahmen ihrer Betriebe gewerblicher Art (BgA) i.S.d. § 1 Abs. 1 Nr. 6, § 4 KStG gewerblich tätig. Mit anderen Worten: Die **Unternehmereigenschaft** der Kommune ist nur gegeben, wenn und soweit sie wirtschaftlich tätig wird, d.h., nachhaltig gegen Entgelt Umsätze ausführt.[14] 32

Da es sich bei der Straßenbeleuchtung jedoch um eine hoheitliche Tätigkeit der Daseinsvorsorge handelt,[15] übt die Kommune insoweit **keine wirtschaftliche Tätigkeit** aus. Beim Verkauf der Straßenbeleuchtungsanlagen fällt demnach keine Umsatzsteuer an. 33

c) Grunderwerbsteuer

Grundsätzlich werden nur die Straßenbeleuchtungsanlagen mitsamt den dazugehörigen Kabeln und Leitungen, jedoch keine Grundstücke oder Gebäude, auf die Erwerbergesellschaft (in der Regel die Stadtwerke) übertragen, sodass keine Grunderwerbsteuer anfällt. 34

Eine etwaige Übertragung von Nutzungsrechten an Grundstücken, die für die Bewirtschaftung der Straßenbeleuchtung eingeräumt werden, löst ebenfalls keine Grunderwerbsteuer aus, da hierdurch kein grunderwerbsteuerrelevanter Tatbestand gem. § 1 Abs. 1 oder Abs. 2 Grunderwerbsteuergesetz (GrEStG) verwirklicht wird. 35

Praxistipp !

Sofern auch Grundstücke mitübertragen werden, sind im Einzelfall die Erwerbstatbestände des Grunderwerbsteuergesetzes zu prüfen.

14 Vgl. dazu BFH, Urt. v. 3.3.2011 – V R 23/10 – UR 2011, 617; BFH, Urt. v. 14.4.2010 – V R 10/09 – UR 2010, 646; BFH, Urt. v. 20.8.2008 – V R 30/06 – UR 2009, 800.

15 Siehe Rn 11.

2. Offene Einlage

a) Ertragsteuer

36 Einlagen sind gem. § 4 Abs. 1 S. 8 EStG alle **Wirtschaftsgüter** (Bareinzahlungen und sonstige Wirtschaftsgüter), die der Steuerpflichtige dem Betrieb im Laufe des Wirtschaftsjahrs zugeführt hat. Einlagefähig sind alle Wirtschaftsgüter, die zumindest **im wirtschaftlichen Eigentum** der Kommune stehen. Die im Eigentum der Kommune stehenden Straßenbeleuchtungsanlagen sind demnach einlagefähig i.S.d. § 4 Abs. 1 S. 8 EStG.

37 Die offene Einlage gegen **Gewährung von Gesellschaftsrechten** ist nach h.M. ein tauschähnlicher (d.h. entgeltlicher) Veräußerungsvorgang. Der Übertragende (hier: Kommune) gibt ein Wirtschaftsgut hin, um im Gegenzug (einen) Geschäftsanteil(-e) zu erhalten.

38 Bei der Eigengesellschaft (Stadtwerke) führt dies zu einem Ansatz mit den Anschaffungskosten, welche sich nach dem gemeinen Wert des von ihr hingegebenen Wirtschaftsguts, also der Einlageforderung, bemessen (§ 6 Abs. 6 S. 1 EStG).

Beispiel
Der einlegende Gesellschafter hat die neuen Geschäftsanteile mit deren Anschaffungskosten, also dem gemeinen Wert der hingegebenen Straßenbeleuchtungsanlagen, anzusetzen. Hierbei ergibt sich regelmäßig ein Veräußerungsgewinn bzw. -verlust, der jedoch zu keiner Ertragsteuerbelastung führt, da die Straßenbeleuchtungsanlagen Teil des Hoheitsvermögens waren.[16]

b) Umsatzsteuer

39 Eine offene Einlage ist nach h.M. aus umsatzsteuerlicher Sicht ein (steuerbarer und steuerpflichtiger) **tauschähnlicher Umsatz** i.S.d. § 3 Abs. 12 S. 2 UStG, wenn sie durch einen Unternehmer im Rahmen seines Unternehmens erfolgt.[17]

Praxistipp
Ob ein solcher tauschähnlicher Vorgang auch dann vorliegt, wenn die Kommune Alleingesellschafter der Erwerbergesellschaft ist, kann durchaus bezweifelt werden. Denn in diesem Fall ist die Kommune bereits vorher zu 100% am Vermögen der Gesellschaft beteiligt und bleibt dies auch nach Gewährung (weiterer) Gesellschaftsanteile.

40 Die Kommune ist jedoch **kein Unternehmer im umsatzsteuerlichen Sinne**,[18] sodass ihre Lieferung „Einlage“ nicht im Rahmen ihres Unternehmens ausgeführt wird und ohne Umsatzsteuer (Nettowert der Anlagen) zu erfolgen hat.

---

16 Siehe Rn 88 ff.
17 BFH, Urt. v. 13.11.2003 – V R 79/01 – BStBl. II 2004, 375.
18 Siehe Rn 31 ff.

c) Grunderwerbsteuer

Grunderwerbsteuerliche Tatbestände kommen nur in Betracht, wenn zusammen mit den Straßenbeleuchtungsanlagen auch Grundstücke mit übertragen werden.[19] 41

3. Verdeckte Einlage

a) Ertragsteuer

Werden die Straßenbeleuchtungsanlagen auf eine Eigengesellschaft (in der Regel Stadtwerke) übertragen, ohne dass hierfür ein angemessenes Entgelt gezahlt wird oder Gesellschaftsrechte gewährt werden, handelt es sich um eine verdeckte Einlage. 42

Bei der **Eigengesellschaft** gilt für die Bewertung der verdeckten Einlagen § 6 Abs. 1 Nr. 5 EStG analog. Die eingelegten Straßenbeleuchtungsanlagen sind mithin unabhängig vom handelsrechtlichen Wertansatz mit dem Teilwert zum Übertragungszeitpunkt zu bewerten. 43

Zur Bestimmung des Teilwerts hat die steuerliche Rechtsprechung[20] die sog. **Teilwertvermutungen**[21] entwickelt. Danach entspricht der Teilwert eines abnutzbaren Wirtschaftsguts des Anlagevermögens den um die Abschreibungen (lineare AfA) verminderten historischen Anschaffungs- oder Herstellungskosten.[22] 44

Praxistipp

Hält sich die vom Betriebsinhaber vorgenommene Schätzung im Rahmen der Teilwertvermutung, so ist sie für die Finanzverwaltung bindend. Jedoch kann die Teilwertvermutung seitens des Steuerpflichtigen **entkräftet** werden.

Beispiele/Muster

Dies ist z.B. der Fall, wenn der Betriebsinhaber nachweist, dass die Wiederbeschaffungskosten am Bilanzstichtag niedriger als der vermutete Teilwert sind.

Bei einer verdeckten Einlage eines Wirtschaftsguts erhöhen sich auf Ebene des einlegenden Gesellschafters grundsätzlich die Anschaffungskosten der Beteiligung an der Kapitalgesellschaft um den Teilwert des eingelegten Wirtschaftsguts. 45

19 Siehe Rn 34.
20 Vgl. R 6.7 EStR.
21 Vgl. R 6.7 Stichwort „Teilwertvermutung" EStR.
22 BFH, Urt. v. 30.11.1988 – II R 237/83 – BStBl. II 1989, 183.

b) Umsatzsteuer

46 Im Falle einer verdeckten Einlage fehlt es nach h.M. an einem **Leistungsaustauschverhältnis** im umsatzsteuerlichen Sinne, da der Gesellschafter für die Übereignung des Wirtschaftsguts keine Gegenleistung (z.B. neue Gesellschaftsanteile) erhält.

47 Eine **unentgeltliche Wertabgabe** der Kommune (an die Erwerbergesellschaft) nach § 3 Abs. 1b Nr. 1 UStG liegt hierbei ebenfalls nicht vor, da die Straßenbeleuchtungsanlagen nicht dem unternehmerischen Bereich (§ 2 UStG) der Kommune zuzurechnen sind.[23]

48 Aus umsatzsteuerlicher Sicht ist eine verdeckte Einlage durch die Kommune daher in der Regel unbeachtlich.

Praxistipp

Etwas anderes könnte jedoch gelten, wenn die Leistung der Sacheinlage als Bestandteil des Entgelts betrachtet wird, das die Kommune an die Erwerbergesellschaft für den Betrieb der Straßenbeleuchtung zahlt.[24]

---

c) Grunderwerbsteuer

49 Grunderwerbsteuerliche Tatbestände kommen nur in Betracht, wenn zusammen mit den Straßenbeleuchtungsanlagen **auch Grundstücke** mitübertragen werden.[25]

d) Schenkungssteuer

50 Bei einer unentgeltlichen Übertragung (Einlage ohne Gegenwert in Form von – weiteren – Gesellschaftsrechten) ist außerdem zu prüfen, ob die Übertragung Schenkungsteuer auslöst.

Beispiel

Ein der Schenkungsteuer unterliegender Tatbestand kann insbesondere nach dem neuen § 7 Abs. 8 S. 1 Erbschaftsteuer- und Schenkungsteuergesetz (ErbStG) gegeben sein, wenn an der empfangenden Kapitalgesellschaft mehrere Anteilseigner beteiligt sind und sich durch die Zuwendung an die Gesellschaft der **Wert der Beteiligungen erhöht**. Allerdings kann Bedachter einer solchen Schenkung nur eine natürliche Person sein, bei der dann aber auch eine mittelbare Beteiligung ausreichend ist.

---

23 Siehe Rn 33.
24 Siehe Rn 67 ff.
25 Siehe Rn 34 f.

III. Laufende Besteuerung

Nach der Übertragung der Straßenbeleuchtungsanlagen auf das Energieversorgungsunternehmen erbringt dieses an die Kommune eine **Dienstleistung** („Beleuchtung"), für die die Kommune ein Entgelt zahlen muss. 51

Die Aufwendungen für das Betreiben und die Instandhaltung der Anlagen fallen nunmehr bei dem Energieversorgungsunternehmen an und sind dort Betriebsausgaben. 52

1. Stromsteuer

Für bestimmte Unternehmen, insbesondere die des sog. produzierenden Gewerbes, sieht das **Strom- und Energiesteuergesetz** Möglichkeiten zur Steuerbefreiung und Steuerentlastung für den Eigenverbrauch vor. 53

Praxistipp
Zu den Unternehmen des produzierenden Gewerbes zählen beispielsweise **Stadtwerke**, da sie dem **Abschnitt E** (Energie- und Wasserversorgung) der Klassifikation der Wirtschaftszweige des Statistischen Bundesamts 2003 (WZ 2003) zuzuordnen sind.

Durch entsprechende Vertragsgestaltungen konnte in der Vergangenheit erreicht werden, dass ein Unternehmen des produzierenden Gewerbes die stromsteuerlichen Begünstigungen für sich beansprucht. 54

Beispiel
Die stromsteuerliche Begünstigung konnte beispielsweise beansprucht werden, indem das Unternehmen des produzierenden Gewerbes den Strom selbst verbrauchte und dem nicht begünstigten Kunden das aus stromsteuerlicher Sicht irrelevante Folgeprodukt, z.B. das Licht, lieferte.

Der **Steuervorteil** lag darin, dass nicht mehr Strom an die – nicht begünstigte – Kommune geliefert wurde, sondern Nutzenergie in Form von Licht und insofern der Strom zur Erbringung der „Lichtbereitstellung" zu begünstigten Steuersätzen von dem Unternehmen selbst verbraucht wurde. Die sich aus dem begünstigten Verbrauch ergebenden stromsteuerlichen Vorteile konnten dann in der Entgeltberechnung gegenüber der Kommune berücksichtigt werden. Diesen Vorteil haben deutschlandweit zahlreiche Kommunen genutzt. 55

Zum 1.1.2011 wurde das Stromsteuergesetz **geändert** mit dem Ziel, diese steuerlichen Vorteile zu verhindern. Die Steuerbegünstigung wird seitdem für die Entnahme von Strom zur Erzeugung von Licht gesetzlich nur noch Unternehmen gewährt, soweit das Licht nachweislich durch ein Unternehmen des produzierenden Gewerbes oder ein Unternehmen der Land- und Forstwirtschaft genutzt worden ist. 56

57 Es ist allerdings ungeklärt, wer im Falle der Straßenbeleuchtung als **Nutzer des erzeugten Lichts** anzusehen ist.

58 Was unter dem Begriff „Nutzen" zu verstehen ist, ist gesetzlich nicht definiert. Es handelt sich hierbei um einen **unbestimmten Rechtsbegriff**. Nach der Gesetzesbegründung zu § 9b StromStG soll es auf die „tatsächliche" Nutzung der Erzeugnisse Licht, Wärme, Kälte und Druckluft durch ein Unternehmen des produzierenden Gewerbes ankommen. So heißt es in der Begründung:

> „(...) Es wird deshalb nunmehr geregelt, dass der Verbrauch von Strom nur begünstigt ist, soweit die tatsächliche Nutzung durch ein Unternehmen des produzierenden Gewerbes erfolgt."[26]

59 Offensichtlich stellt die Gesetzesbegründung beim Nutzer auf den Personenkreis ab, der rein faktisch von der Nutzenergie profitiert; eine Vertragsbeziehung zwischen Lichterzeuger und Lichtnutzer scheint nach dem Wortlaut des Gesetzes nicht zwingend erforderlich zu sein.

60 Nimmt man entsprechend der Gesetzesbegründung eine rein tatsächliche Nutzung an, so sind die tatsächlichen Nutznießer des erzeugten Lichts zunächst einmal die Bürgerinnen und Bürger, die die beleuchteten Straßen und Wege nutzen.

61 Gerade am Fall der Straßenbeleuchtung zeigt sich aber, dass hier mit Ausnahme der Anwohner kein spezifischer Endnutzer des Lichts **identifizierbar** ist. Eine genaue Bestimmung, wer in welchem Umfang die Straßenbeleuchtung nutzt, kann jedoch nicht erfolgen. Damit kann auch der Nachweis, dass das erzeugte Licht durch ein Unternehmen des produzierenden Gewerbes genutzt wird, im Falle der Straßenbeleuchtung faktisch nicht erbracht werden.

62 Nach einem Schreiben der **Bundesfinanzdirektion Südwest** vom 26.6.2012 zur Verwendung von Nutzenergie für die Beleuchtung von Straßen und den Betrieb von Schwimmbädern sei in Fällen der Verwendung von Nutzenergie für die Beleuchtung von Straßen nicht der Bürger Nutzer des Lichts. In der Regel sei die **Gemeinde** als Trägerin der Straßenbaulast im Rahmen der Verkehrssicherungspflicht Nutzer des Lichts.[27]

63 Die vorgenannte Auffassung der Finanzverwaltung überzeugt nicht. Im Falle der Straßenbeleuchtung die jeweilige Gemeinde aufgrund ihrer Verkehrssicherungspflicht als Nutzer des Lichts anzusehen, widerspricht zunächst der Gesetzesbegründung, die auf eine tatsächliche Nutzung abstellt. Auch nach der Fachliteratur ist der Betreiber der Infrastruktur Straßenbeleuchtung als Nutzer des Lichts anzusehen, da der Betreiber zum Beleuchten der Straßen und Wege vertraglich verpflichtet ist. Eine Mitbenutzung des Lichts durch die Bürgerinnen und Bürger schließt nach

26 BT-Drucks. 532/10, S. 57.
27 BFD-Südwest-Schreiben v. 26.6.2012 – V 8015 – 9/11 – ZF 2201/ZF 2202.

dieser Auffassung die Steuerentlastung nicht aus, da in diesen Fällen die Entnahme des Stroms im ureigensten Interesse des Betreibers der Straßenbeleuchtungsanlagen erfolge.[28]

Das **Finanzgericht Düsseldorf** hat in seinem Urteil vom 12.6.2013[29] die Auffassung vertreten, dass das die Straßenbeleuchtungsanlagen betreibende Versorgungsunternehmen nicht als Nutzer des Lichts anzusehen sei. Das Gericht bezog sich dabei auf die Gesetzesbegründung und den Begriff der tatsächlichen Nutzung. Die Richter führten aus, die Maßgeblichkeit der tatsächlichen Nutzung entspreche der verbrauchsteuerlichen Systematik, die auf den **faktischen Verbrauch** eines Steuergegenstands abstelle. Nach dieser Prämisse identifiziert das Gericht die Verkehrsteilnehmer und Straßenanlieger – wenn man so will die tatsächlich Beleuchteten – als Nutzer des Lichts. Ob daneben auch eine Nutzung durch den jeweiligen Träger der Straßenbaulast vorliege, ließ das Gericht offen. 64

Praxistipp !
Der Auffassung des Finanzgerichts Düsseldorf kann nicht zugestimmt werden. Es lässt sich dem Gesetz nämlich nicht entnehmen, dass nur derjenige Nutzer im Sinne dieses Gesetzes sein soll, der die Nutzenergie „physisch" nutzt, wie dies im Falle der Verkehrsteilnehmer und Anlieger der Fall wäre. Zieht man die Gesetzesmaterialien heran, ist hier nur von einer „tatsächlichen" Nutzung die Rede. Unter eine **tatsächliche Nutzung** kann aber grundsätzlich sowohl eine physische, wirtschaftliche als auch eine rechtliche Nutzung fallen.

Der Fall der Straßenbeleuchtung ist ein von den sonstigen in § 9b Abs. 1 S. 2 StromStG genannten Gestaltungen zu unterscheidender **Sonderfall**. Anhand der hohen Anforderungen an das Nachweisbarkeitserfordernis ist zu erkennen, dass der Gesetzgeber hinsichtlich der Nachweisbarkeit nur auf Fälle abgestellt hat, bei denen die Nutzer, insbesondere aufgrund des Bestehens von Vertragsverhältnissen, auch tatsächlich identifizierbar sind. Die Regelung bezieht sich daher nicht auf Fälle, in denen eine nichtindividualisierbare Anzahl von Personen in unbestimmtem Ausmaß das Licht nutzt, wie dies bei der Straßenbeleuchtung im öffentlichen Raum der Fall ist. In diesen Fällen ist das Nachweiserfordernis nicht erfüllbar und kann daher nicht zum Gegenstand einer Nachweisverpflichtung gemacht werden. 65

Es bleibt abzuwarten, wie der BFH hier entscheiden wird. Das Revisionsverfahren ist inzwischen anhängig.[30] 66

28 *Möhlenkamp/Milewski*, § 9b Rn 3.
29 FG Düsseldorf, Urt. v. 12.6.2013 – 4 K 4017/12 VSt –.
30 BFH, Urt. v. 19.12.2013 – VII R 39/13 – anhängiges Verfahren.

2. Ertragsteuer

67 Das von der Kommune gezahlte Dienstleistungsentgelt ist eine **Betriebseinnahme**.

68 Die Rechtsprechung des BFH legt den Begriff der Betriebseinnahmen auf der Grundlage des Begriffs der Betriebsausgaben und der Einnahmen bei den Überschusseinkünften (§ 8 EStG) aus. Hiernach sind Betriebseinnahmen Zugänge von Wirtschaftsgütern in Form von Geld oder Geldeswert, die durch den Betrieb veranlasst sind.[31]

69 Als Betriebseinnahme erhöht das von der Kommune gezahlte Dienstleistungsentgelt somit den Gewinn.

70 Da es sich bei den Straßenbeleuchtungsanlagen um abnutzbare Wirtschaftsgüter handelt, hat das Energieversorgungsunternehmen **Abschreibungen** vorzunehmen. Laut AfA-Tabelle des Bundesministeriums für Finanzen beträgt die Nutzungsdauer für Straßenbeleuchtungsanlagen 19 Jahre. Über diesen Zeitraum werden die Anlagen abgeschrieben, was zu einer Minderung des Gewinns des Energieversorgungsunternehmens führt.

a) Verdeckte Gewinnausschüttung durch geringes Entgelt

71 Im Verhältnis zwischen der Kommune und einer Eigengesellschaft (Stadtwerke) sind allerdings auch die Grundsätze der verdeckten Gewinnausschüttung zu beachten. Eine verdeckte Gewinnausschüttung liegt nach der Rechtsprechung des **BFH** bei einer Vermögensminderung oder verhinderten Vermögensmehrung vor, die durch das Gesellschaftsverhältnis veranlasst ist, sich auf die Höhe des Einkommens auswirkt und in keinem Zusammenhang mit einer offenen Ausschüttung steht.[32] Eine Veranlassung durch das Gesellschaftsverhältnis wird regelmäßig dann angenommen, wenn die Kapitalgesellschaft ihrem Gesellschafter einen Vermögensvorteil zuwendet, den ein ordentlicher und gewissenhafter Geschäftsleiter einem Nichtgesellschafter nicht gewährt hätte.

72 Ist der begünstigte Gesellschafter außerdem beherrschend, so wird eine verdeckte Gewinnausschüttung regelmäßig bereits dann angenommen, wenn die Kapitalgesellschaft eine Leistung erbringt, für die keine klare und im Voraus getroffene, zivilrechtlich wirksame und tatsächlich durchgeführte Vereinbarung vorliegt.[33]

73 Kennzeichnend für eine verdeckte Gewinnausschüttung ist, dass sie einhergeht mit einer Rechtsbeziehung zwischen dem Gesellschafter oder einer ihm nahestehenden Person und der Kapitalgesellschaft. Dieses Rechtsverhältnis weist neben

---

31 BFH, Urt. v. 14.3.1989 – I R 83/85 – BStBl II 1989, 650.
32 BFH, Urt. v. 22.2.1989 – I R 44/85 – BStBl. II 1989, 475.
33 Dötsch/Pung/Möhlenbrock/*Klingebiel*, § 8 Abs. 3 KStG Rn 314 ff.

oder statt einer rein schuldrechtlichen Komponente auch eine gesellschaftsrechtliche Komponente auf. Es hat mithin in der Regel einen zumindest gemischten schuldrechtlichen und gesellschaftsrechtlichen Charakter. Der gesellschaftsrechtliche Charakter kann sich hierbei auf die Tatsache, dass das Rechtsgeschäft überhaupt abgeschlossen wurde, oder auf einzelne Bedingungen des Rechtsgeschäfts beziehen. Während bei Rechtsbeziehungen der Kapitalgesellschaft mit Dritten in der Regel von einer kaufmännischen Ausgewogenheit der Vereinbarungen auszugehen ist, muss dies zwischen der Kapitalgesellschaft und dem Gesellschafter nicht in gleicher Weise der Fall sein. Während die Kapitalgesellschaft Dritte grundsätzlich nicht begünstigen wird, ist eine objektive Begünstigung und auch eine Begünstigungsabsicht bei der Kapitalgesellschaft in Richtung ihres Gesellschafters möglich.

Rechtsfolge der verdeckten Gewinnausschüttung ist, dass die Gegenleistung der 74
Kapitalgesellschaft an den Gesellschafter für die Erbringung einer Leistung steuerlich umqualifiziert und als (verdeckte) Gewinnausschüttung angesehen wird. Der möglicherweise auch handelsrechtlich erfasste Aufwand aus dem Rechtsgeschäft wird in jedem Fall steuerlich außerbilanziell egalisiert und als Leistung aus dem Gesellschaftsverhältnis und damit als Gewinnausschüttung behandelt. Der Gewinn der Kapitalgesellschaft erhöht sich somit, weil gem. § 8 Abs. 3 Satz 1 KStG die Verteilung des Einkommens für die Ermittlung des Einkommens ohne Bedeutung ist. Analog hierzu wird auf der Ebene des Gesellschafters die Gegenleistung nicht mehr etwa den Einkünften aus nichtselbständiger Arbeit oder Vermietung und Verpachtung zugewiesen, sondern als Gewinnausschüttung und damit bei den Einkünften aus Kapitalvermögen behandelt. Die Leistung teilt damit grundsätzlich das Schicksal der ordentlichen Gewinnausschüttung, womit diesbezüglich die Abgeltungsteuer anzuwenden ist.

Eine verdeckte Gewinnausschüttung darf aber gem. § 8 Abs. 3 S. 2 KStG das 75
steuerliche Einkommen der Gesellschaft (hier: der Stadtwerke) nicht mindern. Daher wird bei der Einkommensermittlung der Gesellschaft grundsätzlich der Wert einer solchen verdeckten Gewinnausschüttung außerbilanziell wieder hinzugerechnet.

Auf die **Straßenbeleuchtung** bezogen heißt dies, dass die Eigengesellschaft 76
(Stadtwerke) für ihre erbrachten Leistungen gegenüber der Kommune grundsätzlich das einfordern muss, was sie auch gegenüber einem fremden Dritten fordern würde. Die Eigengesellschaft (Stadtwerke) kann der Kommune grundsätzlich **keine Sonderkonditionen** gewähren. Demnach muss die Eigengesellschaft (Stadtwerke) bei der Erstellung der Rechnungen für die Kommune mit einem angemessenen Gemeinkostenzuschlag sowie einem angemessenen Gewinnaufschlag kalkulieren, der auch sonst bei Leistungsabgabe an fremde Dritte üblich wäre.

Praxistipp
Eine verbilligte oder gar unentgeltliche Ausgestaltung des Beleuchtungsvertrags mindert den Gewinn bzw. hindert die Gewinnmehrung der Eigengesellschaft (Stadtwerke) und kommt der Kommune zugute, sodass eine verdeckte Gewinnausschüttung anzunehmen wäre.

b) Kommunaler steuerlicher Querverbund/Spartenrechnung

77 Unter dem Begriff „kommunaler steuerlicher Querverbund" versteht man die wirksame Zusammenfassung von bestimmten gewinnbringenden Tätigkeiten einer Kommune (z.B. aus Energieversorgungsbetrieben) mit bestimmten Verlusttätigkeiten für Zwecke der Körperschaftsteuer und Gewerbesteuer.

78 Der Vorteil des steuerlichen Querverbundes besteht darin, dass die im Bereich der Energieversorgung erzielten Gewinne nur insoweit der Besteuerung unterliegen, wie sie die durch bestimmte Dauerverlusttätigkeiten erzielten Verluste betragsmäßig übersteigen.

Praxistipp
Durch diese steuerliche Verrechnung von Gewinnen und Verlusten lassen sich – im Vergleich zur getrennten Erfassung der Einzelergebnisse – erhebliche **steuerliche Vorteile** erzielen.

79 Die Straßenbeleuchtung kann **gewinnbringend** oder **defizitär** ausgestaltet sein.

Beispiel
Ist sie gewinnbringend ausgestaltet, kommt eine Verrechnung mit verlustbringenden Tätigkeiten (z.B. ÖPNV) in Betracht. Ist sie hingegen verlustbringend ausgestaltet, kann eventuell eine Verrechnung mit Gewinnen aus der Energieversorgung erfolgen.

80 Die Herstellung eines steuerlichen Querverbunds unter Einbeziehung von kommunalen Kapitalgesellschaften setzt demnach – verkürzt dargestellt – voraus, dass

- die Verluste – für sich genommen – steuerlich anerkannt werden (d.h., keine verdeckte Gewinnausschüttung vorliegen),
- die Gewinne und Verluste aus den unterschiedlichen Tätigkeiten handelsrechtlich zusammengefasst werden (z.B. durch Ausübung der Tätigkeiten in demselben Unternehmen oder durch Abschluss eines Ergebnisabführungsvertrags),
- diese handelsrechtliche Zusammenfassung der Gewinne und Verluste auch steuerlich wirksam ist.

81 Eine **handelsrechtliche Zusammenfassung** kann zum einen dadurch erfolgen, dass die Gewinne und die Verluste in derselben Gesellschaft anfallen („Einheitsunternehmen"). Dabei müssen sich die defizitären Einrichtungen nicht unmittelbar im

Betriebsvermögen des Einheitsunternehmens befinden. Ausreichend ist, wenn die Verluste mittelbar – beispielsweise aufgrund von Pachtzahlungen – im Querverbundunternehmen anfallen.

Eine andere (hier nicht weiter zu vertiefende) Möglichkeit, die Verluste und die Gewinne zu verrechnen, ist der Abschluss eines **Gewinnabführungsvertrags** i.S.d. §§ 291ff. AktG zwischen der Gesellschaft, in der die Gewinne anfallen, und der Gesellschaft, in der die Verluste anfallen. Die handelsrechtliche Verknüpfung im Wege eines Gewinnabführungsvertrags ist daher nur notwendig, wenn die Gewinne und die Verluste in unterschiedlichen Gesellschaften anfallen. Mit dem Gewinnabführungsvertrag verpflichtet sich die Organgesellschaft, ihren gesamten Gewinn bzw. ihren Verlust (d.h. das Ergebnis) an den Organträger abzuführen. Die (handelsrechtlichen) Ergebnisse von Organgesellschaft und Organträger werden zusammengefasst und im Jahresabschluss des Organträgers als **Gesamtergebnis** ausgewiesen. 82

c) Verdeckte Gewinnausschüttung durch Ausübung einer Dauerverlusttätigkeit

Voraussetzung für eine Einbeziehung der Straßenbeleuchtung in den Querverbund ist zunächst, dass eventuelle Verluste der Erwerbergesellschaft aus der Straßenbeleuchtung überhaupt steuerlich anerkannt werden. 83

In diesem Zusammenhang ist § 8 Abs. 7 S. 1 Nr. 2, S. 2 KStG zu beachten. Der Gesetzgeber ist bei der Neuregelung des **steuerlichen Querverbunds** durch das Jahressteuergesetz 2009 davon ausgegangen, dass das Ausüben einer Dauerverlusttätigkeit durch eine Kapitalgesellschaft grundsätzlich eine verdeckte Gewinnausschüttung darstellt. Allerdings sollen nach § 8 Abs. 7 S. 1 Nr. 2, S. 2 KStG die Rechtsfolgen einer verdeckten Gewinnausschüttung nicht gezogen werden, wenn es sich um ein **„begünstigtes“ Dauerverlustgeschäft** i.S.d. § 8 Abs. 7 S. 2 KStG handelt. Hierzu zählen auch Tätigkeiten, die bei der Kommune zu einem Hoheitsbetrieb gehören würden. 84

Praxistipp !

Da die Straßenbeleuchtung als zum kommunalen Hoheitsbetrieb gehörend ein „begünstigtes“ Dauerverlustgeschäft ist,[34] liegt bei einer dauerhaft defizitär ausgestalteten Straßenbeleuchtungsdienstleistung keine verdeckte Gewinnausschüttung vor.[35]

---

34 Siehe Rn 83f. und Rn 11.

35 Das gilt aber nur insoweit, als der Kommune keine „Sonderkonditionen“ gewährt worden sind. Denn dann käme eine verdeckte Gewinnausschüttung nach allgemeinen Grundsätzen in Betracht, siehe Rn 76.

aa) Spartenrechnung

85 Kapitalgesellschaften, die Dauerverlusttätigkeiten ausüben, müssen gem. § 8 Abs. 9 KStG eine sog. **Spartenrechnung** machen.

86 Die angesprochene Verrechnung von Gewinnen und Verlusten (Querverbund-Effekt) ist dabei nur dann möglich, wenn die zu verrechnenden Ergebnisse in derselben Sparte zusammengefasst werden dürfen.

87 Dauerverlusttätigkeiten, die bei Ausübung durch eine Kommune zu deren Hoheitsbetrieben gehören würden, sind nach § 8 Abs. 9 S. 1 Nr. 1 KStG jeweils in einer **gesonderten Sparte** zu führen.

! **Praxistipp**
Folgt man der Auffassung des BFH, wonach die Straßenbeleuchtung eine hoheitliche Tätigkeit ist,[36] würde für die Straßenbeleuchtung also eine gesonderte Sparte einzurichten sein. Ein Querverbund-Effekt wäre somit nicht möglich.

---

bb) Entscheidung des Finanzgerichts Sachsen

88 Für Aufsehen hat allerdings ein Urteil des FG Sachsen[37] gesorgt. Der Entscheidung lag ein Fall zugrunde, in dem eine kommunale Energie- und Wasserversorgungsgesellschaft insbesondere Abschreibungsaufwand aus Straßenbeleuchtungsanlagen, mit denen sie offenbar unentgeltlich die Straßen ihrer kommunalen Gesellschafterin beleuchtete, steuerlich mit den Überschüssen aus ihren Versorgungstätigkeiten verrechnen wollte. Das FG Sachsen lehnte eine **einkommenskorrigierende verdeckte Gewinnausschüttung** mit Hinweis auf den neuen § 8 Abs. 7 KStG ab. Nach dieser Vorschrift seien die Rechtsfolgen einer verdeckten Gewinnausschüttung u.a. dann nicht zu ziehen, wenn *„aus verkehrspolitischen Gründen"* eine *„wirtschaftliche Betätigung ohne kostendeckendes Entgelt"* erfolge. Da diese Gesetzesnorm großzügig auszulegen sei, müsse man auch die Tätigkeit der Straßenbeleuchtung, die der Verkehrssicherung diene, darunter subsumieren. Obwohl das Gericht in der Sachverhaltsdarstellung davon spricht, dass die Klägerin *„für die Kommune G die hoheitliche Aufgabe der Durchführung der Straßenbeleuchtung"* übernommen habe, geht es nicht darauf ein, dass nach dem vorgenannten § 8 Abs. 7 KStG die Rechtsfolgen einer verdeckten Gewinnausschüttung auch dann nicht zu ziehen sind, wenn das defizitäre Geschäft *„Ausfluss einer Tätigkeit ist, die bei juristischen Personen des öffentlichen Rechts zu einem Hoheitsbetrieb gehört."*

89 Im kommunalen Mehrheitsbesitz befindliche Kapitalgesellschaften können nach § 8 Abs. 9 S. 1 Nr. 2 KStG ihre Tätigkeiten u.a. dann steuerlich in einer Spar-

---

36 Siehe Rn 11.
37 FG Sachsen, Urt. v. 15.12.2010 – 4 K 635/08 –.

te zusammenfassen bzw. ihre Ergebnisse verrechnen, wenn „Betriebe" vorliegen, *„die der Versorgung der Bevölkerung mit Wasser, Gas, Elektrizität oder Wärme, dem öffentlichen Verkehr oder dem Hafenbetrieb dienen"* (§ 4 Abs. 6 i.V.m. Abs. 3 KStG). *„Betriebe, die überwiegend der Ausübung der öffentlichen Gewalt dienen (Hoheitsbetriebe)"* können aber nicht mit solchen Betrieben zusammengefasst und somit nicht in den steuerlichen Querverbund einbezogen werden (§ 4 Abs. 6 S. 2 KStG).

Das FG Sachsen ließ in seinem vorgenannten Urteil die **steuerliche Verrechnung der Abschreibungen** etc. aus der Straßenbeleuchtung der Klägerin mit deren Versorgungsgewinnen für die Veranlagungszeiträume 2000 bis 2003 zu, ohne sich jedoch mit der Frage auseinanderzusetzen, ob die unentgeltliche Straßenbeleuchtung im Gebiet ihrer Gesellschafterin ein „Betrieb, der dem öffentlichen Verkehr dient" ist. Grund dafür ist eine Gesetzeslücke, die bei der erstmaligen Verankerung der Querverbundgrundsätze im Körperschaftsteuergesetz mit Wirkung zum 1.1.2009 entstanden ist. Der Gesetzgeber hatte nach dem Gesetzeswortlaut die Rückwirkung des § 8 Abs. 7 KStG (mit seiner steuerlichen Anerkennung von Verlusten u.a. aus „verkehrspolitischen Gründen") auf Veranlagungszeiträume auch vor 2009 erstreckt, die Spartenrechnung bei kommunalen Kapitalgesellschaften aber erst für die Zeit ab 2009 angeordnet. Das FG Sachsen folgte dem Gesetzeswortlaut und ging auf die Versuche der beklagten Finanzverwaltung nicht ein, die betreffende gesetzliche Rückwirkungsregelung einschränkend auszulegen. 90

Der BFH hat mit Beschluss vom 25.1.2012 die von der Finanzverwaltung eingelegte Nichtzulassungsbeschwerde aus formalen Gründen verworfen.[38] Das Urteil des FG Sachsen ist mithin rechtskräftig. 91

Für die nunmehr bei kommunalen Kapitalgesellschaften mit Dauerverlusttätigkeiten anzuwendende Spartenrechnung müssten die Straßenbeleuchtungsanlagen als „Verkehrsbetrieb" einzustufen sein. Das Problem hierbei dürfte die gesetzlich geforderte Anknüpfung an die hypothetische Betrachtung sein, wie die Tätigkeiten der Erwerbergesellschaft sich steuerlich darstellen würden, wenn sie von der Kommune selbst erbracht würde. Wenn die Kommune die Strom-, Gas- und Wasserversorgung der Bevölkerung sowie öffentliche Bäder in Eigenregie betreiben würde, wären diese steuerlich gesehen sicherlich „Betriebe gewerblicher Art." 92

Praxistipp

Die Straßenbeleuchtung – wenn sie denn überhaupt als „Betrieb" eingestuft werden könnte – wäre jedoch wohl in Anbetracht der nach wie vor bestehenden höchstrichterlichen Rechtsprechung[39] kaum als ein solcher „Betrieb gewerblicher Art", sondern vielmehr als **„Hoheitsbetrieb"** anzusehen.

---

38 BFH, Beschl. v. 25.1.2012 – I B 17/11 – BFH/NV 2012, 1003.

39 Siehe Rn 11.

Die Ergebnisse aus der Straßenbeleuchtungstätigkeit sind daher wohl eher einer gesonderten Sparte zuzuordnen.

93 Dies gilt letztlich unabhängig davon, ob mit dieser Tätigkeit Gewinne oder Verluste erzielt werden. Eventuelle Gewinne aus der Straßenbeleuchtungstätigkeit lösen folglich auch dann eine Belastung mit Körperschaft- und Gewerbesteuer aus, wenn „daneben" hohe Verluste aus anderen Tätigkeiten anfallen.

d) Kapitalertragsteuer

94 Ertragsteuerlich dürfte eine eventuelle defizitäre Ausgestaltung der Straßenbeleuchtung durch die Erwerbergesellschaft allenfalls im Hinblick auf Kapitalertragsteuervorteile Sinn machen. **Straßenbeleuchtungsverluste** würden das handelsrechtliche Gesamtergebnis des Konzerns und damit die Höhe der möglichen – und mit Kapitalertragsteuer belasteten – Ausschüttungen an die Kommune reduzieren.

95 Voraussetzung für diesen **Kapitalertragsteuereffekt** wäre allerdings, dass die Übernahme der städtischen Straßenbeleuchtung durch die Erwerbergesellschaft und ihre defizitäre Ausgestaltung keine verdeckte Gewinnausschüttung ist; dies ist auf Basis des § 8 Abs. 7 KStG und dem Urteil des FG Sachsen argumentierbar.[40]

96 Etwaige außenstehende Gesellschafter würden jedoch vermutlich eine Minderung der Gewinne der Erwerbergesellschaft durch eine unentgeltliche oder verbilligte Straßenbeleuchtungstätigkeit zugunsten der Kommune nicht hinnehmen wollen, sondern vielmehr an einer Kapitalzuführung nur dann teilnehmen, wenn durch die Übernahme der Tätigkeit eine angemessene Rendite und somit eine Erhöhung der Garantiedividende zu erwarten ist.

! **Praxistipp**

Unabhängig davon ist § 8 Abs. 7 KStG (Verhinderung der Rechtsfolgen einer verdeckten Gewinnausschüttung) nach seinem Wortlaut nur dann anwendbar, wenn die Verluste aus dem „Dauerverlustgeschäft" ausschließlich von dem oder den öffentlich-rechtlichen Gesellschafter(-n) getragen werden.

3. Umsatzsteuer

a) Allgemeines

97 Durch den Betrieb der Straßenbeleuchtungsanlagen gegen Entgelt im Rahmen eines **Dienstleistungsvertrags** würde die Erwerbergesellschaft gegenüber der

40 Siehe Rn 88.

Kommune eine steuerbare und steuerpflichtige (sonstige) Leistung erbringen, die dem 19%igen Regelsatz der Umsatzsteuer unterläge. Die Erwerbergesellschaft hätte die Umsatzsteuer in ihren Rechnungen an die Kommune gesondert auszuweisen und an das Finanzamt abzuführen. Diese Umsatzsteuer könnte von der Kommune jedoch nicht als Vorsteuer abgezogen werden, da die Leistungen vorliegend nicht für den unternehmerischen Bereich (Betriebe gewerblicher Art) der Kommune bezogen würden.[41] Auf Ebene der Kommune würde die Umsatzsteuer auf die Dienstleistungsentgelte somit zu einer Definitivbelastung führen.

Praxistipp !
Hierdurch entsteht für die Kommune eine im Vergleich zum Ausgangsfall umsatzsteuerliche Mehrbelastung, wenn das Energieversorgungsunternehmen der Kommune auch ihre Aufwendungen bezüglich der übernommenen Altanlagen (Abschreibungen, Fremdkapitalzinsen) in Rechnung stellt. Diese fielen vorher bei der Kommune ohne zusätzliche Umsatzsteuer an.

b) Gegenleistung durch Einlage

Die Leistung einer **Sacheinlage**[42] könnte im Einzelfall als Bestandteil des Entgelts betrachtet werden, dass die Kommune an die Erwerbergesellschaft für den Betrieb der Straßenbeleuchtung zahlt. 98

Die Erwerbergesellschaft hätte in diesem Fall den Wert der Einlage in die umsatzsteuerliche Bemessungsgrundlage der Dienstleistungsentgelte einzubeziehen. Ein korrespondierender Vorsteuerabzug bei der Kommune kommt – mangels umsatzsteuerlicher Unternehmereigenschaft – nicht in Betracht. Die Folge wäre eine erhöhte Umsatzsteuerbelastung aufseiten der Kommune. 99

c) Unentgeltliche oder verbilligte Leistung

Die Bemessungsgrundlage für die Umsatzsteuer ist das **vereinbarte Entgelt**. Je höher das Entgelt ist, desto höher ist auch die Umsatzsteuerbelastung aufseiten der Kommune. Um die Umsatzsteuerbelastung zu reduzieren, könnte daher das Entgelt für die Beleuchtungsdienstleistung verringert werden. In Betracht kommt auch eine Unentgeltlichkeit. 100

Bei einer verbilligten oder unentgeltlichen Leistung des Energieversorgungsunternehmens bzw. der Eigengesellschaft an die Kommune („Beleuchtungsentgelt“) auf Grundlage des Beleuchtungsvertrages ist die **Mindestbemessungsgrundlage** i.S.d. § 10 Abs. 5 Nr. 1 i.V.m. Abs. 4 Nr. 2 UStG zu beachten. 101

41 Siehe Rn 30 ff.
42 Siehe Rn 42 ff.

102 Die Mindestbemessungsgrundlage findet immer dann Anwendung, wenn bei einer Leistung eines Unternehmens an seinen Gesellschafter das Entgelt **niedriger** ist als die nach § 10 Abs. 4 Nr. 2 UStG maßgeblichen **Ausgaben**, die bei der Ausführung der Leistung entstanden sind. Als Ausgaben i.S.d. § 10 Abs. 4 Nr. 2 UStG gelten auch die Anschaffungs- oder Herstellungskosten der Wirtschaftsgüter, die dem Unternehmen zugeordnet sind und für die Erbringung der sonstigen Leistung verwendet werden. Nach § 10 Abs. 4 Nr. 2 S. 3 i.V.m. § 15a Abs. 1 UStG sollen Anschaffungs- und Herstellungskosten, die mindestens 500 € betragen, für umsatzsteuerliche Zwecke gleichmäßig auf einen Zeitraum von nur fünf Jahren verteilt werden, soweit es sich um ein bewegliches Wirtschaftsgut handelt.

! **Praxistipp**
Im Einzelfall sollte – auch zur Vermeidung einer verdeckten Gewinnausschüttung – ein marktübliches Entgelt für die Dienstleistung „Beleuchtung" vereinbart werden, sodass ein Rückgriff auf die Mindestbemessungsgrundlage nach § 10 Abs. 5 i.V.m. 4 UStG auch aus diesem Grund ausscheidet.

IV. Beendigung/Rückübertragung

103 Wenn die gewählte Gestaltung (Übertragung der Straßenbeleuchtungsanlagen auf das Energieversorgungsunternehmen) wieder beendet werden soll, sind die Anlagen von dem Energieversorgungsunternehmen auf die Kommune zurückzuübertragen. Diese Rückübertragung kann sowohl unter **Aufhebung des Beleuchtungsvertrags** (Dienstleistungsvertrags) als auch unter **Beibehaltung** des Vertrags erfolgen.

1. Ertragsteuer

104 Erfolgt die Rückübertragung durch einen Verkauf, ergeben sich keine besonderen steuerlichen Probleme.

! **Praxistipp**
Zu beachten ist auch hier wiederum, dass ein unangemessen niedriger oder hoher Kaufpreis zu einer verdeckten Gewinnausschüttung bzw. verdeckten Einlage führen kann.[43] Auf den Wiederbeschaffungszeitwert könnte zudem noch Kapitalertragsteuer zuzüglich Solidaritätszuschlag entfallen.[44]

105 Sofern die Kommune die Straßenbeleuchtungsanlagen im Wege einer Einlage übertragen hat, stellt sich die Rückübertragung der Straßenbeleuchtungsanlagen als

43 Siehe Rn 29.
44 § 43 Abs. 1 Nr. 1, § 20 Abs. 1 Nr. 1 S. 2, § 43a Abs. 1 Nr. 1, § 44a Abs. 8 S. 1 und 2, § 52a Abs. 16 S. 2 EStG.

Rückgewähr einer früheren Einlage an den Gesellschafter. Dieser Vorgang könnte eine verdeckte Gewinnausschüttung i.S.d. § 8 Abs. 3 S. 2 KStG begründen.

Zwar führt auch die Rückgewähr einer verdeckten Einlage regelmäßig zu einer verdeckten Gewinnausschüttung.[45] Dies soll aber dann nicht gelten, wenn eine Einlage nur unter einer auflösenden Bedingung gewährt wird und die Bedingung eintritt, da die Veranlassung für die Leistungen an den Gesellschafter sich in diesem Fall nur nach Umständen richtet, die bereits im Zusammenhang mit der ursprünglichen Einlageleistung standen. Es handelt sich dann um eine steuerlich anzuerkennende Form der **Kapitalrückzahlung**. 106

Außerdem beruht die Vermögensminderung in diesem Fall bei wirtschaftlicher Betrachtung nicht auf einer Rechtshandlung der Organe der Kapitalgesellschaft, weil der Gesellschafter die Einlage von vornherein nur unter Vorbehalt einer späteren Rückgewähr leistete. Die Gesellschaft erfüllt also nur eine ursprünglich eingegangene Verbindlichkeit. 107

Praxistipp !
Diese Fallgestaltung könnte im Einzelfall vergleichbar sein mit der Übertragung eines Wirtschaftsguts im Wege der Sacheinlage und der gleichzeitig abgeschlossenen Vereinbarung einer Rückübertragungsverpflichtung eines Teils dieser übertragenen Wirtschaftsgüter auf den die Einlage leistenden Gesellschafter.

2. Umsatzsteuer

Da es sich bei der die Anlagen zurückübertragenden Gesellschaft um einen „Unternehmer" handelt, stellt der Verkauf an die Kommune eine **umsatzsteuerbare Lieferung** dar. 108

Bei einer unentgeltlichen Rückübertragung der Straßenbeleuchtungsanlagen wird zwar keine Lieferung gegen Entgelt ausgeführt. Nach § 3 Abs. 1b Nr. 3 UStG wird jedoch jede andere unentgeltliche Zuwendung eines Gegenstands, ausgenommen Geschenke von geringem Wert, einer Lieferung gegen Entgelt gleichgestellt. Damit ist auch die **unentgeltliche Übertragung** der Beleuchtungsanlagen grundsätzlich umsatzsteuerbar. 109

3. Schenkungssteuer

Bei einer unentgeltlichen Rückübertragung ist außerdem zu prüfen, ob die Übertragung Schenkungsteuer auslöst. Der Schenkungsteuer unterliegen gem. § 1 Abs. 1 Nr. 2 ErbStG Schenkungen unter Lebenden. Nach § 7 Abs. 1 Nr. 1 ErbStG gilt 110

45 BFH, Urt. v. 30.5.1990 – I R 41/87 – BStBl. II 1991, 588.

als Schenkung unter Lebenden jede freigebige Zuwendung, soweit der Bedachte durch sie auf Kosten des Zuwendenden bereichert wird. Eine freigebige Zuwendung verlangt in objektiver Hinsicht, dass der Bedachte auf Kosten des Zuwendenden **bereichert** wird, und in subjektiver Hinsicht, dass der Zuwendende in dem **Bewusstsein** handelt, die Zuwendung unentgeltlich oder teilunentgeltlich vorzunehmen.

! **Praxistipp**
Eine Rückübertragung dürfte aber unabhängig hiervon keine Schenkungsteuer auslösen, weil Schenkungen an eine inländische Kommune gem. § 13 Abs. 1 Nr. 15 ErbStG stets schenkungsteuerfrei sind.

D. Verpachtung der Straßenbeleuchtungsanlagen

I. Ausgestaltung

111 Bei der Verpachtung werden die Straßenbeleuchtungsanlagen nicht an ein Energieversorgungsunternehmen bzw. eine Eigengesellschaft (Stadtwerke) übereignet, sondern auf Grundlage eines Pachtvertrags zur Nutzung überlassen.

! **Praxistipp**
Der Pachtvertrag zwischen der Kommune und dem Pächter (Energieversorgungsunternehmen bzw. eine Eigengesellschaft) wird dabei regelmäßig mit einem Beleuchtungsvertrag kombiniert.

112 Vertragsgegenstand ist üblicherweise im Wesentlichen der Betrieb, die für die Beleuchtung notwendige Energiebeschaffung, die Instandhaltung und die Erneuerung der öffentlichen Beleuchtungsanlagen.

113 Die Kommune erhält ein **Pachtentgelt.** Dieses Pachtentgelt kann je nach Ausgestaltung und Zielrichtung (Querverbund, Vermeidung verdeckte Gewinnausschüttung etc.) dem Vertragsgegenstand angemessen sein oder es kann ein niedrigeres Pachtentgelt vereinbart werden. Im Einzelfall kann auch eine **unentgeltliche Pacht** in Betracht kommen.

114 Das Energieversorgungsunternehmen bzw. die Eigengesellschaft erhält von der Kommune für die im Rahmen des Pacht- und Beleuchtungsvertrags erbrachten Dienstleistungen eine Pauschale je **Lichtpunkt.**

115 In Einzelfällen kann es vorkommen, dass der Vertragspartner (Energieversorgungsunternehmen bzw. eine Eigengesellschaft) zur Erfüllung seiner Vertragspflichten Subunternehmer einsetzt.

II. Besteuerung des Überlassungsvorgangs

1. Ertragsteuer/Betriebsaufspaltung

Die Verpachtung der gesamten Straßenbeleuchtungsanlagen an die Eigengesellschaft (Stadtwerke) könnte eine sog. **Betriebsaufspaltung** darstellen. 116

Eine Betriebsaufspaltung liegt vor, wenn ein Unternehmen eine wesentliche Betriebsgrundlage an eine gewerblich tätige Personen- oder Kapitalgesellschaft überlässt (sachliche Verflechtung) und eine oder mehrere Personen zusammen sowohl das Besitzunternehmen als auch das Betriebsunternehmen in dem Sinne beherrschen, dass sie in der Lage sind, in beiden Unternehmen einen einheitlichen geschäftlichen Betätigungswillen durchzusetzen (**personelle Verflechtung**).[46] Eine Betriebsaufspaltung kann insbesondere auch bei einer Körperschaft des öffentlichen Rechts vorliegen, z.B. bei einer Überlassung von wesentlichen Betriebsgrundlagen an eine Eigengesellschaft.[47] 117

a) Personelle Verflechtung

Eine personelle Verflechtung liegt vor, wenn die hinter beiden Unternehmen stehenden Personen einen **einheitlichen geschäftlichen Betätigungswillen** haben. Den maßgeblichen Einfluss auf das Betriebsunternehmen kann einem Gesellschafter auch eine mittelbare Beteiligung gewähren. 118

Beispiele/Muster
Die personelle Verflechtung ist gegeben, wenn die Kommune aufgrund ihrer Beteiligung an der Eigengesellschaft (Stadtwerke) maßgeblichen Einfluss auf diese nehmen kann.

b) Sachliche Verflechtung

Eine sachliche Verflechtung liegt vor, wenn **wesentliche Betriebsgrundlagen** der Eigengesellschaft (Stadtwerke) überlassen werden. Wesentliche Betriebsgrundlagen eines Betriebs sind vor allem Wirtschaftsgüter des Anlagevermögens, die zur Erreichung des Betriebszwecks erforderlich sind und ein besonderes wirtschaftliches Gewicht für die Betriebsführung bei dem Betriebsunternehmen haben. 119

Beispiel
Bei der Überlassung der gesamten Straßenbeleuchtungsanlagen ist wohl von einer sachlichen Verflechtung auszugehen, da diese für die Erbringung der Dienstleistung „Beleuchtete Straße" wesentlich sind.

46 Siehe R 15.7 (4) „Allgemeines" EStR.
47 Dötsch/Jost/Pung/*Krämer*, Körperschaftsteuer, § 4 Rn 71.

c) Steuerliche Folge

120 Bei einer Betriebsaufspaltung durch Verpachtung wesentlicher Betriebsgrundlagen entsteht aufseiten der Kommune ein **Betrieb gewerblicher Art** (BgA) i.S.d. § 1 Abs. 1 Nr. 6, § 4 Abs. 1 S. 1 KStG. Die Anteile der Kommune an der Eigengesellschaft (Stadtwerke) werden durch die Betriebsaufspaltung notwendiges Betriebsvermögen des „Verpachtungs-BgA" und sind demzufolge steuerlich verhaftet.

d) Ausnahme

121 Die Folgen einer Betriebsaufspaltung treten nach überwiegender Auffassung jedoch nicht ein, wenn die verpachteten Wirtschaftsgüter dem **Hoheitsvermögen** der juristischen Person des öffentlichen Rechts zuzurechnen sind. Denn Wirtschaftsgüter, die zum Hoheitsvermögen einer juristischen Person des öffentlichen Rechts gehören, können zwar aus Sicht des Betriebsunternehmens wesentliche Betriebsgrundlagen sein, jedoch kann Hoheitsvermögen nicht zum Betriebsvermögen eines Betriebs gewerblicher Art gehören.[48]

122 Folgt man der nach wie vor bestehenden höchstrichterlichen Rechtsprechung des BFH, stellt die Straßenbeleuchtung einen Hoheitsbetrieb dar.[49] Somit wäre keine Betriebsaufspaltung gegeben.[50]

2. Umsatzsteuer

123 Der Abschluss eines Pachtvertrags selbst hat zunächst keine umsatzsteuerlichen Konsequenzen. Lediglich der aufgrund des Pachtvertrags vereinbarte Leistungsaustausch ist umsatzsteuerlich zu würdigen.

III. Laufende Besteuerung

1. Stromsteuer

124 Die stromsteuerlichen Rechtsfolgen der Lieferung von „Licht" durch das Energieversorgungsunternehmen an die Kommune entsprechen auch im Falle der Verpachtung der Straßenbeleuchtungsanlagen denen bei der Übertragung der entsprechenden Anlagen.[51]

---

48 BFH, Urt. v. 17.5.2000 – I R 50/98 – BStBl. II 2001, 558 und Urt. v. 7.11.2007 – I R 52/06 – BStBl. II 2009, 248; Dötsch/Jost/Pung/*Krämer*, Körperschaftsteuer, § 4 Rn 70, 71.

49 Siehe Rn 11 ff.

50 Zu den sich hieraus ergebenden Konsequenzen für die laufende Besteuerung siehe Rn 126 ff.

51 Siehe Rn 53 ff.

2. Ertragsteuer

Auch hinsichtlich der Verpachtung sind die Grundsätze der verdeckten Gewinnausschüttung zu beachten,[52] d.h., ein zu hoch bemessenes Pachtentgelt oder ein zu niedriges Entgelt für die Dienstleistung „Beleuchtung" könnte eine verdeckte Gewinnausschüttung darstellen. 125

Sofern man der Ansicht des BFH folgt, dass bei der pachtweisen Überlassung von Hoheitsvermögen keine Betriebsaufspaltung vorliegen kann,[53] könnte die Rechtsprechung des BFH jedoch für die laufende Besteuerung **weitere Konsequenzen** haben: 126

Der BFH nimmt nämlich an, dass die Pachtzahlungen an die Kommune wie verdeckte Gewinnausschüttungen zu behandeln sind, da die Kommune ansonsten durch die Pachtzahlungen Gewinne aus dem steuerpflichtigen Bereich in den steuerfreien hoheitlichen Bereich verlagern könnte.[54] Dies würde zu einem ungerechtfertigten Vorteil gegenüber Privatpersonen führen, die wesentliche Betriebsgrundlagen ihrer Kapitalgesellschaft überlassen und daher aufgrund einer Betriebsaufspaltung die Pachtzahlungen als Einkünfte aus Gewerbebetrieb versteuern müssten.[55] 127

Demnach wären die **Pachtzahlungen der Eigengesellschaft** an die Kommune wie eine verdeckte Gewinnausschüttung zu behandeln. 128

Der BFH hat jedoch seine Auffassung in einem späteren Beschluss wieder eingeschränkt.[56] Zumindest für den Fall, in dem die Kommune **Sondernutzungsgebühren** für die Überlassung von Hoheitsvermögen (hier: Straßen) von ihrem BgA im gleichen Umfang erhebt wie bei privaten Dritten, soll dem BgA der Betriebsausgabenabzug zustehen. Ansonsten käme es zu einer Benachteiligung des BgA gegenüber privaten Kapitalgesellschaften, die diese Sondernutzungsgebühren steuerlich als Betriebsausgaben geltend machen könnten.[57] 129

Ein solcher Fall liegt bei der Verpachtung der Straßenbeleuchtungsanlagen aber gerade nicht vor. Die Verpachtung erfolgt auf privatwirtschaftlicher Grundlage und stellt keine Sondernutzung dar. Eine (gleichzeitige) Verpachtung an andere – und damit eine Benachteiligung der Eigengesellschaft – ist ausgeschlossen. 130

Praxistipp !

Daher würde der BFH **eventuell** für den Fall der Verpachtung der Straßenbeleuchtungsanlagen an eine Eigenkapitalgesellschaft auch zu dem Ergebnis kommen, dass die Pachtzahlungen an die Kommune wie verdeckte Gewinnausschüttungen zu behandeln sind.

52 Siehe Rn 71 ff.
53 Siehe Rn 121.
54 BFH, Urt. v. 17.5.2000 – I R 50/98 – BStBl. II 2001, 558.
55 BFH, Urt. v. 17.5.2000 – I R 50/98 – BStBl. II 2001, 558.
56 BFH, Beschl. v. 6.11.2007 – I R 72/06 – BStBl. II 2009, 246.
57 BFH, Beschl. v. 6.11.2007 – I R 72/06 – BStBl. II 2009, 246.

3. Umsatzsteuer

a) Pachtvertrag

131 Im Rahmen des Pachtvertrags stellt die Kommune dem Energieversorgungsunternehmen bzw. der Eigengesellschaft (Stadtwerke) die Straßenbeleuchtungsanlagen zur Verfügung.

132 Da der Pachtgegenstand – die Straßenbeleuchtungsanlagen – dem **Hoheitsbereich** der Kommune zuzuordnen ist, stellt die Kommune dem Energieversorgungsunternehmen bzw. der Eigengesellschaft (Stadtwerke) das Pachtentgelt ohne Umsatzsteuerausweis in Rechnung.

b) Beleuchtungsvertrag

133 Im Rahmen des Beleuchtungsvertrags leistet das Energieversorgungsunternehmen bzw. die Eigengesellschaft (Stadtwerke) an die Kommune. Leistungsgegenstand ist der Betrieb, die für die Beleuchtung notwendige Energiebeschaffung, die Instandhaltung und die Erneuerung der öffentlichen Beleuchtungsanlagen. Für diese Leistung zahlt die Kommune ein **Entgelt** an das Energieversorgungsunternehmen bzw. die Eigengesellschaft (Stadtwerke), das der Umsatzsteuer unterliegt.

134 Da die Kommune die Leistungen des Energieversorgungsunternehmens bzw. der Eigengesellschaft (Stadtwerke) im Hoheitsbereich empfängt, liegt die für den Vorsteuerabzug i.S.d. § 15 UStG erforderliche **Unternehmereigenschaft** (§ 2 UStG) nicht vor. Die Kommune ist daher nicht vorsteuerabzugsberechtigt. Es entsteht eine Umsatzsteuerbelastung aufseiten der Kommune.

Beispiele/Muster

Die Stadtwerke B der Kommune A leisten an die Kommune „Beleuchtungsdienstleistungen". Als Entgelt sieht der Beleuchtungsvertrag einen Betrag von jährlich netto 1 Mio. € vor. Diesen Betrag stellen die Stadtwerke der Kommune zuzüglich 19% Umsatzsteuer in Rechnung. In Ermangelung der Vorsteuerabzugsberechtigung entsteht bei der Kommune eine Umsatzsteuerbelastung in Höhe von 190.000 €.

---

135 Eine umsatzsteuerliche Mehrbelastung der Kommune tritt zudem ein, wenn das Energieversorgungsunternehmen bzw. die Eigengesellschaft (Stadtwerke) zur Vermeidung verdeckter Gewinnausschüttungen für ihre Leistungen einen Gewinnaufschlag sowie einen Gemeinkostenzuschlag erhebt.[58]

58 Siehe Rn 97 ff.

c) Einsatz eines Subunternehmers

Bei einem Einsatz eines Subunternehmers vonseiten des Energieversorgungsunternehmens bzw. der Eigengesellschaft (Stadtwerke) für Zwecke der Leistungserbringung gegenüber der Kommune im Rahmen des Beleuchtungsvertrags entsteht eine Leistungsbeziehung zwischen dem eingesetzten Unternehmer als Leistenden und dem Energieversorgungsunternehmen bzw. der Eigengesellschaft (Stadtwerke) als Leistungsempfänger. Eine unmittelbare Verknüpfung dieser Leistungsbeziehung mit dem Pacht- und Beleuchtungsvertrag zwischen der Kommune und dem Energieversorgungsunternehmen bzw. der Eigengesellschaft (Stadtwerke) besteht zwar nicht, jedoch werden die **Leistungen des privaten Dritten** zuzüglich **Umsatzsteuer** dem Energieversorgungsunternehmen bzw. der Eigengesellschaft (Stadtwerke) in Rechnung gestellt. 136

Auf Ebene des Energieversorgungsunternehmens bzw. der Eigengesellschaft (Stadtwerke) kommt es durch die umsatzsteuerbare und umsatzsteuerpflichtige Leistung des Subunternehmers jedoch zu keiner Umsatzsteuerbelastung, da das Energieversorgungsunternehmen bzw. die Eigengesellschaft (Stadtwerke) zum **Vorsteuerabzug** gem. § 15 UStG berechtigt ist. 137

Das Energieversorgungsunternehmen bzw. die Eigengesellschaft (Stadtwerke) kann die Kosten des privaten Dritten (Subunternehmer) an die Kommune weiterreichen, indem sie diese ihrerseits im eigenen Namen der Kommune in Rechnung stellt und gegenüber der Kommune ebenfalls Umsatzsteuer ausweist. 138

Auch in diesem Fall empfängt die Kommune die Leistungen des Energieversorgungsunternehmens bzw. der Eigengesellschaft (Stadtwerke) im Hoheitsbereich. Mangels Vorsteuerabzugsberechtigung (§ 15 UStG) entsteht eine Umsatzsteuerbelastung aufseiten der Kommune. 139

Beispiel

Die Kommune A hat ihre Straßenbeleuchtungsanlagen an die Stadtwerke B verpachtet. Die Stadtwerke B haben sich im Rahmen eines Beleuchtungsvertrags zum Betrieb, Neubau und zur Instandhaltung der Anlagen verpflichtet. Zur Erfüllung dieser Pflicht bedienen sich die Stadtwerke eines Subunternehmers C. C ist Unternehmer i.S.d. § 2 UStG. Seine Leistungen an die Stadtwerke stellt er diesen somit zuzüglich 19% Umsatzsteuer in Rechnung. Die Stadtwerke können diese Umsatzsteuer als Vorsteuer i.S.d. § 15 UStG geltend machen. Eine Steuerbelastung entsteht nicht. Sofern die Stadtwerke diese Umsatzsteuer der Kommune auf die Beleuchtungsleistungen ihrerseits in Rechnung stellen, entsteht eine Umsatzsteuerbelastung bei der Kommune (siehe Beispiel zuvor, unter Rn 134).

---

d) Unentgeltliche oder verbilligte Leistung

Die Bemessungsgrundlage für die Umsatzsteuer ist das **vereinbarte Entgelt**. Je höher das Entgelt ist, desto höher ist auch die Umsatzsteuerbelastung aufseiten der Kommune. 140

Praxistipp
Um die Umsatzsteuerbelastung zu reduzieren, könnte daher das Entgelt verringert werden.

141 Sofern eine unentgeltliche oder verbilligte **Verpachtung** der Straßenbeleuchtungsanlagen nicht als umsatzsteuerneutrale Beistellung gewertet wird,[59] könnte sie als Gegenleistung für die Erbringung der Leistungen aus dem Beleuchtungsvertrag gewertet werden. Dies würde zu einem tauschähnlichen Umsatz i.S.d. § 3 Abs. 12 UStG führen.[60] Folge wäre, dass die Kosten der Überlassung (kalkulatorische Abschreibungen und Zinsen auf die Anlagen) in die Ermittlung der Bemessungsgrundlage für die Leistung des Energieversorgungsunternehmens bzw. der Eigengesellschaft (Stadtwerke) an die Kommune einzubeziehen wären. Der Gestaltungszweck, die Umsatzsteuerbelastung der Kommune zu reduzieren, würde ggf. den gegenteiligen Effekt erhalten, da die fingierte Gegenleistung die Bemessungsgrundlage für die der Kommune in Rechnung gestellten Umsatzsteuer erhöht.

142 Bei einer verbilligten oder unentgeltlichen Leistung des Energieversorgungsunternehmens bzw. der Eigengesellschaft an die Kommune („**Beleuchtungsentgelt**") auf Grundlage des Beleuchtungsvertrags ist die Mindestbemessungsgrundlage i.S.d. § 10 Abs. 5 Nr. 1 i.V.m. Abs. 4 Nr. 2 UStG zu beachten.

143 Die **Mindestbemessungsgrundlage** findet immer dann Anwendung, wenn bei einer Leistung eines Unternehmens an seinen Gesellschafter das Entgelt niedriger ist als die nach § 10 Abs. 4 Nr. 2 UStG maßgeblichen Ausgaben, die bei der Ausführung der Leistung entstanden sind.

Praxistipp
Im Einzelfall sollte – auch zur Vermeidung einer verdeckten Gewinnausschüttung – ein marktübliches Entgelt für die Dienstleistung „Beleuchtung" vereinbart werden, sodass ein Rückgriff auf die Mindestbemessungsgrundlage nach § 10 Abs. 5 i.V.m. 4 UStG auch aus diesem Grund ausscheidet.

e) Beistellung

144 Die unentgeltliche oder verbilligte Verpachtung der Straßenbeleuchtungsanlagen könnte eine **umsatzsteuerneutrale Beistellung** darstellen.

145 Beistellung ist die **Zurverfügungstellung** bestimmter Wirtschaftsgüter oder Dienstleistungen an denjenigen, der eine Leistung erbringt, durch den Leistungsempfänger. Voraussetzung für die Nichtsteuerbarkeit der Beistellung ist, dass der

59 Siehe Rn 144 ff.
60 BFH, Urt. v. 12.5.2009 – V R 24/08 – DStR 09, 2424 = UR 10, 140; Abschnitt 1.1 Abs. 6 und 7 UStAE; Abschnitt 3.8 Abs. 4 und 5 UStAE.

Leistende die Wirtschaftsgüter oder Dienstleistungen ausschließlich dazu erhält, um die vereinbarte Leistung zu erbringen. Der Leistende darf aus der Beistellung keine anderweitigen verbrauchsfähigen Vorteile erhalten. Die Erlangung der wirtschaftlichen Verfügungsmacht der „beigestellten" Wirtschaftsgüter ist ein Indiz dafür, dass es sich nicht um eine umsatzsteuerneutrale Beistellung handelt, sondern um einen umsatzsteuerbaren und -pflichtigen tauschähnlichen Umsatz.

Bei der Verpachtung der Straßenbeleuchtungsanlagen ist im **Einzelfall** zu prüfen, ob die **Voraussetzungen der Beistellung** vorliegen. Möglich ist die Wertung, dass die Kommune dem Energieversorgungsunternehmen bzw. der Eigengesellschaft (Stadtwerke) die Straßenbeleuchtungsanlagen zur Verfügung stellt, damit diese ihre Leistung aus dem Beleuchtungsvertrag erbringen kann. 146

Im Einzelfall ist die Unterscheidung zwischen Beistellung und **tauschähnlichem Umsatz** sehr schwierig. Entscheidend ist eine stichhaltige Argumentation, dass das Energieversorgungsunternehmen bzw. die Eigengesellschaft (Stadtwerke) als Empfänger der potenziellen Beistellung diese wirklich ausschließlich zur Erbringung der im Beleuchtungsvertrag konkret vereinbarten Leistung verwendet. 147

Praxistipp !

Insoweit ist bei Vorgängen mit Beistellung in der Praxis darauf zu achten, dass die Bedingungen für eine bloße Beistellung (= kein Übergang der Verfügungsmacht) eingehalten werden.

E. Exkurs: Besonderheiten bei Personengesellschaften

I. Einführung

Im deutschen Recht gibt es eine Vielzahl von Personengesellschaften, insbesondere: 148
- Gesellschaft bürgerlichen Rechts (GbR), §§ 705–740 BGB
- Offene Handelsgesellschaft (OHG), §§ 105–160 HGB
- Kommanditgesellschaft (KG), §§ 161–177a HGB
- GmbH & Co. KG, GmbHG, §§ 161–177a HGB
- Stille Gesellschaft, §§ 230–237 HGB.

Diese Personengesellschaften unterscheiden sich vor allem hinsichtlich der Vorschriften zur Haftung und den Mitbestimmungsrechten der Gesellschafter. 149

Wenn sich Kommunen als Gesellschafter an einer Personengesellschaft beteiligen wollen, sind ihr diesbezüglich durch öffentlich-rechtliche Vorschriften (z.B. § 108 Abs. Gemeindeordnung für das Land Nordrhein-Westfalen) Grenzen gesetzt. Die Kommune darf hierdurch keiner unbegrenzten Haftung ausgesetzt werden. Eine Verpflichtung zur Übernahme von Verlusten in unbestimmter oder unangemessener Höhe muss ausgeschlossen sein. Außerdem muss regelmäßig der kommunale Einfluss auf die Willensbildung in der Personengesellschaft sichergestellt werden. 150

151 Diesen kommunalrechtlichen Vorgaben entspricht am ehesten die Rechtsform der GmbH & Co. KG. Bei einer KG gibt es zwei Arten von Gesellschaftern – den Kommanditisten und den Komplementär. Der Kommanditist haftet nach § 171 Abs. 1 HGB für Schulden der Gesellschaft nur in Höhe seiner im Handelsregister eingetragenen Einlage. Wenn der Kommanditist diese Einlage geleistet hat, ist eine weitere Haftung für ihn ausgeschlossen. Der Komplementär haftet hingegen unbeschränkt. Er übernimmt nach § 164 HGB grundsätzlich die Geschäftsführung in der KG und ist nach § 170 HGB ausschließlich zur Vertretung der KG nach außen befugt.

152 Die Stellung des voll haftenden Komplementärs wird bei der GmbH & Co. KG durch eine GmbH übernommen (Komplementär-GmbH). Da die Haftung der GmbH auf ihr eigenes Vermögen beschränkt ist, wird hierdurch für den – eigentlich ja unbeschränkt haftenden – Komplementär eine Haftungsbeschränkung erreicht. Das Stammkapital der GmbH – und damit der Umfang ihrer Haftung – kann auf das gesetzliche Mindeststammkapital von 25.000 Euro beschränkt werden. Die Beteiligung an der GmbH sichert der Kommune den kommunalen Einfluss und ist haftungsbeschränkt. Die zusätzliche Beteiligung an der KG als Kommanditist ermöglicht der Kommune an deren wirtschaftlichen Erfolg teilzuhaben und ist ebenfalls haftungsbeschränkt.

II. Ertragsteuern bei einer Personengesellschaft

153 Bei der Ertragsbesteuerung von Personengesellschaften, an denen eine Kommune beteiligt ist, muss zwischen der Einkommen- bzw. Körperschaftsteuer und der Gewerbesteuer unterschieden werden.

1. Einkommen- und Körperschaftsteuer

154 Anders als bei Kapitalgesellschaften oder natürlichen Personen ist eine Personengesellschaft weder körperschaft- noch einkommensteuerpflichtig. Die Personengesellschaft ist insoweit lediglich partielles Steuersubjekt für Zwecke der Gewinnermittlung und Qualifikation der Einkünfte.[61] Die Einkünfte werden für Zwecke der Körperschaft- und Einkommensteuer den Gesellschaftern der Personengesellschaft zugerechnet und unterliegen dort der Besteuerung, unabhängig davon, ob die Gewinne tatsächlich zugeflossen sind oder nicht.

155 Im Gegensatz zu Kapitalgesellschaften gibt es bei einer Personengesellschaft keine verdeckten Einlagen/Entnahmen. Werden daher die Straßenbeleuchtungsanlagen zu einem unangemessen niedrigen Kaufpreis auf die Personengesellschaft übertragen, handelt es sich teilweise um eine Einlage. Werden die Anlagen hinge-

61 GrS BFH v. 3.7.1995, BStBl. II 1995 S. 617, C. IV. 2. b. aa. m.w.N.

gen zu einem unangemessen hohen Kaufpreis an die Personengesellschaft veräußert, handelt es sich teilweise um eine Entnahme.

Beteiligt sich eine Kommune als Gesellschafter an einer Personengesellschaft, 156
so begründet diese Beteiligung nach R 6 Abs. 2 KStR einen Betrieb gewerblicher Art (sog. Mitunternehmer-BgA). Die auf die Kommune entfallenden Gewinnanteile unterliegen im Rahmen der Besteuerung des Betriebs gewerblicher Art der Besteuerung mit Körperschaftsteuer und Kapitalertragsteuer.

Das steuerliche **Betriebsvermögen** der Personengesellschaft umfasst zum ei- 157
nen die Vermögensgegenstände, die ihr selbst gehören; diese werden in der sog. **Gesamthandelsbilanz** erfasst. Zum anderen zählen zum Betriebsvermögen der Personengesellschaft aber auch Wirtschaftsgüter, die zivilrechtlich im Eigentum eines oder mehrerer Gesellschafter der Personengesellschaft stehen, jedoch für den Betrieb der Personengesellschaft genutzt werden (sog. **Sonderbetriebsvermögen**, das in **Sonderbilanzen** erfasst wird). Handelt es sich dabei um Wirtschaftsgüter, die unmittelbar dem Betrieb der Personengesellschaft dienen, etwa weil diese an die Personengesellschaft verpachtet werden, dann handelt es sich nach R 4.2 Abs. 2 Satz 2 EStR um **Sonderbetriebsvermögen I.** Wirtschaftsgüter, die vom Gesellschafter zur Begründung oder Stärkung seiner Beteiligung an der Gesellschaft eingesetzt werden, gehören nach R 4.2 Abs. 2 Satz 2 EStR zum **Sonderbetriebsvermögen II.**

Praxistipp !
Für den Fall der Verpachtung der Straßenbeleuchtungsanlagen an eine Personengesellschaft, an der die Kommune beteiligt ist, bedeutet dies also, dass die Straßenbeleuchtungsanlagen Sonderbetriebsvermögen I des Gesellschafters Kommune sind.

Die Summe der Gesamthands- und Sonderbilanzen[62] bildet die Grundlage für die 158
Ermittlung des steuerlichen Gewinns der Personengesellschaft. Hierzu gehören auch die **Vergütungen**, die ein Gesellschafter auf gesellschaftsrechtlicher Basis für seine **Tätigkeit** im Dienste der Gesellschaft (sog. Tätigkeitsvergütungen), für die Gewährung von **Darlehen** oder für die Überlassung von **Wirtschaftsgütern** erhält. Diese Zahlungen (z.B. das Gehalt eines Geschäftsführers, der auch gleichzeitig Gesellschafter ist) stellen zwar aus Sicht der Personengesellschaft Betriebsausgaben dar. Steuerlich sind diese Zahlungen jedoch als sog. Vorabgewinne bzw. Sonderbetriebseinnahmen Bestandteile des steuerlichen Gewinns der Personengesellschaft.

Praxistipp !
Verpachtet die Kommune also die Straßenbeleuchtungsanlagen an eine Personengesellschaft, an der sie selbst beteiligt ist, sind die von der Personengesellschaft gezahlten Pachtentgelte zunächst

62 Unter Umständen können auch noch sog. Ergänzungsbilanzen erforderlich werden.

Betriebsausgaben der Personengesellschaft, die den Gewinn mindern. Da die Straßenbeleuchtungsanlagen aber von einem Gesellschafter der Personengesellschaft überlassen wurden, sind die Pachtentgelte zugleich dessen Sonderbetriebseinnahmen und erhöhen hierdurch den Gewinn der Personengesellschaft wieder.
Hierdurch wird zugleich verhindert, dass die Kommune die Pachtentgelte im Rahmen einer steuerfreien Vermögensverwaltung im Hoheitsvermögen vereinnahmen kann.

159 Für Zwecke der Einkommen- und Körperschaftsteuer wird das Gesamtergebnis aus den Gesamthands- und Sonderbilanzen der Personengesellschaft den Gesellschaftern zugewiesen, wobei das Ergebnis aus den Sonderbilanzen nur dem jeweils betroffenen Gesellschafter zugewiesen wird. Hierdurch wird es dem Gesellschafter einer Personengesellschaft – grundsätzlich – ermöglicht, eine Verrechnung der von der Personengesellschaft erzielten Gewinne und Verluste mit seinen eigenen Einkünften vorzunehmen. Besonderheiten ergeben sich bei den – nur beschränkt haftenden – Kommanditisten. Verluste, die den Betrag der übernommenen Haftung übersteigen, belasten den Kommanditisten wirtschaftlich nicht. Aus diesem Grund kann eine Verrechnung von Verlusten aus einer KG für Zwecke der Einkommen- oder Körperschaftsteuer mit eigenen Einkünften des Kommanditisten nur erfolgen, soweit dieser für die Verluste auch tatsächlich haftet. Die Vorschrift des § 15a EStG, die über § 8 Abs. 1 KStG auch für Zwecke der Körperschaftsteuer Anwendung findet, schließt eine Verrechnung von Verlusten mit übrigen Gewinnen insoweit aus, wie die zugewiesenen Verluste die Haftung des Gesellschafters übersteigen.

160 Unterhält die Personengesellschaft mehrere Tätigkeiten, so ist nach Auffassung der Finanzverwaltung jede einzelne Tätigkeit auf Ebene der juristischen Person des öffentlichen Rechts als gesonderter BgA zu beurteilen. Eine Zusammenfassung dieser BgA richte sich nach § 4 Abs. 6 KStG.[63]

Beispiel
Nach dieser Auffassung könnte eine Personengesellschaft z.B. einen Versorgungs- und einen – dauerhaft defizitären – Verkehrsbetrieb unterhalten. Auf Ebene der juristischen Person des öffentlichen Rechts entstünden zwei BgA, die nach § 4 Abs. 6 Nr. 3 KStG zusammengefasst werden können.

2. Gewerbesteuer

161 Für Zwecke der Gewerbesteuer ist die Personengesellschaft, wenn sie nach § 2 Abs. 1 GewStG einen „stehenden Gewerbebetrieb" ausübt, gewerbesteuerpflichtig. Damit ist eine Personengesellschaft volles Steuersubjekt hinsichtlich der Gewerbesteuer.

162 Hält der Gesellschafter die Beteiligung seinerseits in einem gewerbesteuerlichen Betriebsvermögen, werden die aus der Personengesellschaft zugewiesenen Gewinne

63 BMF-Schreiben v. 12.11.2009 – IV C 7 – S 2706/08/10004 – BStBl. I 2009 S. 1303 Rn 59.

oder Verluste dort gewerbesteuerlich nicht mehr berücksichtigt, d.h. Gewinne der Personengesellschaft werden abgezogen, wenn sie im Ertrag des Gewerbebetriebs des Gesellschafters enthalten sind, Verluste der Personengesellschaft werden hinzugerechnet, wenn sie den Ertrag des Gewerbebetriebs des Gesellschafters gemindert haben.

3. Personengesellschaften im steuerlichen Querverbund

Nach Ansicht der Finanzverwaltung begründet die direkte Beteiligung einer juristi- 163
schen Person des öffentlichen Rechts an einer Personengesellschaft stets einen eigenständigen BgA (Mitunternehmer-BgA).[64] Da eine Personengesellschaft lediglich gewerbesteuerpflichtig ist und eine juristische Person des öffentlichen Rechts nach § 1 Nr. 6 KStG nur mit ihren Betrieben gewerblicher Art körperschaftsteuerpflichtig ist, ist die Fiktion eines Mitunternehmer-BgA notwendig, da nur so die Ergebnisse aus der Personengesellschaft der Besteuerung mit Körperschaftsteuer zugeführt werden können.

Der Bundesfinanzhof folgt dem grundsätzlich. Allerdings verlangt er nicht ei- 164
nen eigenständigen BgA. Nach Auffassung des BFH ist die Beteiligung einer juristischen Person des öffentlichen Rechts an einer Personengesellschaft ein BgA, wobei dies unabhängig davon gelte, ob der BgA nur aus der Beteiligung an der Personengesellschaft bestehe oder ob die Beteiligung vermögensmäßig in einem bestehenden BgA gehalten werde.[65] Folgt man dieser Ansicht, dann könnte die Beteiligung an einer Personengesellschaft irgendeinem BgA der juristischen Person des öffentlichen Rechts zugeordnet werden. Diesem BgA würden dann die Gewinne aus der Personengesellschaft zugewiesen und könnten dort ggf. mit Verlusten dieses BgA für körperschaftsteuerliche Zwecke verrechnet werden.

Die Finanzverwaltung lässt hingegen eine Zusammenfassung des eigenständi- 165
gen Mitunternehmer-BgA mit einem anderen BgA nur unter den Voraussetzungen des § 4 Abs. 6 KStG zu. Danach können BgA nur zusammengefasst werden, wenn

1. sie gleichartig sind,
2. zwischen ihnen nach dem Gesamtbild der tatsächlichen Verhältnisse objektiv eine enge wechselseitige technisch-wirtschaftliche Verflechtung von einigem Gewicht besteht oder
3. es sich um einen Betrieb der Versorgung der Bevölkerung mit Wasser, Gas, Elektrizität oder Wärme, einen öffentlichen Verkehrsbetrieb oder einen Hafenbetrieb handelt.

---

64 BMF-Schreiben v. 12.11.2009 – IV C 7 – S 2706/08/10004 – BStBl. I 2009 S. 1303 Rn 59; R 6 Abs. 2 S. 2 KStR 2004.

65 BFH, Urt. v. 9.5.1984, BStBl. II 1984 S. 726.

Praxistipp

Für jeden Einzelfall ist zu prüfen, ob die genannten Voraussetzungen vorliegen oder nicht.

Kapitel 8
Modelle für die Aufgabenwahrnehmung im öffentlichen Beleuchtungsbereich

A. Modellvielfalt

Grundsätzlich sind die Kommunen und Betreiber in der Art und Weise, wie sie die Straßenbeleuchtung betreiben, frei. Insoweit können sie nach dem Prinzip der Vertragsfreiheit innerhalb der Grenzen des (kommunal-)rechtlich Möglichen ihre Verträge auf den Einzelfall zugeschnitten gestalten. 1

Folgende Modelle werden üblicherweise vertraglich vereinbart, je nach Aufgabenerledigung. 2

B. Bau und Betrieb durch Stadt oder Gemeinde (Modell „Intracting")

I. Aufgabenstellung

Die finanzielle Notlage vieler Kommunen verhindert schon seit längerer Zeit, dass notwendige **Energiesparinvestitionen** durchgeführt werden. Die jeweiligen Fachbereiche haben oft keinen Vorteil davon, Energie einzusparen, weil sie nichtverbrauchte Mittel für Energie nicht für andere Zwecke verwenden können. Vielfach besteht das zusätzliche Problem darin, dass bei größeren Maßnahmen Mittel aus dem Vermögenshaushalt investiert werden müssen, während der Verwaltungshaushalt durch niedrigere Energiekosten langfristig entlastet wird. 3

II. Modell „Intracting"

Bereits im Jahr 1995 hat deshalb die Stadt Stuttgart das Modell des sog. „Stadtinternen Contractings (Intracting)" eingeführt. Das Modell des Intracting ist inzwischen Vorbild für eine Vielzahl von Kommunen in Deutschland (mit Schwerpunkt im Land Nordrhein-Westfalen) und Österreich. In Stuttgart wurden in den Jahren 1995 bis zum Jahr 2001 in 158 Einzelprojekte insgesamt 3,32 Mio. € investiert und Einspareffekte von jährlich 0,7 Mio. € vor allem im Bereich Fernwärme erzielt.[1] 4

1 *Kienzlen*, Fallstudie Intracting, S. 4.

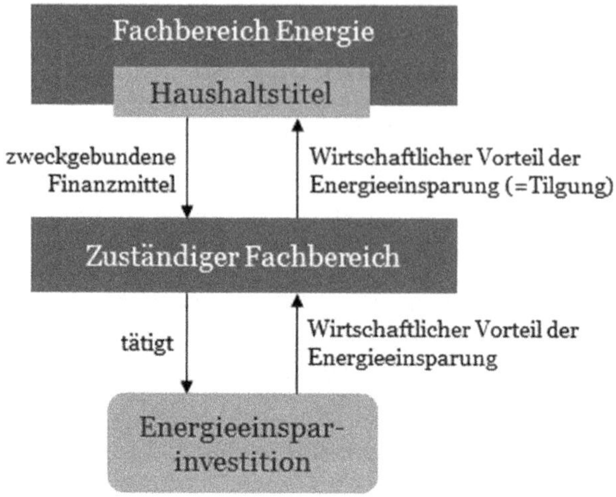

5 Intracting greift den Gedanken des Contracting auf, operiert aber ausschließlich mit **städtischen Haushaltsmitteln.** Investitionen werden von dem für Energieeinsparung zuständigen **Fachbereich (FB Energie)** aus einem eigenen Haushaltstitel finanziert, in den später auch die eingesparten Energiekosten zurückfließen. Daraus folgt, dass die Einrichtung eines solchen Titels zeitlich begrenzt erfolgen kann. Im Laufe der Zeit wird der Haushaltstitel aus den auflaufenden Einsparungen gespeist, sodass nach einer Anlaufphase weitere Mittel für neue Intracting-Maßnahmen zur Verfügung gestellt werden können. Der FB Energie gewährt also ein zweckgebundenes, zinsloses **Darlehen** an die betroffenen Fachbereiche. Zuschläge für Wagnis und Gewinn sowie für die Verzinsung des eingesetzten Kapitals fallen nicht an.[2]

6 Voraussetzung für den Einsatz ist jedoch, dass die jeweilige Kommune generell in der Lage ist, die notwendigen Einsparinvestitionen aus ihrem Haushalt **vorzufinanzieren.**

7 Ist dies nicht der Fall, muss auf andere Modelle zurückgegriffen werden. So kommt neben der einmaligen Anschubfinanzierung aus Haushaltsmitteln in Betracht, **durch kurzfristige wirtschaftliche Einsparprogramme** die Anschubfinanzierung zu ermöglichen. Auch besteht eventuell die Möglichkeit, eine (Mit-)Finanzierung aus sonstigen **Förderquellen** zu erlangen, z.B. nach der Förderrichtlinie zum Hessischen Energiegesetz. Auch kann gesondert eine Gesellschaft mit beschränkter Haftung durch die Kommune gegründet werden (**„Unechte Privatisierung“**), die Eigentümerin der Anlagen wird und die Energiebewirtschaftung für die Kommune vollständig und wirtschaftlich eigenständig durchführt. Eine solche

2 *Kienzlen,* Fallstudie Intracting, S. 3.

GmbH kann über ein Darlehen finanziert werden, das über die weitergehenden Energiesparmaßnahmen refinanziert wird.[3]

Beispiel 1
Die Stadt Leipzig begann mit ihrem Intracting-Konzept im Jahr 2007.[4] Bis zum Herbst 2009 wurden Energiesparmaßnahmen in über 50 Objekten umgesetzt, vor allem in Kindertagesstätten, Schulen und Sporthallen. Dabei ging es vor allem um die Optimierung der Belüftungs- und Heizungsanlagen, um die bessere Isolierung von Armaturen und Verteilern sowie um den Austausch von Lampen. Allein im Jahr 2009 betrug der Energiespareffekt für die Stadt 222.400 €. Innerhalb eines Zehnjahreszeitraums ab 2007 erwartet die Stadt Leipzig einen Einsparungsbetrag von 2,3 Mio. € und etwa 4.200 t Reduzierung von CO_2-Emissionen. Die eingesparten Energiekosten bewirken nach zehn Jahren – nach Abzug der 500.000 € Anschubfinanzierung – und der Finanzierung weiterer Investitionen in Höhe von etwa 1,4 Mio. € eine reale Haushaltsentlastung von 430.000 €.[5]

Beispiel 2
Der Rheingau-Taunus-Kreis gründete im Jahr 1994 zur Energiebewirtschaftung und zur Finanzierung von Energiesparmaßnahmen eine Gesellschaft mit beschränkter Haftung, die EnergieDienstleistungsZentrum GmbH (EDZ). Sie wurde Eigentümerin der städtischen Anlagen und führte fortan die Energiebewirtschaftung durch. Alleiniger Gesellschafter ist der Rheingau-Taunus-Kreis. Die EDZ hat das Energiemanagement aller kreiseigenen Liegenschaften übernommen. Der Umfang des Managements ist in einem entsprechenden Vertrag geregelt. Finanziert werden die Energiemanagement-Aufgaben aus Einsparungen an verbrauchsgebundenen Kosten; die Startfinanzierung erfolgte durch ein Darlehen. Eine Zufinanzierung durch den Kreis erfolgt nicht. Im ersten vollen Geschäftsjahr wurden Investitionen von 3 Mio. DM vorgenommen, die Enerigekosteneinsparungen von ca. 500.000 DM jährlich bewirkten.[6]

C. Public-private-Partnership

I. Der Begriff Public-private-Partnership (PPP)

Der Begriff Public-private-Partnership oder öffentlich-private Partnerschaft (ÖPP) 8 hat sich ursprünglich in Großbritannien und den USA entwickelt. Dort wird der Begriff PPP sehr weit gefasst und umfasst z.B. auch Sponsoringaktivitäten von privaten Unternehmen.[7] Im angelsächsischen Raum wird der Begriff PPP nicht durch eine allgemeinverbindliche Definition eingegrenzt. In Deutschland wird PPP wie folgt definiert:

3 *Kristof*, Kommunales Intracting, Erl. 2.3.5.
4 Siehe dazu unter http://www.leipzig.de/news/news/stadt-spart-energie-durch-intracting.
5 http://www.leipzig.de/news/news/stadt-spart-energie-durch-intracting/.
6 *Kristof*, Kommunales Intracting, Erl. 2.3.3.
7 Blanke/Bandemer/Nullmeier/Wewer/*Strünck*/*Heime*, S. 120.

„Privat-gewerbliche, nicht-staatliche und staatliche Akteure kooperieren bei PPP's in formellen Gremien oder gemischten Unternehmen, um Projekte umzusetzen und Leistungen zu erstellen, die auch in staatlicher Eigenregie erbracht werden könnten. Dafür bringen sie personelle, strategische und finanzielle Ressourcen ein."[8]

II. Beispiele für PPP

9 In Deutschland konzentriert sich der Begriff PPP meist auf Projekte, die allen Beteiligten Einnahmen verschaffen. Oft handelt es sich um große Bauprojekte. Bekannte Beispiele sind die Trave-Querung, die Warnow-Querung, das Projekt Flughafen Berlin/Brandenburg International, das Projekt Toll-Collect, aber auch kleinere Vorhaben wie diverse Schulprojekte in Nordrhein-Westfalen.[9] Aber auch im Bereich der städtischen Beleuchtung gibt es verschiedene PPPs, z.B. in Hagen und Berlin.

Beispiel

Im Jahr 2004 entschied sich die Stadt Hagen, die Stadtbeleuchtung Hagen GmbH als 100%-Tochter der Stadt zu gründen. 49% der GmbH sollten folgend an einen privaten Investor veräußert werden, der über eine EU-weite Ausschreibung gesucht wurde. Nach dem Vergabeverfahren kaufte die Alliander Stadtlicht Rhein-Ruhr GmbH die Anteile. Die Stadt schloss mit der Stadtbeleuchtung Hagen GmbH einen Beleuchtungsvertrag; diese wiederum schloss einen Geschäftsbesorgungsvertrag mit der Alliander Stadtlicht Rhein-Ruhr GmbH. Die Stadtbeleuchtung Hagen GmbH verpflichtete sich zusätzlich gegenüber der Stadt, durch Modernisierungsmaßnahmen pro Jahr eine Energieeinsparung von 69.000 KW/h zu erfüllen.[10]

III. Arten von PPP

10 In der Literatur[11] wird bei PPP-Modellen u.a. zwischen einer institutionellen Lösung (**institutionelle-PPP**) und einer Vertragslösung (**Vertrags-PPP**) unterschieden. Bei der Vertrags-PPP handelt es sich in der Regel um zweiseitige Verträge zwischen privaten und öffentlichen Beteiligten, in denen die jeweiligen Interessen ausführlich geregelt werden. Das Management der jeweiligen Projekte wird üblicherweise dem privaten Partner übertragen. Unter den Begriff Vertrags-PPP sind auch **Contracting-Verträge** zu fassen, die später in diesem Kapitel noch intensiver beleuchtet werden.[12]

8 Blanke/Bandemer/Nullmeier/Wewer/*Strünck/Heime*, S. 120.
9 *Budäus*, Public Private Partnership, S. 9.
10 http://www.partnerschaften-deutschland.de/fileadmin/Daten/Pressemitteilungen/110323_Vortrag-Bleicher-Wuppertal-EnergieAgentur.pdf.
11 *Budäus*, Public Private Partnership, S. 15f.
12 Siehe unten Rn 16ff.

Institutionelles PPP

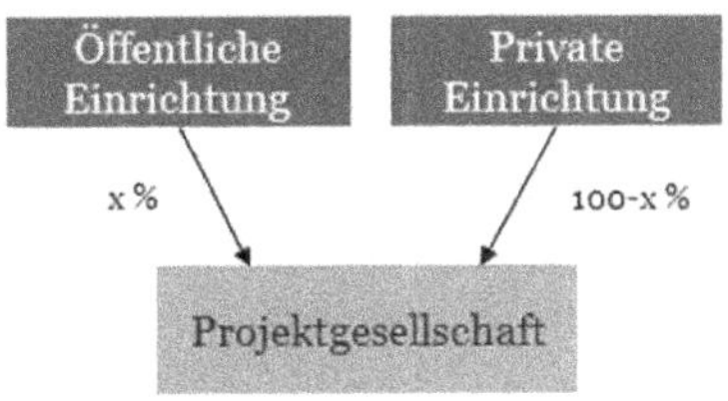

Vertragliches PPP

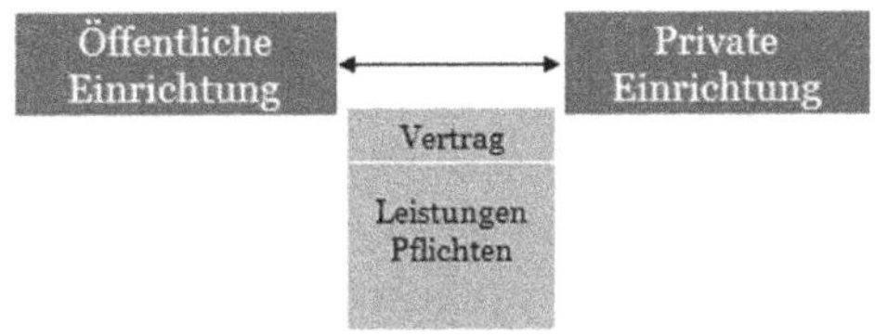

Unter dem Begriff institutionelle-PPP versteht man die Bildung eines **Gemeinschaftsunternehmens** oder einer anderen Organisation zwischen der öffentlichen Verwaltung und einem Privatunternehmen. Das Management des Projektes erfolgt gemeinschaftlich durch den privaten und den öffentlichen Partner. Die institutionelle-PPP lässt sich üblicherweise nur bei größeren Projekten, vorzugsweise im Bereich von großen Bauprojekten, wirtschaftlich sinnvoll betreiben. Für Projekte der Erneuerung der Straßenbeleuchtung ist sie daher im Regelfall nicht anwendbar. Für den Bereich mit einer Vielzahl kleiner bis mittelgroßer Projekte bieten sich vielmehr Contracting-Lösungen an, insbesondere das **Einspar-Contracting.**[13] 11

D. Contracting als „Wundermittel“

I. Einführung

Ein Drittel aller Straßenbeleuchtungen in Deutschland ist älter als 20 Jahre, was be- 12
deutet, dass diese ineffizient und umweltbelastend sein dürften. Durch **Modernisierung** können Kommunen zum Klimaschutz beitragen, ihren Energieverbrauch herabsetzen, die Beleuchtungsqualität verbessern und vor allem ihre Kosten senken.[14] Das Einsparpotenzial bei Straßenbeleuchtung liegt insgesamt bei ca. 2,7 Mrd. kWh End-Energie, 1,6 Mio. t CO_2 und 400 Mio. € Energiekosten.[15]

Anlässlich dieser Einsparpotenziale sah auch der Gesetzgeber Handlungsbe- 13
darf. Er erhofft sich, durch gesetzliche Regelungen sowohl zum Umweltschutz als auch zur Kostensenkung beizutragen.[16] Auf europäischer Ebene legt die Ökodesign-Richtlinie (RL 2005/32/EG) Mindestanforderungen an energieverbrauchende Pro-

13 Siehe unten Rn 23.
14 *IPP*, S. 4.
15 *Körber*, Straßenbeleuchtung und Contracting, S. 38.
16 Danner/Theobald/*Lippert*, 78. EGL, Rn 31.

dukte fest.[17] Sie wurde in Deutschland durch das EBPG umgesetzt. Die Regelungen haben zur Folge, dass sowohl deutschland- als auch europaweit Straßenbeleuchtungsanlagen **stufenweise** modernisiert bzw. ausgetauscht werden müssen, um die gesetzten Ziele zu erreichen.[18]

14 Für erfolgreiche Modernisierungsmaßnahmen, wie vom Gesetzgeber gefordert, fehlt den Kommunen jedoch oft das Geld, sodass diese sich sehr schwierig umsetzen lassen. Ein vielversprechendes Hilfsmittel zur Kostensenkung und Modernisierung bietet das sog. **Contracting**.

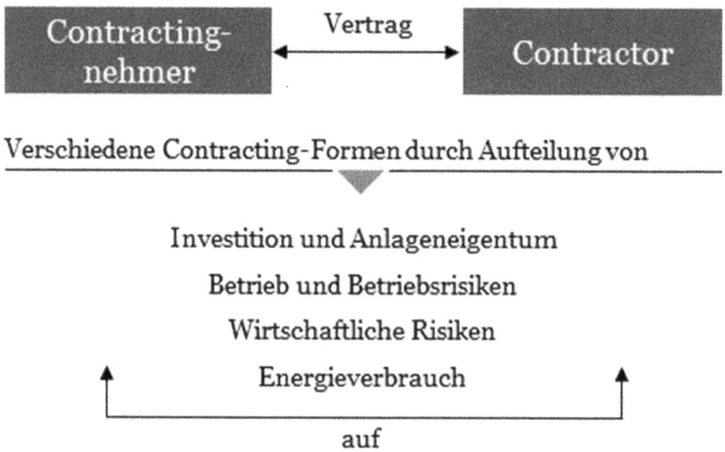

15 Contracting wird definiert als Übertragung von Aufgaben der Energiebereitstellung und Energielieferung auf ein darauf spezialisiertes Unternehmen.[19] Grundgedanke ist, dass ein Contractor – dienstleistendes Unternehmen – von einem Kunden – Contracting-Nehmer – vertraglich gebunden wird, eine effizienzerhöhende **Investition** im Bereich der Energieanwendung durchzuführen. Der Contractor verpflichtet sich, den Einsatz energietechnischer und effizienzerhöhender Anlagen zu planen, zu finanzieren und zu realisieren. Durch die realisierten Energieeinsparungen fließt das investierte Kapital an den Contractor zurück.[20] Contracting ist somit gekennzeichnet als Verfahren zur Finanzierung und zum Betrieb von spezifischen Energiedienstleistungen. Hierbei werden unter dem Begriff Contracting die drei Grundtypen

---

17 Siehe Kap. 1 Rn 13.

18 *IPP*, S. 4.

19 Danner/Theobald/*Lippert*, 78. EGL, Rn 5; *Seefeldt/Kuhn/Trautner/Wetters,* Leitfaden für Energiespar-Contracting in öffentlichen Liegenschaften, S. 11; vgl. DIN 8930-5.

20 *Meisgeier,* Herausforderung für die Kreditwirtschaft, S. 9; *Bemmann/Kniehase*, S. 11.

- Beleuchtungs-Contracting,
- Licht-Liefer-Contracting (auch Energielieferungs-Contracting genannt) und
- Einspar-Contracting (bzw. Energieeinspar-Contracting)

zusammengefasst.[21]

II. Beleuchtungs-Contracting

1. Definition

Unter Beleuchtungs-Contracting versteht man eine vertraglich vereinbarte Dienstleistung zwischen einem Gebäude- oder Anlageneigentümer (Contracting-Nehmer) und einem Energiedienstleister (Contractor). Es bezeichnet die Übertragung von Aufgaben der **Bereitstellung von Licht** und des **Anlagenbetriebs** auf den Contractor.[22] 16

Der Contractor ist bei diesem Modell **nicht** für die Versorgung mit Strom verantwortlich. Die Versorgung erfolgt meist durch ein Energieversorgungsunternehmen.[23] 17

Beispiel

Im Jahr 2005 modernisierte die Stadt Mechernich ihre Beleuchtungsanlagen zur Straßenbeleuchtung sowie im Mechernicher Schulzentrum. Dazu schloss die Stadt Mechernich einen Vertrag mit der Bonner euroLUX AG auf zehn Jahre mit einem Vergütungsvolumen von 550.000 Euro. Die Bonner euroLUX AG verpflichtete sich, die alten Lichtanlagen auszutauschen, neue Anlagen zu installieren, diese zu warten und Energieeinsparungen zu erzielen. Der jährliche Aufwand für die Stadt Mechernich zur Tilgung des finanzierenden Kredits belief sich auf 39.600 Euro. Dem standen jährlich Energieeinsparungen von ca. 49.000 Euro gegenüber sowie eingesparte Wartungskosten von 5.500 Euro, sodass jährlich eine Haushaltsentlastung von ca. 15.000 Euro erzielt werden konnte.[24]

2. Bewertung

Hauptgesichtspunkt dieses Modells ist die wirtschaftliche Optimierung des Betriebs der Anlage. Die Anlage bleibt weiterhin im Eigentum des Contracting-Nehmers, wodurch im Unterschied zu den beiden anderen Contracting-Modellen die Laufzeit kürzer und das Investitionsvolumen geringer ist.[25] Das **Betriebsrisiko** bleibt somit beim Contracting-Nehmer. 18

21 *Bauer/Gayda/Geißler/Agricola/Müller/Schubert*, Contracting-Leitfaden für öffentliche Liegenschaften, S. 4; *IPP*, S. 10.

22 *Dena-Deutsche Energie-Agentur*, Initiative Energie Effizienz Dienstleistungen, S. 1.

23 *IPP*, S. 10.

24 http://www.energieagentur.nrw.de/projekt-des-monats/stadt-mechernich-spart-energie-durch-licht-contracting-4717.asp?find=Neunkirchen-Seelscheid.

25 *Umweltbundesamt*, Umweltfreundliche Beschaffung Energieversorgung/Wärmeversorgung, letzte Änderung 26.8.2013.

19 Vorteile sind,
- ein kontinuierliches Qualitätsmanagement,
- Anlagenmodernisierung ohne den Einsatz eigenen Kapitals,
- Übernahme der Risiken durch den Contractor,
- Senkung des Energieverbrauchs.

20 Nachteile sind,
- die Bindung an eine Vertragslaufzeit.
- Evtl. Personalabbau.

III. Licht-Liefer-Contracting

1. Definition

21 Licht-Liefer-Contracting ist die am weitesten verbreitete Art des Contractings.[26] Beim Licht-Liefer-Contracting verpflichtet sich der Contractor für ein vertraglich bestimmtes Entgelt (**Contracting-Rate**) über einen bestimmten Zeitraum zur Finanzierung, Planung, Betreibung und Errichtung von Anlagen zur Lichterzeugung.[27] Der Contractor ist, anders als beim Beleuchtungs-Contracting, dazu verpflichtet, die benötigte **Nutzenergie** bereitzustellen. Er ist ferner **Eigentümer** der Anlage und trägt somit das wirtschaftliche Risiko.[28] Die Preisgestaltung orientiert sich in der Regel an den marktüblichen Gegebenheiten und setzt sich aus einem Grundpreis (Kosten der Energiebereitstellung) und einem Arbeitspreis (Verbrauchs- und Betriebskosten) zusammen.[29] Die Vertragslaufzeit beträgt normalerweise 7–20 Jahre und entspricht oft dem Abschreibungszeitraum der neuen Komponenten. Es handelt sich somit um eine **langfristige** Bindung zwischen Contractor und Contract-Nehmer. Nach Beendigung des Vertrags, sofern keine Verlängerung erfolgt, geht das Eigentum der Anlagen meist zu einem symbolischen Preis auf den Contract-Nehmer über.[30]

---

26 *Dena-Deutsche Energie-Agentur*, Initiative Energie Effizienz Dienstleistungen, S. 4.

27 *Umweltbundesamt*, Umweltfreundliche Beschaffung Energieversorgung/Wärmeversorgung, letzte Änderung 26.8.2013; *Seefeldt/Kuhn/Trautner/Wetters*, Leitfaden für Energiespar-Contracting in öffentlichen Liegenschaften, S. 12.

28 *Meixner*, S. 7.

29 *Bauer/Gayda/Geißler/Agricola/Müller/Schubert*, Contracting-Leitfaden für öffentliche Liegenschaften S. 4; *IPP*, S. 8; *Kämper/Kulka*, S. 11.

30 *Umweltbundesamt*, Umweltfreundliche Beschaffung Energieversorgung/Wärmeversorgung, Contracting.

2. Bewertung

Auch beim Licht-Liefer-Contracting behält die energietechnische Optimierung ihre zentrale Bedeutung.[31] Licht-Liefer-Contracting ist erst ab einem Einsparpotenzial von mindestens 15% wirtschaftlich. Aufgrund der Preisgestaltung besteht für den Contractor jedoch ein starker ökonomischer **Anreiz zur Einsparung** von Energiekosten durch eine effiziente Bereitstellung von Nutzenergie.[32] Es bestehen somit gute Chancen zur Senkung der Jahresenergiekosten, des Energieverbrauchs und der CO_2-Emissionen der Kommune. Die Kommune profitiert hierbei stark vom Know-how des Contractors, welcher eine reibungslose und günstige Lichtversorgung auch nach Ende des Vertragsverhältnisses garantiert. Licht-Liefer-Contracting ist folglich eine gute Möglichkeit durch Fremdkapital, Innovationen bzw. Modernisierung herbeizuführen, ohne den eigenen Haushalt mit zusätzlichen Investitionskosten zu belasten. 22

IV. Einspar-Contracting

1. Definition

Beim Einspar-Contracting, auch als Performance-Contracting bezeichnet,[33] übernimmt der Contractor die **Optimierung** einer ausgewählten Anlage. Einspar-Contracting umfasst die Finanzierung, Planung und Betreuung von Energiesparmaßnahmen. Es kann überall dort zum Einsatz kommen, wo Energie verbraucht wird. Für einen bestimmten Zeitraum verpflichtet sich der Contractor zur **Betriebsführung** und garantiert eine Reduzierung des Energieverbrauchs und der Energiekosten.[34] Der Contractor gibt eine verbindliche Einspargarantie ab, welche auf eine festgesetzte Bezugsgröße (Referenzverbrauch) zurückgreift.[35] Der **Referenzwert** wird etwa aus dem durchschnittlichen Energieverbrauch der letzten 2–3 Jahre ermittelt. Dieser Referenzwert bildet die sog. Baseline, welche den Maximalverbrauch zur Berechnung der Einsparungen darstellt und damit folglich die Basis zur Verdienstrechnung.[36] Wird die garantierte Einsparung nicht erreicht, so kann es zu Ausgleichzahlungen kommen.[37] Zu Unterscheiden sind beim Einspar-Contracting das sog. Laufzeit-Modell und das sog. Beteiligungsmodell. 23

31 *Meixner*, S. 8.
32 *Meixner*, S. 7.
33 *Kämper/Kulka*, S. 13.
34 *Dena-Deutsche Energie-Agentur*, Initiative Energie Effizienz Dienstleistungen, S. 5.
35 Danner/Theobald/*Lippert*, 78. EGL, Rn 11.
36 *Kämper/Kulka*, S. 13.
37 *Meixner*, S. 5.

Beispiel
Ein gutes Beispiel für erfolgreiches Einspar-Contracting findet sich in Dormagen im Rheinland.[38] Die Erneuerung der Straßenbeleuchtung erfolgte im Jahr 2008 im Rahmen eines Einspar-Contracting-Projektes. Die technischen Maßnahmen bestanden in der Ersetzung von ca. 4.700 Quecksilberdampf-Hochdrucklampen durch Natriumdampf-Hochdrucklampen und der Umrüstung von 126 Schaltschränken auf Spartransformatoren. Die Kosten von 970.000 € übernahm der Contractor in voller Höhe. Die Vertragslaufzeit betrug fünf Jahre, die garantierte Energieeinsparung wurde auf 44% des ursprünglichen Stromverbrauchs auf Basis des Jahres 2006 festgelegt. Nach Ablauf eines Jahres wurde festgestellt, dass der Stromverbrauch für die Straßenbeleuchtung sich von 3.158.894 kWh/a im Jahr 2006 auf 1.768.981 kWh/a im Jahr 2009 und der CO_2-Ausstoß sich von 1.875 t/a auf 1.049 t/a reduziert hatte.[39] Das Einsparziel wurde somit vollständig erreicht.

a) Laufzeit-Modell

24 Beim Laufzeit-Modell werden die erforderlichen Investitionen aus der über die Vertragslaufzeit erzielten **Einsparung** der Energiekosten finanziert. Der Contractor erhält eine Vergütung in Höhe der gesamten eingesparten Energiekosten.[40]

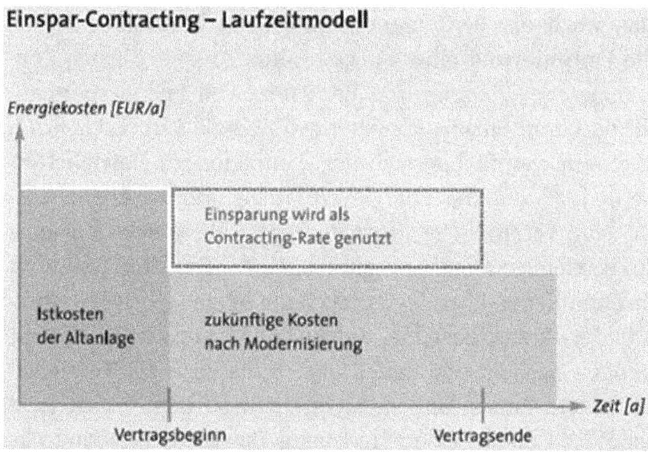

Laufzeitmodell[41]

38 *Dena-Deutsche Energie-Agentur*, Initiative Energie Effizienz Dienstleistungen, S. 7.
39 *Dena-Deutsche Energie-Agentur*, Initiative Energie Effizienz Dienstleistungen, S. 7.
40 *IPP*, S. 11.
41 http://www.swb-beleuchtung.de/finanzierung/contracting.php.

b) Beteiligungsmodell

Im Beteiligungsmodell **partizipiert** der Contract-Nehmer von Beginn an bei den Einsparungen.[42] Die Höhe der Beteiligung muss vertraglich festgelegt werden. Üblich ist eine Aufteilung von 80% der Vergütung für den Contractor und 20% der Vergütung für den Contract-Nehmer. Diese Beteiligung führt in der Regel zur sofortigen Entlastung des Contract-Nehmers, hat dafür aber wiederum längere Vertragslaufzeiten zur Folge.[43] 25

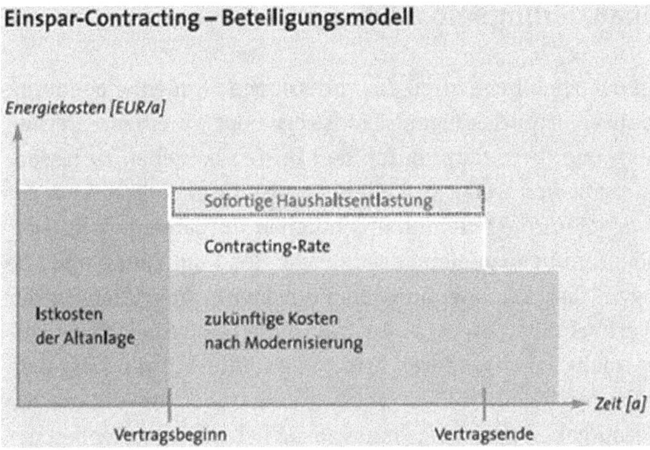

Beteiligungsmodell[44]

2. Bewertung

Da der Contractor große Know-how-Vorteile gegenüber der Kommune hat, lassen sich hohe Einsparungen über die gesamte Vertragslaufzeit realisieren. An diesen kann der Contract-Nehmer in Form des Beteiligungsmodells sogar schon während der Vertragslaufzeit partizipieren.[45] Es ermöglicht weiterhin die Modernisierung ohne eigenes Kapital und mit geringem Risiko. Zudem wird der Contract-Nehmer auch weitestgehend von organisatorischen Belastungen befreit. Der Contractor hat ein starkes eigenes wirtschaftliches Interesse an der Modernisierung, wodurch bestmögliche Effizienz erreicht wird und der Wert der Anlagen deutlich gesteigert 26

42 *Kämper/Kulka*, S. 13.
43 *Umweltbundesamt*, Umweltfreundliche Beschaffung Energieversorgung/Wärmeversorgung, Contracting.
44 http://www.swb-beleuchtung.de/finanzierung/contracting.php.
45 *Umweltbundesamt*, Umweltfreundliche Beschaffung Energieversorgung/Wärmeversorgung, Contracting.

wird. Letztlich erlangt der Contract-Nehmer hohe Planungssicherheit durch das vom Contractor geleistete Garantieversprechen.

27 Damit überwiegen die Vorteile gegenüber den Nachteilen deutlich, die lediglich darin bestehen können, dass die Einrichtung eines Energiecontrollings notwendig wird, sowie die Notwendigkeit regelmäßiger Treffen zwischen Contractor und Contract-Nehmer.

E. Verkaufs- und Finanzierungsmodelle

28 Die Kommunen sind grundsätzlich berechtigt, die vorhandene Straßenbeleuchtung an einen Dritten, also entweder an das eigene Stadtwerk oder an einen externen Dienstleister, zu veräußern und diese dann durch den Dritten betreiben zu lassen. Ein Veräußerungsverbot ergibt sich weder erschließungsbeitragsrechtlich noch gemeindehaushaltsrechtlich, sofern die kommunalrechtlichen Vorgaben befolgt werden. So ist allen Gemeindeordnungen gemein, dass sie von den Kommunen im Falle der Veräußerung verlangen, dass die kommunalen Vermögensgegenstände in der Regel zu ihrem vollen Wert veräußert werden. Auch darf die Kommune die zu veräußernden Gegenstände nicht in absehbarer Zeit zur Erfüllung ihrer Aufgaben selbst benötigen. Im Falle des Beleuchtungsvertrages endet aber mit diesem die kommunale Beleuchtungsaufgabe.[46]Allerdings muss zusätzlich die Betroffenheit der Bürger Berücksichtigung finden: Der Bürger kann und darf im Ergebnis nur einmal für die Inanspruchnahme einer öffentlichen Einrichtung finanziell belastet werden. Sofern er also durch die Zahlung von Erschließungsbeiträgen die Aufwendungen für die Straßenbeleuchtung gegenüber der Gemeinde finanziert hat, dürfen sich im Falle eines Verkaufs der Straßenbeleuchtungsanlage an einen Dritten durch die Übernahme keine erneuten Belastungen ergeben. Der Bürger darf somit durch die dem Energieversorgungsunternehmen entstehenden Finanzierungskosten nicht erneut insoweit belastet werden, als er bereits die Einrichtung selbst über die Erschließungsbeiträge finanziert hat.[47]

46 Vgl. *Ringwald/Rönitz/Riedel*, S. 99f.

47 *Brandt-Schwabedissen*, Städte- und Gemeinderat 10/2002, 8.

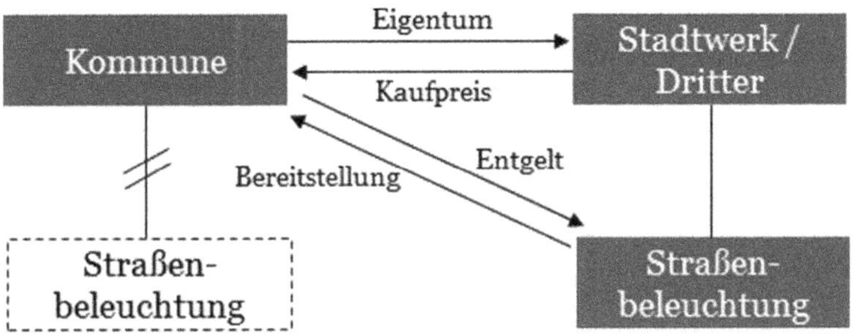

F. Instandhaltung- und Betriebsführungsmodelle

I. Instandhaltungsvertrag

Neben den Modellen, die auf die Modernisierung der Beleuchtungsanlagen gerichtet sind, besteht auch die Möglichkeit, mit einem Dienstleister die reine Instandhaltung der Anlage zu vereinbaren. Ziel ist die Erhaltung der Funktionsfähigkeit der Beleuchtungsanlage. Der Vertrag umfasst die erforderlichen Unterhaltungs-, Reinigungs-, Wartungs- und Instandsetzungsmaßnahmen. Zwar bietet der Instandhaltungsvertrag den Vorteil, dass die Kommune sich nicht langfristig binden muss, jedoch überwiegen die Nachteile deutlich. Durch die Trennung von Instandhaltung und Erneuerung/Rückbau entsteht ein administrativer Mehraufwand, indem die jeweiligen Aufgaben mehrmals vergeben und vergütet werden müssen. Auch kann das Modell dazu führen, dass notwendige Modernisierungsmaßnahmen nicht durchgeführt werden, indem keine ausreichenden Anreize bestehen, Investitionen in die Modernisierung der Beleuchtungsanlagen zu tätigen. Zudem werden keine Energieeinsparungen erzielt. Somit kann das Instandhaltungsmodell lediglich im Einzelfall für einen begrenzten (Überbrückungs-)Zeitraum von Vorteil sein.[48] 29

II. Betriebsführungsvertrag

Beim Betriebsführungsvertrag schuldet der Betreiber im Ergebnis die „helle Straße". 30
Neben der Instandhaltung erstellt er eine umfassende Bestandsdatendokumentation und liefert für den Betrieb der öffentlichen Beleuchtung die erforderliche Energie. Die erforderlichen Anlageninvestitionen gehören hingegen in der Regel nicht zum Leistungsgegenstand. Diese verbleiben in kommunaler Verantwortung. Vorteil

48 Vgl. *Ringwald/Rönitz/Riedel*, S. 93 ff.

des Modells ist es, dass die Kommune über den Betreiber ihrer Beleuchtungspflicht nachkommt. Jedoch mangelt es auch hier an dem Anreiz, veraltete Anlagen zu erneuern. Es wird lediglich die alte Infrastruktur erhalten und genutzt. Innovationsgewinne werden nicht erzielt.[49]

G. Das Modell für die Zukunft

31 Gerade für den Bereich der Straßenbeleuchtung eignet sich das Modell des Einspar-Contractings[50] besonders gut, weil es sich bei der Erneuerung von Beleuchtungseinrichtungen um fast reine energietechnische Rationalisierungsinvestitionen handelt, die über die bestehenden enormen Einsparpotenziale leicht refinanziert werden können.

32 Ganz anders kann dies z.B. bei Contracting-Vereinbarungen zur wärmetechnischen Sanierung von Gebäuden aussehen. Neben dem Einbau einer neuen Heizungsanlage ist hierbei eine zusätzliche Wärmeisolierung anzubringen. Gerade bei der Anbringung zusätzlicher Wärmeisolierung sind oftmals allgemeine Instandhaltungsinvestitionen zwangsläufig mitauszuführen, die über die reinen Energieeinsparungserträge nicht zu finanzieren sind. Diese zusätzlichen Investitionen müssen dann wiederum von der Kommune übernommen werden, was von überschuldeten Kommunen teilweise nicht geleistet werden kann.

33 Verfügt eine Kommune über ein eigenes Stadtwerk, empfiehlt es sich, den Einsatz des Stadtwerks als möglichen Contractor zu prüfen. Da Stadtwerke jedoch ein natürliches Interesse daran haben, Strom zu verkaufen, ist es wichtig, die Höhe der zu erzielenden Energieeinsparung zu einem wesentlichen Vertragsbestandteil zu machen.

34 Kommunen ohne Stadtwerke müssen auf externe Energiedienstleister zurückgreifen, was jedoch im Hinblick auf den möglichen Interessenkonflikt von Stadtwerken bei der Energieeinsparung kein Nachteil sein muss.

49 Vgl. *Ringwald/Rönitz/Riedel*, S. 95f.
50 S.o. Rn 23.

Kapitel 9
Sanierung der Straßenbeleuchtung

A. Einführung

1 Die Aspekte, die für eine erfolgreiche Sanierung der Straßenbeleuchtung beachtet werden sollten, sind vielfältig und tangieren nicht nur die zukünftige Stromrechnung, sondern auch die Stadt-/Gemeindegestaltung sowie die Kosten für Unterhaltung und Wartung der dann neuen Beleuchtung. Eine erfolgreiche Sanierungsumsetzung kann nur ökologisch und ökonomisch gelingen, wenn von Anfang an ein klares Konzept mit definierten Prioritäten und klarer Zeitvorgabe – natürlich unter Berücksichtigung der jeweiligen Haushaltslage – mit Unterstützung erfahrener Fachplaner entwickelt und konsequent umgesetzt wird. Allerdings werden auch für die Finanzierung solcher Projekte von der Privatwirtschaft, aber auch von öffentlichen Rechtsträgern sehr interessante Möglichkeiten angeboten.

Praxistipp !

Keinesfalls reicht es, dass die Städte die Altleuchten zählen, eine Ausschreibung mit ein paar abgeschrieben Texten aus Herstellerkatalogen auf den „Bietermarkt“ bringen und die Ausführungsqualität dem Zufall der jeweiligen, meist „billigsten“ Firma überlassen.

---

2 In diesem Kapitel wird eine Empfehlung zur Vorgehensweise bei Straßenbeleuchtungssanierungen mit folgenden Schwerpunkten gegeben:

- Datenerfassung der Bestandsanlage,
- Konzeptfindung,
- Möglichkeiten der Ausschreibungsverfahren,
- Qualitätsanforderungen an Hersteller und ausführende Unternehmen,
- maximale Umsetzung von Stromersparnis, Beleuchtungsqualität und Nachhaltigkeit durch geringere Betriebsunterhaltungskosten sowie
- Finanzierungsmöglichkeiten.

B. Marktüberblick

I. Welche Technik ist vorhanden und was kostet diese?

3 Die Qualität einer Konzeption für eine innovative und energieeffiziente Straßenbeleuchtungssanierung steht und fällt mit der systematischen und exakten Erfassung der Bestandsanlage. Unabdingbar notwendig sind die Erfassung folgender Daten bzw. Werte:

1. Laufende Nummer der Leuchte mit Mastsystem

4 Für alle Konzept- und Planungsschritte ist eine unverwechselbare Beschreibung des Leuchtenstandorts nicht nur hilfreich, sondern Grundvoraussetzung für eine genaue und planungssichere Sanierung. Dazu haben viele Städte für jedes Beleuchtungssystem eine nur einmal vorkommende Ziffernkennzeichnung. Diese wird auf ein Klebeschild gedruckt und am Mast platziert.

! **Praxistipp**
Liegt kein „Ordnungssystem" vor, so sollte vor der Konzeptentwicklung ein solches definiert und umgesetzt werden, denn nur so können Verwechslungen von Systemen vermieden werden.

---

2. Straßenschlüssel (KDVZ-Nummer) und Straßenname

5 Wie beschrieben, kann die Standortdefinition auch über den Straßenschlüssel und Nennung der Straße mit einer fortlaufenden Nummer für die jeweiligen Systeme in der Straße erfolgen. Auch hier gilt: Die Bezeichnung muss eindeutig und einmalig sein.

3. Hausnummer oder andere Positionsbeschreibung

6 Am besten wäre eine Standortbestimmung über GPS mit einer Schnittstelle zu einem GIS. Es genügt allerdings auch folgende Beschreibung: „Leuchte vor Haus-Nr. 36" oder „Leuchte vor Haupteinfahrt zum REWE-Markt, rechte Seite". Auch hier gilt die Einmaligkeit einer relativ genauen Beschreibung.

4. Stadtteilbezeichnung

7 Hilfreich im Sinne einer schnelleren Zuordnung von Leuchten ist auch die Nennung von Stadtteilen oder Ortteilbezeichnungen, z.B. Stadt Eschweiler – Stadtteil Kinzweiler, denn je genauer die Ortsbeschreibung ist, desto eher können alle Projektbeteiligten die Leuchte auffinden oder einem bestimmten Konzeptschema zuordnen.

5. Art des Mastes mit Lichtpunktabstand zum nächsten Mastsystem

8 In vielen Sanierungen von Straßenbeleuchtungen werden nicht nur die Altleuchten gegen neue energieeffiziente Leuchten ausgetauscht, sondern auch die Mastanlage. Geschieht dies z.B. in einem Straßenzug nur zum Teil, so sollte schon (soweit technisch sinnvoll) die gleiche Mastart (z.B. konisch, abgesetzt, Peitsche u.a.) neu installiert werden, um das Straßenbild homogen zu gestalten.

9 Die Aufnahme der Lichtpunktabstände ist ein wichtiger Parameter zur energetischen und beleuchtungstechnischen Neuplanung der Leuchten, nur so können auch die normativen Forderungen weitgehend berücksichtigt werden.

6. Material des Mastes, Mastmanschette sowie Mastbeschichtung

Das Material (Aluminium, Stahl, GFK, Holz u.a.) ist für den Einzelaustauch von Masten in Straßenzügen interessant, wurde im vorherigen Abschnitt begründet, wobei Kunststoffmasten (GFK) oder Holzmasten in der heutigen Zeit eher weniger Verwendung finden. Die Gründe hierfür sind die Haltbarkeit und der Preis. 10

Ob ein Mast eine Mastmanschette besitzt oder nicht, gibt Aufschluss über das mögliche Alter eines Mastes, denn diese Manschetten wurden erst ab ca. 1985 eingesetzt. Das Mastalter wiederum ist ein wichtiges Kriterium für die Standsicherheitsprüfung. In einer solchen Prüfung wird möglicherweise eine mangelhafte Standsicherheit des Mastes festgestellt und damit muss der Mast aus Sicherheitsgründen ausgetauscht werden. 11

Viele Mastanlagen sind mittlerweile verzinkt und oft aus gestalterischen Gründen in einem bestimmten Farbton lackiert. Werden Einzelmasten oder vollständige Straßenzüge mit neuen Masten erstellt, so muss das Kataster diese Information erhalten, damit der Mehrpreis für die Mastlackierung in die Kostenschätzung der Planung berücksichtigt werden kann. 12

7. Äußere sichtbare Beschädigungen am Mast oder fehlende Teile

Im Zuge von größeren Sanierungsmaßnahmen werden oft Mastanlagen ausgetauscht, die eigentlich im Rahmen der Wartung und Instandhaltung erneuert oder repariert werden müssten (z.B. wegen Beulen oder Knicke). Deshalb ist es hilfreich, wenn die Austauschkosten für defekte Masten oder fehlende Teile (Masttür u.a.) mit in die Kalkulation einfließen. 13

8. Masthöhen (Lichtpunkthöhen), Länge des möglichen Auslegers, Zopfdurchmesser

Die Aufnahme der Lichtpunktabstände ist ebenfalls ein unverzichtbarer Parameter zur energetischen und beleuchtungstechnischen Neuplanung der Leuchten. Nur so können auch die normativen Forderungen weitgehend berücksichtigt werden. 14

9. Leuchtenfabrikate und Leuchtentypen

Beide Parameter sind für die Neuplanung der Leuchten oder möglicherweise auch für eine Umrüstung (z.B auf LED-Technik) mit werkseitig gefertigten „Umrüstsätzen“ von Bedeutung. 15

10. Anzahl und Art der Leuchtmittel je Leuchte (1- bzw. 2-flamig) und die Leuchtmittelleistung

16 Für die Neuplanung und Gegenüberstellung Alt- und Neuleistung der Leuchtensysteme sind die Anzahl und die Leuchtmittelleistung unverzichtbar, aber auch die Art des Leuchtmittels (HQL, TC-TEL oder NAV) sind für die Konzepterstellung notwendig, da z.B. ab dem Jahr 2015 für bestimmte Leuchtmittel (HQL) ein Verkaufsverbot in der EU besteht. Hier muss also mittelfristig eine Substituierung gefunden werden.

11. Vorschaltgerätetyp und die Gesamtleistungsaufnahme in Watt

17 Die Gesamtleistung einer Leuchte kann nur einwandfrei bestimmt werden, wenn die Art des Vorschaltgeräts, die Leuchtmittelleistung und die Anzahl der Leuchtmittel pro Leuchte bekannt ist.

Beispiel
Eine Leuchte hat zwei Leuchtmittel HQL 125 Watt, betrieben mit einem konventionellen Vorschaltgerät (KVG), dann wird die Gesamtsystemleistung der Leuchte folgendermaßen berechnet:

2 Leuchtmittel × 125 Watt = 250 Watt + 12% Verlustleistung der Vorschaltgeräte → 280 Watt Systemleistung der Leuchte

---

12. Baujahrbestimmung durch Typenschild in der Leuchte oder Leuchtentyp oder Bebauung des jeweiligen Straßenzuges

18 Oft ist es ein Problem, das Baujahr von Beleuchtungssystemen zu ermitteln. Dann helfen möglicherweise Typenschilder, im günstigsten Fall mit Baujahrangabe in der Leuchte. Die Art der Bebauung, z.B. in Wohngebieten, gibt ebenso eine ungefähre Orientierung, wann die Straßenbeleuchtungsanlage erstellt worden ist. Das Anlagenalter ist natürlich wichtig für mögliche Abschreibungen und für die Überlegung, welche Leuchtensysteme in welcher zeitlichen Abfolge saniert werden sollten.

13. Kabellängen und Kabeltypen sowie Art der Verkabelung

19 In den meisten Sanierungsfällen liegt kein Netzplan mit dem im Straßenbeleuchtungsnetz befindlichen Energieverteiler und deren Leitungsstränge in die jeweiligen Straßenzüge vor. Bei einer ganzheitlichen und nachhaltigen Sanierung sollten gerade Leitungslängen und das Alter von Kabelstrecken mit in die Konzeptfindung einfließen, möglicherweise müssen zur optimalen Netzstruktur noch weitere Energieverteilungen installiert werden oder Kabelstrecken mit hoher Ausfallhäufigkeit aufgrund von Isolationsfehlern ausgetauscht werden. Die Kosten dafür sollten natürlich frühzeitig angezeigt werden, um dann im Sanierungskonzept einfließen bzw. bei der Mittelbeschaffung berücksichtigt werden zu können.

14. Sonstige Bemerkungen

Bei einer Datenaufnahme für das Kataster, um im Konzept Berücksichtigung zu finden, sollten ebenfalls u.a. aufgenommen werden: 20
- defekte Leuchtenteile,
- starker Bewuchs durch Bäume oder Rankpflanzen im Bereich der Leuchte, dadurch starke Einschränkung der Beleuchtungsstärke,
- stark verschmutzte Leuchtengläser,
- Zustand des Kabelübergangskastens im Mast.

Wird der Leuchtenstandort in der Ausführungsphase angefahren, können so parallel kleine Reparaturen oder der Austausch von Komponenten ausgeführt werden. Das spart Kosten für die weitere Anfahrt von Montagepersonal. 21

15. Bestimmung der Straßenklassifizierung (Kategorie) nach EN 13201

Bei der Erfassung von Katasterdaten sollten die Straßengeometrien ebenfalls erfasst werden, z.B. Breite der Straßen, Bürgersteige, Parkstreifen, Fahrradwege u.a. Wo steht der Leuchtenmast genau – an der Grundstückgrenze, am Fahrbahnrand, in einem Grünstreifen? Hier wären auch Fotos aller Teilstrecken hilfreich, noch besser: Jedes Leuchtensystem wird mit einem Bild erfasst. 22

Praxistipp !

Nur wenn diese Werte vorliegen, kann eine Planung in Anlehnung an die normativen Vorgaben erfolgen. Ein möglicherweise projektbegleitender Fachplaner ist verpflichtet, diese Parameter zu kennen und planerisch zu berücksichtigen.

16. Anzahl der Energieverteilungen und deren jeweiligen Kabelabgänge

Wie bereits zuvor erwähnt, ist die Anzahl und der Standort von Energieverteilungen für eine Überprüfung des Versorgungsnetzes der Straßenbeleuchtung von elementarer Bedeutung, d.h. die Bestimmung der Leuchtenanzahl und Kabellänge der jeweiligen Abgänge eines Verteilers. Nur so kann festgestellt werden, ob die Kabelquerschnitte ausreichend sind und ob bestimmte Schutzschaltungen überhaupt noch funktionieren können. 23

17. Zustand der Energieverteilungen und Feststellung möglicher Ausbaureserven für Straßenbeleuchtungssteuerungen

Im Sinne einer nachhaltigen Sanierung sollten auch „marode" Energieverteilungen ausgetauscht werden (Grundlage die BGV A3 und die einschlägig bekannte VDE 0100). Bei der Datenerfassung sollte von jedem Verteiler eine Außen- und Innenaufnahme als Bild erstellt werden. Somit werden unliebsame Überraschungen bei 24 der Ausführung vermieden, denn nicht vorschriftsmäßige Verteilungen dürfen aus Sicherheitsgründen nicht betrieben werden.

25 Je genauer die vorgenannten Daten erfasst werden, desto genauer können der **Finanzbedarf** ermittelt und die Neuplanung für eine ökologische und ökonomische **Neugestaltung** einer neuen Straßenbeleuchtung vorgenommen werden.

26 Zur Analyse der **Ist-Kosten** für die Betriebsunterhaltung der Bestandsanlage dienen natürlich mögliche Betriebsunterhaltungsverträge oder die klassischen Wartung- und Instandhaltungsverträge mit Einheitspreisen für definierte Leistungen. Die wenigsten Kommunen unterhalten die Straßenbeleuchtung in Eigenregie, d.h. mit eigenem Personal des z.B. Baubetriebshofs, da die Kosten für Geräte und Fahrzeuge erheblich sind (z.B. Hubsteiger, Messgeräte u.a.).

27 Die wichtigsten Positionen der Ist-Kosten sind:
- Energiekosten,
- Wartung- und Instandhaltung der Leuchten und Mastsysteme,
- Wartung- und Instandhaltung der Energieverteilungen und des Kabelnetzes,
- Beseitigung von Schäden durch Unfälle und Vandalismus,
- Personalkosten für Verwaltung der o.g. Positionen.

! **Praxistipp**
Es wird empfohlen einen Betrachtungszeitraum von mindestens drei Jahren zu wählen, damit ein belastbarer Mittelwert für die Betriebsunterhaltung definiert werden kann.

II. Welche Vorteile bietet neue Technik?

28 Neue Leuchten und Energieverteilungen mit **intelligenten Steuerungssystemen** bieten eine Vielzahl von **Vorteilen** zum einen für die Gestaltung **des öffentlichen Verkehrsraums** und zum anderen für die **Betriebsunterhaltung**: Nur ca. 35% der Gesamtkosten einer neuen Beleuchtung entfallen auf das Invest eines Neukaufs einer Leuchte mit den notwendigen Lichtregelungen. Der erhebliche Rest wird über einen Betriebszeitraum von 30 bis 35 Jahren für die Wartung und Instandhaltung ausgegeben, also prüfe, wer sich lange bindet.

29 Die **Vorteile einer innovativen und ganzheitlichen Straßenbeleuchtungssanierung sind klar und werden nachfolgend beschrieben**:
- **Neugestaltung des Stadtbildes** – auch unter Berücksichtigung der Designwirkung bei Tag, denn Leuchten sind ein gestalterisches Element innerhalb der Gesamtwahrnehmung einer Stadt;
- **Reduzierung der zum Teil „historisch gewachsenen" Leuchtenvielfalt** – somit entsteht ein homogenes Erscheinungsbild und für die spätere Betriebsführung erhebliche Kostenreduzierungen, da die Vielfalt an Ersatzteilen reduziert worden ist;

- **größere Mastabstände** – neue innovative Leuchten bieten die Möglichkeit, größere Mastabstände unter Berücksichtigung der jeweiligen Beleuchtungsklassen zu realisieren, dadurch werden die Anzahl der späteren Wartungspunkte kostensparend reduziert und die Systemanschlussleistung pro Kilometer Straße und damit die Energiekosten vermindert;
- **Minderung von sog. Angsträumen** – Angsträume im öffentlichen Raum sind Bereiche, wo sich Menschen unsicher, unwohl und bedroht fühlen. Dieses Angstgefühl entsteht u.a. durch fehlende Beleuchtung in unübersichtlichen Bereichen, nicht einsehbaren Zonen, optisch nicht verfolgbaren Wegen u.a. Die Angst besteht vor Kriminalität in Form von Gewalt und Raub, wobei oft die Wahrnehmung von Gefährdungen der tatsächlichen Gefahrenlage deutlich entgegensteht. Neue und zusätzliche Leuchten vermitteln zumindest durch das Licht, ein angenehmeres Sicherheitsgefühl, da Gefahren eher erkannt werden und schneller Gegenmaßnahmen eingeleitet werden können.

Beispiele für Angsträume
- Parkanlagen,
- Plätze,
- Unterführungen,
- Grünflächen mit Baumbestand, Hecken und hohen Sträuchern,
- kleine Fußwege (als Verbindung zu Straßen und Plätzen),
- Treppenanlagen.

- **Einbeziehung von Konfliktzonen (Gefahrenpunkte)**, welche in der Regel von Verkehrsteilnehmern mit unterschiedlichen Geschwindigkeiten genutzt werden, deshalb auch eine besondere visuelle Aufmerksamkeit erfordern. Eine ausreichende und gleichmäßige Beleuchtung durch neue und möglicherweise zusätzliche Leuchten vermindern die Unfallgefahr erheblich, da Verkehrsteilnehmer aller Art, Personen, Tiere, Hindernisse u.a. Gefahren schneller erkennen und damit die Reaktionszeit vielleicht sogar lebensrettend verkürzt wird.

Beispiel für Konfliktzonen
- Fußgängerüberwege,
- Fußgängerquerungshilfen (Mittelinseln),
- Kreuzungen und Einmündungen,
- Kreisverkehrsanlagen,
- Haltebuchten (Bushaltestellen u.a.),
- Mautstellen,
- Baustellen-, Fabrik- oder Hofeinfahrten,
- Fußgänger- und Radfahrwege.

30

Die Umsetzung der wichtigsten **Gütemerkmale** garantiert eine gute Straßenbeleuchtungsanlage. Die Gütemerkmale für eine gute und vorschriftsmäßige Straßenbeleuchtung sind in der europäischen Norm EN 13201 zu finden. Für die Umsetzung dieser Norm in einem Sanierungsprojekt sollte sich die Kommune einer Fachplanung mit spezifischen Kenntnissen auf diesem Gebiet bedienen. Nachfolgend werden die entscheidenden **Gütemerkmale** aufgeführt:

- **Notwendiges Beleuchtungsniveau**

  31 Um für eine bestimmte Straße das richtige und ausreichende Beleuchtungsniveau zu planen, hilft uns die EN 13201, ein sinnvolles Beleuchtungsniveau für die jeweilige Straße zu finden, in dem die Straße einer bestimmten Beleuchtungsklasse zugeordnet wird (z.B. ME- oder S-Klassen).

  32 Diese Zuordnung findet mit Hilfe von Parametern der Nutzung und Beschaffenheit der Straße statt, darunter:
  - die Geometrie von Straßen, Bürgersteigen, Parkbuchten, Anzahl der Fahrspuren;
  - die zugelassene Höchstgeschwindigkeit, Art der Verkehrsteilnehmer (z.B. Fußgänger, Fahrradfahrer, Autofahrer);
  - Anzahl der Verkehrsteilnehmer in einer bestimmten Zeitphase, Anzahl der Kreuzungsbereiche innerhalb des Straßenverlaufs, vorhandene Konfliktzonen;
  - Beleuchtungsniveau im direkten Straßenumfeld, z.B. kann davon ausgegangen werden, dass eine Einkaufsstraße im Stadtzentrum eine höhere Umfeldbeleuchtungsstärke hat als eine Wohnstraße.
- **Leuchtdichteverteilung**

  33 Die Leuchtdichteverteilung im Gesichtsfeld bestimmt den Adaptionszustand, der die Erkennbarkeit der Sehaufgabe entscheidend beeinflusst.

  34 Durch eine ausgewogene Adaptionsleuchtdichte erhöhen sich
  - Sehschärfe;
  - Kontrastempfindlichkeit, d.h. Unterscheidung von Leuchtdichteunterschieden;
  - Leistungs- und Anpassungsfähigkeit der Augenfunktionen, wie Akkomodation, Konvergenz, Pupillenveränderung, Augenbewegungen usw.
- **Gleichmäßigkeit der Beleuchtung**

  35 Für das Wahrnehmen von Fahrzeugen, Personen, Gegenständen und Details ist die örtliche Gleichmäßigkeit der Leuchtdichte bzw. Beleuchtungsstärke ausschlaggebend. Die Vermeidung von Hell- und Dunkelzonen in der Straßenbeleuchtung hat eine hohe Priorität, da infolge der ständigen Adaption der Augen und durch eine verzögerte Wahrnehmung ein erhebliches Gefahrenpotenzial besteht, z.B. werden straßenüberquerende Fußgänger in einer abschnittsweisen Dunkelzone erst wesentlich später von motorisierten Verkehrsteilnehmern wahrgenommen.
- **Begrenzung der Blendung**

  36 In der Straßenbeleuchtung geht die Blendungsbewertung von einer vorgegebenen Blickrichtung des Kraftfahrers aus. Die dafür ermittelte, prozentuale

Schwellenwerterhöhung TI (Threshold Increment) wird als Bewertungsgröße für die physiologische Blendung herangezogen und in den betreffenden Normen (z.B. EN 13201) für die praktische Anwendung manifestiert.

- **Richtige Lichtrichtung vermeidet Störwirkungen**
  Eine Leuchte der Straßenbeleuchtung sollte, wenn optimal geplant wurde, nur den Straßenraum und das dazugehörige Umfeld z.B. Bürgersteige, Parkzonen usw. beleuchten, denn nur für diesen Bereich sind die Kommunen durch die Verkehrssicherungspflicht verantwortlich. Leuchten, die ungelenkt (ohne Spiegeltechnik) das Licht in die Vorgärten, auf Hausfassaden (bis ins Schlafzimmer der Anwohner) oder sogar nach oben in den Himmel strahlen, sollten bei Sanierungen nicht eingesetzt werden. 37
  Solche Lichtemissionen, die auch „Lichtverschmutzung" genannt werden, sind in der EN 12464-2 beschrieben, dort sind auch die verschiedenen Umweltzonen E1 bis E4 hinterlegt. Diese beschreiben mögliche Lichtemissionen und geben auch Richtwerte für diese Störwirkungen an. 38
- **Lichtfarbe und Farbwiedergabe**
  Grundsätzlich soll die Beleuchtungsanlage eine Farbwiedergabe aufweisen, die 39
  - das Führen von Fahrzeugen,
  - die Orientierung der Fußgänger und
  - die Identifikation von Personen oder Objekten

  ermöglicht. Betreiber von Beleuchtungsanlagen wählen besondere Farbwiedergabeeigenschaften von Lampen auch aus Gründen des Beleuchtungskomforts oder wegen einer Kameraüberwachung aus.
  In Fußgängerbereichen dagegen spielt der Sehkomfort und damit eine angenehme Lichtfarbe und gute Farbwiedergabe eine wichtige Rolle bei der sicheren Wahrnehmung und auch hinsichtlich der Akzeptanz solcher Verkehrsbereiche. Hier gilt: Gutes Licht lockt Leute auch in den Abendstunden in die Einkaufszonen der Städte und beleben somit die Wirtschaft. 40

Praxistipp !

Die Verkehrssicherungspflicht besteht für Kommunen grundsätzlich auf Straßen innerhalb geschlossener Ortschaften, d.h. für durchgehend bebaute Straßen und Gefahrenquellen.

Eine ganzheitlich durchdachte Sanierung wird weiterhin flankiert von einem **intelligenten Beleuchtungsbetrieb**, dieser besteht aus: 41

- **Fernüberwachung** – Beleuchtungsausfälle werden automatisch vom System gemeldet, was Zeit und Kosten spart;
- **Intelligente Anlagenverwaltung** – Wartungspersonal wird effektiv zu den vorzunehmenden Wartungsarbeiten navigiert, eine Bauteilliste bzw. ein Abarbeitungsplan wird vom System verkehrsschonend und streckenreduziert vorgegeben;

- **sinnvoller Reduzierbetrieb und Szeneneinstellung** – Leuchten werden bei Zeiten mit geringem Verkehrsaufkommen leistungsreduziert gedimmt (Energieeinsparung) und an besonderen Orten und Plätzen wird das Beleuchtungsniveau zur Verringerung von Straftaten und Vandalismus erhöht;
- **Energiemessung und -abrechnung** – je nach System wird für jeden Beleuchtungspunkt oder für einen Beleuchtungsstrang der Energieverbrauch unter Berücksichtigung der aktuellen Tarife berechnet, eine automatische Rechnungserstellung ist integriert.

42 Zusammenfassend ist es von Vorteil, dann mit neuer Technik zu sanieren, wenn die Sanierung ganzheitlich, durchdacht und intelligent ist. Denn nur dann sind die entscheidenden Gütemerkmale einer normativen Straßenbeleuchtung gegeben und die Sanierungskosten gerechtfertigt, wenn den neuesten Innovationen auf dem Leuchtenmarkt und an Steuerungstechnik Rechnung getragen, die Qualität signifikant erhöht und die Kosten für Wartung sowie Instandhaltung deutlich reduziert wird.

III. Welchen Anforderungen und Berechnungen muss die neue Technik standhalten?

1. Bestandsaufnahme

43 Die zu erhebenden Daten innerhalb einer Beleuchtungskatastererstellung der Altanlage wurden bereits dargestellt.[1] Darüber hinaus ist auch das mögliche **gesamte Volumen** einer Beleuchtungssanierung mit der **Altbestanderhebung** zu analysieren, d.h. die Straßenbeleuchtung wird ganzheitlich betrachtet, dazu gehören folgende technische Einheiten:
- die Leuchten und deren Mastsysteme;
- die Energieverteilungen der Straßenbeleuchtung;
- das gesamte Leitungs- und Kabelnetz für die Straßenbeleuchtung;
- die Steuerung und elektronische Datenerfassung.

44 Die grundsätzliche Fragestellung bleibt in Zeiten klammer Kassen: Wann ist genug auch ausreichend und richtig? Der **Austausch einer Bestandsleuchte** gegen eine dekorative, innovative neue Leuchte wird sich je nach Ausschreibungsergebnis nach ca. 6 bis 8 Jahren rechnen. Werden auch **Mastsystem und Energieverteilungen** erneuert, sind es ca. 9 bis 11 Jahre, bis der ROI (Return On Investment) erreicht ist. Werden **Mastanordnungen großvolumig neu strukturiert**, sind schnell 12 bis 15 Jahre vergangen, bis das Kapital zurückfließt. Der Grund sind in diesem Fall auf-

1 Siehe Rn 3ff.

wendige und kostenintensive **Kabelneuverlegungen** und **Oberflächenwiederherstellungen** (Tiefbauarbeiten). Diese tragen natürlich nur bedingt zu einer schnell wirksamen positiven Gesamtentlastung der Kostenstruktur bei.

Praxistipp !
Trotzdem hier der eindeutige Appell: Es lohnt sich, alle Anlagenteile unter dem Fokus aller finanzierbaren und technisch sinnvollen Möglichkeiten zu betrachten. Unterstützt wird dies durch die Tatsache, dass derartige Maßnahmen für Zeiträume zwischen 30 und 40 Jahren durchgeführt werden, also geht es um ein langfristiges investives Gut.

---

2. Analyse städtebaulicher Gegebenheiten

Eine zukunftsorientierte Straßenbeleuchtungssanierung ist mehr als die Reduzierung auf Energiekosten und Effektivität der Wartung und Instandhaltung. Vielmehr müssen bei der Auswahl von Leuchten, Lichtpunkthöhen und Lichtfarben auch die **städtebaulichen Gegebenheiten** intensiv analysiert und diskutiert werden. Denn wie bereits zuvor erläutert, sollten besondere Bereiche (Angst- und Konfliktzonen), aber auch eine bestimmte Art der Bebauung bei der Planung und Auswahl bestimmter Leuchten und Techniken berücksichtigt werden. 45

Hilfreich sind hier **Tag- und Nachtfahrten** bzw. **Begehungen** durch diverse Bebaubauungsstrukturen einer Gemeinde oder Stadt. Auch die Tagwirkung einer neuen Straßenbeleuchtung ist in Hinsicht auf die Stadtgestaltung wichtig. Weiterhin spielen Geschosshöhen, Straßenbreiten, Fahrbahnbelege, Fassadenbaustoffe u.v.m. eine besondere Rolle bei der Entscheidung für neue Leuchtensysteme. Hier darf die Auswahl der Leuchten nicht ausschließlich von wirtschaftlichen Kennziffern getrieben werden, sondern Design der Leuchten und auch die optimale Beleuchtungsstärke mit einer richtig gewählten Lichtfarbe machen die Sanierung erst zu einem vollen Erfolg, denn damit wäre auch eine breite Bürgerakzeptanz erreicht. 46

Um eine innovative Planung und Umsetzung aus einem Guss zu generieren, ist die **Integration** von Platzbeleuchtungen, Anstrahlungen (z.B. Brunnenanlagen, Fassaden, Brücken, Denkmäler u.a.), Fußwegen und den sog. Angsträumen (z.B. Grünflächen, Parkanlagen u.a.) sinnvoll. 47

Praxistipp !
Die Aufstellung eines spezifischen Maßnahmenplans mit Prioritätszuordnung für eine ganzheitliche und umfängliche Sanierung ist unabdingbar notwendig. Dazu gehört natürlich auch die Kostenschätzung der jeweiligen Projektschritte. Damit ist die Möglichkeit geschaffen, das Sanierungsprojekt aus haushalttechnischen Gründen auch über mehrere Jahre sinnvoll umzusetzen.
Eines wird nicht gelingen: Jedes Jahr hier ein bisschen und dort noch etwas zu machen, denn ohne Grundkonzept und den berühmten „roten Faden" würden öffentliche Finanzmittel uneffektiv eingesetzt.

---

3. Sichtung technischer Möglichkeiten

48 Die beiden wichtigsten Aktionsfelder bei einer Straßenbeleuchtungssanierung sind die **energetische Sanierung** der Leuchtensysteme und Maßnahmen zur **kalkulierbaren Betriebssicherheit** der gesamten Anlage. Man kommt also für eine seriöse und nachhaltige Sanierung um eine **ganzheitliche Betrachtung** und **Prüfung der gesamten Anlagentechnik** nicht herum. Dazu gehören

- die Schaltschränke,
- das Leitungsnetz,
- die Mastanlagen und
- möglicherweise Ansätze für eine zukünftig effektive Betriebsunterhaltung (Telemanagement u.a.).

49 Sicherlich ist allen Beteiligten klar, dass grundsätzlich die **Finanzierung** der Maßnahme ein sehr sensibles Thema ist; bei chronisch leeren Kassen der Kommunen spielt natürlich der ROI auch bei allen Einzelmaßnahmen der Sanierung eine entscheidende Rolle. Um die Durchsetzbarkeit von Maßnahmen in den diversen Gremien von Kommunen (Bauausschuss, Rat u.a.) zu unterstützen, ist also immer ein **Prioritätenplan** mit den notwendigen ökonomischen Rahmendaten zu erarbeiten.

Beispiele/Muster

- **Jahr 2013**: Austausch von unwirtschaftlichen Leuchten, z.B. mit HQL-Lampen, ggf. auch das zur Leuchte gehörende Mastsystem (die Standfestigkeit der Mastanlage kann durch eine Standsicherheitsprüfung geprüft werden);
- **Jahr 2014:** Austausch von defekten und störanfälligen Energieverteilungen unter Berücksichtigung, dass in die neuen Energieverteilungen auch ausreichend Raum für zukünftige Steuerungsgeräte zur Reduzierung von Energie bzw. Wartungsaufwand eingeplant werden muss;
- **Jahr 2015:** Austausch von störanfälligen Kabelstrecken unter Berücksichtigung, dass erhebliche Kosten für Tiefbauarbeiten entstehen, z.B. für Straßenoberfläche aufnehmen, Kabelgraben erstellen, die Straßenoberfläche nach Verlegung des neuen Kabels wiederherstellen.
- **Jahr 2016:** Planung und Ausführung von Steuerung und Managementsystemen für die Straßenbeleuchtung.

---

4. Gestalterische Anforderungen

50 Das Angebot der Leuchtenhersteller ist ausgezeichnet und bei Premiumherstellern sicherlich auch technisch anspruchsvoll. Für jede Anwendung werden ausgezeichnete Produkte verschiedener Preisebenen angeboten.

51 Nach langjähriger Erfahrung in zahlreichen Projektumsetzungen ist eine **frühzeitige Einbindung** der politischen Entscheidungsträger in den Kommunen und aller Beteiligten in der Verwaltung in Bezug auf die gestalterischen Aspekte eine absolute Grundbedingung. Viele Städte präsentieren auch in Bürgerversammlungen bestimm-

te, für die jeweiligen Anwendungen, vorausgewählte Leuchten, um die Akzeptanz für die Maßnahme signifikant zu steigern. Es macht ebenfalls Sinn, sog. **Musterstraßen** mit einer Auswahl von Leuchten für die Sanierung zu präsentieren, denn nur damit kann eine reale Darstellung der Licht- und Designwirkung hergestellt werden.

5. Kostenberechnung

Die Grundvoraussetzung für die Zustimmung von politischen Gremien für grund- 52
sätzlich alle Sanierungsprojekte ist eine **belastbare Kostenberechnung** der **Gesamtmaßnahme**, besser auch der Teilmaßnahmen, um möglicherweise eine Umsetzung in Abschnitten bzw. gemäß eines Prioritätenplans zu realisieren. Das unter Punkt 3, Rn 49 aufgeführte Beispiel eines Prioritätenplans sollte mit marktgerechten Ausführungskosten erweitert werden.

Praxistipp !
Hier sind natürlich submittierte Einheitspreise aus aktuell durchgeführten Bieterverfahren hilfreich oder aber Hersteller von Leuchten und ausführende Unternehmen erstellen für die Kostenschätzung sog. Richtpreisangebote.

Die Kostenberechnung sollte eine **Genauigkeit** von +/– 5% haben. Dies setzt natürlich 53
intensive **Preisanalysen** bei diversen Herstellern voraus, möglicherweise können diese schon vor der Ausschreibung zur Abgabe von sog. Richtpreisen ermuntert werden.

Sicherlich werden diverse Maßnahmen durch Förderprogramme des Bundes 54
und der KfW unterstützt.[2] Das BMU hat in den vergangenen Jahren immer wieder Förderprogramme mit bis zu 40% Förderanteil aufgelegt.[3] Dennoch ist der Hauptanteil der Finanzmittel durch die Kommunen in Form von Eigenmitteln aufzubringen.[4] Hier ist es hilfreich, auch über die Erhebung von sog. **KAG-Beiträgen** (d.h., Bürger werden unmittelbar an den Sanierungskosten nach der jeweiligen Gemeinde oder Stadtsatzung beteiligt) nachzudenken, denn der Nachweis einer Qualitätsverbesserung durch die neue Straßenbeleuchtung ist bei einer guten Planung vergleichsweise einfach. Viele Kommunen tun sich bei dieser KAG-Erhebung von den Bürgern immer noch sehr schwer, da die Abrechnung unter Berücksichtigung aller kommunalen Richtlinien zum Teil sehr aufwendig ist und wenig populär (nach dem Motto: „Neues Licht wollen alle, aber bitte kostenlos und den Mast bitte nicht vor meinem Grundstück aufstellen“).

2 Die aktuellen Finanzierungsinitiativen der Kreditanstalt für Wiederaufbau (KfW) sind unter http://www.kfw.de abzurufen.

3 Weitere Informationen gibt es unter http://www.ptj.de.

4 Zu weiteren Finanzierungsmöglichkeiten wie etwa Leasing, siehe Rn 75ff.

Praxistipp
Die Sanierung einer Straßenbeleuchtung steht und fällt mit einer „belastbaren“ Kostenberechnung und einer guten Vorarbeit, was die Darstellung der Maßnahme bei den Bürgern bzw. Anwohnern angeht. Nur wenn die Vorteile der Einsparungen bei Energie- und Instandhaltungskosten klar dargestellt werden und jeder verstanden hat, dass das bessere Licht der Straßenbeleuchtung auch zu mehr Wohn- und Lebensqualität beiträgt, sind die Bürger bereit, mögliche Kosten zu tragen und sich mit dem Gesamtprojekt zu identifizieren.

6. Wirtschaftlichkeitsberechnung

55 Die **ökonomische Betrachtung** diverser Leuchtensysteme bis zur Erstellung der betriebsfertigen Anlage ist sicherlich unabdingbar notwendig. Da aber die **After-Sales-Kosten** in der Straßenbeleuchtung bei ca. 65% liegen, sind die Kosten für die Wartung und Instandhaltung ebenfalls unter allen wirtschaftlichen Aspekten zu hinterfragen bzw. zu analysieren.

56 Insbesondere die Kosten für **Ersatzteilbeschaffungen** und der **Zeitaufwand** für den Austausch bestimmter Komponenten spielen bei den After-Sales-Kosten eine große Rolle. Grundsätzlich sollte die **Nachlieferfähigkeit** diverser Ersatzteile ein wichtiger Aspekt vor der Kaufentscheidung für bestimmte Leuchten sein. Auch hier ist zu empfehlen, sich eher mit namhaften und lang etablierten Leuchtenunternehmen zu befassen, da so die langfristige Nachlieferfähigkeit der Produkte und deren Ersatzteile wahrscheinlicher sein dürfte.

57 Die **Lösung** liegt wieder einmal in der ganzheitlichen Betrachtung. Parameter wie Energiekosten, Lichtausbeute (Lumen pro Watt) und Beleuchtungsqualität u.v.m. sind wichtig, aber eine effektive und damit wirtschaftliche Wartung und Instandhaltung führen eben auch zu einer erheblichen Entlastung der kommunalen Kassen. Einige Leuchtenunternehmen sowie die lichttechnische Gesellschaft (LiTG) und der Zentralverband Elektroindustrie (ZVEI) als Fachverbände bieten auf ihrer Homepage und in Publikationen interessante Checklisten, Effizienzrechner und Tools zur Produkt- und Bieterbewertung an. Diese können u.a. als Leitfaden für Bewertungen dienen.

7. Anforderungen an die Wartung

58 Die komplexen Anforderungen und Richtlinien an die Betriebsführung von Straßenbeleuchtungsanlagen lassen eine **EDV-gestützte Wartung** und **Instandhaltung** durch ein Managementsystem wirtschaftlich erscheinen. Deshalb sollte im Zuge einer größeren Straßenbeleuchtungssanierung auch dieses Thema Berücksichtigung finden.

59 An dieser Stelle wird nur eine Auswahl von den möglichen technischen Anforderungen an so ein Leit- und Managementsystem für eine Straßenbeleuchtungsanlage genannt. Folgende Daten, Werte und Betriebszustände könnten auf einem zent-

ralen Rechner in der jeweiligen Stadtverwaltung angezeigt, ausgewertet und dann für mögliche weitere Anweisungen und Maßnahmen verwertet werden:
- **Betriebszustand der Leuchte**, z.B. ein, aus oder Betrieb in abgesenkter Leistung, d.h. geringerer Beleuchtung (in den Nachtstunden);
- **Leuchtmittel defekt**, d.h. ein Montageteam kann reagieren, ohne dass durch kostenintensive Kontrollfahrten oder Bürgeranrufe die Meldung einer defekten Lampe erfolgen müsste;
- **Energieverbrauch pro Brennstelle** (Lichtpunkt) pro Tag, Woche, Monat;
- **Betriebsstunden einer Lampe**, womit die Planung von kostensparenden Gruppenwechseln erfolgen kann. Sind bei einem Standard-NAV-Leuchtmittel z.B. 16.000 Stunden erreicht, so sollte es ausgetauscht werden; die 16.000 Stunden werden in der Straßenbeleuchtung in vier Jahren erreicht (dann ist das technische „Lebensdauerende" gemäß Herstellerangaben erreicht). Viele Städte praktizieren allerdings immer noch den unwirtschaftlichen Einzelaustausch, d.h., ist die Lampe defekt, so fährt ein Reparaturteam los und wechselt ein Leuchtmittel einer Leuchte.

Grundsätzlich wird bei der Betriebsführung von Straßenbeleuchtungsanlagen (be- 60
stehend aus Leuchtstelle, Anschlussmedium und Schaltstelle) unterschieden zwischen:
- **planbarer Instandhaltung** – Prüfung der Schutzeinrichtungen gem. VDE 0100, BGV A3-Prüfung, Standsicherheits- und Mauerösenprüfung, Sichtkontrollen, Inspektionen und Ersatzneubau, und
- **ereignisabhängige Instandsetzung** – gemeint ist hier Störungsbeseitigung und Schadensfälle durch Unfälle oder Vandalismus.

Die Kommunen sind aufgrund der Verkehrssicherungspflicht gehalten, eine tech- 61
nisch sichere Straßenbeleuchtung unter Berücksichtigung der normativen Anforderungen zur Verfügung zu stellen. Für das störungsfreie und wirtschaftliche Betreiben einer Straßenbeleuchtung sind Managementsysteme hilfreich. Die Kosten für diese Systeme werden schon nach wenigen Jahren amortisiert.

C. Leistungsverzeichnisse

I. Inhaltliche Anforderungen

Leistungsverzeichnisse sind aufgrund der immer häufiger auftretenden Ver- 62
gabebeschwerden wegen angeblicher Ausschreibungsfehler **rechtssicher zu gestalten**, d.h., die aktuelle Fassung der Vergabeordnung sollte eingehalten werden.

Praxistipp
Grundsätzlich wird empfohlen, dass die Kommunen nach Erstellung eines LV-Entwurfs diesen von einer Rechtsanwaltskanzlei mit Unterstützung der Vergabestelle auf mögliche Vergabeverstöße prüfen lassen.

63 Die **fachlichen Anforderungen** an ein optimal formuliertes Leistungsverzeichnis in Bezug auf Ausschreibungen zu Straßenbeleuchtungssanierungen sind unter der Einhaltung der Vergabeordnung von Kommunen und allen fachlich normativen Vorgaben folgende:

- **Exakte Beschreibung** von Materialien, Farben und Funktionen sowie Montage- und Dienstleistungen, wobei darauf zu achten ist, dass keine sog. Ausschließlichkeitskriterien genannt werden, die entweder nur von einem oder wenigen Unternehmen angeboten werden können;
- Anforderung von **Produktdatenblättern** und **Produktbildern** mit Abgabe des Bieterangebotes als Anlage beizufügen;
- Anforderung von **Beleuchtungsberechnungen** je Leuchtentyp für die entsprechenden Straßenkategorien mit Vorgabe relevanter Berechnungsparameter mit Abgabe des Bieterangebotes als Anlage beizufügen;
- Anforderung aller **notwendigen Daten** und **technischen Werte**, zu diesem Zweck sollte der Ausschreibung ein auszufüllendes Datenblatt je Leuchte beigefügt werden (Abgabe mit dem Bieterangebot).

II. Gestaltungsspielraum für die Erstellung von Leistungsverzeichnissen

1. Ausschreibungsverfahren

64 **Europaweite Ausschreibungen** sind (fast) ausschließlich produkt- und herstellerneutral zu gestalten. Selbst die Vorgabe eines Planungsfabrikates oder der Hinweis „oder gleichwertig“ sind nicht zulässig.

65 Viele Städte und Kommunen fordern bei **nationalen Ausschreibungsverfahren** nach der VOB (Schwellwert 5 Mio. €) schon einen Hinweis auf bestimmte Produkte, entweder in der Form, dass ein Planungsfabrikat genannt wird oder durch ein vorgeschaltetes Auswahlverfahren von Produkten und die anschließende Zustimmung eines städtischen Gremiums (z.B. Bauausschuss oder Stadtrat). Nur dann kann ein bestimmtes Produkt eines bestimmten Herstellers als ausschließlich anzubietendes Produkt in die Ausschreibung aufgenommen werden.

Beispiel
Die LV-Position beginnt mit der Beschreibung der Leuchte, dann folgt:
„Als Planungsfabrikat diente
Fabrikat: XYZ GmbH
Typ: 123
Bestückung: LED-Modul Ausführung 456

Das o.g. Planungsfabrikat wurde bemustert.
Eine Alternative zum Produkt, welches als Planungsfabrikat beschrieben wurde, ist nur zugelassen, wenn in Bezug auf Technik und Design eine weitreichende Gleichwertigkeit besteht. Die Gleichwertigkeit ist durch Bildmaterial und Datenblatt mit der Abgabe des Angebots nachzuweisen.
Das Alternativfabrikat ist kostenfrei zu bemustern.
Für das alternativ angebotene Fabrikat sind für folgende Straßen, Beleuchtungsberechnungen und die LVK vorzulegen:
1) Anliegerstraße Klasse S5
2) Sammelstraße Klasse S1

angebotenes Fabrikat:
Fabrikat: ....
Typ: ....
Leuchte liefern und inklusive Klein-, Isolier- und Befestigungsmaterial die Leuchte betriebsfertig montieren."

Die **Intension dieser Forderung** ist es, nicht möglicherweise einen Bieter beauftragen zu müssen, der eine „unvorteilhafte" Leuchte in Bezug auf Design und Technik anbietet, da die Stadtgestaltung und die Sanierung mit wirtschaftlichen und lichttechnisch sinnvollen Leuchten verständlicherweise von der Kommune entschieden werden soll. 66

2. Vorgeschaltete Auswahlverfahren

Eine immer öfter praktizierte Vorgehensweise bei der Vorbereitung und Gestaltung von nationalen Ausschreibungen ist ein **„vorgeschaltetes" Auswahlverfahren** für Leuchtenhersteller und Produkte sowie ein öffentlicher Bieterwettbewerb mit anschließender beschränkter Ausschreibung. Um das Verfahren rechtssicher zu gestalten, muss ein **öffentliches Gremium** bestehend aus Vertretern der Verwaltung, Bauausschuss, Rat und Planungsbüro gebildet werden. Dieses Gremium entscheidet dann mithilfe von transparenten und technisch vollständigen **Auswahllisten** mit Parametern und deren Gewichtungen über einen bestimmten Leuchtenhersteller und in der Stufe 2 auch über die in der Ausschreibung definierten Leuchten mit Angabe der genauen Typen- bzw. Artikelbezeichnung. Eine weitere Absicherung erfolgt durch die Freigabe durch den Rat oder Bauausschuss in Form einer Abstimmung über das Auswahlergebnis. 67

Beispiel Stufe 1 – mögliche Auswahlkriterien eines Leuchtenherstellers

Nr. 01 Hersteller XYZ

Bewertungskriterien	**Multiplikator**	**Punktzahl**	**Punkte**
Reputation des Unternehmens			
Größe des Unternehmens (Marktanteil)			
Alter des Unternehmens			
Gewährleistung/Garantie			

Nr. 01 Hersteller XYZ **Bewertungskriterien**	**Multiplikator**	**Punktzahl**	**Punkte**
Zertifizierung ISO 9001			
Prüflabore vorhanden			
Lichtverteilungsdateien Relux bzw. Dialux			

Beispiel Stufe 2 – mögliche Auswahlkriterien einer bestimmten Leuchte

Nr. 01 Leuchte XYZ **Bewertungskriterien**	**Multiplikator**	**Punktzahl**	**Punkte**
Verarbeitungsqualität			
Lichtverteilung/Spiegeltechnik			
Leistungsaufnahme			
Leuchtenwirkungsgrad			
Leistungsstufen an Leuchte einstellbar			
Lichtkonstantregelung über Lebensdauer			
Montagefreundlichkeit			
Mastbefestigung			
Gewährleistung/Garantie			
Wartungs-Folgekosten			
Handling bei Wartung/Reparatur			
Austausch von Komponenten (LEDs/Konverter)			
Nachlieferfähigkeit defekter Komponenten			
Verschmutzungsanfälligkeit/Selbstreinigung			
DIN- bzw. Prüfsiegel (ENEC/VDE)			
Laborprüfberichte vorhanden			
Schutzart			
Farbtemperatur in Kelvin			

3. Öffentlicher Bieterwettbewerb

68 Eine weitere interessante Möglichkeit von kompetenten und leistungsstarken Unternehmen, Bieterangebote für die Ausführungsleistung gemäß Leistungsverzeichnis zu bekommen, ist der **öffentliche Bieterwettbewerb.**

69 Das Verfahren des „öffentlichen Bieterwettbewerbs“ wurde in dieser Form bereits in zahlreichen Städten erfolgreich ohne Vergabebeschwerden oder andere Einsprüche in Zusammenarbeit mit den jeweiligen Vergabeämtern durchgeführt.

Muster – Verfahrensablauf
Auswahl und Selektion von möglichen Bietern für die Lieferung der Leuchten und Ausführung der Montage, hier Elektroinstallationsunternehmen

Erläuterung des Verfahrens anhand der einzelnen vorzunehmenden Schritte:

1. Nach den aktuellen Schwellwerten der Vergabeordnung müsste eine öffentliche Ausschreibung für das geplante Projekt stattfinden.

2. Anstelle der öffentlichen Ausschreibung sieht die Vergabeordnung die Möglichkeit vor, eine beschränkte Ausschreibung vorzunehmen, wenn zuvor ein sog. Bieterwettbewerb stattgefunden hat.

Praxistipp
Siehe hierzu das nachfolgende Muster – Veröffentlichungstext, hier wird öffentlich in den üblichen Medien deutschlandweit darum geworben, dass sich ausführende Elektrotechnikunternehmen an einem Wettbewerb für die Sanierung einer Straßenbeleuchtung beteiligen, d.h. eine Art „Bewerbungsmappe" mit den geforderten Unterlagen zur Eignungsprüfung bei der Stadt einreichen.

---

3. Zu einem Stichtag werden die Bewerbungen eingefordert und anschließend bewertet. Die Bewertung findet mithilfe einer Bewertungsmatrix statt. Hier werden die Unterlagen auf Vollständigkeit aller beizubringenden Bescheinigungen geprüft und die Eignung nach klaren Kriterien, wie z.B. Referenzen, Unternehmensgröße, technische Ausrüstung, fachlich spezialisiertes und geschultes Montagepersonal usw. vorgenommen.
4. Die weitere Bietereignung wird durch o.g. Bewertungsmatrix analysiert.

Beispiel
Es geben 25 Unternehmen eine Bewerbung ab, in die eigentliche Auswahl kommen nur Firmen, welche die geforderten Unterlagen, z.B. Entrichtung von Sozialbeiträgen, Steuern u.a. beigebracht haben. Fehlen Unterlagen, so wird der Bewerber aufgefordert, innerhalb von sechs Werktagen diese beizubringen. Geschieht das nicht, so wird die Bewerbung verworfen (vom Verfahren ausgeschlossen).
Es bleiben 23 Unternehmen übrig, die jeweilige Stadt möchte für die beschränkte Ausschreibung 15 Firmen auffordern, d.h., die Unternehmen von Rang 1 bis Rang 15 gemäß Auswertungsmatrix werden aufgefordert.

Vorteil dieses Verfahrens: Die Stadt fordert nur leistungsfähige und fachtechnisch erfahrene Unternehmen auf, die vergleichbare Leistungen in anderen Städten erbracht haben.

Muster – Veröffentlichungstext
Beschränkte Ausschreibung nach öffentlichem Teilnehmerwettbewerb nach den Grundsätzen der Vergabe- und Vertragsordnung für Bauleistungen der VOB

a)	Öffentlicher Auftraggeber:	Stadt XYZ – Der Bürgermeister, Fachbereich Tiefbau
b)	Vergabeverfahren:	Beschränkte Ausschreibung nach öffentlichem Teilnahmewettbewerb nach VOB/A
c)	Angaben zum elektronischen Vergabeverfahren und zur Ver- und Entschlüsselung der Unterlagen:	Eine Abgabe des Angebotes auf elektronischem Wege ist nicht möglich.
d)	Art des Auftrags:	Bauauftrag
e)	Ort der Ausführung:	Stadt XYZ
f)	Art und Umfang der Leistung:	Energetische Sanierung der Straßenbeleuchtung ca. 1.862 Stück Aufsatzleuchten verschiedener Typen demontieren und entsorgen, ca. 1.862 Stück Leuchten mit LED-Technik liefern und montieren, ca. 320 Stück Masterverlängerung 1m liefern und montieren,

		ca. 600 Stück vorhandener Beleuchtungsmaste verschiedene Längen demontieren und entsorgen, ca. 600 Stück Beleuchtungsmaste aus Stahl liefern und versetzen inkl. Erdarbeiten, ca. 32 Stück Schaltkästen demontieren und entsorgen, ca. 32 Stück Schaltkästen für Straßenbeleuchtung liefern und montieren
g)	Erbringen von Planungsleistungen:	nein
h)	Aufteilung in Lose:	nein
i)	Ausführungsfristen:	März 2013 – August 2013
j)	Nebenangebote:	sind grundsätzlich zugelassen
k)	Anforderung der Vergabeunterlagen:	Die Ausschreibungsunterlagen können per Post unter Beifügung der unter Punkt u) „Nachweise zur Eignung" genannten Unterlagen zum Nachweis der Eignung bei der Vergabestelle angefordert werden. Die Bewerbungen müssen bis zum 10.12.2012, 10:00 Uhr, bei der Vergabestelle vorliegen. Der Auftraggeber trifft nach Prüfung der Bewerbungen eine Auswahl, welche Unternehmen er zur Beteiligung an der Ausschreibung auffordert. Ein Anspruch der Bewerber auf Beteiligung an der späteren Ausschreibung besteht nicht. Die Aufforderungen zur Abgabe eines Angebotes werden fristgerecht vorgenommen.
l)	Kosten für die Übersendung der Vergabeunterlagen:	keine. Die Unterlagen werden ausschließlich in digitaler Form per E-Mail verschickt.
o)	Anschrift, an die die Angebote zu richten sind:	siehe a)
q)	Angebotseröffnung:	Datum und Uhrzeit werden noch bekanntgegeben. Stadt XYZ – Der Bürgermeister – Bei der Eröffnung der Angebote sind nur Bieter oder deren Bevollmächtigte zugelassen.
r)	geforderte Sicherheiten:	für Vertragserfüllung 3 v.H. der Auftragssumme, für Mängelansprüche 3 v.H. der Abrechnungssumme
s)	Zahlungsbedingungen:	Zahlungsbedingungen gem. § 16 VOB/B.
t)	Rechtsform der Bietergemeinschaften:	selbstschuldnerisch haftend mit bevollmächtigtem Vertreter
u)	Nachweise zur Eignung:	Den Bewerbungen müssen Nachweise der Fachkunde, Leistungsfähigkeit und Zuverlässigkeit sowie des Bewerbers beiliegen. Diese müssen mindestens Angaben umfassen zu: Referenzen des Bieters in Bezug auf die ausgeschriebenen Leistungen; Angaben zum Umsatz; Angaben zum Personal; Angaben zur technischen Ausstattung für die Ausführung der Arbeiten und zur messtechnischen Ausrüstung des Unternehmens; Nachweis über die Eintragung bei der zuständigen Handwerkskammer und über die Zulassung für Arbeiten an elektrischen Anlagen durch ein Energieversorgungsunternehmen; Unbedenklichkeitsbescheinigungen der Krankenkasse, der Berufsgenossenschaft und des zuständigen Finanzamtes;

	Des Weiteren muss der Bewerbung das ausgefüllte Formblatt 124 „Eigenerklärung zur Eignung“ gemäß Vergabehandbuch Bund, Ausgabe 2008, Stand: 2011 beigefügt werden. Das Formblatt kann bei Bedarf bei der Vergabestelle angefordert werden. Die genannten Nachweise müssen jeweils für die beiden Gewerke Elektroarbeiten und Tiefbau vorgelegt werden. Auf die Möglichkeit der Bildung von Bietergemeinschaften wird ausdrücklich hingewiesen. Die Bewerbung muss bereits als Bietergemeinschaft erfolgen. Die Anforderung von weiteren Nachweisen und Eignungsnachweisen für den Bieter und mögliche Nachunternehmer im Rahmen der Ausschreibung bleibt vorbehalten. Der Auftragnehmer und etwaige bei Abgabe des Angebots schon bekannte Nachunternehmer sind verpflichtet, bei Angebotsabgabe die gemäß Landesvergabegesetz des Landes Niedersachsen geforderten Erklärungen zur Einhaltung der Tariftreue und des Mindestlohnes abzugeben.
v) Ablauf der Zuschlags- und Bindefrist:	Datum und Uhrzeit werden im Rahmen der Ausschreibungsverfahren bekanntgegeben.
w) Nachprüfung behaupteter Verstöße:	Kommunalaufsicht der Region XYZ

Auch hier findet die anschließende **Auswertung bzw. Zulassung** für den Bieterkreis nach eindeutigen und nachvollziehbaren Kriterien statt. Diese sind in Punkt u) „Nachweise zur Eignung“ definiert. 70

Sicherlich ist das beschriebene Verfahren in der Phase der Ausschreibungsvorbereitung aufwendiger, allerdings führt es weitestgehend zu einem **optimalen Ergebnis** für die Kommunen und für die **Auswertung der Bieterangebote** ist dann nur noch der Preisspiegel für die ordnungsgemäße Auftragsvergabe relevant. 71

D. Leuchtenkataloge – Individueller Gestaltungsbedarf

Bei **Neuanlagen** ist Bezug auf die Dimensionierung von Leuchten die DIN EN 13201 entscheidend, d.h., hier sind die Anlagen gemäß der Straßenkategorien mit den notwendigen Leuchten, Lichtpunkthöhen und Mastabständen zu planen bzw. auszuführen. Das Leuchtendesign ist natürlich frei wählbar, sollte aber zur Bebauungsstruktur passen. 72

Praxistipp !

Für Einkaufsstraßen, Marktplätze und andere repräsentative Zonen, vielleicht sogar für Wohngebiete, empfiehlt sich eher die Wahl auf eine dekorative Leuchte, während für Hauptverkehrsstraßen oder Industriegebiete technische Leuchten zielführender und in den meisten Fällen etwas preisgünstiger und dadurch wirtschaftlicher sind.

73 Viele Kommunen entwickeln mittlerweile eine Art **„Leuchtenkatalog“** für die Straßenbeleuchtung, mit der Intention, die Vielfalt von Leuchten und der damit verbundenen Ersatzteilbeschaffung auf ein wirtschaftliches Maß zu reduzieren. Abgesehen von **Sonderbeleuchtungen**, wie z.B. Anstrahlungen und Platzbeleuchtungen, kann die Straßenbeleuchtung mit fünf bis sieben verschiedenen Leuchtentypen bzw. Leuchtenleistungen normgerecht realisiert werden.

Beispiel für einen möglichen Leuchtenkatalog

Fußgängerzone und Markplatz	Leuchte A
Hauptverkehrsstraßen	Leuchte B
Sammelstraßen	Leuchte B oder C
Wohnstraßen	Leuchte D
Fußgängerüberwege	Leuchte E
Parkanlagen	Leuchte F
Unterführungen	Leuchte G

74 Für die **Sanierung von Straßenbeleuchtungen** gilt natürlich grundsätzlich auch die o.g. Norm. Allerdings ist es den kommunalen Haushalten nicht immer möglich, alle normativen Auflagen sofort bei der Realisierung der energetischen Sanierung umzusetzen. Hier ist ein Stufen- bzw. Prioritätenplan (wie zuvor beschrieben) hilfreich, um die Teilmaßnahmen zeitversetzt in die jeweiligen Haushaltsjahre einzuplanen und dann finanzieren zu können. Abhilfe könnte **Contracting** bieten. Hier lassen sich auch größere und ganzheitliche Vorhaben realisieren, d.h. energetische Sanierung in Verbindung mit Mastaustausch, Kabelerneuerung, Schaltschranksanierung oder Erneuerung der Energieverteilungen, Einrichtung eines Telemanagementsystems u.v.m.

E. Finanzierungsmöglichkeiten

I. Überblick

75 Neben der **klassischen Finanzierung** durch Eigenmittel und Förderung des Bundes, der EU oder der KfW[5] gibt es verschiedene privatwirtschaftliche Finanzierungsmöglichkeiten:
- **Contracting,**
- **Leasing,**
- **Mietkauf.**

5 Siehe hierzu die Ausführungen weiter oben unter Rn 54.

Je nach Situation in der Kommune, vergangene Sanierungen, Bürgerbeteilung usw. scheiden Finanzierungsmöglichkeiten aus oder kommen überhaupt erst in Betracht. Es muss für jede Situation die richtige Finanzierung gefunden und im Anschluss verfolgt werden. 76

Praxistipp
Je nach gewählter Finanzierung kommt eine Förderung der öffentlichen Hand in Betracht oder nicht. Kombinationen von verschiedenen Finanzierungsmöglichkeiten sind nur bedingt bzw. nicht möglich, wägen Sie also genau ab!

II. Contracting

Contracting ist eine sog. PPP (public-private Partnership = öffentlich-private Partnerschaft) und versteht sich als **Outsourcing** der Energiewirtschaft – die zeitlich und räumlich abgegrenzte Übertragung von Aufgaben durch den Contractingnehmer auf den Contractinggeber bzw. Contractor.[6] Diese **Energiedienstleistungen** können in unterschiedlichen Varianten definiert und für verschiedene Zwecke angewendet werden – Kombinationen sind denkbar und auch möglich, wenn auch bis jetzt selten genutzt. 77

1. Energieliefer-Contracting bzw. Anlagen-Contracting oder Nutzenergie-Lieferung

Dieses Modell kann sowohl auf bereits bestehende als auch auf neu zu errichtendende Anlagen angewendet werden und beinhaltet alles rund um die Errichtung, die Finanzierung, die Inbetriebnahme, die Betriebsführung, den Energieträgereinkauf und die Außerbetriebnahme. Ziel ist es, ökologische und wirtschaftliche Vorteile durch Optimierungsprozesse zu erlangen.[7] 78

2. Einspar-Contracting bzw. Performance-Contracting, Energie-Einspar-Contracting oder Energiespar-Contracting

Bestehende Anlagen können hierüber in Zusammenarbeit mit dem Contractor saniert werden und sind in der Folge wirtschaftlicher und ökologischer zu nutzen. Der Contractor verkauft dem Contractingnehmer ein Energiesparkonzept mit festen Einspargarantien.[8] 79

6 Siehe DIN 8930-5:2003-11, S. 2.
7 Siehe DIN 8930-5:2003-11, S. 3.
8 Siehe DIN 8930-5:2003-11, S. 4.

3. Finanzierungs-Contracting bzw. Anlagenbau-Leasing

80 Das Modell kommt dem Leasing sehr nahe und bezieht sich nur auf Planung, Finanzierung und Bau von Anlagen; der Anlagenbetrieb verbleibt vollständig in den Händen des Contractingnehmers. Ziel ist die Optimierung der Investitionskosten.[9]

4. Technisches Anlagenmanagement bzw. Betriebsführungs-Contracting oder Technisches Gebäudemanagement

81 Hier steht die optimierte Bedienung von neuen oder bestehenden Anlagen im Mittelpunkt der Dienstleistung. Der gesamte Anlagenbetrieb wird durch den Contractor wahrgenommen. Ziel dieser Variante ist die Optimierung der Betriebskosten von Anlagen bei Funktions- und Werterhalt.[10]

82 Es empfiehlt sich, für die Sanierung der Straßenbeleuchtung ein **Komplettpaket** zu wählen und so das eigene Risiko zu minimieren und vom Know-how der Contractoren zu profitieren. Im besten Fall wird die Investition in das Contracting zu 100% durch die nach der Sanierung auftretende Energieeinsparung refinanziert.

! **Praxistipp**

Wägen Sie genau ab, ob und wie viel Einsparungspotenzial Sie durch das gewählte Contracting-Modell erhalten – Contractoren sind Wirtschaftsunternehmen und wollen Geld verdienen.

III. Leasing

83 Leasing ist eine weitverbreitete Variante, um das eigene Kapital und den Kreditrahmen zu schonen, aber trotzdem zu investieren. Hierbei wird unterschieden zwischen

- **direktem Leasing** – also direkt vom Hersteller bzw. Produzenten, und
- **indirektem Leasing** – eine Leasinggesellschaft ist zwischen Hersteller bzw. Produzent und Leasingnehmer geschaltet.

84 Beim Leasing handelt es sich um einen **Nutzungsüberlassungsvertrag**. Das Leasingobjekt wird vom Leasinggeber beschafft sowie finanziert und dem Leasingnehmer gegen Zahlung eines vereinbarten Leasingentgelts zur Nutzung für den Vertragszeitraum überlassen. Am Ende eines Leasingvertrages können

---

9 Siehe DIN 8930-5:2003-11, S. 4.

10 Siehe DIN 8930-5:2003-11, S. 5.

Kauf- oder Verlängerungsoptionen ausgeübt werden. Verzichtet der Leasingnehmer darauf, so kann der Leasinggeber wieder über das Leasingobjekt frei verfügen.

Die **Interessen** von Herstellern und Leasinggesellschaften sind differenziert zu betrachten. So kann beispielsweise bei Herstellerleasingunternehmen das Interesse überwiegen, bei Vertragsende neue Objekte zu verleasen, denn Leasinggesellschaften machen über Vertragsverlängerungen Gewinne. Bevor sich für Leasing entschieden wird, muss klar definiert sein: 85
- was für ein Gesamtvolumen für die Sanierung aufgewendet werden muss,
- welche Laufzeit vereinbart werden soll und
- ob ein Restwert bei Leasingende bestehen soll.

Neben dem Eigenbetrieb mit klassischen Finanzierungsmitteln ist der Eigenbetrieb mit Leasing die am **weitesten verbreitete Variante** der öffentlichen Straßenbeleuchtung. 86

Praxistipp !
Achten Sie auf neutrale Konditionen und wenden Sie sich ggf. an unabhängige Bankhäuser und deren Leasing-Ableger.

IV. Mietkauf

Der Mietkauf erfolgt zunächst über einen **Mietvertrag**, auf den das Mietrecht Anwendung findet; es wird dem Mieter hierbei das Recht eingeräumt, innerhalb einer vertraglich festgelegten Zeit das Objekt nach Anrechnung der bis dahin gezahlten Miete käuflich zu erwerben. Zu diesem Zeitpunkt handelt es sich dann um einen **Kaufvertrag**, auf den das Kaufrecht Anwendung findet. 87

Beim Mietkauf geht – im Gegensatz zum Leasing – das **wirtschaftliche Eigentum** sofort auf den Käufer über, somit wird die Aktivierung im Anlagevermögen nötig. Mit der letzten Ratenzahlung wird das Objekt dann auch zum **juristischen Eigentum** des Käufers. 88

Mietkauf hat in der öffentlichen Straßenbeleuchtung und deren Finanzierung eine **marginale Bedeutung**, was an der geringeren Attraktivität gegenüber dem Leasing und wohl auch am schlechten Ruf des Mietkaufs liegt. 89

V. Exkurs: Marketing an Masten

Um die eben vorgestellten Finanzierungsmöglichkeiten zu flankieren und die wirtschaftlichen Risiken der Sanierung zu minimieren, sollte **Werbung an den Masten** in Erwägung gezogen werden. 90

91 Das Anbringen von Hinweisschildern ist baugenehmigungsfrei und erfordert lediglich eine Sondernutzungserlaubnis der Kommune. Legen Sie mit dem ausgewählten Dienstleister für Ihr Laternenmarketing von vorneherein fest:
- welche Werbung erlaubt und welche ausgeschlossen ist sowie
- welche Masten von der Werbung ausgenommen werden, etwa Kreuzungsbereiche, Stadtkern, Angsträume etc.

F. Best Practice

92 Umfassende energetische Straßenbeleuchtungssanierung in einer mittleren Kleinstadt:[11]
- **Ausgangssituation**
  - 1.583 Beleuchtungssysteme
  - Installierte Leistung 220.000 Watt
  - Jährliche Nutzungsstunden 4.015
  - Stromverbrauch p.a. 883.300 kWh
  - Energiekosten p.a. 159.000 € (brutto 0,18 €/kWh und 4.015 Stunden p.a.)
  - 1.465 Leuchtensysteme sollen erneuert werden, d.h. Austausch von 92,5%
  - Austauschnotwendigkeit „HQL-Leuchtmittel"-Verbot ab 01/2015 im EU-Raum
  - Restleuchten 118 Stück
- **Finanzierung**
  - BMU-Förderantrag 944.860 €
  - 25% BMU-Förderung 236.215 €
  - Eigenmittel 708.645 € (20% Haushalt und 80% KfW-Darlehen)
- **Fördermaßnahme**
  - Austausch von 1.465 Straßenleuchten gegen energieeffiziente LED-Leuchten
  - 38 Straßenkilometer
  - ca. 300 Straßen (gemäß BMU-Antrag)
  - **Gesamtmaßnahme**
  - Investives Gesamtvolumen 1.312.000 €
- **Bedingt durch zusätzlich notwendige Maßnahmen:**
  - Austausch bzw. Verlängerung von 647 Mastanlagen inkl. Fundamente und Oberflächenwiederherstellung
  - Standsicherheitsprüfung von Masten
  - Austausch von 22 Energieverteilungen (Gesamtbestand 46 Stück)

11 Die Umsetzung wurde September 2013 abgeschlossen. Die Stadt darf aus Datenschutzgründen nicht genannt werden.

- **Das Endergebnis ist eine Erfolgsstory**
  - Stromverbrauch der Altanlage 795.963 kWh p.a.
  - Jährliche Stromeinsparung 603.063 kWh p.a.
  - CO_2-Einsparung über 25 Jahre 7.116,14 Tonnen
  - Durchschnittliche Einsparung 76%
  - Einsparung Energiekosten 108.550 € p.a.
  - Einsparung Wartungskosten ca. 20.000 € p.a.

  (Wert für die ersten 12 Betriebsjahre dieser Neuanlagen)

Sachregister

Die fetten Zahlen verweisen auf die Kapitel, die mageren Zahlen verweisen auf die Randnummern.